관계

대상관계이론과 관계영성으로 본 인간의 관계성

관계

RELATIONS

김홍근 지음

NATURAL UNIQUE NARRATIVES

관계

RELATIONS

초판 1쇄 | 2019년 3월 16일

지은이 | 김홍근

펴낸이 | 임말희
펴낸곳 | 눈출판그룹

출판등록 | 제399-2017-000042호
주소 | 경기도 남양주시 화도읍 가곡리 16-19, 2층
전화 | 031-594-0893
팩시밀리 | 031-572-3833
이메일 | tropisme@naver.com

값 20,000원

ISBN 978-89-94347-61-5 (93180)

파본이나 잘못된 책은 바꿔드립니다.

이 도서의 국립중앙도서관 출판시도서목록(CIP)은 e-CIP 홈페이지(www.nl.go.kr/ecip)에서 이용하실 수 있습니다.
(CIP 제어번호 : 2019005929)

목차

이 책을 읽기 전에…….

나는 청년시절 교회는 무엇이며, 교회의 존재목적은 무엇인가? 과연 예수 그리스도께서 가르치신 참된 공동체는 존재하는가? 기독교 공동체는 어떠한 모습을 가져야 하며 무엇을 지향해야 할까? 이러한 고민을 많이 했다. 서른네 살에 한세대학교 전임교수가 된 후 약 15년 정도 매년 여름방학과 겨울방학을 이용해서 유럽과 미주 지역에 있는 기독교 공동체를 탐방하였다. 생활공동체, 지성공동체, 기도공동체 등에 머물면서 때로는 노동에 참여하고, 토론을 벌이기도 하고, 기도에 깊이 몰입하기도 하였다. 그 시절 라브리 공동체를 설립한 프란시스 쉐퍼, 브루더 호프 공동체를 시작한 요한 크리스토프 아놀드의 글들은 내 영혼의 갈급함을 채워주었다. 나는 공동체의 아름다운 정신과 실천이 교회에 접목되어야 한다고 확신하면서 신학생들에게 공동체 방문을 권면한다.

영성신학은 내게 참으로 달콤하였다. 나는 위대한 영적 구도자들이 쓴 주옥같은 글에 빠져들어 탐구할 때 엄청난 위로와 치유를 경험하였다. 영성적인 책들 안에는 심층심리학에 대한 내용들로 꽉 채워져 있음을 발견하였다. 그래서 정신분석학을 공부하게 되었으며 오랫동안 이 분야에 빠져들어 독서하는 즐거움을 누리게 되었다. 여기에 소개된 모든 글들은 관계중심 영성신학과 대상관계이론을 통합하여 연구한 노작들이다.

나는 기독교영성을 이렇게 정의한다. "영성은 대상과의 관계경험을 통해서 인식의 확장과 고양성을 가지고, 하나님의 마음인 자비를 공동체에서 실천함으로써 창조성을 드러내는 것이다." 인생이 무엇인가? 사랑이 무엇인가를 한 마디로 정의하기가 어렵듯이 영성이란 말도 정의를 쉽게 내릴 수 없다. 그러나 영성신학자들이 영성을 정의할 때 대부분 '관계'라는 용어를 사용한다. 우리는 모든 대상과의 관계경험을 통하여 앎, 즉 인식이 확장된다. 하지만 인식하는 데서 머물러서는 안 된다. 인식은 의식으로 나아가야 한다. 한 개인이 아는 것이나 깨닫는 것으로 끝나지 않고 실천적 행동, 즉 의식으로 나아가려면 내면에서 강력히 고양된 추구가 있어야 한다. 인식은 에너지가 고양된 추구를 동반할 때에만 의식 있는 실천적 삶으로 나아갈 수 있기 때문이다. 인간은 아는 것만큼 행할 수 있고 본 것만큼 추구할 수 있는 존재이기에 먼저 인식의 지평을 넓혀야 한다. 테니스를 즐기려면 먼저 테니스라는 구기 종목이 있다는 것을 알아야 하듯이 영성적 추구에 몰입되려면 영성생활의 다양한 길이 있음을 알아야 한다. 그리고 영적 추구가 주는 즐거움을 경험해야 한다. 모든 관계 안에는 배움이 존재한다. 비록 보잘 것 없어 보이는 노숙자에게도 하나님의 피조물로서의 고유한 진선미가 있기 때문에 그들을 통해서 새로운 깨달음을 얻을 수 있다. 인식이 확장되고 고양되면 하나님의 마음인 자비를 공동체 속에서 실천할 수 있다. 그 때 한 개인은 자신 안에 잠재되어 있는 창조성을 온전히 드러낼 수 있다.

마틴 부버M. Buber는 '나'는 유동적이라고 한다. 왜냐하면 나는 대상에 따라서 끊임없이 변하는 존재이기 때문이다. 우리가 자신의 자녀와 이웃집 아이를 대할 때에 느끼는 정서적 친밀감과 그에 따른 태도는 확연히 다를 수밖에 없다. '나'는 스스로 존재하는 '나'가 아니라 나와 대상 사이에 존재하는 관계적인 '나'이다. 부버가 말한 나와 너의 관계와 나와 그것의 관계는 다르다. 나와 너의 관계에서 '나'는 대상과 정서적으로 연결되어 있으며, 활기를 주고받는 관계이다. 하지만 나와 그것의 관계에서 '나'는 대상과 정서적으로 연결되어 있지 않으며, 자신의 목적을 위한 수단으로써 대상을 사용할 뿐이다. 부버의 나와 너의 관계는 하인즈 코헛H. Kohut이 말한 자기대상 개념과 일치한다. 코헛은 "자기대상이 없는 곳에서는 한 개인이 삶을 꽃 피울 수 없다."라고 하였다. 인간은 정서적인 산소가 공급되어야 살 수 있는 존재임을 가르친 것이다. 하나님이 태초에 창조하신 관계도 나와 너의 관계, 즉 사랑의 관계이다. 사랑은 하나님의 본성이기 때문에 모든 관계의 기초가 되어야 한다.

대상관계이론의 인간이해는 프로이트S. Freud의 인간이해와 다르다. 프로이트는 인간을 생물학적으로 보아서 쾌락 추구적인 존재로 여겼지만 대상관계이론 학자들은 관계추구적인 인간상에서 출발한다. 대상관계이론은 "리비도는 쾌락을 추구하는 것이 아니라 궁극적으로 대상과의 관계를 추구한다. 쾌락은 대상과의 관계를 위한 촉매, 혹은 인도자 역할을 할 뿐이다."라는 전제를 가진다. 만약 한 개인이 생애초기 병리적인 관계에 의해서 황폐한 삶을 경험했다면 그는 자신의 삶에서 병리적인 관계 패턴을 반복하고 반복할 것이다. 그는 병리적인 관계로 인하여 병들었기에 치료적인 관계, 즉 사랑받고 존중히 여겨지는 경험을 필수적으로 공급 받아야 한다. 인간은 사랑이라는 산소를 마시면서 살아가는 존재이다. 그러므로 사랑이 없는 곳에서는 비록 부요하고 안락한 환경일지라도 제대로 숨을 쉴 수가 없다. 그는 황폐한 광야를 경험할 뿐인 것이다.

영성지도와 심리치료 임상에 대한 나의 철학은 사랑이다. 사랑을 다른 말로 대체하면 긍휼이다. 영어로는 compassion이다. 이 단어의 의미는 '고통을 함께 함'이다. 모든 사람들은 "나는 사랑 받을 만하고 존중히 여겨지는가?"에 대해서 매우 예민하다. 사랑의 부재나 얄팍함이 정신 병리를 일으켰다면 치료도 사랑의 관계 회복에서 찾아야 할 것이다. 영성지도와 심리치료에 대한 나의 신념은 "정신은 무의식적 진실에 노출될 때 성장한다."라는 윌프레드 비온W. Bion의 대명제에 두고 있다. 한 개인이 자신의 무의식적인 진실을 분석가의 공감적 환경 속에서 맞닥뜨리는 일이 수없이 반복될 때 정신은 변형과 성장에 도달한다. 무의식적 진실에 도달하는 최상의 길은 꿈이다. "꿈은 무의식에 도달하는 왕도이다."라는 프로이트의 말처럼 꿈은 자신의 진실을 있는 그대로 드러낸다. 의식은 얼마든지 자신을 숨길 수 있지만 무의식은 자신을 있는 그대로 노출시킨다. 그러므로 나는 꿈 분석을 심리치료의 중요한 도구로 여긴다. 정상적인 반복이 단순히 어릴 때 겪었던 혼란한 감정이 억압되었다가 반복이 것이라면 병리적인 반복은 폐제되고 억압된 사건이 성인의 몸에서 반복적으로 되풀이 되는 것이다. 폐제廢除되고 억압된 것을 주이상스라고 한다. 주이상스는 강렬하고 폭압적이며 혼란한 감정덩어리이다. 아이의 연약한 자아가 이를 소화할 수 없기 때문에 상징화 되지 못할 뿐만 아니라 독성을 품은 낭종이 된 것이다. 낭종이 된 주이상스는 성인의 몸에서 갖가지의 증상으로 나타난다. 심리치료의 일차적 자료인 꿈, 증상, 관계패턴 등을 통하여 한 개인의 무의식적 진실에 도달함으로써 그가 생애초기에 겪었던 외상들을 분석가의 공감적 환경 가운데서 관조觀照할 때 치료적 변형을 시작할 수 있다. 증상들의 의미에 이름을 붙이는 작업, 즉 상징화가 일어나면 고통스런 반복이 완화된다. "상징계에서 배제된 것은 실재계로 다시 나타난다."라는 자크 라캉J. Lacan의 명제에 따르면, 모든 증상들은 상징화의 능력이 이루어지지 않았기 때문에 발생한다. 흔히 정신분석을 무의식의 의식화 작업이라고 말한다. 즉, 상징화 작업이다.

정신분석학에서는 치료자와 내담자의 치료적 관계의 신비를 중요하게 여긴다. 신비를 담은 개념들로는 공감적 침잠, 대리적 성찰, 담아주기와 담기기, 되기와 육화, 일차적 모성적 몰두, 안아주는 환경, 레브리 상태에서 알아차림, 도구적 무의식을 사용하여 내담자의 내면을 포착하기, 기억도 욕망도 없는 상태, 상호주관성과 제3의 공간, 자유롭게 떠도는 주의 등이 있다. 이러한 개념들은 모두 관계의 신비를 표현한 것이다. 엄마-유아 관계에서 일어나는 무의식적 의사소통은 사랑의 신비로운 관계가 얼마나 중요한가를 말하여 준다. 모든 관계는 신비로 가득 차 있다. 만약 한 개인이 생애초기에 어머니의 몰두를 통하여 무의식적 의사소통의 원활함을 경험하였다면, 다른 이들과도 공감적인 관계나 사랑의 신비로움으로 쉽게 들어갈 수 있을 것이다. 신비적이고 공감적인 관계 안에서 내담자가 자신의 주이상스와 계속해서 맞닥뜨리면 독성이 빠지면서 탈동일시가 일어나고 마침내 자신의 콤플렉스에서 빠져나와 새로운 대상관계에 건강하게 자신의 에너지를 사용하게 된다.

비온은 직접적으로는 결코 알 수 없는 절대적 진리가 있다고 믿었다. 그는 "종교적 신비주의자들이 아마도 이것에 대한 경험을 가장 근접하게 표현할 수 있을 것이다."라고 했다. 이 궁극적인 실재가 전형적인 정신분석의 대상이다. 다른 실재들은 모두 이 궁극적인 실재의 파생물에 불과한 것이다. 비온은 "신비주의자들이 이러한 궁극적 실재에 가장 가까이 다가간 경험을 가진 자들이라면 그들에게 가까이 다가가 그들로부터 배워야 할 것이다."라고 가르친다.

복음서에 나타난 기적과 치유의 장은 예수의 긍휼과 인간의 고통이 만나는 곳에서 일어난다. 긍휼을 가리키는 헬라어 동사인 스플랑크니조마이σπλαγχνίζομαι라는 말은 스플랑크논σπλαγχνον에서 나왔는데 이는 뱃속, 즉 창자를 의미한다. 유대인들은 뱃속이야말로 가장 친밀하고 강렬한 감정이 자리 잡고 있는 곳으로 여겼다. 복음서는 예수의 긍휼에 대해서 말하면서 그분의 뱃속, 창자가 움직였다고 표현한 것은 관계의 신비를 표현한 것이다. 예수가 느끼신 긍휼은 피상적이거나 스쳐 지나가듯이 느끼는 슬픔이나 동정과는 다른 것이었다. 그의 긍휼은 존재의 가장 여린 부분인 뱃속, 창자에 다다른 것이었다. 심리치료 상담사는 이러한 긍휼의 마음을 갖는 것이 중요하다. 사랑이야말로 모든 치료의 원천이 된다. 아이들도 어른들도 세상 모든 만물도 사랑이 없어 아파하고 고통스러워한다. 나는 종종 상담사는 성직자와 같다고 생각한다. 왜냐하면 이 두 사역은 공히 사랑의 사도가 될 것을 요구하기 때문이다.

이 책이 나오기까지 애써주신 눈출판그룹 임말희 대표에게 감사를 드린다. 그리고 한국정신분석심리상담학회의 운영위원들과 교정작업에 도움을 준 강해나 전도사, 그리고 추천서를 기꺼이 써 주신 서울대학교 명예교수이신 박성수 박사님과 로뎀 클리닉 정신과 전문의 이만홍 박사님에게 감사 드린다.

2019년 정초

군포 오봉산 기슭 한세대학교 신학관 207호실 연구실에서….

김홍근

추천사

우리는 살벌한 사회에 살고 있다. 폭력은 전쟁터에만 있는 것이 아니다. 현대인의 폭력은 주먹만이 아니라 말이나 생각으로 다른 사람의 자존심을 침해하고 공격하는 것으로 드러난다. 우리는 매순간 다른 이로부터 상처를 받을까 옷깃을 여미며 산다. 동시에 우리는 살아남기 위하여 상처를 주고받는다. 그러니 진정한 나를 구현하기는 너무나 어려운 세상이다. 오늘날 현대인의 자아는 분리된 채 방황하고 있다.

왜 그렇게 되었는가? 사회의 생존법칙이 그렇다. 어려서부터 부모에게 그렇게 교육 받았고, 부모가 되어 우리의 자녀들을 그렇게 교육한다. 우리는 어려서부터 부모로부터 침해를 받았고 또 자기 자신과 자녀들을 침해한다. 사회의 교육이 그렇게 가르쳤고, 교회 교육도 그러하다. 현대인의 영혼은 그 존재감을 잃고 짓눌려져 있다. 우리의 영혼은 본디 하나님에 의해 창조되고 선물로 주어진 자유로움을 상실하고 말았다. 인간의 타락이 원초적인 원인이지만, 우리는 구원받고 하나님의 자녀가 된 후에도 창조 본래의 자유로움과 영혼의 자긍심을 제대로 회복하지 못한 채 살고 있다.

하나님은 인간을 창조하실 때부터 귀하게 만드셨다. "인간이 무엇이관대…." 시편의 시인은 감탄한다. 하나님이 인간에게 주신 가장 큰 선물은 자유다. 선택할 수 있는 자유다. 하지만 아담이 이를 잘못 사용한 결과, 아주 비참한 현실에 놓이게 되었다. 그러나 예수를 통하여 구원의 은총을 주신 후에 인간에게 되돌려 주신 것은 바로 자유이다. 하나님이 우리에게 주신 고귀한 선물은 관계이다. 부버가 말한 나와 너의 관계, 곧 사랑의 관계이다. 예수는 당신 자신이 하나님과 인간 사이에 서 계신 상호주관적인 공간이 되셨으며, 상호주관적인 몸이 되시었다. 상호주관적 정신분석이론은 상담자-내담자 사이에서도 이 같은 신비하고 고유한 영역에서 치료가 일어남을 가르친다.

김홍근 교수는 "하나님은 사랑이시라. 사랑이 있는 그곳에는 하나님이 계시도다!"라는 진리와 엄마-유아의 신비적 사랑 관계가 심리치료의 장인 상담자-내담자 관계에서도 일어나야 한다고 가르친다. 생애초기 사랑 경험이 부재했거나 얄팍해서 일어난 정신 병리는 사랑의 관계가 회복될 때 비로소 치료된다는 것이다. 그러므로 저자는 경험에서 먼 이야기를 한 것이 아니라 사랑의 경험이 지닌 신비한 치료적 효과를 말하고 있다. 내가 연세대학교 세브란스 병원 정신과 과장 재직 시에 저자는 나의 학생이었다. 그때에도 김 교수는 관계적 영성과 정신분석적 대상관계이론에 깊은 관심을 가졌다. 김 교수가 오랜 연구 끝에 이 시대 상황에 꼭 필요한 책을 출판하게 되니 나로서도 기쁘기 한량없다.

자녀를 정신적으로 건강하게 하는 좋은 엄마는 먼저 자신의 정서 경험을 반복하여 성찰함으로써 자기감과 세계에 대한 지속적이고 안정감 있는 개념을 형성한다. 유아는 이러한 엄마의 정서적 안정감을 발판으로 자신의 고통스러운 경험에 매몰되지 않고, 이를 객관화하여 반복 성찰함으로써 자기감을 확립하게 된다. 좋은 엄마는 아이의 정신과 정서를 잘 파악하고 이에 대한 이해를 아이에게 되돌려 주는 엄마이다. 좋은 상담자 역시 자신의 정신 상태와 정서적 경험을 지속적으로 성찰함으로써 안정감을 유지하는 상담자이다. 그렇게 함으로써 내담자로 하여금 자신의 불안에 함몰되지 않고 자신의 상처와 맞닥뜨릴 수 있는 용기를 갖도록 해 주어야 한다. 이러한 일이 반복됨으로써 변형과 치료로 나아가게 된다.

2019년 2월 7일

이만홍 박사(정신과 전문의, 로뎀 클리닉 원장)

1장

대상관계이론과 관계 영성으로 본 인간의 관계성

'나는 사랑 받을 만하며 수용 받을 만한가?'라는 질문은 어떤 관계에서나 존재한다. 아이들뿐만 아니라 어른들도 자신이 가치 있는 존재인가를 확인하는 데 예민하다. 인간의 모든 경험에는 자신에 대한 '좋음'과 '나쁨'에 대한 내적 갈등이 있다. 자기self에 대한 정의를 내리는 것은 결코 쉽지 않다. 자기란 자아의 이미지라고 간단히 말할 수 있는데, 대상과의 상호관계의 결과로 획득한 자기에 대한 이미지라고 할 수 있다. 혹은 신체와 정신 조직을 포함한 한 개인의 전체성을 가리키는 말이기도 하다(미국정신분석학회 편, 372). 저자는 '자기란 그것이 바로 나라고 할 수 있는 모든 것'이라고 생각한다. 위의 정의에서 알 수 있듯이 자기는 대상관계의 결과에 의해 형성된다.

관계에 대한 마틴 부버Martin Buber의 나와 너의 관계, 관계적인 기독교 영성, 페어베언W. R. D. Fairbairn의 대상과의 관계 추구적인 리비도 개념, 하인즈 코헛Heinz Kohut의 자기대상selfobject 개념은 그 접촉점이 두텁다. 그러므로 위의 세 영역을 통합적으로 바라보는 것은 관계에 대하여 새롭고, 확장된 통찰을 얻게 한다.

관계에 대한 통합적 이해

프로이트Sigmund Freud의 고전적 정신분석학은 "리비도libido는 쾌락을 추구한다."라는 명제에서 출발한다. 리비도라는 용어는 개인이 어떤 주제나 대상에게 관심이 집중된 상태나 에너지를 뜻한다. 그래서 그의 이론을 욕동구조모델이라고 한다. 하지만, 대상관계이론은 견해를 달리한다. 대상관계이론 학자 중의 한 사람인 페어베언은 "리비도는 쾌락을 추구하는 것이 아니라, 대상을 추구한다. 쾌락은 단지 대상과의 관계를 위한 촉매자, 인도자 역할을 할 뿐이다."(Stephen A. Mitchell & Mararet Black, 115)라고 했다. 이와 같은 페어베언의 주장에서 알 수 있듯이 대상관계이론은 인간행동의 기본 동기는 쾌락과 긴장해소라는 목적을 충족하기 위해 타인을 사용하는 것이 아니라, 타인들과 관계를 맺고 유지하는 데 있다고 본다.

관계에 대한 관계신학의 이해

마틴 부버의 관계신학relations theology에서는 "태초에 관계가 있었다.

관계야말로 실존의 범주요, 남을 맞아들이려는 준비태세이며, 혼의 틀인 것이다." (O. F. Bollnow, 78)라고 하였다. 부버는 개인의 우위성보다 관계의 우위성을 주장한다. 부버에 따르면, 개성은 개인의 단순한 만남에서 이루어진 것이 아니라, 관계적 경험의 산물이라고 했다. 부버는 관계성은 두 가지 형태를 취한다고 주장한다. 그것은 나와 너, 나와 그것의 관계이다. 여기에서 나와 너의 관계와 나와 그것의 관계의 차이는 대상에 따른 것이 아니라 '나'에 달려있다. 나와 너의 관계에서의 '나'와 나와 그것에서의 '나'는 각기 다른 '나'이다. 나와 그것의 관계에서 '나'는 정서적으로 떨어져 있고, 관련되어 있지 않다. 단지 나는 그것을 수단으로 사용하려 할 뿐이다. 하지만 나와 너의 관계에서 '나'는 정서적으로 연결되어 있고, 나는 너를 돌보며, 너에게 헌신하며, 너와 함께 활기를 주고받는 존재이다. 너를 수단으로 사용하는 것이 아니라 관계 안에 있고, 너의 자율성과 자유를 존중하는 '나'이다. 중요한 것은 대상이 아니라 '나'이다. 왜냐하면 대상에 따라 나는 다른 나로 관계를 맺기 때문이며, 대상을 향한 나의 지향성에 따라서 전적으로 관계의 질이 달라지기 때문이다. 나는 어떤 대상과도 너로서 혹은 그것으로서 관계를 맺게 된다. 부버는 "나는 존재하지 않는다. 다만 나와 너라는 기본어와 나와 그것이라는 기본어 안에 있는 '나'가 있을 뿐이다." (Martin Buber, 1970, 54)라고 한다. 그러므로 나는 항상 대상들과의 관계 속에서만 존재하는 나이다. 이런 견해는 페어베언의 대상 추구적 리비도 이론과도 비슷하다.

나와 너의 만남은 하나의 은총이지 인위적으로 이루어지는 것이 아니다. 내가 너를 향하여 근원적 관계를 추구하는 것은 자신의 전존재를 건 행위 즉, 나의 가장 본질적인 행위이다. 나와 너의 관계에서는 어떠한 개념도, 예비지식도 그리고 어떠한 공상도 뚫고 들어갈 여지가 없다. 회상조차도 단편적인 형태에서 전체적 통일에로 진전할 때에만 나와 너의 관계는 성립된다. 쉽게 말하면, 모든 수단이 다 장애이며, 수단이 무너질 때 비로소 나와 너의 만남이 실현된다. 부버는 나와 너의 사이에서 일어나는 것을 사랑이라고 부른다. 사랑은 결코 나한테 집착해서 너까지도 나의 욕망을 위한 대상으로 만들어버리려 하는 그런 감정이 아니다. 사랑은 나 안에 있는 것이 아니라, 나와 너 사이에 있다. 사랑은 너를 인격으로 보고, 이 세계 안에서 자유롭고 유일한 존재로 너를 본다. 이렇게 너를 볼 때만이 나의 실존을 느끼는 것이다. 미움은 너를 부분적으로 보게 하나, 사랑은 너를 전체적으로 보게 한다. 그렇기 때문에 사랑은 너의 전체를 긍정하게 한다. 부버는 인간의 정신도 너에 대한 응답이라고 본다. 정신도 '나' 안에 있는 것이 아니라, 나와 너 사이에 있다.

부버는 나와 너의 관계와 나와 그것의 관계를 설명하기 위해 예술의 세계를 예로 들었다. 화가는 자연에 마주서서 진정으로 자연을 '너'로서 만나 얻게 된 교감을 어떤 형상과 색채로 표현한다. 예술가 안에 자리 잡은 형상은 작업과정을 통해 작품이 된다. 작품이 된 이 자연은 이미 '너'의 세계가 아닌 '그것'의 세계로 멈추게 된다. 그런데 그것이 된 작품을 이용 가치로만 묶어 둔다면 그때 '그것'의 세계는 썩는 세계로 머물게 된다. '그것'으로서의 작품을 다시 '너'로서 마주할 때 비로소 자유로울 수 있으며, 그 작품은 곧 나 자신이 된다. 그러므로 위대한 문화도 근원적으로는 만남에서 비롯되며, 대상에 대한 나의 응답에 근거한다.

나와 너의 관계는 세 가지 영역에서 이루어진다. 첫째는, 자연과 더불어 관계를 맺는 삶, 둘째, 다른 사람과 더불어 관계를 맺는 삶, 셋째, 창조주를 비롯하여 정신적 존재나 예술과 더불어 관계를 맺는 삶이다(Martin Buber, 1999, 15-16). 첫째 영역의 경우는 모든 피조물이 나와 마주서서 활동하고 있지만, 내게까지 오지는 못한다. 그리고 나는 그러한 것에 '너'라고 말해도 언어의 장벽을 넘기 어렵다. 한 그루의 나무나 자연경관과도 나와 너의 관계로 나아갈 수 있다. 관계 안에 있을 때 그 나무는 '그것'이 아니며, 나에게 활기와 살아있음을 느끼게 만드는 '너'가 된다. 둘째 영역은 다른 사람들과 더불어 관계를 맺는 경우이다. 여기에서는 직접적으로 말이 통하며, 관계는 말의 형태를 취한다. 언어는 말의 주고받음 속에서 연속적으로 완성된다. 그리고 언어로 형성된 말은 상호응답을 하게 된다. 특히 다른 사람은 같은 DNA를 가진 존재이기에 세 가지 영역 중 가장 특별한 관계라고 할 수 있다. 셋째 영역은 창조주와의 관계이다. 여기에서는 구름에 덮여 있으나 스스로 나타나고, 말이 없으나 말을 만들어 낸다. 나는 '너'라는 말을 듣지 못하지만, 그렇게 부름 받고 있음을 느끼며 대답한다.

부버는 모든 관계가 나와 너의 관계 유형이어야 한다고 주장하지는 않는다. 예를 들어, 사람들은 주유소 직원이나 톨 게이트 수금원들과는 단순히 기계적인 관계를 맺을 뿐이다. 그는 내 차에 기름을 넣고 나는 그에게 돈을 지불한다. 톨 게이트에서 일하는 직원은 통행료를 받고 내 차를 통과시키면 된다. 주유원과 관계하는 시간은 5분 내외일 것이고, 톨 게이트 수금원과 관계하는 시간은 5초안에 끝난다. 그것이 문제될 수는 없다. 다만 현대문명사회가 나와 그것의 관계에 너무 많이 연류되어 있어 나와 너로 관계하는 능력을 상실시키는 것이 문제다. 참 영성의 삶을 추구하는 것은 보편적인 사랑을 추구하고 실천하는 것이다. 왜냐하면 예수 그리스도와 성인들은 모든 관계에서 긍휼과 따뜻함을 가지고 나와 너의 관계의 삶을 살았기 때문이다. 그러므로 짧은 순간 맺는 관계에서도 나와 너의 관계는 가능하며, 그것을 추구하는 것이 옳다.

관계에 대한 대상관계이론의 이해

고전적인 정신분석에 따르면, 유아는 어머니가 수유를 통해서 구강적 욕구를 채워주기 때문에 그녀와의 관계가 중요한 관계가 된다. 그러나 그들은 본능의 긴장을 완화시켜주는 데에만 초점을 두기에 대상은 단지 욕동을 채워주는 대상일 뿐이다. 그런 의미에서 보면, 대상은 스스로 욕동충족의 가치를 갖고 있다. 초기 인간존재는 일차적인 자기애로 가득하지만, 발달단계에 따라 자신의 에너지를 타자와의 관계에 투여하게 된다. 성인기에서도 이런 관계가 쾌락 추구와 긴장 완화를 둘러싸고, 구조화된다. 그러나 대상관계이론object relations theory은 그렇게 생각하지 않는다. 대상관계이론의 중심사상은 현재의 인간관계는 이미 과거에 이루어진 관계에 영향을 받는다는 것이다. 즉, 어린 시절 내재화된 대상관계 경험이 그 후 모든 대상과의 관계에서 반복되고 재현된다고 본다. 그러므로 오늘의 나의 감정, 판단과 결정, 행동은 과거 대상과의 관계경험의 산물産物인 것이다. 내재화

Internalization란 아이가 대상들을 자기 나름대로 판단하고 인식하며, 자신의 상상대로 대상을 만들기도 하여, 그 이미지를 마음속 자신의 일부로 갖게 되는 것을 말한다.

대상 그 자체도 내재화되지만 관계의 양상도 내재화된다. 대상관계이론의 중요한 학자인 페어베언은 "리비도적 목적은 대상과의 관계에서 이차적인 중요성만 갖는다. 충동의 만족이 아니라, 대상과의 관계가 리비도적 추구의 궁극적인 목적이다."(W. R. D. Fairbairn, 1954, 60). 라고 말했다. 그의 동기이론의 주요개념은 첫째, 리비도는 쾌락을 추구하지 않고, 대상을 추구한다는 것이다. "대상은 처음부터 본능의 충동 안에 자리 잡고 있다."(R. D. Hinshelwood, 1989, 326, 362)고 보았던 멜라니 클라인Melanie Klein의 수정된 충동이론에서 더 나아가, 원래 리비도 에너지는 대상을 추구하며, 쾌락은 충동의 궁극적인 목적이 아니라, 타자와의 관계를 위한 수단, 혹은 길잡이 역할을 하는 것으로 보았다. 둘째, 충동은 정신구조로부터 분리될 수 없다. 다시 말하면, 에너지와 구조를 분리할 수 없다는 것이다. 프로이트는 19세기 물리학의 영향을 받아 충동을 자아와의 분리된, 방향성 없는 별개의 에너지 덩어리로 간주하였으며, 초자아와 자아는 신체적 또는 정신적 활동을 위하여, 그 에너지를 사용하는 대리자로 여기었다. 하지만, 페어베언은 자아 구조는 에너지를 가지거나 혹은 그 자체가 에너지이며, 에너지는 처음부터 대상을 향하도록 구조화되어 있다고 생각했다. 페어베언이 보기에 자아를 기구로서, 즉 에너지 없는 구조로서 보는 이러한 견해는 원래 에너지화되고, 동시에 구조화된 인간 활동을 언어적으로 왜곡하는 것에 지나지 않는다. 원 본능으로부터 분리된 자아란 존재하지 않는다. 충동은 구조와 대상관계로부터 분리될 수 없으며, 자아 안의 충동은 자아가 대상들과 관계를 맺을 수 있게 해준다. 페어베언은 그의 새로운 동기이론을 주장하는데 그 핵심을 정리해 보면 다음과 같다: 리비도는 대상을 통해 본능적 긴장을 해소하려는 성향보다는 대상 자체에 집착하는 성향이 더 크다. 부모가 어떤 돌봄을 제공하든 아이는 그것을 통해 부모와 관계를 맺는다. 그 후, 이러한 관계 형태는 아이가 타인들과 애착하고 관계를 맺는 유형으로 자리 잡는다. 즉, 유아는 처음부터 타자들을 지향하며, 유아가 관계를 지향하는 것은 생물학적 생존을 위해서도 필수적이다. 유아는 개별적인 유기체가 아닌, 인간 환경과 상호 작용하는 존재이다. 인간의 근본적인 동기가 결국은 타자와의 접촉과 그 관계를 유지하는 데 있다는 것이다.

그러면, 페어베언의 동기이론에서 공격성의 역할은 무엇인가? 페어베언은 임상적 측면에서 공격성이 지닌 중요성을 강조했다. 공격성은 자발적으로 발생한다기보다, 타자와 접촉하고자 하는 일차적 목적이 좌절된 결과 발생하는 반작용이다. 따라서 공격성은 '자연적'인 것이 아니라, 만족스럽지 못한 실패한 대상관계에서 오는 이차적 결과물이다. 페어베언의 체계에서는 공격성이 일차적인 동기는 아니지만 그 임상적 의미가 매우 크다. 어머니-유아라는 단일체가 자연스럽게 발달하는 것을 방해하는 문명의 파괴적인 영향으로 인해 발생하는 강렬한 공격성은, 좋은 대상관계를 유지하기 위해 자아가 해결해야 하는 결정적인 문제이다. 그러므로 인간의 기본 동기를 관계로 보는 페어베언의 이러한 전제는, 친밀감은 물론이고 공격성도 관계를 향한 열망을 표현한 것으로 보게 한다. 즉, 기본적인 동기가 쾌락의 추구가 아니라 타자들과 접촉하고, 그 관계를 유지하려는 데 있다는 것이다. 페어베언에게 있어서 쾌락은 어떤 위치를 차지하는가? 쾌락은 목적에 도달하기 위한 수단이요, '대상에게 가는 길잡이' 일 뿐이다. 유아는 성감대를 통한 다양한 감각적 쾌락 추구 행동을 한다. 이는 타자와 만나고 관계의 양식을 형성하게 하는, 대상에게로 가는 길을 제공한다. 그러므로 성감대는 일차적인 리비도적 목표가 아니며, 다만 대상을 추구하는 데서 좋은 통로 역할을 할 뿐이다(W. R. D. Fairbairn, 1954, 212).

인간의 기본적인 동기는 타자들과 연결을 갖고, 유지하는 것이다. 쾌락은 대상 추구에로 인도하지 않지만, 대상 추구는 쾌락을 제공한다. 쾌락은 목표가 아니라, 만족스러운 관계의 결과일 뿐이다. 참된 쾌락은 일차적인 동기라기보다 이차적인 것이며, 좋은 대상관계의 파생물이다. 충동은 대상을 추구하지 않지만, 대상은 정서적인 반응을 촉발시킨다. 자유롭게 떠다니는 정욕의 에너지가 방출의 기회를 기다리며 저장되어 있는 것이 아니라, 감각적인 타자와의 대인관계적인 만남이 흥분케 하고 리비도를 자극시키는 것이다. 그러므로 페어베언에게 있어 인간의 본성은 처음부터 관계적이다. 삶은 긴장의 감소가 아니라, 연결의 확립을 둘러싸고 구조화된다. 페어베언은 프로이트의 주장처럼 인간은 때때로 긴장의 감소를 추구한다는 사실을 부정하지 않는다. 그러나 쾌락 추구는 그 자체로 목적이 아니기 때문에 그런 모습은 인간본성이 왜곡된 모습이며, 이차적인 또는 타락한 행동이라고 주장한다(J. Hughes, 251). 순수한 쾌락추구 속에도 타자와의 관계성을 열망하는 끔찍한 고독이 도사리고 있기에, 그 안에도 왜곡된 형태이긴 하나 관계성이 내재되어 있다.

인간은 성기적 단계에 도달했기 때문에 만족스런 성관계를 즐길 수 있는 것이 아니라, 성숙한 대상관계 능력을 가졌을 때 비로소 만족스런 성관계를 즐길 수 있다. 성기는 타자와의 밀접한 상호 교류를 위한 가장 강렬하고 적절한 매개물이다. 페어베언의 발달이론에서 가장 중요한 것은 친밀한 상호관계를 맺을 수 있는 능력이다. 따라서 진정한 성기적 기능을 획득했다는 것은 친밀감을 형성할 능력을 갖추었다는 의미이다(Fairbairn, 2003, 257).

대상관계이론에서 보면 리비도는 대상을 통해 본능적 긴장을 해소하려는 성향보다 대상 자체에 집착하려는 성향이 더 크다. 페어베언은 이를 '대상추구적인 리비도'라고 불렀다. 즉, 인간은 본시부터 대상과의 관계를 추구하는 존재라는 것이다. 초기 부모가 어떤 돌봄을 제공하든 아이는 그것을 통해 부모와 관계를 맺는다. 그 후, 이러한 관계 형태는 아이가 타인들과 애착하고 관계를 맺는 하나의 유형으로 자리 잡게 된다.

관계에 대한 홈즈의 영성 신학적 이해

영성에 대한 정의는 영성신학자들마다 그 정의를 달리하고 있다. 하지만 공통적으로 일치하는 것은 영성을 관계경험으로 보는 것이다. 넬슨 떼이어Nelson S. T. Thayer는 "영성이란 역사적, 문화적, 사회적 환경의 영향 아래 체험된 경험"(Nelson S. T. Thayer, 8)이라고 말한다. 즉, "살아본 체험이 영성의 중심"(위의 책, 56)이 된다. 살아본 체험이 영성의 중심이라는 말은 그 사람이 관계를 맺은 대상과의 체현된 경험 안에서 하나님과 관계를 맺는다는 뜻이기도 하다. 특히 홈즈U. T. Holmes는 기독교 영성을 관계경험으로 보고 다음과 같이 다섯 가지로 자세히 설명한다(Holmes, 29-38).

첫째, 관계 형성에 대한 인간의 보편적인 능력이다. 그러므로 영적인 사람, 비영성적인 사람이란 없다. 영성이란 관계성을 향한 개방성이며, 이는 누구나 갖고 있는 보편적인 능력이다. "인간은 사회적 동물, 정치적 동물이다." 라는 말은 인간이 존재하기 위해서는 반드시 공동체 안에 실존해야 한다는 말이다. 인간이 본질상 관계성을 요구하는 생물이라는 사실에서 영성은 시작된다. 영성은 인간이 된다는 것은 타자에 대해 개방적이 된다는 것을 전제로, 각자의 내부에 타자와의 합일을 원하는 타고난 열망이 있음을 주장한다. 이 열망은 에로스라고 알려져 있는데 여기서 애욕적erotic이란 단어가 나왔다. 그런데 이 욕망은 외설적인 감정보다 훨씬 더 심오한 것이다. 이것은 인간 상호간에, 그리고 궁극적으로는 하나님에 대해서 느끼는 기본적인 요구다. 이것은 개인 속에 있는 일종의 에너지이며, 그 본래 목적에서 다소 벗어난다 할지라도 인간의 영성적 열망의 터 닦음이 된다.

둘째, 이러한 사실은 감각 현상을 초월하는 존재와 관계를 맺고자 하는 영성을 기대하게 한다. 과학적 분석은 모든 경험을 숫자로 축소시켜 버렸다. 그 결과 과학은 객관성, 예측, 통제라는 가치를 중요하게 여기게 되었다. 그러나 이러한 가치로서는 인간관계의 신비를 설명할 수 없다. 영성에서 말하는 초월성 경험이란, 자신의 힘으로 이해할 수 있는 것보다 더 위대한 그 무엇에 의해 물질 세계를 초월하여 주어지는 경험이다. 인간의 초월성 경험은 일종의 에너지이다. 인간은 스스로 하나님을 알 수 없다. 다만 초월적 존재가 인간의 유한한 마음과 대면할 때 알게 된다. 하나님은 인간의 본질과 가치의 근원이 되시지만, 인간이 이것을 파악하는 것은 하나님의 에너지가 각자의 경험 세계로 들어올 때이다. 이 초월적 에너지에 대하여 개방하는 것이 영성적인 삶의 특징이다. 초월성은 다른 방법으로는 얻을 수 없는 의미를 포착할 수 있다는 희망이며, 또한 영성은 그러한 의미, 즉 하나님과 관계성을 형성할 수 있는 능력이다.

셋째, 영성은 고양되고 확장된 의식을 갖게 한다. 영성은 '자기 소명의 명확성'에 대한 깨달음과 '전적으로 새로운 의미와 목적의식'을 갖게 한다. 영성은 습득하여 가질 수 있는 것이 아니다. 영성적으로 됨이란 말은 일종의 수용성이요, 기다림이요, 신뢰함이다. 그런 면에서 영성은 능동적인 수동성an active passivity이다. 개인이 하나님을 알 때나 대상의 초월성과 관계를 형성할 때, 그 감각된 결과로서 인식은 고양되고 확장이 된다. 이것의 열매는 더 깊게 관계할 수 있는 능력이다.

넷째, 이것은 그러한 지식의 본체로 인도하며, 이 본체는 항상 역사적이라는 사실로 인도한다. 여기서 '역사적'이란 말은 지식을 담고 있는 내용적 형상이 특정한 시간과 장소의 기능을 담지하고 있다는 뜻이다. 하지만 기독교 영성의 특성은 역사적 성격을 띠고 있지만, 시간적이거나 지리적인 편협성을 초월한다. 예를 들면 예수 그리스도의 십자가 사건은 분명히 역사적이다. 즉, 정확한 시간과 장소가 있다.

하지만 오늘을 사는 우리에게 그 역사는 오늘의 역사이지 이천년 전의 역사에 국한되지 않는다. 역사 안에 순간적으로 제시된 하나님의 자기 동일화the identification of God는 모든 역사 안에서 하나님을 보게 하는 일종의 초청이다. 역사적 예수 안에는 최고 극치의 순간, 즉 우주적 역사를 예기시켜 주는 사건이 있다. 인간은 개인의 역사성 안에서 하나님에 대해서 각기 다른 영성적 경험을 하게 된다. 그러므로 인간 존재는 역사적 상황 가운데서 자기의 영성을 실현하는 존재이다.

다섯째, 영성은 세계 공동체 속에서 창조적 행위를 통하여 드러낸다. 어떤 결단을 내리는 일과 이 결단에서 나오는 행동은 자기 인식의 산물이다. 만약 테니스 게임을 하려 한다면, 먼저 '테니스'라는 종목을 알고 그 규칙을 숙달하여야 한다. 모든 행동은 자기가 선택의 여지를 가지고 행한다는 의미이다. 이러한 행동은 세계를 향한 일종의 투사이다. 그리하여 전에는 몰랐던 일을 알게 된 것이라면 그것은 불가피하게 행동으로 나타나게 된다. 진정한 영성은 사회적 행동과 일치한다. "하나님의 나라가 하늘에서처럼 땅에서도 이루어지이다." 라고 기도할 때 더욱 그러하다. 하나님이 의도하고 있는 대로의 세상을 우리가 볼 수 있고, 알 수 있게 되는 것이 영성의 본질이다. 영성의 성취는 공동체 안에서 하나님 나라를 위한 그 사람의 행위에 의해서 측정된다. 예수께서 열매로 그를 알리라고 말씀했던 것과 같다. 그러므로 영성이란 "대상과의 관계경험을 통하여 인식의 확장과 고양성을 가지고, 하나님의 마음인 긍휼로써 세계 공동체 속에서 창조성을 드러내는 것이다." 라고 정의할 수 있다.

관계적인 기도

기도의 첫째 목적은 소원성취에 있지 않고, 관계성 형성에 있다. 복음서에는 기도의 능력에 대해 확신을 주는 구절들이 있다. 그 모든 말씀은 그리스도를 따르는 자가 하나님과 맺어야 할 관계성를 우선적으로 가리키고 있다(위의 책, 41). "쉬지 말고 기도하라"(살전 5:17)는 바울의 권고는 하나님과의 관계성이라는 맥락을 넓게 확장하고 해석한다. 그러므로 기도란? 우리가 행하는 일이 무엇이든지 하나님을 만나고 알게 하는 원인이 되게 하는 행위이다. 리비도는 쾌락을 추구하지 않고, 대상을 추구한다는 대상관계이론을 기도의 영성에 대입해 보면 새로운 깨달음을 발견한다. 즉, 기도가 소원성취에 목적을 두고 있지 않듯이 리비도도 쾌락추구에 목적을 두지 않고 있으며, 기도의 목적이 관계성이듯이 리비도도 관계성을 추구한다. 기도가 하나님과 진정한 관계 형성을 지향하듯이 리비도의 진정한 목적은 대상추구이며, 그 대상과 관계를 맺고자 함이다. 페어베언이 말한 "리비도는 처음부터 대상을 추구한다."(Stephen A. Mitchell & Mararet Black, 115)는 것을 기도신학과 좀 더 연결해 보자. 기도는 인간을 찾아 관계를 맺고자 하시는 하나님의 사랑의 기선성the loving initiative of God에 입각해 있다(김외식, 320). 하나님의 사랑의 기선성이란? 하나님은 인간과 관계 맺기를 원하셔서 먼저 찾아오신 분이시며 사랑이 그로부터 시작되었음을 말한다.

하나님은 먼저 아브라함을 찾아와 자신을 나타내셨으며 약속하셨다. 야곱이 광야에서 돌베개를 베고 잘 때, 하나님은 꿈 속에 나타나셔서 그에게 말씀하고 축복하신다. 하나님은 애굽에서 고통 중에 있는 이스라엘의 고난을 아시고, 모세를 통하여 해방의 역사를 준비했다. 이러한 하나님의 사랑의 기선성은 예수에게 와서 사랑의 아버지, 아바 아버지로 표현되고 있다. 하나님은 사람이 여러 번 간청해야 겨우 응답하시는 인정 없고, 엄격한 분이 아니다. 우리의 요구를 미리 다 알고 배려하시는 자상한 아버지이다. 그러나 이러한 하나님의 기선성은 인간의 기선성에 대해 배타적이지 않다. 인간은 많은 경우에 있어 자신의 필요와 욕구에 의해 기도한다. 하나님은 이러한 기도도 소중히 여기신다. 그러나 하나님은 이런 기도를 통하여 그의 백성들이 당신과 보다 가까운 관계를 맺기 원하시고, 보다 성숙한 기도의 단계에 이르기를 원하신다.

기도는 하나님이 인간에게로, 인간이 하나님에게로 나아가는 만남의 행위이다. 그 이상도 그 이하도 아니다. 기도는 하나님과 인간의 관계성 안에서 이루어지는 소통이며, 쌍방 통행의 방식을 취한다. 기도란 우리가 행하는 일이 무엇이든지 하나님을 만나고 알게 하는 원인이 되게 하는 행위 전부를 포함한다. 이런 의미에서 분명히 기도의 목적은 소원성취에 있는 것이 아니라 관계 형성에 있다. 전통적으로 기도는 마음의 기도와 발성기도로 구분된다. 하지만 기도는 기도하는 자 편에서 집중하고 있는 지향성의 강도에 따라서도 구분된다. 영적으로 성숙하게 됨에 따라 기도는 자신을 향한 지향에 집중하는 농도가 희박한 방향으로 나아간다. 즉, 온전한 인간관계에서는 상대를 도구적으로 보지 않고, 오직 관계성을 열망하게 되는 것과 같다. 그러므로 리비도가 쾌락의 추구보다 궁극적으로 대상과의 관계를 추구하듯이, 기도도 자신의 욕동인 소원성취에 목적을 두지 말고, 하나님과의 관계성을 추구해야 한다.

'영원한 너'와 '자기대상'으로서의 하나님

마틴 부버의 '영원한 너'

부버는 하나님을 영원한 당신eternal you이라고 부른다. 이 용어로 그가 의미하고자 하는 것은 하나님은 영원한 너라는 것이다. 부버의 중심적인 신학적 명제는 "영원한 당신은 나가 될 수 없다."(Martin Buber, 1970, 160)는 것이다. 하나님은 나와 너의 관계에서만 접근될 수 있을 뿐임을 가르친다. 부버의 하나님 이해는 나와 너의 관계의 연장이다. 그의 주된 관심 중 하나는 그가 영원한 너라고 부르는 하나님과 관계를 가지는 것이다. 더욱이 그가 의도하고 찾고자 하는 것은 사람들과 관계를 가지는 것처럼 하나님과도 하나 되어 살 수 있는 친밀성을 유지하는 것이다(위의 책, 123-124). 부버는 생활 속에서 매일 만나는 순간적인 너는, 영원한 당신에게로 가게 하는 작은 빛의 역할을 한다고 생각했다. 모든 관계의 연장선은 영원한 너에게서 만나게 된다. 모든 하나하나의 너는 영원한 너를 들여다보게 해주는 창문과 같다. 인간은 하나하나의 너를 통하여 영원한 너에게로 나아갈 수 있다.

이 세상에 영원한 당신이라고 부를 수 있는 존재는 없다. 왜냐하면 세상에 있는 모든 너는 죽을 수밖에 없기에 언젠가는 그것이 되어 버리기 때문이다. 하지만 영원한 당신은 영원한 존재요, 스스로 계신

분이시다. 영원한 당신은 그것이 될 수 없다는 사실은 어떻게 인간이 하나님에게로 나아갈 수 있는지 말해준다. 정서적으로 거리가 있는 비관계적인 태도나 취약한 자리에서 하나님을 취급하는 것은 결코 하나님과 관계하는 것이 아니라, 우상과 관계하는 것에 지나지 않는다. 그것은 하나님 자리에 유한한 것을 두는 것이기 때문이다. 따라서 아무리 경건한 철학과 신학이라 하더라도, 부버에게 있어서 그것들은 무신론을 향하는 첫걸음이다. 왜냐하면 그것들은 오직 관계적으로만 만날 수 있는 인격적 존재로서의 하나님이 아니라, 관념 또는 개념적 존재로서의 신에게 접근하기 때문이다. 부버는 말하기를 "인간은 하나님과의 만남에서 수용성을 필요로 하는데 그때 그가 수용하는 것은 어떤 내용이 아니라, 하나님의 현존이다."(위의 책, 158).

부버는 자신의 저서인 『예언자의 신앙』에서 하나님은 "네가 애굽 땅에서 나옴으로부터 나는 네 하나님 야훼니라"(호 13:4)라는 말씀을 통하여 이스라엘에게 대화를 걸어오신 분이시다(Martin Buber, 1977, 49). 이스라엘의 하나님은 앞에 가시고, 그 백성은 뒤를 따라간다. 하나님은 이스라엘을 애굽에서 불러내시고, 인도하시고, 길을 가르쳐주신 분이시다. 그런 면에서 인간과 하나님과의 관계를 신앙의 현실 속에서 파악했는데, 민족 개개인이 하나님께 고하는 자가 되고 하나님은 이스라엘 민족에게 말을 걸어오는 관계이다(위의 책, 10). 이러한 하나님과 인간의 관계는 인간은 하나님께 자신을 호소하고, 하나님과 더불어 변론할 수 있는 대화의 관계이다. 인간은 본질적으로 하나님을 지향하고 있고, 너와 더불어 모든 만남에서 영원한 너를 만나게 되며, 전 존재를 바쳐서 하나님을 신뢰해야 하는 존재이다. 이 관계의 만남에서 하나님은 이 세계의 모든 것 속에 다 하나님이 계시기 때문에 하나님을 찾아 헤맬 필요가 없다고 한다(Martin Buber, 1970, 110). 우리는 타자와 자연과의 만남을 통해서 역사하시는 하나님을 순간순간 만날 수 있다(위의 책, 111). 이 만남은 하나님이 우리에게 응답함으로써 주어지는 선물이다. 그러므로 인간과 하나님과의 관계에서는 그 책임성이 인간의 결단과 책임 속에 있다(Martin Buber, 1966, 16).

사람들은 절대존재를 만났을 때 특별한 경험을 하게 된다고 믿는다. 이러한 관계에서 경험하는 감정적 느낌이야말로 하나님과 사귀는데 있어서 중요한 동기가 된다. 그러나 만남에서 얻어지는 감정적 느낌이 중요하다 할지라도 그 감정은 만남에서 파생되어진 부차적인 것이다. 하나님과의 만남 또는 하나님과의 관계는 영혼에 의해 극단적이거나 모순적인 방법에 의해서만 가능하다. 하나님과의 관계는 감정이나 느낌과는 반대되는 우연 속에서 가능한 것으로 알려져 있다. 하나님과의 순수한 관계 속에서 그에게 의존함으로써 완전히 자유할 수 있다는 것을 경험한다(최한구, 96-97). 부버는 신비주의를 찬양하지 않는다. 왜냐하면 실체, 즉 진정한 삶은 매일의 생활과 느티나무 잎사귀에 비치는 태양 광선속에서 찾을 수 있는 것이지, 영원한 당신인 하나님의 모습은 불가사의한 수수께끼 속에 있는 것이 아니기 때문이다. 생의 본질, 신비의 실체는 인간의 삶과 지식의 한계를 넘어선 무아의 황홀 경지에서 찾을 수 있는 것이 아니라, 오히려 온전한 인간의 생활 속에서 그리고 매일의 삶 속에서 찾을 수 있다.

하나님은 모든 것 안에 계시며, 우리 삶의 일상적인 사건과 장면 속에서, 그리고 인류 역사의 사건들 속에서 자신을 나타내시기 때문에 하나님께 응답할 준비가 되어 있다면, 영원한 당신은 항상 우리들과 가까이 계시는 분이시다.

하인즈 코헛의 '자기대상' 개념과 자기대상으로서의 하나님

코헛에 의하면 인간은 관계 안에서 태어나 거기에서 살다가 죽는다. 그는 "자기는 자기대상의 모체 바깥에서는 결코 존재하지 않는다."(Heinz Kohut, 1984, 61)라고 주장한다. 코헛이 말하는 자기대상은 자기의 응집력, 활기, 힘 그리고 조화로움을 유지할 수 있게 하는 대상을 말한다(위의 책, 1). 코헛은 성숙한 자기대상과 관계할 수 있는 능력의 예들을 다음과 같이 말한다. 친구가 조용히 어깨에 팔을 올려놓을 때 위안을 받을 수 있는 능력, 음악을 들으면서 힘이 나고 고양되는 것을 느낄 수 있는 능력, 반응해주는 자기대상으로서의 청중에게 인정을 얻기 위해 자신의 창조적 산물을 즐겁게 보여줄 수 있는 능력이다(위의 책, 76). 코헛의 이러한 주장은 마틴 부버가 말하는 '나-너'의 관계와 맥락을 같이 한다. 부버와 마찬가지로 코헛에게 있어서도 자기대상은 사람일 수도 있고 음악이나 특별한 문서 혹은 자연경관일 수도 있다. 종교적 전통이 신성한 것으로 인정하는 것들, 예컨대 경전, 나무, 조각물, 음악 등도 자기대상으로 기능할 수 있다. 부버의 주장과 마찬가지로 어떤 것이 자기대상이 되는 것은 대상의 성질 때문이 아니라, 그 대상과 특정한 방식으로 관계할 수 있는 개인의 능력 때문이다. 코헛은 자기대상의 경험을 주변에서 끌어올 수 있는 능력에 따라서 사람의 정서적인 성숙도를 판단한다.

반영적 자기대상mirroring selfobject, 이상화 자기대상idealizing selfobject, 그리고 쌍둥이 자기대상twinship selfobject을 경험할 수 있는 기회를 많이 가진 사람은 자신의 본능을 조절할 수 있는 능력을 갖추게 되고, 동시에 안정된 정서 상태를 유지할 수 있다. 자기와 자기대상과의 관계는 자긍심의 기초가 되며, 타인에 대한 사랑 감정의 토대가 된다. 자기대상은 "이상화된 힘과 고요함의 원천으로서 본질적으로 그와 같으면서 고요히 그의 곁에 현존하며, 그의 내적 생활을 붙잡을 수 있도록 해 준다."(위의 책, 52). 자기대상과의 관계를 통하여 한 개인은 자신의 전생애에 걸쳐서 자기대상과 연결된다. 그리고 자기대상과 맺은 관계 경험은 시간과 공간 안에서 응집력이 있고 조화롭고, 굳건한 존재로서 자기감을 갖게 해준다(위의 책). 생존에 산소가 필수적인 것처럼, 아동의 심리적 생존을 위해서는 타자와의 관계가 필수적이다. 자기는 아기의 타고난 잠재력과 아기에 대한 부모의 기대가 만나는 지점에서 출현한다(Heinz Kohut, 1977, 99).

유아에게 있어서 자기대상은 한 사람이 성숙하면 스스로 담당하게 될 그의 정신구조의 기능을 유아 시절에 대신 맡아주는 사람을 말한다. 유아는 대상이 수행하는 것을 심리적 기능으로 경험하지, 대상의 특정한 인격적 성품을 경험하지 않는다. 아직 자기에 대한 감각이 희미한 유아는 양육자가 자기의 일부분으로 경험된다. 대상이 기능을 제대로 수행할 경우, 유아는 대상이 자기 손과 발의 하나거니 하면서 자기 몸의 한 부분으로 융합된 상태로서 대상을 경험한다. 따라서 양육자가 자기대상으로서의 기능을 수행하지 못하는 경우, 유아는 건강한 심리구조를 형성하기 어렵다. 코헛은 자기로 경험되는 대상들을

'자기-대상들'이라고 했으며, 1978년 10월 29일 어네스트 이라 월프 E. Ira Wolf의 집에서 '-'을 떼어내고 '자기대상'이라고 했다. 이는 대상이 자기와 분리된 존재로서 경험되지 않는다는 생각을 강조하기 위해서이다. 심리적 구조는 전에 자기-대상들이 수행하던 기능, 즉 마음을 진정시키고 긴장 조절 및 적응 기능들이 내재화된 것이다. 이 구조는 이상화된 옛 대상에게 투여된 자기애가 점차 철회됨으로 발달된 것이며, 자기-대상이 부재함에도 불구하고 심리적 기능을 계속해서 수행할 수 있게 한다.

아동의 초기 심리구조는 자기대상의 발달된 심리구조와 융합된다. 그렇게 해서 아동은 자기대상의 감정 상태를 경험한다. 아동은 촉감, 목소리의 음조 등 다양한 수단을 통해서 자기대상의 감정을 마치 자신의 것인 양 느낀다. 자기대상은 유아의 욕구에 공감적으로 반응해 줌으로써 자기가 발달하는 데 필요한 경험들을 제공해 준다. 아동은 자기애적 욕구에 따라 자기대상과의 관계에서 두 가지를 요구한다. 그것은 과대적 자기와 이상화된 부모원상이다.

첫째, 자기대상은 아이의 과대주의와 과시주의의 욕구에 대해 공감적인 반응을 제공한다. 아이는 자신이 대단한 존재이며, 그러한 자신의 존재를 다른 사람들에게 드러내고, 주목받고 관심과 인정과 찬사를 받고자 하는 자기애적 욕구를 가지고 있다. 부모는 이에 대해서 긍정적인 반응을 제공하고 충분한 찬사를 제공함으로써 아이로 하여금 과대주의와 과시주의의 욕구가 충족되는 경험을 갖게 해야 한다. 이러한 자기애적 욕구가 충족되는 동안 아이의 자기는 힘 있고 자신 있고 가치 있는 존재로 경험되며, 이런 경험을 통해서 초기의 응집력

없던 자기는 차츰 응집력을 지닌 자기로 변형된다. 또한 이러한 경험 속에서 원시적인 과대주의와 과시주의는 차츰 길들여지고 조절되어, 보다 현실적인 요소를 받아들일 수 있는 긍정적인 자기감 또는 자존감으로 성숙해 간다. 그러나 이러한 초기의 과대주의와 과시주의가 공감적인 반응을 얻지 못하면 자기애적 상처가 되고, 고착이 발생한다. 이렇게 개인의 과대주의와 과시주의가 발달과 성숙의 과정을 거치지 못하고 원시적인 형태 그대로 남게 되면, 그의 자기는 충분한 응집력이 없는 파편화되기 쉬운 취약한 자기로 남게 된다.

둘째, 자기대상은 자신을 이상화시키는 아이의 시도를 수용해 주고, 이상화된 대상으로서 아이를 과도하게 실망시키지 않으면서 관계를 맺어야 한다. 이상화 자기대상 경험을 통하여 아이는 부모를 이상화하고, 그 이상화된 대상으로부터 보호받고 긍정 받는 경험에 기초하여 현실에서 불가피하게 경험되는 결함과 좌절에 직면해서 무력감과 공허감을 느끼지 않고 강한 힘을 느낄 수 있게 된다. 그는, 이러한 이상적인 자기대상들과의 연합이 유지되는 한, 강하고 충만하고 안전함을 느낀다. 뿐만 아니라 이 이상화된 부모상과 자기를 동일시하게 되고, 차츰 그 이상화된 부모상을 내면화하여 자기 이상으로 삼게 된다. 이 자기 이상은 인생을 살면서 보다 가치 있고, 보다 높은 이상을 추구하며 살 수 있도록 하는 원동력이 된다. 그러나 이상화의 시도가 좌절되거나 그러한 기회를 갖지 못하게 되면 아이는 결국 자아 이상을 형성하지 못하고 인생을 목적의식 없이 낭비하며 살게 된다.

자기심리학에서 보면 하나님은 인간의 자기대상이다. 하나님은 전능하며, 사랑이 충만하시며, 완전하게 반사하는 부모로서 경험될 수 있다. 코헛은 이상화된 부모상과의 관계는 진실한 그리스도인이 하나님과 맺는 관계에서 그 유사점을 찾을 수 있다고 주장한다(Heinz Kohut, 1971, 27). 즉, 약하고 겸허한 신자가 융합하기를 원하는 완전하고 전능한 하나님은 아주 오래된 전능한 자기대상, 이상화된 부모상과 일치한다는 가르침이다(위의 책, 106). 나아가서 개인의 자기대상이 되시는 하나님으로부터 나오는 이상화된 신성의 현존에 대한 환각적 마법hallucinatory conjuring은 그 개인에게 탁월한 용기와 힘을 부어주는 원천으로 작용한다(Heinz Kohut, 1984, 76).

기독교는 처음부터 관계적 종교이다. 기독교 신앙 안에서는 인간뿐만이 아니라, 이 세계 전체가 창조주이신 하나님과의 관계 안에서 정의되고 이해된다. 즉, 기독교 신앙의 기본 전제는 그 분을 통해서 만물이 지음 받았으며, 그분 안에서 만물이 살고 있음에도 그분은 피조물을 초월해 계시는 전적 타자로서 존재하시며, 동시에 피조물과의 관계성 속에 있다. 이처럼 인간 존재와 삶 자체를 관계적 모체로부터 떠나서 생각할 수 없는 기독교 신앙의 세계관은 그 근원적인 차원에서 코헛의 자기심리학과 궤를 같이하고 있다. 우리는 창세기에서 전능한 창조의 능력으로 만물을 지으시는 하나님의 역사를 읽는다. 하나님은 인간을 자신의 형상대로 지으시고 인간 안에 자기의 가치를 불어넣으셨을 뿐만 아니라, 인간을 바라보며 감탄하고 칭찬하시며 복주기를 원하신다. 이러한 창조 이야기는 코헛이 말하는 자기의 탄생과정에 대한 서술로도 읽을 수 있다. 아기의 자기가 자신을 감탄하는 눈빛으로 바라보고, 긍정해 주며, 찬사를 보내는 부모를 경험함으로 자기의 탄생과정을 시작하듯이, 인간의 첫 경험 속에도 창조주 하나님의 긍정적인 눈빛과 찬사가 담긴 축복이 있었다(창 1:31). 이것은 인간과 하나님 사이의 관계에만 해당되지 않고 하나님과 피조 세계, 인간과 피조 세계 그리고 남녀 사이에도 마찬가지로 해당되는 진실이다. 남자와 여자가 서로를 바라보며 "그대는 나의 살 중의 살이요, 뼈 중의 뼈"(창 2:23)라고 감탄어린 소리를 발할 때, 그것은 무엇보다도 인간의 성性이 철저하게 관계적임을 확인시켜 준다.

이 맥락에서 하나님은 무엇보다도 인간을 위한 자기대상이시다. 인간을 사랑하시되 독생자를 주시기까지 사랑하신다는 하나님의 사랑은 이러한 인간을 위한 자기대상으로서의 하나님의 속성을 말해준다. 물론 우리는 하나님의 사랑 안에서 양육 받고 강건해지고, 성장해야 한다. 그러나 그 성장과정은 결코 하나님의 사랑을 필요로 하지 않는 경지에 도달하는 것을 의미하는 것이 아니다. 아니 오히려 더 하나님께 가까이 나아가고, 하나님 앞에서 단순하고, 어린 아이 같은 심정이 되는 것을 의미한다. 하나님은 우리의 기도를 들으시고, 응답하시는 분이다. 기도를 통해서 우리는 자기 대상으로서의 하나님과 관계 맺고 있는 것이다. 창세기가 계속해서 보여 주고 있는 인간의 타락과 원죄에 관한 이야기는 자기대상으로부터의 갑작스런 단절과 상처 입은 자기가 드러내는 병리적인 모습과 연결된다. 창조주와 피조물 사이의 사랑의 관계를 깨뜨리고, 자신이 하나님처럼 되고자 하는 교만은 자기애적 병리가 드러내는 교만하고, 거만한 인간의 모습이다. 물론 여기에는 문제의 근원을 바라보는 시각에 있어서 근본적인 차이가 있다. 창세기가 증언하는 관계의 파괴는 인간의 교만에 그 원인이 있는 것으로 묘사되는 반면, 코헛은 관계 파괴의 원인이 자기대상의 실패에 있다고 본다.

이러한 원인론에 대한 시각의 차이에도 불구하고, 그에 따른 결과나 파괴된 관계의 회복 과정에 대한 서술에는 커다란 공통점이 존재한다. 타락에 따른 직접적인 인간의 반응은 수치심과 공포였다. 이것은 어린 아이의 과시주의가 반영되지 못한 채로 노출되었을 때 아이가 느끼는 첫 반응이기도 하다. 타락의 두 번째 반응은 책임의 전가였다. 아담은 하와에게 그리고 하와는 뱀에게 각각 책임을 전가했다. 심리학 용어를 사용해서 말한다면, 이들은 각자 투사를 사용하여, 상처 입은 자기가 느끼는 수치심과 공포를 방어했던 것이다. 이 방어적인 투사는 점점 편집증의 구조를 형성하게 되고, 거기에는 의심과 박해 불안, 그리고 증오의 분위기가 가득하게 된다. 인간의 자손은 뱀의 머리를 칠 것이고, 뱀은 인간의 뒤꿈치를 물것이며, 하와는 해산의 진통을 겪게 되고, 땅은 엉겅퀴를 낼 것이라는 저주 속에 담긴 내용이 바로 이런 것들이라 하겠다. 기독교의 구원에 관한 교리는 철저하게 관계론적으로 구성되어 있다. 하나님과 인간, 인간과 인간, 그리고 인간과 자연 사이의 깨진 관계를 회복하는 것으로 되어 있다. 이 같은 구원의 길로 들어서기 위해서는 인간의 결단이 요청되는데, 그것이 바로 회개이다. 이 회개의 과정은 자기심리학적 관점에서 볼 때, 한 개인이 자기의 핵심 안에 깊은 부조화와 파편화의 위협이 있음을 인식하고 치료과정을 시작하는 것과 같다. 그는 자신이 연약한 존재이며, 스스로는 자신을 구원할 수 없는 무력한 존재임을 인정해야 한다. 이것은 그 동안 자신이 세워 놓은 방어체계들을 포기하고, 새로운 자기 대상과 신뢰와 의존의 관계를 시작해야 한다는 뜻이다. 기독교 구원교리에서 기독론은 중심적 위치를 차지한다. 그리스도는 하나님과 인간 사이의 단절되었던 관계를 회복시켜 주시는 중재자이다. 뿐만 아니라, 그리스도는 인간 현존재의 죄 된 모습과 하나님이 창조하신 대로의 인간성의 모습 모두를 보여주는 거울의 기능을 갖는다. 그리스도를 바라볼 때, 자신의 죄 된 모습을 깨닫게 됨과 동시에 자신이 앞으로 되어야 할 참된 모습이 어떠해야 할지 또한 알게 된다. 따라서 그 분은 우리가 날마다 바라보고, 배우며 닮아가야 할 모델인 것이다. 그리스도를 닮아가는 과정은, 코헛이 자기심리학에서 '변형적 내면화transmuting internalization'라고 부르는 것과 비슷하다. 변형적 내면화란 내재화의 과정으로, 아이의 자기 속에 자기대상의 한 측면이 깊이 연결되는 것을 말한다(Michael St. Clair, 142). 이는 현실에서 부딪치는 사건들을 직면하고 좌절과 실망을 견디어 냄으로 자기대상의 기능적 특성들을 내면화할 수 있게 해준다(Stephen A. Mitchell & Mararet Black, 161). 그리스도인들이 주님을 닮아가는 성화聖化의 과정도 현실에서 부딪치는 의심, 자신의 연약함, 좌절 속에서 깊어진다. 코헛의 자기대상 개념을, 힘 주시고 생기와 조화로움과 안전을 공급하시는 하나님 이미지와 연결하여 생각하면, 하나님은 더 없이 좋은 자기대상이다.

성숙한 대상관계와 긍휼의 삶 실천

성숙한 대상과의 관계는 결과적으로 긍휼의 삶을 실천하게 된다. 부버의 나와 너의 관계, 영원한 당신, 페어베언의 대상 추구적 리비도,

코헛이 말하는 자기대상과의 관계경험 등에는 긍휼이 핵심으로 존재한다. 성숙한 대상관계와 영성적 관계는 긍휼을 드러낸다. 왜냐하면 자기대상과의 관계, 나와 너의 관계 속에 있는 사랑을 경험했다면, 긍휼의 마음이 체득될 것이기 때문이다. 궁극적으로 하나님의 마음인 긍휼을 배우게 되고 그것이 자기 안에 스며들기 때문이다. 존 웨슬리John Wesley는 긍휼을 동정심, 부드러운 마음, 특히 이웃을 내 몸처럼 사랑하는 형제애로 보면서 고린도전서 13장의 사랑을 설명한다(John Wesley, 248-256).

연민Pity은 측은히 여기는 것이라면 긍휼compassion의 의미는 '~와 함께 아파하고', '~와 함께 겪고' '~와 일치를 공유하는 것'을 뜻한다. 그러므로 긍휼은 상처가 있는 곳으로 가라고, 고통이 있는 장소로 들어가라고, 그래서 깨어진 아픔과 두려움, 혼돈과 고뇌를 함께 나누라고 촉구한다. 긍휼은 우리에게 연약한 사람들과 함께 연약해지고, 상처입기 쉬운 자들과 함께 상처입기 쉬운 자가 되며, 힘없는 자들과 함께 힘없는 자가 될 것을 요구한다(Henri J. M. Nouwen, 18). 이런 의미에서 긍휼을 바라보면, 긍휼에는 평범한 친절이나 부드러운 마음씨 이상의 것이 관련돼 있음이 분명하다. 그것은 바로 예수 그리스도의 성육신의 정신 안에서 증거될 수 있다. "그는 하나님의 모습을 지니셨으나, 하나님과 동등함을 당연하게 생각하지 않으시고, 오히려 자기를 비워서 종의 모습을 취하시고, 사람과 같이 되셨습니다. 그는 사람의 모양으로 나타나셔서, 자기를 낮추시고, 죽기까지 순종하셨으니, 곧 십자가에 죽기까지 하셨습니다."(빌 2:6-8)라는 말씀은 긍휼을 가장 잘 설명해 주고 있다. 그야말로 예수 그리스도의 삶은 인간과 함께 겪으셨고, 함께 공유하신 것이다. 나아가 인간을 향해서 가장 귀한 선물을 남기셨다. 그 선물은 긍휼에서 시작되고, 긍휼에 의해서 이루어진 것이며, 긍휼에 의해 오늘도 이어지고 있다.

참된 긍휼은 기쁨을 포함하며, 기쁨과 축제는 긍휼을 둘러싸고 있다. 긍휼에서 가장 중요한 것은 연민의 감정이 아니라, 일체감이기 때문이다. 모든 일체감에는 큰 기쁨이 있다. 어려운 상황이라도 일체감만 있다면 그것은 축제가 된다. 축제는 자아, 문제들, 어려움을 잊는 것이다. 버리는 것이다. 긍휼 역시 다른 사람의 아픔을 내 것으로 만드는 공통의 기반을 기억하기 위해, 또 그 고통의 완화를 마음에 그리기 위해서 자아를 버리고, 문제들을 버리고, 어려움을 버리는 것이다. 그러므로 축제 없는 긍휼은 없고, 긍휼 없이는 축제도 없다. 축제를 벌이지 않는 사람은 결코 긍휼의 사람이 될 수 없다(Matthew Fox, 39).

긍휼의 범위는 우주적이다(위의 책, 64-65). "야훼의 긍휼은 그 지으신 모든 피조물에 미친다."(시 145:9)라는 말씀은 하나님의 긍휼은 인간을 넘어서 모든 피조물의 지극히 작은 것에까지 미친다는 것을 가르친다. 왜냐하면 하나님은 긍휼이 넘치고(시 103:11), 긍휼을 사람들에게 베풀겠다고 약속하며(신 30:3), 이 약속대로 구원을 베푸시며(신 13:17), 하나님의 자비는 다함이 없고, 아침마다 새롭기 때문이다(애 3:22). 긍휼은 이타주의가 아니라, 자기사랑과 대상사랑이 하나가 된 것이다(위의 책, 89). 이타주의는 자기를 희생하여 대상을 사랑하는 것을 의미한다. 자신과 타자를 함께 사랑하는 대신, '이타주의'는 자기 자신을 사랑하는 것이 아니라, 대상을 사랑하는 것을 뜻한다. 이것이 오늘날 보편적으로 이타주의를 생각하는 기본적인 관념이다. 하지만,

긍휼은 이타주의가 아니다. 왜냐하면 긍휼이 뿌리박고 있는 온전한 통찰력은, 다른 사람은 나와 다르지 않고 나는 내가 아니라는 깨달음이다. 달리 말하면, 타자를 사랑함으로써 나는 나 자신을 사랑하고 있는 것이며, 나 자신의 가장 좋고 가장 크고 가장 충만한 자기 관심에 몰두하고 있는 것이다. 나의 아픔이기도 하고, 하나님의 아픔이기도 한 다른 사람의 아픔을 덜어주는 데 몰두하는 것이야말로 나의 기쁨이 된다. 오늘날 긍휼은 모든 사람에게 가장 큰 관심사가 되어야 한다. 왜냐하면 지구 공동체의 생존이 문제 되고 있기 때문이다. 긍휼은 다른 사람을 사랑하면서 자신을 사랑하는 것이다. 그것은 사랑과 생존의 가능성을 사랑하는 것이다. 그것은 만물에 스며 있는 그 사랑과 동일한 사랑이다. 이처럼 긍휼은 모든 피조물이 서로 연결되어 있다는 인식에서 태어난 열정적인 생활방식이다. 모든 피조물이 서로 연결되어 있는 이유는, 그들의 창조주가 같기 때문이다.

긍휼은 모든 대상에 대해서 따뜻한 친절과 사랑의 마음과 태도를 갖는 것이다. 사랑에 노출되었다면, 귀하게 여겨지고 가치 있게 돌봐졌다면, 사랑의 빛을 받았다면, 그 빛은 자신의 삶에서 크든 작든 다시 반사될 것이다. 모든 만물은 손 내밀어 긍휼과 상호연결의 풍요로움 속에 거하기를 원한다.

부버는 하나님을 영원한 당신으로 보았다. 그는 매일의 생활과 느티나무 잎사귀에 비치는 태양 광선 속에서 영원한 당신인 하나님의 모습을 찾을 수 있다고 생각했다. 그리고 나-너의 모든 관계경험은 하나님을 영원한 당신으로 경험하도록 이끈다. 코헛은 하나님을 자기대상으로 보았다. 하나님은 전능하며, 사랑이 충만하시며, 완전하게 반영해주는 부모처럼 경험될 수 있다. 하나님은 모든 것 안에 계시며, 우리 삶의 일상적인 사건과 장면 속에, 그리고 인류 역사의 사건들 속에서 자신을 나타내시는 분이므로, 이 영원한 당신은 항상 가까이 계시는 분이다.

인간이 가지는 가장 근원적인 욕망은 누군가가 자신 곁에 항상 있어 주기를 바라는 것이다. 마치 어린 시절 어머니가 동물적으로 강력하게 모성 몰두의 에너지를 자신에게 쏟아 부어 주었던 것처럼…. 정신치료는 홀로 추운 곳에서 떨고 있는 자에게 치료자의 인격에서 배어나는 자비심이라는 봄을 가져다주는 것이다. 상담자가 단지 그의 곁에 굳건히 존재함으로써 내담자는 안심할 수 있고 자기 자신이 될 수 있게 된다. 상담자와 내담자가 서로를 공감하고 속임이 없이 있는 그대로를 드러내며, 진정한 인격적 관계 안에 머무는 것이 정신치료의 핵심이다. 하나님은 언제나 어느 곳에서나 우리와 함께 하시는 분이시다. 그래서 하나님의 이름은 임마누엘이다. 마치 아이를 양육하는 어머니처럼 항상 함께하신다는 뜻이다. 그래서 하나님은 한 개인에게 봄을 가져다주시는 좋은 치료자이다. 인간의 근원적인 욕망인 함께함에 대한 간절한 바람을 온전히 채워 주시는 분이시다.

기독교는 관계적인 종교다. 기독교 신앙에서는 인간뿐 아니라 이 세계 전체가 창조주이신 하나님과의 관계 안에서 정의되고 이해된다. 즉, 기독교 신앙의 기본 전제는 그 분을 통해 모든 만물이 지음을 받았으며, 하나님 안에서 만물이 살고 있음에도 불구하고 창조주는 피조물의 세계로부터 초월해 계시는 전적인 타자로 존재하는 동시에 피조계와 온전한 관계성 속에 계시다는 점이다. 하나님의 이름은 야훼이시다. 이 말은 모세가 하나님에게 이름을 물었을 때 가르쳐 주신 말씀이다. "나는 곧 나다(출 3:14)." 라는 의미이다. 하나님은 스스로 계신다. 그러므로 그 분은 관계성 위에 존재하심과 동시에 모든 피조물들과의 관계성 안에 계시는 유일한 분이다.

2장

아래로부터의 영성과 정신적 은신처 맞닥뜨리기

정신의 변형을 위해서는 끊임없이 자신의 핵심감정을 관상함과 동시에 정신적인 수도修道에 정진해야 한다. 자신의 핵심감정을 관상한다는 말은 아래로부터의 영적인 삶을 추구하는 것이고, 정신분석적으로는 자신의 정신적 은신처隱身處를 회피하지 말고 용기 있게 맞닥뜨리는 것을 의미한다.

오늘날 많은 사람들이 살아있으나 실상은 죽은 사람과 다를 바 없이 무기력하게 살고 있다. 그들은 정신적, 실존적 죽음이 항존하는 가운데 죽기를 바라지만, 그 희망마저 비켜감으로 힘겹게 삶을 이어가고 있다. 또 다른 부류의 사람들은 열정적으로 살기는 하지만, 자신의 진실과 마주하는 것을 회피하고, 병리적인 정신구조에 사로잡혀 자신의 병리를 반복하며 살아간다. 이들에게 있어서 열정은 두려움에 대한 방어일 뿐, 참 자기에서 나온 건강한 열정이 아니므로 이들도 건강한 삶을 사는 것이 아니다. 이렇게 살아있으나 실제로는 죽음에 이르는 끔찍한 병을 앓고 있는 이들에게 절실하게 필요한 것은 아래로부터의 영성을 지향하는 삶과 자신의 정신적 은신처, 즉 병리적인 인격 조직과 맞닥뜨리는 용기이다.

저자는 30대 초반에 강원도에 있는 어느 폭포에 놀러간 적이 있다. 나는 한 젊은 여자가 폭포 옆, 바위에서 놀다가 미끄러져 폭포 아래 깊은 물에 빠져 허우적대는 것을 발견하고 지체없이 물속으로 뛰어 들었다. 그런데 물속에서 죽어가던 그녀는 내가 다가오는 것을 보자 내 목을 붙잡고 늘어졌다. 그래서 두 사람은 함께 물에 빠져 죽을 위경에 처했다. 나는 그 절체절명의 순간에 지혜가 떠올랐다. 그것은 그녀를 안고 몸을 낮추어 밑바닥까지 내려가는 것이었다. 나는 수면 바닥에 비스듬히 놓인 바위를 발견하였고, 그것을 힘껏 박차고 올라와 그녀를 데리고 물에서 빠져 나올 수 있었다. 이 경험을 통해 위기가 닥쳤을 때는 피하지 않고, 아래로 내려가 죽음과 직면하면 살 수 있다는 것을 깨달았다.

에바그리우스 폰티쿠스Evagrius Ponticus는 "만약 네가 하나님을 알고 싶으면, 먼저 너 자신에 대하여 알도록 하라."고 함으로써 자신이 처해 있는 구체적인 죽음의 현실을 아는 것, 나아가 자신의 무의식 세계까지 살펴봄으로써 진정으로 하나님께 나아갈 수 있다고 가르친다(Anselm Grun & Meinrad Dufner, 7). 자신의 노력만으로는 한계를 느낄 때, 혹은 선한 의지를 모두 동원해 보았으나 더 큰 고통 속으로 빠져들 때, 단순히 그 상황에 맞추려고 하거나 회피하는 것은 좋지 않다. 죽음과 같은 막다른 처지에 놓일 때는 이를 직면하여 모든 것을 내려놓고 하나님께 자신을 맡기는 것이 필요하다. 성숙한 영성생활은 위로부터의 영성이 아니라, 아래로부터의 영성을 추구하는 것이다.

윌프레드 비온Wilfred Bion은 "정신은 진실에 노출됨으로써 성장한다."고 했다. 비온은 진실이 진화하는 과정과 진실이 가로막히는 것에 관하여 탐구했다(J. & N. Symington, 2). 진실이 진화하는 과정은 정신의 변형과 성장으로 나아가는 것이고, 진실이 가로막히는 것은 접촉장벽으로 정신이 자라지 못하는 상태, 즉 정신적인 은신처에 머물러 있는 상태를 말한다. 심리치료는 정신적 은신처에 머물러 있는 자에게 담아주기와 담기기라는 공감적인 환경을 제공해 줌으로 자신의 무의식적인 진실의 부상浮上을 바라보게 하여 정신의 변형과 성장을 도모하는 작업으로 이루어진다.

이와 같이 아래로부터의 영성을 지향하는 것과, 현대 정신분석이 가르치는 치료적 과제인 자신의 정신적 은신처를 직면함을 통하여 영성과 정신의 변형 및 성장을 도모할 수 있다. 아래로부터의 영성과 정신적 은신처를 맞닥뜨린다는 것은 각각 영성신학과 정신분석학에서 왔지만 그 개념은 매우 유사하다. 나는 이 두 가지 개념의 내용과 접촉점을 제시할 것이다. 이를 통해 치료적 변형에 대해서 보다 확장되고 통합된 새로운 깨달음을 얻을 수 있다고 생각한다.

아래로부터의 영성을 추구함

아래로부터의 영성을 추구하는 것의 가치

영성적 추구의 경향들을 대별하여 정리하면, 위로부터의 영성과 아래로부터의 영성으로 구분된다. 위로부터의 영성은 이상적 요소들을 제시하고 그것을 실행하려고 노력하는 것으로, 언젠가는 마침내 채워내야 한다(Anselm Grun & Meinrad Dufner, 13). 이는 강박적이고, 능동적인 영성의 형태를 취하는 것이 특징이다. 위로부터의 영성이 지닌 위험은 자신의 힘이나 노력으로 하나님께 이를 수 있다고 여기는 데 있다. 이러한 사람은 결코 자신을 만나지 못하기 때문에 하나님과도 만날 수 없다. 하지만, 아래로부터의 영성은 자신의 고통, 각종 질병들, 상처, 에움길, 무능력, 불안의 실체들을 받아들이고, 그 속에서 하나님을 찾는 것을 의미한다(위의 책, 73). 자신의 내면의 고통, 질병, 상처들에서 도피하거나 두려워하지 않고 아래로 내려가서 그것들과 대화를 나눌 때, 하나님께서 말씀하시고자 하는 것이 무엇이며, 자신의 정신적 은신처 안에 들어 있는 보물들이 무엇인가를 발견하는 것이다(위의 책). 이처럼 아래로부터의 영성으로 내려감으로써 위로부터의 영성으로 나아갈 수 있다. 위로부터의 영성과 아래로부터의 영성이 균형 잡힌 조화를 이룰 때, 삶을 활기차게, 건강하게 영위할 수 있다. 그럼에도 불구하고 오늘날 교회는 위로부터의 영성만을 강박적으로 고집함으로써 관계보다는 신조가 더 우위를 차지하게 되고, 개인의 영적 삶을 딱딱하게 굳게 하는 경화증을 야기시키고 있다. 관계에 기초한 교회는 신조를 제시하고 신봉자를 모집하는 곳이 아니라, 소통과 격려와 힘을 얻는 공동체이다(Leonard Sweet, 43). 예수님이 자신을 낮추어 인간의 몸으로 오신 것과 십자가에서 죽임 당하신 것은 신조와 강령을 주려 함이 아니라, 아래로부터의 영성인 사랑의 관계성을 주시기 위함이다. 아래로부터의 영성은 진실한 자신과 접촉함으로써 진실한 하나님을 만나게 하며, 진실한 기도를 드리게 하며, 겸손과 창조의 삶을 살게 해주는 유익이 있다.

아래로부터의 영성은 진실한 자신과 접촉함으로써 진실한 하나님을 만나는 길로 인도한다. 그림형제의 홀레 부인 이야기는 아래로부터의 영성을 보여주는 좋은 예이다. 주인공 골드마리는 계모에게 학대받는 가여운 소녀다. 골드마리는 큰 길에 있는 한 우물가에서 매일 손가락에서 피가 날 정도로 많은 양의 베를 짜야만 했다. 어느 날, 골드마리는 베를 짜는 데 사용한 피로 물든 실패를 씻다가 우물 속에 빠뜨리고 말았다. 당황한 골드마리는 실패를 건지려고 우물 안으로 내려갔다. 그런데 그곳에서 어머니의 손길을 가진 홀레 부인을 만나 충만한 삶을 경험하게 된다. 골드마리는 아래로 내려감으로써 죽음의 문제를 이겨낼 수 있었다.

진정한 참 자기[1]의 발견은 아래로, 밑바닥으로 내려갈 때 이루어

1) 참 자기란 거짓 자기에 반하는 용어로 대상관계이론의 중요한 개념이다. 참 자기는 건강하고 정상적으로 기능하는 일관성 있는 구조를 지닌 자기를 가리킨다. 참 자기는 다양한, 심지어 상반된 자기 이미지들까지도 수용 조정하는 능력이 있고, 혼란을 해결할 수 있으며, 삶의 다양한 양상을 통합하여 하나의 전체성을 형성하게 한다. 참 자기는 자신의 많은 행동에 동기를 부여하고 또 그 행동을 계속 옳은 방향으로 인도하는 안내 시스템 역할을 한다(미국 정신분석학회 편, 372-374. James F. Masterson, 2000, 47).

진다. 자신의 충일한 삶을 위한 새로운 샘을 발견하기 위해서는 반드시 아래로 깊이 내려가야 한다. 말라버린 텅 빈 자신의 삶을 새롭게 변형시키기 위해서는 아래로 내려가야만 한다. 변형을 가져다줄 수 있는 곳은 의식의 세계가 아니라, 오직 깊은 무의식적 자기를 만날 때 이루어진다. 아래로 내려가는 길은 신뢰, 자신을 믿고 내맡기는 것, 자신을 내놓는 것, 일이 생겨나도록 그냥 두는 것 등을 거치게 된다(Anselm Grun & Meinrad Dufner, 7). 사실 이 길을 갈 수 있는 것은 자신 스스로의 의지와 노력에 의한 것이 아니라 하나님의 인도하심으로 가능하기에 수동적 영성에 속하는 길이다. 단지 인간은 하나님을 향해 이러한 영성을 갈망하고, 수용적인 자세를 취할 뿐이다. 오직 생명의 소리를 듣고 순종하는 사람만이 아래로부터의 깊은 그곳에서 생명의 빛을 발견할 수 있다.

아래로부터의 영성은 자기 스스로가 지닌 가능성의 한계를 깨닫고 하나님과 인격적인 관계를 추구하게 한다. "육체적으로 죽임을 당하셨으나 영으로 살아나신 예수님은 옥에 있는 영들에게 선포하시니라."(벧전 3:18-19). 초대교회는 성 토요일에 예수님의 땅 속 깊은 곳으로 내려가심에 대하여 묵상했다. 더 이상 내려갈 곳이 없는 지옥과 같은 막다른 곳, 모든 친교가 단절된 곳, 아무것도 더 이상 할 수 없는 곳, 철저히 고립되어 극심하게 외로운 곳, 죽음의 골짜기 속에 있는 바로 그곳, 죽음과 같이 고통스러운 그 순간에 회개가 시작되고, 변화가 일어나고 성장이 일어난다. 왜냐하면 바로 그와 같은 곳에서 자신의 진실과 만나기 때문이다. 아래로부터의 영성은 하나님의 음성을 나의 생각과 느낌, 나의 고통과 질병들 안에서 듣고 있는 그대로의 내 모습을 발견하게 한다.

심층심리학도 아래로 내려가지 않은 사람은 결코 위로 올라갈 수 없다고 가르친다. 칼 융은 자기 내면에 존재하는 어둠 속으로, 무의식의 세계로, 어두운 저승의 세계로 내려감으로써 하나님께 나아갈 수 있으며, 자아는 그곳에서 하나님의 충만한 은총을 받아 다시 위로 올라올 수 있는 것이라고 했다(위의 책, 56). "그림자를 간과하거나 억압하는 것, 혹은 자아의 그림자와 동일시하는 것은 정신의 해리로 유도될 수 있다."(Yahwe Aniella 편, 522)라는 융의 주장과 같이, 정신증 환자처럼 병리가 깊은 사람들일수록 자신의 그림자를 회피하거나 억압하거나 그것과 동일시되어 있는 정도가 강하다. 그러므로 자신의 어두운 그림자와 용기 있게 맞서는 것은 변형을 위한 기초가 된다. 칼 융은 "그림자상은 주체가 인정하지 않는 것, 그리고 항상 되풀이해서 직간접적으로 들이닥치는 모든 것을 인격화한다. 그림자상은 열등한 성격경향과 그 밖의 상용될 수 없는 경향들이다."(위의 책)라고 했다. 그림자는 평생 자신을 따라다니면서 항상 같은 패턴으로 되풀이됨으로써 자신의 인격의 일부가 된다. 병리적 반복은 외상적 과거가 강박적으로 회귀하는 것으로서 증상이나 충동적 행동으로 현재에 터져 나오는 것이다(J. D. Nasio, 39). 이와 같은 무의식적 반복 패턴에서 벗어나기 위해서는 자신의 자아에 드리워진 어두운 그림자의 세계, 즉 자기 무의식의 어둠 속으로 내려갈 수 있는 용기를 가지고 반복적으로 되살릴 때 자신의 진실과 조우하게 된다. 진실한 자신과 접촉될 때 하나님과 인격적인 관계도 맺을 수 있게 된다.

아래로부터의 영성은 인격적 만남을 통해 참된 기도의 시간을 갖도록 이끌어 준다. 참된 기도는 덕행에서 나오는 것이 아니라, 곤궁의 심연에서 우러나오기 때문이다(Anselm Grun & Meinrad Dufner, 9). 인간이 견디기 힘든 일 중에서 외로운 것, 사랑받지 못하는 것, 곁에 아무도 없는 것이야말로 가장 큰 고통이다. 모두가 자신의 곁을 떠나고 홀로 남겨져 황량한 거리에 고독하게 있을 때, 실존적 곤궁의 심연에 빠진 바로 그 순간에 하나님을 향한 진실한 기도가 나온다. 자신에게서는 의로움이나 온전함을 찾지 못할 때, 사도 바울처럼 "내가 원하는 바 선은 행하지 아니하고 도리어 원하지 아니하는 바 악을 행하는도다. 오호라 나는 곤고한 사람이로다. 이 사망의 몸에서 누가 나를 건져내랴."(롬 7:19-20) 탄식하며 진실어린 기도를 고백하게 되는 것이다. 하지만, 바울은 자신의 진실과 접촉한 후에 "내가 약할 그 때에 오히려 강해지기 때문이다."(고후 12:10)라고 고백한다. 자신의 무능과 약함을 아는 것은, 자신의 힘으로 하나님께 도달하려는 유혹에서 벗어날 수 있을 뿐만 아니라 하나님 품에 자신을 맡김으로써 하나님의 은총으로 올바르게 자신을 지탱하고 성장할 수 있는 힘이 된다. 아래로부터의 영성은 자신의 진실과 접촉함으로써 하나님을 진실하게 대할 수 있고, 진실한 기도를 드림으로써 영적 성숙의 길로 나아가게 한다. 아래로부터의 영성은 자신의 마음의 상을 있는 그대로 보고 정직하게 기도를 드리게 한다. 침묵 가운에 '깨어' '현재의 순간'에 머물러 있으면서 마음에 들어오는 어떤 것에도 집착하지 않고 열려있는 상태에서 과거의 기억들, 현재의 현안들, 미래의 일 등 떠오르는 여러 가지 생각, 감정, 이미지들을 있는 그대로 받아들인다. 그리고 이러한 것에 집착하지 않고, 바라봄으로써 자연스럽게 흘러가도록 그대로 두는 열린 기도(권명수)를 드릴 수 있게 한다.

아래로부터의 영성은 겸손의 삶을 추구하게 한다. "그가 올라가셨다고 함은 땅의 낮은 데로 먼저 내려오셨다는 말씀이 아니고 무엇이겠습니까? 내려오신 그 분은 온 우주 만물을 가득하게 채우시기 위해 다시 하늘로 올라가셨습니다."(엡 4: 9-10). 올라가셨다는 말은 먼저 내려오심이 전제가 된다. 그러므로 먼저 아래로 내려가지 않고 올라가는 영성의 길은 없다. 예수는 아래로 내려오시되 가장 보잘 것 없는 베들레헴의 말구유로 내려오셨다. 영광의 하나님이 겸손히 자신을 낮추어 내려오심으로 만물을 구속하셨고, 하늘로 올라가심도 온 우주 만물을 당신의 속성인 사랑으로 가득하게 채우시기 위함이다. 아래로 향하는 영성의 길은 마더 테레사Mother Theresa의 기도처럼 진정으로 겸손의 기도를 드리게 한다. "도와주십시오. 주님! 좋은 결정을 위하여, 거룩한 봉사를 위하여, 이 날을 참으로 새롭게 시작할 수 있는 은총을 주십시오. 지금껏 제가 해온 일들은 제가 한 것이 아니었습니다."(Mother Teresa, 94)라고 고백한다.

융에게 있어서 겸손은 자신의 고유한 어두운 그림자를 있는 그대로 보고 인정하는 용기이다. 자신을 있는 그대로 보고 인식하려면 겸손이 반드시 필요하다. 겸손은 무의식 세계와 관계할 것을 요청한다. 자신의 내면에 자리 잡고 있는 무의식 세계를 거부하여 부수어버리려는 사람은 자신을 과장해 부풀리는 행위에 빠져들게 된다. 융에게 있어서 겸손은 다른 사람을 신뢰하는 능력을 갖기 위한 전제조건이다(Anselm Grun & Meinrad Dufner, 57-58). 자신이 가진 열등한 요소들을 감추려고만 하고, 거기서 헤어나지 못한 채 그 속에서만 살아가는 것은 병리적인 삶을 사는 것이다. 자신이 잘못을 할 수도 있는 불완전한 존재란 것을 인정하지 않는 것은 교만 때문이다. 교만한 사람들은 자기 주변에 담을 쌓고 살기 때문에 다른 사람들과 함께하며 상호 교류하는 자가 될 수 없다.

아래로부터의 영성은 새로운 창조의 길로 인도한다. 예수님은 자신의 죽음을 기다리시면서 제자들에게 내가 죽는 것이 너희에게 유익이다. 내 죽음이 나의 죽음을 넘어서 많은 열매를 맺을 것이기 때문이라고 가르치셨다. 예수님은 자신의 삶의 진정한 열매는 죽음 이후에야 맺힐 것을 아셨기 때문에 "내가 떠나가는 것이 너희에게 유익하다."(요 16:7) 라고 말씀하셨다. 죽음과 같이 어두운 자신의 내면 으로 내려가는 영성은 새로운 깨달음을 얻게 됨으로 열매를 맺는 성숙한 삶을 살게 한다. 예수님은 십자가에 죽으실 때 극도로 연약하셨다. 그분에게 남아 있는 것은 아무것도 없었다. 당시 문화로 보면 실패자로서 최후를 맞이한 것이다. 하지만 십자가에서 죽음을 당하신 순간, 그분의 인생에서 가장 풍성한 열매가 맺게 된 것이다(Henri J. M. Nouwen, 109). 죽음은 인간의 연약함을 보여주는 것이다. 그러나 죽음을 상실로 바라보는 대신 비움을 향한 통로로 보아야 한다. 그 곳에서 우리 마음은 흘러넘치는 사랑의 성령으로 충만해진다. 그것은 극도의 연약함이지만 또한 우리가 열매를 맺는 최고의 순간이다(위의 책, 109-110). 죽음은 새로운 창조를 위한 길이 된다.

테레사가 "여러분과 나는 고귀한 일을 위하여 창조되었습니다. 아무런 목적도 없이 우리가 창조되지 않았을 것입니다. 그 위대한 목적이란 곧 사랑하는 것, 사랑받는 것이 아닐는지요."(Mother Teresa, 32)

라고 했듯이 아래로부터의 영성은 자신이 세상에서 해야 할 유일성으로서의 삶의 목적을 발견하게 하고 사랑을 실천함으로써 창조성 있는 삶을 기대하게 한다. 하나님께 나아가는 길은 자주 궁핍에 대한 체험, 힘이 센 낯선 존재들로부터의 위협, 절망, 불의, 고독 그리고 슬픔에 대한 체험을 거칠 것을 요구한다. 이러한 어두운 체험들 안으로 용기를 가지고 나아갈 때 새로운 느낌이 다가오며, 어려움의 끝에서 자신을 지탱하고 자유롭게 하며, 사랑하고 밝혀주는 하나님이 자신을 열어 보여 주신다(Anselm Grun & Meinrad Dufner, 65). 이와 같이 아래로부터의 영성은 한 개인을 성숙으로 인도하지만, 그 길에는 여러 장애물이 곳곳에 도사리고 있다.

아래로부터의 영성을 방해하는 장애물

아래로부터의 영성을 방해하는 첫 번째 장애물은 위로부터의 영성의 가치를 과대평가하고 강박적으로 매달려 있는 것이다. 이는 교만으로부터 나온 자세이다. 현대 그리스도인은 거룩에 대한 인식을 달리 할 필요가 있다. 필립 쉘드레이크Philip Sheldrake는 "거룩은 불완전함뿐만 아니라 심지어 실패에 대한 인식과 수용, 끊임없는 회심의 필요성에 대한 인식과 수용을 요구한다. 거룩은 과정이요, 하나님을 향한 지속적인 운동일 뿐이다."(Philip Sheldrake, S. J., 22)라고 했다. 그리고 그는 위로부터의 영성에 집착하는 위험성에 관하여 다음과 같이 주장하였다. "가장 위험한 영성은 소유所有에 집착하는 것이다. 완덕의 상태에 있다는 것, 혹은 완덕을 하나의 상태로서 이해하는 것조차도 소유에 집착하는 것이다. 이미 도달했다거나 완료되었다고 생각하는 순간, 혹은 언젠가 그렇게 되는 순간이 있으리라고 기대할 때 우리는 하나님으로부터 가장 멀리 떨어져 있는 것이다."(위의 책, 22)라고 했다. 그러므로 아래로부터의 영성적 추구를 방해하는 장애물은 무엇보다도 위로부터의 영성을 추구하며 자신의 능력과 노력으로 완전에 도달하려는 교만함이다.

아래로부터의 영성 추구를 방해하는 또 하나의 장애물은 자신의 욕동을 부정적으로 여기고 억압하려는 태도이다. 인간은 본래 욕동적인 존재임에도 불구하고 자신은 마치 욕동이 없는 존재라거나, 충분히 자신의 욕동을 다스릴 수 있다고 생각하는 것은 진실한 나를 만나는 바른 자세가 아니다. 한 개인의 역동적인 힘은 그의 생명 욕동과 죽음 욕동의 양극성과 그 상호작용에서 나온다. 리비도와 파괴성은 서로 굳게 결합되어 있으며, 리비도는 파괴적인 힘에 종속되어 있다. 하지만, 공격성이 지배하는 악순환의 고리는 리비도의 힘이 기운을 낼 때 풀려질 수 있다. 초기 발달 단계에서 삶의 욕동은 죽음 욕동으로부터 자신을 보존하기 위해 애를 쓴다. 그리고 이와 같은 불가피한 상황이 성적인 발달과 성장을 촉진시킨다(Melanie Klein, 150). 그러므로 한 개인의 삶에는 죽음 욕동과 삶의 욕동이 공존하며, 죽음 욕동은 새로운 발달을 촉진하는 에너지로 사용될 수도 있기에, 죽음 욕동이 주는 파괴성은 생애 초기나 성인의 삶에서 긍정적인 역할을 할 수도 있다. 그럼에도 불구하고 죽음 욕동이 준 파괴성은 고통스럽기 때문에 기억하지 않으려 하고, 직면하지 않으려 한다. 자신에게서 나온 욕동을 있는 그대로 보고 받아들이는 것은 영성생활에 유익하다.

욕망은 인간을 동물적으로 만들고 질서를 붕괴시키며, 사람을 나태하게 만들기도 하지만, 그럼에도 불구하고 그것은 인간의 가장 자연스러운 부분이며, 물 흐르듯이 흐르게 하는 본성의 심연을 보여준다(김병훈). 보스Medard Boss는 "만약 자신의 감각적인 영역, 즉 육체적 감각의 경험, 피조물적이며 동물적인 영역의 지저분하고 더러운 부분, 심지어 똥에 이르기까지 내려가 본다면, 갑자기 아주 다른 어떤 것이 솟아올라온다. 그것은 영적인 것과 관련된 세계, 종교적인 것과 관련된 세계이다. 내가 어떠한 영향도 준 일이 없는데 이러한 현상이 갑자기 생겨나는 것이다."(Bitter Wilhelm, 189)라고 하면서 자신의 욕동을 있는 그대로 바라보고 아래로 내려가는 경험이 새로운 영성적 자각에 이르게 한다고 주장한다.

아래로부터의 영성 추구의 또 다른 장애물은 강박성이다. 위로부터의 영성은 심리적인 강박이 있기 때문에 변증법적인 사고가 어렵고, 모든 것을 그대로 둠과 자기 비움을 불가능하게 한다. 자기 비움은 그리스어로 케노시스κενωσις인데 이는 예수의 신성이 육화를 통해서 비움으로 드러난다는 신학 용어이다. 자기 비움은 참 하나님이시고 참 인간이신 겸손하신 예수님의 인간성의 근본이다(곽승룡, 95). 하지만, 현대 그리스도인들은 자기 비움의 영성은 실패자들의 한심한 처신으로만 생각하고, 오직 위를 향해 나가는 것, 성공하는 것, 사회적으로 더 많이 가지는 것의 가치를 더 높이 평가하기 때문에 아래로부터의 영성을 추구하기가 어렵다. 현대 그리스도인들은 있는 그대로 자기를 두지 않고, 위로 올라가려는 마음에 기인한 강박적인 법칙들 안에 자기를 묶어 두기 때문에 진정한 자유가 없다. 이처럼 아래로부터의 영성을 과소평가하고 위로부터의 영성만을 이상적으로 취급하는 것, 자신의 욕동을 부정적으로만 여기고 직면하지 않는 것, 강박성에 사로잡혀 있는 것 등은 모두 아래로부터의 영성생활을 방해하는 요소이다. 나는 아래로부터의 영성 생활을 위한 몇 가지 방안을 제안한다.

아래로부터의 영성생활을 위한 방안

알셀름 그륀Anselm Grun은 아래로부터의 영성을 실천하는 방법론으로 자신의 생각들, 느낌들과 대화를 하라고 한다. 하나님은 한 개인의 느낌과 고통을 통해 그에게 말씀하신다. 이러한 하나님의 음성을 주의 깊게 듣는다면, 우리는 그 음성을 통해서 하나님께서 우리에게 가지신 정체를 발견하게 되고 새로운 변형을 이룰 수 있다(Anselm Grun & Meinrad Dufner, 78). 자신 안에서 일어나는 부정적인 느낌들에 대하여 당황하고 자신을 부정적으로 판단하는 경우가 많다. 아래로부터의 영성은 나에게 다가오거나 내 안에서 일어나는 모든 고통들, 정서들과 화해하는 것을 의미한다(위의 책). 모든 것이 나를 하나님께 인도하는 도구가 될 수 있다. 나는 바닥으로 내려가서 그것들이 내게 말하고자 하는 것이 무엇인가 사색해야 한다. 아래로부터의 영성은 욕구들을 억압하거나 지배하지 않고 변화시키고자 한다. 아래로부터의 영성은 자신 안에서 욕구들이 일어나는 원인과 그 욕구들이 하고자 하는 최종적인 목적이 무엇인가에 대해 묻는다(위의 책). 영적 삶의 목적은 하나님을 누리는 것fruitio dei이다. 즉, 하나님을 즐기는 것이다. 하나님을 누리고 즐길 수 있어야 자신의 삶도, 누릴 수 있고 즐길 수 있다. 즐기는 것을 거부하는 사람은 하나님에 대해서 아무것도 체험할 수 없다. 참된 자기훈련은 포기와 금욕이 아니라, 참된 인간이 되는 훈련이며, 이것은 잘 즐기는 것을 훈련하는 것이다. 만약 자신에게 슬픔이 있다면, 슬픔을 회피하려 하거나 그것에 사로잡히지 말고 그 슬픔의 밑바닥까지 들어가면 슬픔이 변하여 나에게 달콤한 맛으로 다가올 것이다. 슬픔의 정서와 접촉할 때 슬픔은 유익하게 변하여 자기 삶의 참된 모습을 알게 하고 자신에 대하여 가졌던 많은 환상들을 깨뜨리게 하는 좋은 도구가 된다.

아래로부터의 영성을 추구하는 또 다른 방안은 자신의 꿈을 영성생활에 적용하는 것이다. 프로이트는 꿈을 이상한 정신활동으로 생각했고 꿈을 통해 환자의 신경증을 찾아갈 수 있다고 믿었으나, 융은 꿈을 정상적이고 창조적인 무의식의 표현으로 보았다. 융에 의하면, 꿈의 기능이란 "전체적인 정신적 평형을 미묘한 방법으로 재정립시켜 주는 꿈의 자료를 만들어 냄으로써 우리들의 심리적 균형을 회복시켜 주는 것"이라고 했다(Carl Jung, 34). 융은 의식에 알려져 있지 않은 내적 진실을 나타내는 보상기능으로서의 꿈을 생각했다. 융은 꿈을 어린 아이 때의 성적 소원을 갈구하는 형태로 생각하지 않고, 꿈 꾼 사람의 과거 영유아기적 환상보다는 현재 생활 상황을 더 강조했다. "꿈의 상징은 그 꿈을 꾼 사람과 분리해서 생각할 수 없고, 어떠한 꿈이든 일정한 해석이나 규격화된 해석은 있을 수 없다."(위의 책, 38)라고 했다. 그는 또한 그 근원이 개인적이기보다는 집단적인 많은 상징들을 보고했으며 이러한 집단적인 상징을 집단무의식의 원형으로 보았다.

월프레드 비온은 무의식적인 깨어있는 사고인 꿈꾸기는 존재의 필수 요소라고 생각했다. 만약 환상이 없고 꿈이 없다면, 인간은 자신의 문제에 대해 생각할 수단을 갖고 있지 않는 것으로 여겼을 만큼 꿈을 중요하게 취급했다(James S. Grotstein, 45). 꿈은 자신의 밑바닥 아래를 있는 그대로 보여주는 하나님의 선물이다. 하나님께서는 꿈을 통해 우리의 영혼에 에너지를 더 풍부하게 공급해 주신다. 꿈은 하나님께서 우리에게 주시는 은혜이다. 그러므로 이 은혜에 감사하는 마음으로 우리는 꿈 해석을 통해 변화된 자기 자신을 하나님께 드려야 한다(Louis M. Savary, Patricia H. Berne, Strephon Kaplan Williams, 19). 꿈의 내용에 나타난 자신의 진실한 모습 그대로를 바라보고 하나님께 겸손히 자신을 맡기는 기도를 드리는 것이 아래로부터의 영성을 실천하는 좋은 방안이다.

아래로부터의 영성을 실천하는 또 다른 방안은 자신의 죽음을 준비하면서 죽음을 맞닥뜨리는 것이다. 그리스도인들은 자신의 생명이 다하여 죽음을 마주 대할 때 하나님 나라의 상속자로서의 자유를 주장함으로써 죽음이 어떤 힘도 행사하지 못하도록 해야 한다. 나아가 매일의 삶의 현장에서 혹은 자신의 내면에서 일어나는 죽음의 순간들은 맞닥뜨려야 한다. 이러한 작은 죽음, 즉 상실의 고통을 직면할 수 있는 용기는 육체적인 죽음도 평온하게 맞아들이게 한다. 그러므로 우리는 자신의 실존적 죽음과 친해지는 것뿐만 아니라, 생명이 다하여 하나님께로 돌아가는 죽음과도 친해져야 한다. 자신의 죽음에 대해 우울함이 아니라 열린 마음으로 말할 수 있어야 하며, 자신의 공동체와 가족, 친구들에게 지상의 삶이 끝날 때까지 함께 그 길을 동행하는 동행자가 되어야 한다(Henri J. M. Nouwen, 116-119).

또 다른 실천방안은 공동체를 통해 아래로부터의 영성의 삶을 실천하는 것이다. 존 웨슬레는 개인과 공동체의 연합을 소중히 여겼다. 개인은 하나님과 자신의 관계에 대한 책임을 가지고 홀로 하나님 앞에 서있는 동시에 믿음의 공동체의 일원으로 하나님 앞에 세워진다. 믿음의 공동체는 개인에게 속죄의 기도자로서 기도할 수 없다. 반면에 그들은 하나님을 찾는 한 개인의 회개와 도움을 위해 기도할 수 있다. 그러므로 인간의 하나님과의 관계는 언제나 개인적이면서도 공동체적이다. 그렇기 때문에 그리스도인은 육신적으로 감정적으로 영적으로 병들었을 때 믿음의 공동체와 이 고통을 나눌 수 있는 특권이 있다. 그리고 믿음의 공동체는 개인을 돌볼 책임이 있다(John Kie Vining, Edware E. Decker Jr., 21). 이처럼 공동체는 서로의 아픔으로 함께 내려가 삶을 나누어야 한다.

정신적 은신처는 정신분석적 개념이지만 아래로부터의 영성과 매우 유사한 개념이다. 이 두 개념의 내용과 접촉점에 관한 연구는 각각의 개념을 보다 새롭고 확장된 시각에서 볼 수 있게 한다. 이제 정신적 은신처에 대한 개념과 정신적인 변형과 성장을 위한 방안에 관하여 살펴보자.

정신적 은신처 직면

정신적 은신처 개념

후기 클라인학파 학자인 존 스타이너John Steiner는 임상경험을 통해 환자들이 분석가와의 접촉을 피해 특정한 상태로 은신하는 것을 목격했는데, 이는 숨을 수 있는 일종의 장소로서 종종 환자들에게 공간적으로 경험되기 때문에 정신적 은신처psychic retreats라고 불렀다(John Steiner, 10). 그는 환자가 뱀이 굴에서 조심조심 모습을 드러내듯이 은신처로부터 나오다가, 자신의 진실과의 접촉이 고통이나 불안을 초래할 때마다 특이한 형태로 방어하는 것을 관찰할 수 있었다. 자신의 진실과의 접촉을 방해하는 장애물과 치료의 진전과 성장을 방해하는 장애물이 서로 연관되어 있음을 환자들은 대개 알고 있었다. 이러한 현상은 모두 환자가 불안을 피하기 위해 동원하는 특정한 방어조직 때문이다. 스타이너는 이러한 방어조직을 지칭하여 병리적 인격조직pathological organizations of the personality이라고 하였다(위의 책, 16). 병리적 인격조직은 환자가 자기와 대상의 어두운 그림자, 그리고 현실과의 접촉을 회피함으로써 불안을 피할 수 있는 방어체계를 가리킨다. 정신심리치료는 분석가의 담아주는 공감적인 환경 속에서 정신적 은신처에 머물러 있는 자들이 자신의 병리적 인격조직의 황폐함을 있는 그대로 바라보게 함으로써 정신의 변형과 성장을 도모하는 작업으로 이루어진다. 그렇기 때문에 정신적 은신처 개념은 모든 정신심리치료

학파들의 핵심 개념이다.[2)]

병리적 인격조직은 관계에 대한 욕구가 충족되지 않는 시점이 생애 초기일수록, 그러한 경험이 지속적이고 황폐할수록 파괴성이 더욱 커지게 된다. 어린 아동들에게는 어른들처럼 심리적 자원들이 없기 때문에 미숙한 아이의 자기는 이러한 환경을 담아낼 수 없다. 자신을 도와 줄 사람은 아무도 없고, 생존한다는 것이 위협적으로만 느껴진다면 아동은 얼어붙고, 철수하고, 부인하며, 고통스런 정서를 보다 견디기 쉬운 어떤 것, 즉 정신적 은신처 속으로 들어감으로써 일시적이나마 안전한 상태에 머무는 법을 배우게 된다(Richard G. Erskine &Janet P. Moursund, & Rebecca L. Trautmann, 31). 아이는 나쁜 내적 대상들이나 박해자를 억압으로써 방어하고 나쁜 대상들을 무의식 속으로 추방하려 한다. 만일 이러한 나쁜 내적 대상들이 통제할 수 없을 정도로 강하여 억압하지 못하면, 다양한 형태의 심리적 병리들이 야기된다(Michael St. Clair, 59). 결국, 아이의 내적 세계는 황폐하게 되고 아이는 자신의 고유한 정신적 은신처를 만들게 된다. 내적 대상[3)]들이 지닌 나쁨의 강도와 충전된 에너지의 강도, 그리고 자아가 그것들과 동일시하는 정도에 따라서 정신적 은신처의 신경증적이고 정신병적인 양상도 다양하다. 정신적 은신처, 즉 내면화된 나쁜 대상들에 의한 이러한 증상과

2) 정신분석학자들뿐만 아니라 인지행동심리치료, 인문주의 심리치료, 가족체계치료학자들도 용어와 이론만 다를 뿐 위에서 설명한 정신적 은신처와 유사한 개념들을 사용한다. 정신심리치료의 목표는 병리적 인격조직을 떠오르게 하여 이를 관찰하고, 조율하고, 관여함으로써 정신적인 변형과 성장을 이루는 데 있다.

3) 대상이란? 사랑과 미움이 투여된 사람, 장소, 사물, 환상 등을 의미하며, 내적 대상이란 정신적 표상, 즉 다른 사람과의 관계에 대한 이미지, 생각, 환상, 감정 혹은 기억들을 말한다(N. Gregory Hamilton, 6).

반응은 결국 환자가 나쁜 대상들로부터 자신을 보호하기 위해 자아 차원에서 행하는 방어들이라고 할 수 있는데 그 종류는 발달 단계에 따라서 각 개인마다 고유한 형태로 형성된다(N. Gregory Hamilton, 2004, 6).

정신적 은신처는 환자의 말이나 무의식적 은신경험에 대한 이미지 혹은 이야기를 부여하는 꿈이나 기억 또는 일상생활의 에피소드와 서사 등을 통해서 노출된다. 정신적 은신처는 마치 도피처나 피난처, 요새처럼 달콤한 안전감을 제공하기 때문에 벗어나기가 어렵다. 환자는 정신적 은신처가 제공하는 안정감 때문에 병리적인 무의식적 반복을 체념하거나 인정해 버림으로써 이것을 쉽게 받아들인다. 혹은 이에 저항하면서도 어쩔 수 없이 받아들여 병리적이지만 안전하기 그지없는 자신의 동굴 속에 안주한다. 환자는 이 은신처가 이상적이든 박해적이든, 정신적인 진실이 노출되어 고통을 받는 것보다는 낫기 때문에 이것이 유일한 대안이라고 여긴다(John Steiner, 16-17). 정신적 은신을 통해 환자는 일시적으로 어떤 평형상태에 도달하고 불안으로부터 상대적으로 자유로워지지만, 이는 자신의 정신적인 성장을 포기한 대가로 주어진 아편과 같은 것이다. 예를 들면, 정신증적인 인격조직은 정신증적 파편화의 공포로부터 환자를 보호하며, 비록 상당한 능력저하를 그 대가로 치르기는 하지만 대신에 일정 기간 동안 환자가 감당할 수 있는 평형 상태를 이끌어 낸다. 그러나 이러한 평형이 안정적으로 계속 유지되는 것은 불가능하며, 환자는 항상 정신증적인 인격조직의 붕괴와 그에 따른 감당할 수 없는 고통을 예견하며 불안감에 사로잡혀 있다. 실제로 환자는 이 평형이 깨어질 때 치료자를 찾고, 자신의 정신증적인 인격조직을 재확립하기 위해서 분석가가 자신의 정신증적인 세력과 연합하도록 투사적 동일시를 통해 그를 끌어당긴다(위의 책, 116). 이처럼 정신증 환자는 정신증적인 인격조직을 갖고 있으며, 이를 통하여 일시적으로 안정을 누리지만 평형은 곧 깨어진다. 하지만 그들은 자신의 병리적인 인격조직을 포기하지 못하고 그것에 매달려 있다.

정신적 은신처 개념과 유사한 개념들을 살펴보면, 안나 프로이트 Anna Freud의 자아 방어기제를 들 수 있다. 방어기제는 기본적으로 한 개인을 불안으로부터 보호하는 자아의 무의식적인 기능이다. 자아가 너무 약하여 적절한 대처 능력이 결핍되었을 때, 그리고 상황 자체가 자신의 힘으로는 감당하기 어려울 때, 개인은 불안을 야기하는 상황을 제대로 처리할 수 없게 된다. 방어기제는 이러한 상황을 자신에게 익숙한 병리적인 방법으로 무의식적으로 처리하게 한다(최영민, 172). 이처럼 자아의 방어기제는 불안에 대처하는 비합리적인 방식이다. 왜냐하면 현실을 왜곡하고, 숨기고, 부정하고 심리적 발달을 저해하기 때문이다. 방어기제의 영향력이 커지면, 방어기제가 자아를 지배하고 자아의 유연성과 현실 적응력을 현저히 감소시키기 때문이다. 그리고 방어에 실패하면, 자아는 의지할 것이 없어지기 때문에 다시 불안에 압도되어 더 깊은 정신적 은신처 속으로 들어가 병리는 더욱 악화된다.

리젠버그 맬컴 Riesenberg Malcolm은 방어가 피학적인 자기징벌적인 형태로 속죄하려는 것에 대해서 서술했다. 환자는 자기징벌에 빠져드는데, 이는 자신의 손상된 내적 대상을 지각하는 것을 회피하기 위해

속죄와 고통을 이용하려는 것이다. 환자는 이를 통해서 죄책감을 방어한다. 이러한 자기징벌은 보상, 즉 환상 속에서 공격 당한 내적 대상의 회복을 가져온다. 하지만, 자기징벌은 대상에 대한 추가적인 공격이 되며, 그 결과 죄책감은 더 늘어나기 때문에 더욱 깊은 궁지로 몰리게 된다(John Steiner, 91). 갈망에 온전히 매달리는 것은 곧 그것의 부재와 결핍이 있었음을 의미한다. 결핍이 강할수록 더욱 강렬하게 집착한다. 그리고 갈망의 자리의 역방향에 있는 자리는 공포와 불안의 자리이다. 이 두 자리에 대한 방어로서 한 개인은 자신만의 비효율적이고 병리적인 패턴을 반복적으로 사용한다. 결국에는 그런 패턴이 자신의 인격이 된다.

멜라니 클라인은 편집-분열적 자리에서의 죽음본능은, 죽음 그 자체를 향하는 욕동으로서 주체의 생명과 살려는 소망 모두를 공격한다(R. D. Hinshelwood, 1994, 136)고 주장한다. 그렇게 함으로써 우울적 자리로의 이동을 저해하여 병리적 인격구조에 평생 머물게 한다. 이렇게 병리적인 정신구조로부터 어떻게 정신적인 변형과 성장을 이룰 수 있는가에 대한 방안은 그래서 매우 중요하다.

정신적인 변형과 성장을 위한 방안

정신적인 변형과 성장을 위하여 먼저 분석가 측면을 살펴볼 필요가 있다. 만약 환자가 자신을 누르는 압력을 이겨내고 이에서 살아남을 수 있다면, 분석가와 환자는 조금씩 이 방어조직이 어떻게 작동하는지 통찰해 나갈 수 있고 이를 통해 그 조직이 가하는 압력을 줄이면서 영향을 미치는 범위를 좁혀나갈 수 있다(위의 책, 18). 환자의 정신적인 변형과 성장을 위해서는 분석가의 역할이 매우 중요하다. 안나 프로이트는 분석가의 역할을 다음과 같이 설명한다. 어느 정신구조에 속한 무의식적인 내용이든, 분석가는 그것을 의식 차원으로 끌어올리는 작업을 할 수 있어야 한다. 분석가는 무의식을 통찰하기 위해 환자의 원본능과 자아, 초자아 이 세 구조 속의 무의식적인 요소들에 균등하고 객관적인 관심을 가져야 한다(Stephen A. Mitchell & Margaret Black, 66-67).

내담자의 정신적인 변형과 성장을 위해서는 분석가가 계속해서 감독자로부터 개인분석을 받아야 할 필요가 있다. 그 이유는 첫째, 개인분석을 통해서 분석가가 자신을 잘 이해하게 되면, 충동적인 행동을 할 가능성이 줄고 자신의 역전이 반응을 잘 인식할 수 있기 때문이다. 둘째, 개인분석은 치료자의 생활을 안정되고 만족스럽게 하도록 도움으로써, 경청하는 능력을 향상시킬 뿐 아니라, 치료자의 자기애적인 욕구, 의존적 욕구, 성적 소망에 환자를 이용하려는 유혹을 감소시키기 때문이다. 셋째, 효과적인 치료를 통해서 자기존중과 현실적인 자존감을 향상시키게 되고, 공격 받은 상황에서도 어떻게 자존감을 보존하는지 환자에게 보여줄 수 있게 된다. 넷째, 자신의 역동을 잘 이해하게 되면, 타인에게서 나타나는 유사한 일들을 잘 인식하게 된다(Nancy McWilliams, 2004, 64-65). 분석가의 임무 중 하나는 개인적으로 끊임없이 자기 이해와 성장을 추구하는 것이다. 그리고 특정한 방어에 습관적으로 의존하는 것은 특정한 병리적 경향성과 관련이 있기 때문에 분석가는 DSM-V에 의한 내담자의 특정한 방어를 간파하는 능력을 가져야 한다. 구체적으로 분리, 투사적 동일시 및 원시적인 방어에 의존하는 것은 경계선 성격구조와 관련되며, 이상화와 평가절하는 자기애를 시사하고, 공상에 의존하는 방어는 분열성 성향을 암시한다. 반동형성과 투사적 방어는 편집증적인 과정과 밀접한 연관성을 가지며 퇴행, 전환, 신체화는 신체형 장애의 취약성과 감정표현 불능증을 나타낸다. 내사와 내향화는 우울과 피학적 심리를 나타내며, 부인은 조증의 지표이고, 대치와 상징화는 공포와 관련된 태도이다. 감정의 분리와 합리화, 도덕화, 규칙화, 주지화는 강박적인 사고 성향을 지닌 자들의 핵심적 특징이며, 취소는 강박적 행동성의 기본적 방어이다. 억압과 성애화는 연극적인 속성을 시사하며, 해리반응은 외상경험후 나타나는 정신상태의 주된 특징이다(Nancy McWilliams, 1999, 89-90). 이처럼 어떤 특정한 방어에만 의존하는 것에는 그의 정신병리를 규정하는 상징적 의미가 있는데 분석가는 이를 잘 관찰할 수 있어야 한다. 이처럼 분석가의 인격적인 자질은 환자가 자신의 병리적인 정신구조에서 벗어나 변형과 성장으로 나아가는 데 최우선하는 조건이다.

치료적 국면으로 나아가기 위해서는 변형적 내면화의 과정을 거쳐야만 한다. 변형적 내재화란 자기대상의 기능이 자기의 내부구조로 받아들여져 자기에게 필요한 기능으로 조금씩, 조금씩 변형되어 적응되는 것을 말한다. 이러한 과정을 통하여 자기구조가 구축되면 튼튼한 자기를 세울 수 있게 된다(홍이화, 80). 변형적 내면화 과정은 자기의 결함을 채우기 위해 자기대상 관계에 매달리는 것으로부터, 대상의 인격적 자원을 내면화함으로써 자기의 연속성과 응집성을 성취하는 단계로 발달해가는 과정을 뜻한다(Jay R. Greenberg & Stephen A. Mitchell,

369). 환자는 분석가의 인격을 자신 안에 내면화함으로써 병리적인 정신구조를 변형시킬 수 있는데 이를 위해서는 분석가의 전문성이나 공감능력이 필요하다. 하인즈 코헛은 인간의 발달을 절대적인 의존상태에서 더 많은 자율성과 독립성을 지닌 상태로 옮겨가는 과정으로 보았다(홍이화, 80). 변형적 내면화는 자율성과 독립성을 지닌 성숙으로의 전환을 의미한다.

병리적 인격조직이 변형되기 위해서는 무의식의 의식화 작업이 필요하다. 이에 대한 가장 좋은 방법은 꿈 분석과 일상생활의 에피소드를 분석하는 것이라고 생각한다. 꿈과 일상생활의 에피소드는 자신의 인격조직을 설명해주는 무의식적인 진실이기 때문이다. 변형과 성장을 위해서는 되살리기reviviscence가 반드시 필요하다. 주이상스jouissance란 외상을 당하는 아이가 겪는 강렬하고 폭력적이고 모순된 감정 덩어리이다. 느끼기는 하지만 아직 미성숙하고, 공포 때문에 흐려진 의식이 미처 등록하지 못한 감정이다. 따라서 주이상스는 겪었지만 의식으로 표상화되지 못한, 혼란스럽게 경험되지만 외상을 입은 자아에 의해 동화되지 못한 감정의 혼합체이다(J. D. Nasio, 40-41). 되살리기는 분석치료 중에 환자의 외상적 주이상스가 생생한 감정의 형태로 회귀하는 것으로, 그것을 느끼는 분석 주체는 외상을 다시 체험하는 자신과 외상을 다시 체험하는 모습을 바라보는 자신을 분리할 수 있게 된다. 되살리기는 단 한번의 경험이 아니라, 반복적으로 일어나야 하며, 되살리기는 회복 절차가 시작되었음을 알려준다(J. D. Nasio, 92-93). 꿈 분석 치료는 환자의 주이상스를 되살리는 중요한 기법이다. 이와 같이 정신의 변형과 성장은 개인이 자신의 무의식적인 진실에 노출이 될 때 고통하고 아파하면서 이루어진다.

아래로부터의 영성적 추구와 정신적 은신처를 직면하는 임상 사례

아래로부터의 영성적 추구에 대한 사례

A라는 청년은 29세(남)이며, 독실한 그리스도인으로서 자신이 출석하는 교회를 헌신적으로 섬기고 있다. 그는 지방 대학에서 건축학과를 전공하였고, 지금은 취업 준비생이다. 대학 재학시 여자친구와 자유로운 연애를 하였지만, 하나님의 계명을 어겼다는 죄책감에 시달려야 했다. 그는 졸업할 무렵, 그녀와 헤어졌고, 신앙생활에 전념하게 되었다. 지금도 그는 대학 다닐 때처럼 술과 여자에 대한 충동이 많지만, 자신의 신앙적인 신조에 따라 이를 견디어 내면서 지내고 있다. 하지만, 우울과 무기력으로 취업을 포함하여 그 어떤 것도 하고 싶은 것이 없다. 그는 지나치게 강박적으로 자신의 욕동을 누르고 거룩한 생활을 하려고 애쓰지만, 그럴수록 더욱 견디기 힘들다. 교회의 신조를 지키는 것은 그가 추구해야 할 유일한 가치이지만, 지켜나가는 것이 힘겹기만 하고, 신앙은 강박적으로 자신을 묶는 도구로 사용될 뿐 그 안에서 진정한 자유를 누리지 못한다. "나는 뭔가를 하려고 하는데 확실하게, 시원스럽게 된 것이 없다. 매사에 열정이 없고, 일찌감치 포기하게 된다."라고 고백했다. 그의 강박적 신경증과 우울은 새로운

일에 대한 도전을 할 수 없게 했고, 자신 안에서 모든 것을 제한함으로써 하고 싶은 것을 숨기고 소심하게 살아가게 만들었다.

최근에 그는 두 가지 꿈을 꾸었다. 첫 번째 꿈에서 그는 여자친구와 함께 게스트 하우스에 들어갔다. 그러나 그 방은 둘만 사용하는 것이 아니라 일곱, 여덟 명이 함께 지내는 곳이었다. 그는 여자친구랑 옷을 벗고 누웠다. 하지만, 그들을 가릴 수 있는 건 작은 이불뿐이다. 그는 여자친구에게 성애적 행위를 시도하였지만, 다른 사람들이 볼까 두려웠다. 작은 이불은 그들의 부끄러운 성적 행위를 덮어 줄 수 없었다. 결국 그는 일어나서 여자친구에게 옷을 입으라고 했다. 하지만, 여자친구가 옷을 느리게 입어서 다른 사람들이 볼 것 같아 불안하고 짜증이 났다. 두 번째 꿈에서 그는 맥도날드 가게에서 햄버거를 시켰다. 주머니에 동전이 몇 개만 있어서 가장 저렴한 메뉴를 시켰다. 그런데 자세히 보니 자신의 주머니 안에 동전이 제법 많았고, 외국 동전까지 있어서 더 비싼 메뉴를 시킬 수도 있었는데 가장 저렴한 메뉴를 주문한 것이었다. 주문한 음식을 기다리는데 직원들이 식사를 한다. 직원 메뉴를 보니 자신이 원하는 그런 음식들로 가득했다. 그는 직원들이 맛있는 음식을 푸짐하게 먹는 것을 마냥 부러워하며 바라보기만 한다.

A의 사례에서는, 위로부터의 영성인 교회의 신조를 강박적으로 지킴으로써 하나님의 완덕에 이르려 하지만, 그것을 어렵고 고통스런 과제일 뿐이다. 교회의 신조는 오히려 자신의 병리인 강박성을 강화하는 도구로 쓰이고 있다. 이처럼 그의 병리적 인격구조인, 강박적이고 무기력하게 포기하는 성향은 예수를 믿은 후에도 교회 신조를

강박적으로 지키는 것을 통하여 불안의 완화를 시도하게 하였고, 새로운 일을 도전하는 것도 불안을 야기할 수 있기 때문에 미리 포기하게 만들곤 하였다. 동전이 많이 있었음에도 불구하고 가장 저렴한 메뉴를 시키고 직원들이 먹는 것을 부러워하는 장면은 A의 좋은 자원들이 현실에서 제대로 사용되지 못하고 있음을 보여준다. 영성지도자는 피지도자의 욕망에 대해서 바른 영적 지도를 할 필요가 있다. 죄의식과 욕망은 인간 실존의 두 가지 기본적 차원을 나타낸다. 따라서 죄의식과 욕망은 종교와 정신분석의 핵심을 이룬다(Antonie Vergote, 8-9). 아무리 노력하더라도 A와 같은 젊은 남자가 모든 욕망을 제거한 무욕無慾의 상태에 도달하기는 거의 불가능하다. 그럼에도 불구하고 A는 강박적으로 욕망을 제거하려 한다. 욕망은 죄의식을 불러일으키기 때문에 욕망을 가지면, 불안해지므로 욕망은 제거해야 할 대상인 것이다. 하지만, 모든 인간관계나 미래에 대한 자신의 욕망도 함께 무기력으로 대체되어 버리는 것이 큰 문제이다.

필립 쉘드레이크는 욕망이란 자신의 외부에서 자신을 조종하는 초월적이고 비인격적인 힘이 아니라, 자신의 인격 내부에서 일어나는 자신에 대한 가장 정직한 경험이라고 보았다(Philip Sheldrake, S. J., 22). 그는 자신의 욕망에 대해 솔직해질수록 자신의 정체성, 그리고 존재 중심에 있는 하나님의 실재와 더 가까이 접촉할 수 있다고 주장한다. 진실한 욕망은 궁극적으로 하나님을 향한 갈망이 자유롭게 운동하는 곳인 자기 내면의 깊은 우물에서 솟아나기에(위의 책). 욕망이 본질적 자기의 역동적인 움직임이라면, 자신의 욕망을 진실하게 바라볼수록 진실한 자기를 만남과 동시에 하나님의 실재와 만나게 된다. 욕망에 대한 영성적 가르침은 자기의 내부에서 올라오는 욕망을 없애려 하거나 없는 척 꾸미지 말라고 한다. 오히려 욕망을 하나님 앞에 내려놓고 그것을 깊이 살펴보면 영적 창조력으로 변형될 수 있다고 가르친다. 영성지도자는 A의 강박과 우울함에 대한 초기 대상관계적 정신분석 작업과 더불어 꿈 치료와 아래로 내려가는 영성지도를 통하여 자신을 있는 그대로 만나게 함으로써 그의 삶을 새로운 변형과 성장 국면으로 접어들게 하였다.

정신적 은신처를 맞닥뜨림으로써 정신의 변형을 이룬 임상 사례

B는 27세(여)이며, 취업을 위해 공부하는 중이다. 취업 시험에 실패했을 때 공황발작이 나타났다. 현재는 공황발작이 다시 올까 두려워서 공부에 집중할 수 없었고, 그러한 이유로 심리치료를 받기 원했다. 그녀는 고등학교 3학년 때 열심히 공부했으나 성적이 안 올라 불안해졌다. 어느 날 집에 있는데 숨이 막히고 심장박동이 빨라지면서 호흡이 어려워졌고, 죽을지도 모른다는 두려움이 엄습해왔다. 그 후 B는 모든 대인관계에서 감정을 건드릴 만한 일이 조금이라도 있으면 피하곤 했다. 그리고 감정을 느끼지 않으려고 노력했다. 어려서부터 욱하는 분노와 강박적으로 완전함을 요구하는 아버지와의 관계, 그리고 차근차근 말씀하시지만 자신이 주장하는 바를 일방적으로 가르치려고만 하는 어머니와의 관계는 B를 정서적으로 질식시키기에 충분하였다. B는 자신의 감정을 잘 표현하지 않고, 사람들과의 관계나 일에서 순응적인 인간이 되어 갈등을 회피하려 하였다. 이것이 B의 정신적

은신처인 것이다. "마음을 표현하는 것이 왜 그렇게 어렵습니까?" 라는 상담자의 질문에 B는 "뭔가 표현을 하면, 그것이 꼬투리가 되고 나중에 상대가 나를 공격할 수 있는 빌미가 되기 때문에..." 라고 했다. 이러한 대인관계 패턴은 B가 어린 시절 아버지에게 일기장을 보여줬다가, 맞춤법이 틀린 부분을 빨간 펜으로 가득 수정해서 돌려 받으며 심하게 꾸중을 들은 후로 다시는 일기장을 보여주지 않으리라고 다짐했던 일과 유사하다. 즉, 어떤 공격도 당하지 않는 방법은 빌미를 주지 않는 것이었다. 아버지와의 관계에서는 표현하지 않는 것이 공격으로부터 안전하고, 어머니와의 관계에서도 표현하지 않는 것이 거절로부터 안전하다는 걸 알게 되었던 것이다. 하지만 공황발작이 오면서 표현하지 않는 것의 한계가 나타났던 것이다. 그녀는 한 편의 꿈을 보고했다. 꿈 속에서 B는 얼굴에 고무로 만든 딱 붙는 가면을 쓰고 있다. 그녀는 가면을 벗으려고 했지만, 너무 달라붙어서 벗기가 쉽지 않았고, 벗으려 할수록 더 조여들어서 답답해졌다. 나중에는 가면을 벗으려고 거의 미친 듯이 발버둥 쳤지만 소용이 없었다. 그녀는 잠에서 깨어난 후에도 숨을 헉헉댈 만큼 무서운 꿈을 꾸곤 했다.

B의 사례에서 보듯이 그녀의 정신적 은신처, 병리적 인격조직은 순응하는 인간이 되고, 자신의 감정을 표현하지 않는 것이었다. 순응적인 인간이 되는 것, 자신의 감정을 억압하여 숨기는 가면은 고무로 만든 가면처럼 딱 달라붙어 B의 삶을 대신하였고, 숨을 쉴 수 없게 만들었다. 이러한 순응과 감정 억압은 역설적으로 어려서부터 한 번도 제대로 자기 감정이 담긴 경험을 안 했기 때문에 자신을 담아줄 누군가를 간절히 찾고 있다는 뜻이기도 하다. 일이 상담자는 담아주는 환

경을 B에게 제공하였고, B는 처음으로 수용되는 환경 속에서 자신의 병리를 상담자와 함께 마주할 수 있게 되었다. 공감이란, 대상에 대해 거리낌이 없으며, 그의 발아래에 자기를 둠으로써 온전한 이해 가운데 서로 관여하는 것을 말한다(Robert D. Hinshelwood, 1991, 233). 상담자가 공감적인 대상 환경을 제공함으로 B는 자신의 진실과 맞닥뜨릴 수 있는 용기를 갖게 되었고, 이는 변형을 위한 출발점이 되었다.

사람은 저마다 죽음의 그림자를 가지고 산다. 자신 안에 드리워진 대상의 어두운 그림자의 지배를 받으면서 자신이 죽어가는 줄도 모르고 점점 더 강하게 죽음을 재촉하며 산다. 인간은 생의 본능뿐 아니라, 죽음 본능에 사로잡혀 사는 존재이다. 대한민국은 급격한 경제성장을 이루어 세계가 부러워하는 부자 나라가 되었음에도 불구하고, OECD국가 중에서 자살사망률 1위와 자신의 건강상태에 대해 부정적인 생각 지수가 가장 높은 나라로 알려져 있다. 그 이유는 대한민국 사회가 삶에 주어진 자기의 많은 진실들을 회피하고, 성공이라는 바벨탑을 쌓는 데 전력투구를 하지만, 이 거짓의 바벨탑이 무너질 때, 자기 삶도 함께 무너질 것만 같은 두려움에 사로잡혀 있기 때문이다. 성공주의적 가치관이 대세를 이루기에 실패하는 인간은 설 자리가 없는 사회 분위기도 이러한 집단적 불안에 한 몫을 하고 있다. 이 모든 것은 자신의 죽음, 즉 육체적인 죽음과 연약하고 부적절한 자기를 있는 그대로 자연스럽게 직면하는 내성이 너무도 약하기 때문이다. 그러므로 교회는 위로부터의 영성적 가치에 강박적으로 매달리지 말고 아래로부터의 영성지도를 통해서, 그리스도인들이 자신의 밑바닥에 있는 죽음과 같이 약하고 보잘것없는 자기를 직면하게 함으로써 진실하고 겸손한 마음으로 하나님께 도움을 구하도록 격려해야 한다.

아래로부터의 영성과 정신적 은신처 개념은 매우 유사하다. 변형과 성장으로 나아가는 길도 비슷한 과정임을 말하고 있다. 변형과 성장으로 나아가는 길은, 자신의 내적 대상관계 안에 숨어있는 정신적 진실을 있는 그대로 수용하고 하나님과 분석가의 인격을 점차로 내재화하는 것이다.

3장

심리치료의 핵심인 관계의 신비

현대인이 사용하는 스마트폰은 문명의 혜택을 누리게 해주는 과학의 대표적인 소산물이다. 손 안에 든 작은 이 기기는 엄청난 과학적 신비의 세계로 우리는 인도한다. 하지만, 오늘날 사람들의 정신건강을 해치는 가장 큰 원인은 참된 관계의 신비를 체험하는 일이 어렵게 되었다는 데 있다. 어린 시절, 나는 8월 한가위 보름달 속에 옥토끼 두 마리가 방아를 찧는다는 어른들의 말을 듣고 달을 본 적이 있다. 신비롭게도 달 속에는 옥토끼 두 마리가 방아를 찧고 있었다. 그 시절의 모든 자연만물은 신비의 대상이었다. 그러나 요즘 아이들은 신비로 달을 보지 않는다. 과학적으로 규명된 달을 쳐다 볼 뿐이다. 과학은 인류에게 편리함을 주었지만 신비를 빼앗아갔다.

성서는 "하나님은 사랑이시라 사랑 안에 거하는 자는 하나님 안에 거하고 하나님도 그의 안에 거하시느니라."(요일 4:16)라고 가르친다. 그리고 "사랑의 나눔이 있는 곳에 하나님께서 계시도다."라고 하나님의 신비를 노래한다. 하나님의 본성은 사랑이시기 때문에 사랑의 관계 속에서 삼위일체 하나님과 교통할 수 있으며, 다른 사람이나 자연만물과의 관계에서도 사랑으로 대할 때 신비가 다가온다.

한 개인의 자기self가 계란의 흰자위와 노른자위를 싸고 있는 얇은 막처럼 응집력이 연약하면 병리적 정신구조를 갖게 되고, 병리적인 반복을 하게 된다. 하인즈 코헛은 "한 개인은 자기대상이 없는 곳에서는 삶을 꽃 피울 수가 없으며 존재할 수 없다."(Heinz Kohut, 1984, 61)고 말한다. 자기대상이란 자기의 응집력과 활기찬 생명력, 그리고 내면의 조화로움을 유지할 수 있게 해 주는 모든 대상을 가리킨다.

하나님의 형상으로 지음 받은 인간은 존재적으로 하나님의 신비를 품고 있다. 인간은 나면서부터 신비를 추구하는 존재이다. 엄마-유아 사이는 전언어적인 관계임에도 불구하고 무의식적 의사소통을 통하여 완벽하게 교통한다. 엄마-유아의 관계는 신비로운 공생적 융합상태에 있다. 엄마-유아의 관계가 신비한 공생적 융합 속에 있듯이 삼위일체 하나님도 서로가 서로에게 침투하여 하나의 상호순환과 상호내주의 관계로 존재하신다. 그러므로 삼위일체 하나님은 신비이다. 삼위일체 하나님의 각 위격은 서로 자신 속에서 대상을 포용한다. 삼위일체 하나님은 세 위격으로 나뉘어 있지만 세 위격들은 일체성으로 만난다.

성령과의 교통은 신비이다. 왜냐하면 보이지 않는 하나님과의 인격적인 교제가 이루어지기 때문이다. 성령은 지, 정, 의를 가지신 온전한 인격자이다. 인격자와의 만남은 변형과 성장을 초래한다. 하지만, 한 개인이 진정으로 자신을 알 때 하나님을 알 수 있고, 하나님을 알 때 진실한 기도를 드릴 수 있으며, 그 때 치료적 변형과 성장이 이루어진다. 그러므로 성령과의 교제 이전에 자신의 있는 그대로의 진실과 맞닥뜨리는 것이 중요하다. 기도는 근본적으로 듣는 것이며, 쌍방적 통행이다. 성령의 음성을 듣고 그 분과의 교통이 일어난다는 것은 이미 신비이다. 기도는 사랑 안에서 이루어지는 신비이다. 기도가 하나님께서 먼저 시작한 사랑에서 출발하는 것은 교제에 대한 그분의 열망이 그 안에 있기 때문이다.

엄마-유아 사이에 무의식적인 의사소통이 가능하듯이 상담자-내담자 관계에서도 그러하다. 치료적인 상담관계는 담아주기와 담기기, 안아주는 환경, 공감, 레브리 상태, 되기, 상호주관적 관계여야 한다. 이러한 관계는 융합과 하나 됨이 일어나는 신비한 합일의 관계이다. 본 장에서는 하나님-인간, 엄마-유아 관계가 신비로 이루어져 있듯이 상담자-내담자 관계도 무의식적 의사소통을 통하여 신비체험이 일어날 때 치료적 변형이 가능하다는 것에 관해 논하려고 한다.

신비체험과 심리치료의 상관관계

신비체험의 중요성

신비神秘란 단어를 한자로 풀이하면 '신적 비밀'이다. 헬라어 미스테

리온μυστήριον은 '비밀', '신비', '감춰진 것'을 의미한다. 브리태니카 사전에서는 신비란 "감춰진 진리나 지혜를 영적으로 추구하는 것"이라고 정의하면서, "신 또는 초월적인 존재와 합일하는 것에 목적을 둔다."고 한다. 신비의 근본적인 특질은 신비적 합일unio mystica이라는 절대자와의 하나 됨과, 하나님의 속성인 사랑으로 모든 대상관계 안에서 합일을 체험하는 데 있다.

칼뱅John Calvin은 신비적 합일의 두 가지 차원을 주장한다. 그것은 예수 그리스도와 신자의 신비적 합일과 예수 그리스도와 교회와의 신비적 합일이다. 전자가 신비적 합일의 수직적이고 개별적 차원에 관한 것이라면, 후자는 신비적 합일의 수평적이고 공동체적인 차원에 관한 것이다. 신비적 합일의 수평적이며, 공동체적 차원은 예수 그리스도와 교회 공동체가 서로 신비적으로 하나가 되었음을 가르친다. 그리고 칼뱅은 믿는 자들 사이의 코이노니아κοινωνία를 통하여 신비적으로 하나가 된 몸을 이루고 있음을 동시에 주장한 것이다(김선권, 157-196). 신자들 간의 교제가 신비적 합일로 한 몸을 이루듯이, 상담자-내담자 사이도 치료적인 관계를 통해서 신비로운 합일로 나아가야 한다.

한 개인에게 있어서 신비체험이 중요한 이유는 인간존재의 의미는 사랑에 있고 오직 지각知覺은 사랑과 사랑받는 대상을 통해서만 설명될 수 있기 때문이다. 한스 발타사르Hans Balthasar에 따르면, "생애 초기 유아가 엄마의 미소를 마주하면서 감지하는 것은 대상에 대한 원초적 직관 체험이다. 어머니의 미소를 느끼는 순간에 아기는 '나'가 된다. '나'에 대한 체험과 동시에 세상과 '너'에 대한 체험으로 나아간다. 그러므로 최초의 말은 사랑이다. 이 사랑의 만남에서 자신과 엄마는 하나가 된다. 비록 엄마-유아, 두 인격은 서로 마주보고 있을지라도 하나이다."(John Odenil, 132). 발달심리학자 마가렛 말러는 이러한 관계를 생후 열 달 동안 일어나는 공생적인 융합단계라고 하였다. 유아는 공생적 융합상태에서 이렇게 느낀다. "이 사랑은 좋다. 그러므로 모든 존재는 좋다. 이 사랑은 참되다. 그러므로 모든 존재는 참되다. 이 사랑은 기쁨을 준다. 그러므로 모든 존재와의 관계는 아름답다는 사랑의 신비체험을 한다."(위의 책) 엄마와의 공생적 융합상태에 놓인 유아의 존재는 사랑이며, 그 사랑은 하나 됨이고 초고의 진·선·미임을 감지한다. 생애 초기에 체험하는 사랑은 이후 유아에게 무한한 사랑 가능성의 지표가 된다. 그리고 유아는 자신의 삶에 다가오는 크고 작은 좌절들을 겪음과 동시에 어머니의 사랑이 유한하다는 것을 발견하지만 사랑의 원초적인 체험은 영속된다. 이렇게 엄마-유아 관계에서 시작된 사랑의 신비는 다른 피조물들과 하나님을 향한 사랑으로 나아가도록 촉진하게 된다.

세상의 중심은 하나님의 사랑이시다. 사랑의 경이로움은 모든 것 위에 있고, 동시에 모든 참된 존재의 무한하고 자유로운 근거가 된다. "성령의 교통하심"이라는 표현은 사랑의 기선성이 하나님으로부터 시작되었음을 말해준다. 성령과의 교제관계는 신비가 주는 황홀을 수반하며, 그 신비는 모든 만물을 사랑이라는 하나님의 언어로 대하게 한다. 인격자이신 성령 하나님과의 교제는 한 개인의 정신적 병리를 변형과 치유의 길로 인도한다.

삼위일체 하나님과 성육신 사건에서의 신비

삼위일체 하나님의 속성을 잘 설명하는 용어는 헬라어로 페리코레시스περιχώρησις이다. 이 용어는 나지안주스의 그레고리Gregory of Nazianzus에 의하여 처음으로 사용되었다(Christopher A. Beeley, 212-213). 페리코레시스라는 말은 삼위일체 하나님의 각 위격 간에 일어나는 상호내재mutual indwelling, 상호순환mutual circulation, 상호침투inter penetration를 의미한다. 삼위일체 하나님의 각 위격은 서로가 자신 안에서 다른 위격들을 포용하신다. 하나님은 세 위격으로 나뉘어 있지만 세 위격들이 하나의 일체성을 띠고 있다. 삼위일체 하나님은 서로가 서로에게 침투하여 하나 되어 상호순환하시며 상호간에 내재하시는 분이시다. 그러므로 삼위일체 하나님은 신비의 본원本源이며, 하나님의 형상으로 지음 받은 인간 역시 하나님의 신비가 내재되어 있기 때문에 대상과의 관계에서 무의식적으로 상호내재, 상호순환, 상호침투가 가능한 존재이다. 이에 대한 유비로서 엄마-유아 관계를 들 수 있다. 엄마-유아는 언어가 없는 시기임에도 서로에게 몰입된 가운데 무의식적인 의사소통으로 완벽한 소통을 나누는 관계이다.

신비는 말씀이 육신이 되어 오신 예수 그리스도를 가리킨다. 육화되어 이 땅에 오신 예수 그리스도는 최초의 성례전이 된다. 성례전은 하나님의 사랑의 표현이다. 인간의 믿음은 연약하기 때문에 하나님의 사랑의 가시적인 표징을 필요로 한다. 사람들은 만지고, 보고 듣고, 냄새 맡고, 맛보는 감각적인 존재이다. 인간은 천사가 아니며, 몸 없이 순전히 영으로만 되어 있는 존재가 아니다. 인간은 몸을 가진 존재이기에 만질 수 있고, 들을 수 있고, 볼 수 있고, 맛볼 수 있고, 냄새를 맡을 수 있는 것들이 필요하다. 인간은 특정한 장소에 머물 수 있는 물리적인 접촉이 가능한 하나님이 필요하다. 인간은 자신을 창조하셨기에 자신을 잘 아는 창조주 하나님을 만나기를 원한다(Ronald Rollheiser, 14). 하나님은 육체를 입고 이 땅에 오심으로 완전한 인간이 되셨다. 하나님께서 육체를 입고 이 땅에 오신 성육신은 신비 그 자체이다. 예수 그리스도는 죽으시고 부활, 승천하셔서 아버지께로 돌아가셨지만 그의 성육신의 신비는 성만찬 예전을 통하여 지금도 여전히 계속되고 있다(위의 책). 스스로 인간으로 화육되기로 선택했던 하나님은 자신의 사랑을 실현하기 위해 인간으로 오시었다. 성육신은 인간 편에서 보면, 말 없는 신에 대한 인간의 간절한 소망을 나타낸다.

제임스 그롯슈타인James S. Grotstein은 초월적 자리의 획득이라는 개념은 인간의 원래 모습으로의 회귀를 의미한다고 했다. 즉, 심리치료 임상의 장에서 내담자에게 주어지는 보상은 잃어버린 자신의 정서를 되찾게 하는 것이 전부가 아니다. 그 이상으로 그는 그의 무한하고 영원한 신적 자기로부터 유산을 물려받는 것을 통해 유한한 자기로부터 무한한 자기로 나아가기를 원한다(James S. Grotstein, 164-165). 성육신의 주제는 기독교와 정신분석적 심리치료라는 두 영역 모두에서 중요하게 취급된다. 심리치료에서 상담자는 내담자로 육화될 때 비로소 공감적인 환경 가운데 내담자의 내적 세계를 들여다 볼 수 있기 때문이다.

인간 존재와 '나와 너' 관계에서의 신비

한 개인은 평생 동안 관계 안에서 사는 존재이다. 관계의 힘은 개방성, 자기 창조, 영향을 주고받을 수 있는 능력을 지닌다(C. Robert Mesle, 30-31). 개방성은 세계와의 관계성에 민감하게 반응하려는 본래의 힘을 가리키며 모든 관계의 시작에 필수적인 요건이다. 하나님과 타자와 자연만물과 온전한 교제를 원한다면 열려있는 마음과 태도를 지녀야 한다. 영성은 본래 수동적 형태이지만 인간 편에서는 능동적 태도를 가질 필요가 있다. 자기 창조의 능력은 확장된 관념들, 느낌들, 영향력들, 경험들을 내재화하여 그것으로부터 자신만의 고유한 사상과 정서와 결정을 창조해 내는 능력을 말한다. 칼 융Carl Jung은 이를 가리켜 자기됨이라고 하였다. 융은 자기가 추구하는 것은 삶의 목적과 의미를 찾는 것이라고 보았으며, 자기의 특질은 정신의 그 어떤 역동성에서도 저해 받지 않고 하나의 유형, 균형, 질서를 나타내는 것에서 드러난다(Andrew Samuels, 201, 211). 인간은 자기와 대상과의 관계성을 통하여 평생 동안 영향을 주고받으면서 자기됨을 추구하는 존재이다. 인간이 하나님의 형상과 모양을 따라서 창조되었다는 말의 의미는 무엇인가? 이 말씀은 인간의 육체적 구조에 대한 언급이라기보다 인간의 영적, 도덕적 본성에 대한 표현이며, 지·정·의를 갖춘 인격적인 존재로 지음 받았음을 의미한다. 나아가서 인간은 전인적인 존재, 즉 육체와 영혼을 가진 존재로서 하나님을 인식하고 교제할 수 있는 능력을 부여 받았음을 가리킨다. 인간의 전인성은 자기됨을 추구할 뿐만 아니라 창조본래의 복된 모습으로 회복되기를 갈망한다.

마틴 부버는 두 가지 형태의 관계성에 대하여 말했다. 그것은 '나와 너'의 관계성과 '나와 그것'의 관계성이다. 나라는 존재는 대상에 따라 다르게 반응할 뿐만 아니라 같은 대상에게도 시공간에 따라 다르게 관계한다. 모든 순간적인 관계는 고유성을 지니기 때문에 신비하다. 관계에서 중요한 것은 대상이 아니라, 대상과 관계하는 나이다. 왜냐하면, 한 개인은 대상에게 지향하는 양식과 집중력에 따라서 나와 너의 관계를 맺을 수 있고, 나와 그것의 관계를 맺을 수도 있기 때문이다. 나와 그것의 관계에서의 나는 대상과 정서적으로 공감되어 있지 않으며, 전혀 관련이 없다는 느낌을 갖는다. 단지 자신의 목적을 위한 수단과 도구로 대상을 사용한다. 하지만, 나와 너의 관계에서 나는 너와 정서적으로 하나 되어 있고, 대상을 친밀하게 돌보며, 생명력을 주고받는다. 나는 너를 수단과 도구로 사용하지 않고 나와 온전히 연합된 대상으로 여긴다(Martin Buber, 7-56).

하나님의 형상으로 지음 받은 인간은 하나님의 본성인 사랑으로써 모든 대상들과 나와 너의 관계를 맺음으로 창조본래의 원복原福을 지닌 모습으로 돌아갈 수 있다. 그러할 때 모든 관계는 신비한 빛으로 변하고, 너와 주고받는 사랑의 관계에서 선물로 받은 작은 빛들을 통하여 영원한 너인 창조주에게로 나아가게 된다. 나와 너의 만남은 하나님의 은총의 선물이기 때문에 인위적으로 만들어질 수 없다. 나와 너의 관계는 신비로 이루어져 있기에 모든 인위적인 수단은 장애가 된다. 모든 수단이 사라져야만 비로소 나와 너의 관계가 형성된다.

나와 너의 관계는 사랑의 관계이다. 사랑은 나 안에 있는 것이 아니라, 나-너, 즉 관계(-) 안에 있다. 사랑은 대상을 인격적으로 대하고 그를 자유롭고 독립적인 존재로 보면서 나 자신의 실존을 느끼게 해 준다(위의 책). 사랑은 너의 좋고 나쁨을 통합할 수 있는 능력을 갖기 때문에 대상을 부분적으로 보지 않고 전체성으로 대하게 한다. 사랑은 상대방 안에 있는 참된 가치를 발견하도록 하며 하나님의 진·선·미를 보게 한다.

자연 또한 자신의 이익 창출을 위한 수단으로 여겨서는 안 된다. 자연은 있는 그대로 두어야 한다. 그렇게 함으로 자연만물과 나와 너의 관계를 맺을 수 있다. 예술 작품도 돈으로 보는 한 그 작품 속에 깃들어 있는 나와 너의 교통이 일어나지 않는다. 예술 작품을 너로서 마주 대할 때 비로소 그 작품은 나에게 친밀함으로 다가온다. 하나님과의 관계에서도 하나님을 수단으로 여기지 않고, 나와 너의 관계성으로 마주할 때 비로소 진실한 하나님을 알게 됨으로 참된 교제가 일어난다. 기독교 영성은 모든 대상, 즉 자기 자신, 타자, 자연만물, 예술 작품들, 심지어 하나님까지도 그대로 두라고 한다. 대상과의 관계에서 주의 깊게 듣는 것, 깨어 있기, 민감하게 관찰하기 등도 그대로 둠에 속하며, 그대로 둠으로써 나와 너의 관계로 나아가게 된다. 만물을 그대로 둘 때, 아주 작은 미물 속에서도 커다란 놀라움이 발견되고, 예술 작품에서도 하나님이 보인다(Matthew Fox, 181). 모든 것을 그대로 두면 신비가 되돌아온다. 그 신비는 곧 하나님이시다. 나와 너의 만남은 한쪽 방향으로 치우치지 않고 상호 주관적으로 대상의 주관성을 인정하고 그대로 둘 때 일어난다.

성령과의 교통에서의 신비

상담에서 하나님의 사랑의 신비가 드러나기 위해서는 상담자-내담자의 관계 안에서 성령의 역사를 기대하여야 한다. 상담자는 성령의 임재와 성령의 교통에 민감하게 될 때 권위와 지혜를 받을 수 있다(Hollis Gause, 84). 상담자 자신의 삶에서 성령과의 교통의 신비가 일어날 때 내담자도 하나님의 인격과 접촉하게 될 것이다. 성령은 인격자이시고 인격자이신 성령과의 교통은 신비를 초래한다. 그리스도인들은 성령 세례와 기도와 말씀과 성만찬을 통하여 성령과 교제함으로 신비 체험을 할 수 있고 그러한 신비는 심리치료에 큰 영향을 미치게 된다.

인격자이신 성령과의 교통에서의 신비

성령은 하나님과 동일한 속성을 가지고 계신다. 그 이유는 성령은 영원하시고, 전지하시며, 전능하시고, 무소부재하시는 삼위일체 하나님이시기 때문이다. 성령이 인격적인 분이시라는 것을 알게 되면 생활에 큰 변화를 가져오게 되며 그 분의 인격이 내재화된다.

토레이R. A. Torrey 박사는 성령의 인격성에 대한 네 가지 증거를 제시하였다. 첫째 증거는 인격만이 지닐 수 있는 특성들이 성령에게 나타나기 때문이다. 성령은 지성, 감정, 의지를 가지신 온전한 인격자이시다. 성령은 인격의 특성인 지성, 감정, 의지를 갖고 계시기 때문에 알고, 생각하고, 느끼고, 결정하는 인격적 존재이다. 무엇인가를 인식하고 느끼고 결심할 수 있다는 것은 그 주체가 인격자임을 증명한다. 성령의 인격성에 대한 두 번째 증거는 인격만이 할 수 있는 수많은 행위들이 나타나기 때문이다. 성령은 모든 것 곧 하나님의 깊은 것까지도 통달하시고(고전 2:10), 말할 수 없는 탄식으로 우리를 위하여 친히 간구하시는 분이시고(롬 8:26), 가르치시는 분(요 14:26)이시다. 성령의 인격성에 대한 세 번째 증거는 성령의 속성으로 이해되는 직무는 인격만이 해낼 수 있기 때문이다. 보혜사 성령은 우리와 함께 거하시고 우리 안에 계신다(요 14:16-17). 성령이 인격자로서 그리스도인과 함께 하신다는 의미는 온전한 소통을 통하여 자신을 드러내시고 우리의 삶의 고통에 함께 참여하신다는 것이다. 네 번째 증거는 성령의 속성으로 이해되는 반응은 인격만이 지닐 수 있다는 점이다. 성령이 반역을 당하실 때 근심하신다는 표현(사 63:10)과, 모욕을 당할 때 힘들어 하신다는 표현(히 10:29), 그리고 훼방을 당하실 때의 고통의 표현(마 12:21, 32)은 모두 인격자에게서 나오는 감정 표현이다. 김동수는 “대천덕의 성령론에 관한 가장 큰 공헌은 성령 사역을 신자와 관계하여 내적 사역과 외적 사역으로 나눈 것과 성령의 가장 핵심적인 사역을 코이노니아로 본 것”이라고 하였다(김동수, 101-128).

인간이 하나님을 온전히 예배하기 위해서는 성령님이 인격을 가지고 계신다는 것을 알아야 한다. 성령은 인격자이시기 때문이 우리를 사용하시고 우리의 처지와 형편을 아시는 분이시다. 중생 세례는 성령의 내주하시는 사건이다. 성령의 내주하심은 신비이다. 하나님이신 성령이 우리 안에 거하시므로 항상 우리와 함께 계신다. 엄마가 아기와 항상 함께 있어서 아기의 욕동과 불편을 금방 알아차리듯이 성령님도 우리와 함께 계셔서 고통과 필요와 갈구를 아시고 채우시는 분이시다. 그러므로 인격자이신 성령님이 내주하셔서 우리와 함께 있다는 말씀은 신비한 합일이다. 성령이 인격자이심을 알아야 할 중요한 이유는 하나님을 온전히 예배하기 위해서이다. 성령님께서 인격을 지니고 계신다는 것을 알게 될 때, 성령님께 예배해야 된다는 사실을 깨닫게 된다.

예수 그리스도가 육신을 입고 인간으로 오셨기 때문에 그를 따르던 사람들과 인격적 교제가 가능했듯이, 성령도 예수와 똑같은 다른 보혜사로 오셨기 때문에 우리는 그분과도 온전한 교통을 나눌 수 있다.

성령과의 교통

성령 세례에서의 신비

성서는 성령 세례에 대해 일곱 차례나 언급하고 있다. 그 대부분이 "성령으로 세례를 받는다baptised with the Holy Spirit."로 번역되어 있다. 그러나 정확히 번역하면, "성령 안에서 세례를 받는다baptised in the Holy Spirit."라고 해야 한다(대천덕, 7). 성령은 어떤 도구나 기운이 아니라 인격자이시기 때문에 성령의 인격 안에서 세례를 받기 때문이다. 물세례에서 물은 항상 사람 밖에 있는 것이지 사람 안에 있는 것이 아니다. 하지만 성령 세례는 인격적 존재인 성령 안에서 받는 세례이다. 그러므로 성령 세례 시에는 신비체험이 동반된다.

성경에는 성령 세례가 성령을 받는 것(행 8:17), 성령을 부어 주시는 것(행 10:45), 위로부터의 능력이 입혀지는 것(눅 24:49) 등으로 표현되어 있다. 이런 표현들은 중생 시의 성령의 역사와 다른 의미를 지니고 있다. 즉, 성도가 성령의 기름 부음을 받아 성령 안에서 완전히 잠기는 체험을 의미한다. 그러므로 거듭남과 성령 세례는 동일한 체험이 아니다(조용기, 112). 성령 세례를 받았다는 증거는 방언을 말하거나, 강력하게 복음 전파에 사로잡히는 것, 마음에 큰 확신과 믿음을 갖는 것 등이다(위의 책, 115-117). 물세례에도 하나님의 신비가 가득히 임하지만, 성령 세례는 전인적으로 경험하는 신비 체험이고 새로운 능력을 입는 순간이다. 성령 세례를 통한 신비경험은 21세기 과학 문명시대를 살아가는 현대인들에게도 여전히 필요한 것이다.

말씀과 기도에서의 신비

말에는 말하는 자의 인격이 담겨 있다. 성경은 하나님의 말씀임으로 말씀과 교제하는 것은 곧 하나님과의 교제이다. 그러므로 그리스도인들은 매일의 삶에서 말씀묵상을 통하여 하나님의 인격과 접촉하는 시간을 충분히 가져야 한다. 그리고 그리스도인이 온전한 기도를 드리기 위해서는 먼저 주님의 너덜너덜해진 몸grotesque body에 참여해야 한다. 십자가에 못 박히신 예수는 온 인류의 죄와 질병과 고통을 당신의 몸으로 받으시고, 당신의 몸에 그 흔적을 드러내시었다. 그러므로 그리스도인이 온전한 기도를 드리기 위해서는 주님의 상하신 몸에 참여해야 한다. 가난한 자들과 탄압 받는 자들, 죄에 빠져 방황하는 자들과 백성을 위한 자비의 마음을 품을 때 진정한 기도를 드릴 수 있기 때문이다. 굳어진 몸imperviable body이 되어서는 기도할 수 없다. 왜냐하면 다른 이들의 아픔이 더 이상 자신에게 들어오지 못하게 차단해 버린 상태에서는 타자를 위해 진정한 기도를 드릴 수 없기 때문이다.

기도는 하나님의 사랑의 기선성에서 출발된다. 하나님이 먼저 우리를 사랑하시고 우리와 교제를 열망하시기 때문에 가능한 것이다. 피조물인 인간이 창조주와 교제 관계 속으로 들어가는 것은 놀라운 특권이다. 말씀과 기도를 통하여 성령님의 임재를 체험하고 그분의 신성을 바라보는 사람은 누구나 주님에 대한 사랑이 가득할 수밖에 없다. 주님의 사랑으로 가득한 사람의 말에는 항상 영적 권위가 실려 있고, 하나님의 임재를 매일의 삶 속에서 체험하며, 자신이 체험한 하나님의 신비를 증언한다(A. W. 토저, 75). 성령의 지배를 받기를 원하는 자는 성령 충만을 갈망해야 한다. 성령 충만은 전적으로 성령의 임재와 지배와 인도함을 받는 상태를 말한다. 성령의 지배를 받는 것은 하나님의 사랑의 신비로 들어가는 것이다.

성령 안에서의 기도는 기도자가 성령과 깊이 관계적으로 존재할 때 가능하다. 그리고 기도자가 "아바 아버지"라로 부름으로써 기도자 자신이 하나님의 자녀라는 사실을 확인할 때 일어난다(갈 4:6). 성령은 그리스도인의 기도 안에서 그분 스스로가 말함으로써 당신의 현존을 증명한다. 기도 가운데 성령이 현존한다는 것은 기도자에게 자신의 현존을 알린다는 것이며, 다른 한편으로 기도자는 성령의 현존 가운데 기도에 대한 응답을 찾아야 한다는 말이다(유해룡, 185). 기도는 신비 행위이다. 왜냐하면 성령과 신비적 관계 안에서 일어나기 때문이다.

성만찬에서의 신비

제임스 화이트James F. White는 "성만찬은 하나님의 자기 내어줌의 사건이며, 하나님은 성만찬 속에서 역사하신다."라고 했다(제임스 화이트, 113). 성만찬은 하나님의 사랑이 가시적으로 보이는 사건이다. 성만찬을 통해 예수 그리스도를 통하여 과거와 현재 속에서 행하셨던 하나님의 사랑이 실재적인 사건으로 드러나게 된다. 그러므로 성만찬은 이론적으로 이해하려 하기 보다는 몸으로 체험하는 것이 중요하다(위의 책, 115-120).

롤하이저는 성만찬에 스며 있는 신비를 다음과 같이 표현하였다(R. Rolheiser, 29-121). 하나님의 신체적 포옹으로서의 성만찬, 그리스도의 몸 안에서 우리의 연합을 강화시키는 성만찬, 새로운 만나로서의 성만찬, 우리의 건강과 기쁨을 축하하고, 고통과 슬픔을 기념하는 식사로서의 성만찬, 희생으로서의 성만찬, 부활의 신비를 드러내는 것으로서의 성만찬, 화해로서의 성만찬, 성숙한 제자도로 나아가게 하는 성만찬, 정의로의 초대로서의 성만찬, 건강을 유지시키는 의식으로서의 성만찬, 공동체 의식으로서의 성만찬, 그리스도의 제사장적 기도로서의 성만찬을 주장하였다. 그는 "하나님은 아이를 안아주는 엄마처럼 우리를 안아주신다. 필요한 것은 신체적 포옹이다. 피부는 어루만져져야 한다. 하나님께서는 그것을 아신다. 그래서 그분께서는 우리에게 성만찬을 주셨다."라고 성만찬 안에 스며있는 신비한 하나님의 사랑을 밝힌다(위의 책, 40). 성만찬은 신비한 관계적 교제에 기초한다. 그러므로 성만찬은 한 개인의 심리적 변형과 치료를 위해 적합한 모든 것을 제공한다.

상담관계에서의 신비

성령과의 교제 관계 안에서 사랑의 신비가 흘러넘치듯이 치료적인 상담관계에서도 무의식적 의사소통이 이루어질 때 신비를 경험하게 된다. 관계적 정신분석은 치료적인 상담관계에 대한 대표적인 개념으로 담아주기와 담기기, 안아주는 환경, 공감, 레브리 상태, 되기, 기억도 욕망도 없는 상태를 말한다. 그리고 상호주관주의 정신분석은 치유와 성숙이 시혜자의 일방적인 행위로 이루어지는 것이 아니라, 두 인격체가 만나는 상호주관적인 공간에서 이루어지는 창조적 사건임을 가르친다. 상담자와 내담자의 관계도 마찬가지로 '나와 너'의 관계로 맺어질 때 신비적 연합을 체험하게 되고, 이로써 변형과 치료의 길로 나아가게 된다.

치료적 상담관계에서의 신비

성령은 상담자-내담자 관계에서 연합을 창조한다. 이것은 그리스도 안에 있는 신비한 조화이다. 성령은 이 과정에서 양자 모두의 정체성, 독특성, 순결성을 보존한다. 이 연합은 그리스도의 몸인 모든 자들의 연합을 위한 기초가 된다. 그리스도의 몸과의 통일성을 무시하거나 경시하는 상담자는 한 몸 안에서 모든 이에게 세례를 베푸시는 성령의 뜻을 위반하는 것이다(Hollis, Gause, 85).

담아주기와 담기기container and contained에서의 신비

윌프레드 비온에 따르면, 유아는 매우 극단적이고 조절하지 못하는 감정에 압도되어 불안할 때 그들의 얼굴표정과 울음으로 이러한 감정을 엄마에게 전달한다. 아이에게 몰입되어 있고 깊은 주의력을 가진 어머니는 아이의 이러한 감정을 알아차리고 받아들이며, 조절하고 변화시킨 후에 그것에 의미를 부여해 되돌려 준다. 이러한 과정이 반복적으로 경험된 유아는 어머니의 담는 기능이 내면화되어 자신의 감정을 담아내는 방법을 배우게 된다(N. Gregory Hamilton, 258). 마찬가지로 심리치료에서 담아내는 것은 기술적인 전략이 아니라 진정한 인격적인 상호관계에서 일어난다. 상담자가 내담자의 말을 몰입하며 경청하는 것, 방해받지 않는 시간, 조절되어 있고 관심을 보여 주는 반응들이 담아내는 기능을 제공한다. 이러한 대상관계 경험은 신비적 연합과 일치를 이루게 되고, 치료적인 관계가 된다. 담기 개념은 유아의 정서적 상태들을 견뎌주고 흡수해주며, 그것들을 변형시켜 주고, 유아에게 해석을 주는 엄마의 능력에 대한 것이다(James S. Grotstein, 249).

담아주기와 담기기의 관계는 사랑 안에서 신비적으로 연합될 때 가능하다. 임신말기에 태아에 대한 엄마의 일차적 모성 몰두primary maternal preoccupation는 장차 태어날 아기에 대한 몰두, 즉 담는 기능을 위한 모성의 신비한 능력을 보여준다. 일차적 모성 몰두는 도날드 W. 위니캇Donald W. Winnicott의 개념이다. 어머니는 임신 말기가 되면, 아기에게 전적으로 몰두하게 되며, 생물학적으로 준비된 기능을 행하게 된다. 어머니는 자기 자신이나 외부환경에 신경을 쓰기 보다는 아기의 생명과 활동에 전적으로 관심을 가진다. 이러한 임신말기의 과정은 이후 어머니가 태어날 아기를 위해 성장을 촉진해 주는 환경, 즉 담아주는 기능을 준비하는 과정을 보여 준다(Stephen A. Mitchell & Margaret J. Black, 100). 상담자-내담자와의 관계에서도 담아주기와 담기기의 관계, 서로를 향한 몰두가 이루어질 때 치료적 변형과 성장으로 나아갈 수 있다.

보듬어 주는 환경에서의 신비

위니캇은 보듬어 주는 환경holding environment 개념을 주장했다. 유아는 환경적으로 보듬어 주는 대상과 관련되어 존재한다. 보듬어 주는 환경을 제공하는 엄마는 유아에게 몰입되어 있어서 아이의 욕구를 직관적으로 읽어낼 수 있다. 그리고 아이가 원하는 대상 세계를 시기적절하게 제공하며, 아이의 독립된 심리적 공간을 존중해 주면서 적절한 좌절을 줄 수 있다. 환경 엄마는 이렇게 유아의 자율적인 발달을 촉진하는 데 몰두해 있는 배경적 대상으로서 기능한다.

아기에 대한 사랑이 엄마로 하여금 아기에게 몰입하여 아이의 욕동을 정확하게 감지할 뿐만 아니라 필요한 대상 세계를 제공하게 하듯이 상담자도 내담자에 대한 사랑이 있어야 내담자의 무의식을 탐구할 수 있으며, 정확하게 공감을 주는 반영적 자기대상이 될 수 있다.

공감적인 관계에서의 신비

크리스토퍼 볼라스Christopher Bollas는 "내담자를 온전히 이해하기 위해서는 자신 안에 있는 내담자의 모습을 발견해야 한다."고 말한다(Christopher Bollas, 202). 상담자에게 도움을 청하기 위해서 찾아온 내담자를 이해하기 위해서는 공감empathy이라는 관계적 신비가 일어나야 한다. 상담자는 공감적 침잠empathic immersion과 대리적 성찰vicarious introspection을 통하여 내담자가 하는 말에 대한 선입견뿐만 아니라 자신의 이론이나 종교적 가치관도 내려놓고 내담자의 관점에서 그의 경험을 이해하려는 태도를 가져야 한다(Stephen A. Mitchell & Margaret J. Black, 157). 침잠沈潛한다는 말은 물속에 깊이 가라앉아서 겉으로 드러나지 않는 상태를 의미한다. 즉, 마음을 차분히 가라앉혀서 대상에게 깊이 몰입沒入되었음을 가리킨다. "대상에게 공감적으로 침잠하다." 라는 말에는 몰입을 통하여 이미 신비적인 융합 상태에 놓인 것을 말한다. 다른 사람과 공감적으로 침잠되는 관계는 담아주는 기능을 하게 된다. 그리고 대리적인 성찰은 상담자가 내담자가 되어서 그의 경험을 이해하는 것이기 때문에 이전에는 의식하지 못했던 의미들을 지각하게 해 준다(Heinz Kohut, *"The two analyses of the Mr. Z."* 3-27).

낸시 맥윌리암스Nancy McWilliams는 "치료자가 유능하지 않을지라도 열심히 공감하려고 노력하고 있다고 느끼게 된 내담자는, 수치감을 느끼지 않을 뿐만 아니라 이해받고자 하는 바람 때문에 상담을 중단하지 않는다."라고 했다(Nancy McWilliams, 2001, 36). 정신분석적 심리치료는 검은 색이지만 황금색이라고 생각한다. 상담자는 내담자의 폐제되고 억압된 정신적 은신처 안으로 들어가는 작업을 하기 때문에 검은 색이지만, 공감적 침잠과 융합된 상태에서 내담자의 어두운 그림자를 맞닥뜨리기 때문에 오히려 신비로운 기쁨이 있다. 그래서 곧 금빛 찬란한 황홀감으로 바뀐다.

맥 윌리암스는 "정신분석적 심리치료는 치료기법의 집합이 아니다. 치료자가 충분히 훈련 받지 못 했을지라도 뛰어난 직관력과 진실한 마음을 가졌다면 유능한 치료자가 될 수 있다. 하지만 고도로 훈련되었더라도 공감 가운데 긍휼을 갖추지 못했다면 위험할 수 있다." 라고 했다(Nancy McWilliams, 1999, 6). 상담자의 이론이나 기법이 중요한 것이 아니라 관계적 공감능력이 치료의 핵심이 된다.

레브리 상태에서의 신비적 관계

레브리reverie란 용어는 비온의 개념으로 꿈꾸는 상태를 뜻한다. 유아는 엄마에 의해서 자신의 원초적 감각들, 즉 베타 요소가 처리된다. 유아는 원초적 감각들을 엄마 안으로 투사한다. 유아에게 몰입되어 있는 엄마는 레브리 상태에서 자신의 알파 기능을 사용해서 아기가 투사한 내용물을 알아차린다. 이러한 베타 요소가 알파 요소로 전환되기 위해서는 유아의 수용할 수 없는 정감적 경험을 엄마가 자신의 정신 안으로 끌어들여야 한다. 그리고 유아의 수용 불가능한 정감적 경험을 엄마가 받아들일 뿐 아니라 적절하게 처리하여 유아가 수용할 수 있는 형태로 유아에게 돌려주어야 한다. 이러한 정신적 과정을 거치는 엄마의 정신적 태도를 레브리라고 한다(J. & N. Symington, 67-68). 좋은 엄마는 아기에게 몰두되어서 아기의 불편함이나 불안을 즉시 알아차리고 대상세계를 제공해 주거나 달래는 기능을 행할 수 있어야 한다. 이러한 알아차림을 위해서는 엄마가 아기와 더불어 무의식적 의사소통 체계인 레브리 상태에 놓여 있어야 한다.

임상 심리치료에서도 상담자 자신이 내담자의 베타 요소가 알파 요소로 바뀌는 과정을 도와주는 레브리 중에 있는 엄마와 같은 상태가 되어야 한다. 만약 레브리 상태에서 하나의 기억이 치료자의 정신 안으로 흘러들어 온다면, 이 기억은 정신적 실재의 상징으로서 매우 타당성이 있다. 여기에서 중요한 것은 정신의 상태이다(위의 책, 175). 상담자-내담자의 관계가 레브리 상태에 놓인다는 것은 두 사람이 신비적 연합관계에 있음을 의미한다. 이러한 관계는, 생애 초기에 엄마가 유아의 베타 요소들을 알파 요소로 전환하여 개념화로 나아가게 하듯이, 상담자가 레브리 상태로 머물러 있으면서 내담자에게 변형과 치료를 제공하는 것이다.

되기를 통한 신비적 관계

한 개인이 음식물을 먹을 때 위에서 소화되고 장에서 흡수됨으로써 그 음식물이 그와 하나가 되는 것처럼 상담자는 내담자가 되어야 한다. 되기becoming는 두 사람 사이에 일어나는 신비적 관계 체험이다. 상담자는 내담자가 의식적으로 혹은 무의식적으로 전달하는 정서적 경험을 소화할 수 있도록 그에게 동화되어야 하고 자신을 내담자에게 내어주어야 한다(James S. Grotstein, 460-461). 마치 예수 그리스도가 성육신하심으로 온전한 인간이 되어 인간의 모든 것을 체휼하였듯이 상담자도 그리 해야 한다. 되기는 내담자를 향한 긍휼히 여기는 마음에서 시작된다.

되기의 개념은 유아의 발달과 임상에 적용될 수 있다. 유아가 편집-분열적 자리에서 우울적 자리로 진화할 때 과제들 중 하나는 욕동들을 포함해서 자신의 곤궁 경험을 있는 그대로 수용하는 것이다. 그러기 위해서는 양육자가 유아의 곤궁이 되어서 적절하게 조절하여 아기에게 되돌려 주고, 아기는 그것을 자신의 것으로 받아들여야 한다(위의 책, 463-464). 이는 상담자가 내담자의 정서를 느낌으로 내담자의 정서를 온전히 경험함으로써 그를 돕고자 하는 임상 상황에도 동일하게 적용된다.

상담자가 내담자를 온전히 지각하기 위해서는 대상과의 유동적인 리듬 안으로 들어가야만 한다. 그리고 그 리듬 안에서 상담자가 그 대상이 될 때 온전히 내담자를 지각할 수 있다. 이는 융합이 아니다. 왜냐하면 융합은 자신의 자아 경계를 포기하는 것이기에 이때 자기는 더 이상 통합 또는 지각하는 자기로서 기능하지 않기 때문이다(위의 책, 462-463). 유동적인 리듬 안으로 들어가야 한다는 말은 경직되거나 포화된 상태가 아니라 부드러운 대지의 옥토처럼 수용적이고 불포화된 상태에 놓이는 것을 말한다. 되기는 자아 경계가 있으면서 자기와 대상의 합일이 일어난 것을 말한다. 신비는 대상에게 자기가 함몰되거나 혼돈에 빠지지 않으면서, 주체성을 가지고 대상과 연합하는 것이다.

기억도 욕망도 없는 상태에서의 신비적 관계

기억도 욕망도 없는 상태without memory or desire에서 신비적 관계가 일어난다. 레브리 상태에서 정신은 육감적 실재에서 정신적 실재로의 전환을 가장 잘 수행해 낸다. 육감적 실재에 대한 애착은 이러한 이행과 이해를 방해한다. 비온은 기억 자체가 이해를 차단하는 것이 아니라, 기억에 대한 애착이 이해를 방해한다고 주장한다. 그래서 심리치료자 스스로 기억에 대한 애착에서 자신을 떼어놓는 훈련을 해야 한다(위의 책, 460-461). 이 같은 주장은 상담자의 기억과 욕망이 내담자에 대한 온전한 이해를 저해함으로써 치료에 방해가 되는 측면을 강조한 것이다. 그러므로 비온은 "기억과 욕망에 사로잡히지 않도록 적극적으로 노력해야 한다." 고 말한다(Wilfred Bion, 31).

기억은 진실이 한 때 머물렀지만 지금은 머물러 있지 않은 장소이다(제임스 S. 그롯슈타인, 462). 그러므로 기억에 머물지 않고 기억이 없는 상태에 놓일 때 비로소 대상과의 신비적 관계성 안으로 들어갈 수 있다. 기억과 욕망은 관계를 방해한다. 참된 관계의 신비는 기억과 욕망이 제거될 때 일어난다.

상호주관성 이론에서의 관계적 신비

로버트 스톨로로우Robert Stolorow는 한 개인이 고립된 자기에 머물지 않고 상호 영향력을 갖는 주관성들이 상호작용하는 공간을 창조한다는 관점을 강조함으로써 상호주관성 이론을 제시하였다(Stephen A. Mitchell & Margaret J. Black, 167). 토마스 옥덴Thomas Ogden 은 상호주관성이란 상담자와 내담자가 함께 나누는 무의식적 경험의 영역이라고 정의했다. 이 영역은 무의식적 과정에 의해 형성되는 두 사람간 상호작용의 결과물로, 이러한 상호작용의 결과로 탄생한 공간을 가리켜 그는 분석적 제3의 영역analytic third space이라고 불렀다. 분석적 제3의 영역이란 내담자의 전이인 제1의 영역과 상담자의 역전이의 영역, 즉 제2의 영역이 만나 형성되는 공통적인 공간을 말한다. 스톨로로우는 상호주관성이란 용어를 의식과 무의식 차원 모두에서 일어나는 상호적인 영향과 규정을 가리키는 광의의 의미로 사용했다(Gil Katz, 59). 정신분석적 작업은 '마음의 모체'(Thomas Ogden, 50)인 심리적 공간을 확장시키는 작업이다. 두 사람의 무의식이 만나는 분석적 제3의 영역은 심리적 공간이 확장된 영역이라고 할 수 있다. 마치 어머니가 자신의 아이들이 제각기 다른 놀이 공간을 창조한다는 것을 알게 되는 것처럼, 상담자도 내담자들마다 상담의 공간을 다르게 창조한다는 사실을 알게 된다. 어머니가 아기들에게 자신의 서로 다른 측면을 끌어내도록 허용해 주는 것처럼, 상담자는 내담자가 현실과 환상 속에서 상담자를 창조할 수 있도록 허용해 주어야 한다. 유아가 엄마를 창조하는 역할을 하므로 똑같은 엄마를 가진 두 명의 유아는 존재하지 않는다. 마찬가지로 똑같은 상담자를 가진 두 명의 내담자도 존재하지 않는다. 그리고 상담자도 내담자에 따라 상담의 장에서 다른 방식으로 회기를 경험하고 행동한다(위의 책, 260-261).

상호주관성 이론은 관계의 신비와 고유성에 대하여 설명한다. 한 개인은 엄마-유아, 상담자-내담자의 관계에서뿐 아니라 하나님, 자연 만물, 예술품을 대하는 방식에서도 고유성을 갖고 관계를 맺는다. 고유한 관계 형성에는 상호주관성이 작용하는 독특한 신비가 내재되어 있다. 상호주관성 이론intersubjectivity Theory에서 해석이 치료적인 효과를 갖는 이유는 그것이 내담자의 정서 상태와 발달적 갈망에 조율되어 있기 때문이다(Robert D. Stolorow, 46). 즉, 해석이 내담자의 심리상태와 발달적 필요에 대한 상담자의 공감적 반응으로 이해될 때 비로소 해석은 치료적 효과를 가진다. 해석적 정교함이 치료 효과를 일으키는 것이 아니라 공감적 관계를 통한 앎이 치료적이라는 것이다. 상담자가 기억도 욕망도 없는 상태에서 내담자와 무의식적으로 하나되기, 이 무의식적 앎에서 나오는 해석이라야 치료적이다. 그러므로 상담의 장은 신비적 관계가 발생하는 곳이다. 엄마-유아 관계처럼 아이가 울면 엄마가 귀를 기울이듯이, 하나님도 우리가 울면 귀를 기울이시고, 우리가 슬퍼하면 위로하시고 춤추고 노래하면 하나님도 같이 기뻐하신다. 마찬가지로 상담자-내담자 관계도 이러한 공감적 관계가 창조되는 장이어야 한다(이만홍, 2016, 6-21).

복음서에 나타난 기적과 치유의 장은 예수님의 긍휼과 인간의 고통이 만나는 곳이다. 긍휼을 가리키는 헬라어 동사인 스플랑크니조마이 σπλαγχνίζομαι 라는 말은 스플랑크논 σπλαγχνον 에서 나왔는데 이는 뱃속, 창자를 의미한다. 유대인에게 있어서 뱃속은 가장 친밀하고 강렬한 감정이 자리 잡고 있는 곳이다. 복음서에서 예수님의 긍휼에 대해 말하면서 그분의 뱃속, 창자가 움직였다고 표현한 것은 관계의 신비를 표현한 것이다. 예수님이 느끼신 긍휼은 피상적이거나 스쳐 지나가듯이 느끼는 슬픔이나 동정과는 다른 것이었다. 그 긍휼은 존재의 가장 여린 부분인 뱃속, 창자에 다다른 것이었다(Henri Nouwen, 34-35, 53). 이에 대한 예증으로 여리고 성이 가까운 곳에서 소경이면서 가난한 거지가 "다윗의 자손이신 예수여! 저에게 자비를 베풀어주십시오!" 라고 외쳤던(눅 18: 38-39) 일화를 들 수 있다. 그는 제자들의 만류에도 불구하고 다시 한 번 크게 소리쳤다. 순간 예수님의 뱃속 창자에서 우러나오는 긍휼과 고통에서 벗어나기를 갈망하며 주님께 긍휼, 즉 엘레에오 ἐλεέω 을 구하는 인간의 간절함이 만나는 제3의 영역에서 기적과 치유가 일어났다. 즉, 상호주관성의 장인 제3의 영역에서 예수 그리스도의 육화와 기적이 일어난 것이다.

예수는 당신 자신이 하나님과 인간 사이에서 상호주관적인 장이요, 상호주관적인 공간이자, 상호주관적인 몸이 되시었다(이만홍, 2016, 5-21). 마찬가지로 상호주관성 이론은 상담자-내담자 사이도 이와 같이 신비하고 고유한 영역에서 치료가 일어남을 가르친다. 상호주관성 이론과 씨줄과 날줄처럼 서로 맞물려 있는 또 다른 개념이 있다. 그것은 피터 포나기Peter Fonagy의 정신화mentalization 개념이다. 정신화란 의도적인 정신 상태와 연계된 것으로 나와 대상의 행동을 지각하고, 그 배면에 있는 감정과 사고를 해석하는 일이다. 정신화는 정신 상태가 인간 행동에 영향을 준다는 가정에 근거하며, 자신이나 타인에게 특정한 행동을 불러온 정신 상태에 초점을 두는 것이다(Peter Fonagy & Anthony Bateman, 24). 정신화는 애착이론에서 말하는 심층적 인지와도 통하는데, 자녀를 정신적으로 건강하게 하는 좋은 엄마는 먼저 자신의 정서 경험을 반복 성찰함으로써 자기와 세계에 대해 지속적이고 안정감 있는 개념을 형성한 경우다. 유아는 이러한 엄마의 정서적 안정감을 발판으로 하여, 자신의 고통스러운 경험에 매몰되지 않고 그 경험들을 객관화하여 반복 성찰함으로써 자기감을 확립하게 된다. 좋은 엄마는 아이의 정신과 정서를 잘 파악하고 이에 대한 이해를 상호주관적으로 아이에게 돌려주는 엄마이다(이만홍, 2017, 6-35). 마찬가지로 상담자가 자신의 정신 상태와 정서 경험을 지속적으로 성찰함으로써 안정감을 유지할 때 내담자도 자신의 불안에 함몰되지 않고 자신의 상처와 맞닥뜨릴 수 있는 용기를 갖게 된다. 이러한 일이 반복되는 가운데 변형과 치료로 나아가게 된다.

인간은 하나님과의 관계, 다른 사람들과의 관계, 자연만물들과의 관계, 예술과의 관계 등에서 신비를 추구하는 존재이다. 인간은 나면서부터 신비를 추구하고 또 경험한다. 엄마-유아 사이는 언어가 아직 없음에도 불구하고 무의식적 의사소통이 완벽하게 이루어지는 관계이다. 삼위일체 하나님 자신과 창조주와 피조물인 인간 사이 그리고 엄마와 유아 관계에 신비적 연합이 가득하듯이, 상담자와 내담자의 관계도 그러해야 하며, 상담관계에 있는 두 사람이 무의식적 의사소통을 함으로 관계의 신비가 드러날 때 치료적 변형도 일어난다는 것이다.

하나님은 사랑이시고 사랑이 있는 곳에 하나님이 계신다는 말씀처럼 공동체에는 하나님의 사랑의 신비가 드러나야 한다. 오늘날 교회공동체와 상담관계에서 서로 대상을 수단으로만 사용하려 하지 자신을 내어주는 사랑은 찾아보기가 어렵다. 그러므로 이제 하나님의 사랑이 드러나는 공동체, 하나님의 사랑이 드러나는 임상의 장으로서의 공동체가 되어야 한다. 둘째는, 정신분석적 치료의 관계성은 목회자가 성도들을 목양할 때나 공동체 안에서 다른 사람들과 관계하는데도 그대로 적용될 수 있는 관계적 모델이다. 진정한 의사소통은 무의식적이며, 공감적인 형태를 취한다. 성도들은 목자와의 관계에서 이러한 갈망을 간절히 바란다. 셋째는, 엄마-유아 관계에서 엄마의 모성적 몰입이 아기의 불안을 즉각적으로 감지해 내듯이 목회자 혹은 상담자는 대상을 향하여 몰두할 수 있는 능력을 갖추어야 한다. 그래서 공감적인 목회의 중요성이 자각되어야 한다. 마치 하나님이신 예수 그리스도가 인간의 몸을 입고 이 땅에 오셔서 인간의 언어를 사용하시고, 그들의 음식을 먹고 그들이 입는 옷을 입고, 그들과 함께한 것처럼 성육신적 목회가 필요하다는 것이다. 넷째, 목회자와 상담자는 자기 분석을 통하여 자신의 정신적 병리와 불안을 온전히 직면할 필요가 있다. 목양에서 자신의 병리적인 반복이 계속 드러나지 않도록 자기 분석이 충분히 되어야 한다. 목회자, 상담자에게는 특히 자신의 정신화를 위한 성찰과 안정감을 유지하는 것이 필요하다.

삼위일체 하나님은 신비이시다. 인간으로 오신 하나님은 신비이시다. 다른 보혜사로 우리 가운데 계시는 성령은 신비이시다. 목회자와 상담자는 이러한 신비를 믿음의 대상으로 하는 자들이기에 그들의 사역이나 임상 현장에는 이런 관계의 신비가 드러나야 한다.

4장

강박적인 관계와 긍휼의 관계

저실드Arthur T. Jersild는 다음과 같이 말한다. "긍휼Compassion은 정서 성숙의 궁극적이고, 가장 의미심장한 구현이다. 가장 높은 성숙함에 도달하고, 가장 깊이 있는 자아실현을 이루도록 하는 것은 바로 긍휼을 통해서이다."(Arthur T. Jersild, 201). 성숙한 그리스도인이 된다는 것은 대상을 향한 긍휼로 인하여 대상을 그대로 두려는 자세, 대상을 그대로 수용하려는 자세이다. 즉, 강박적이지 않은 삶이다. 영성적인 삶은 강박적인 삶과 반대되는 것이다.

모든 강박적인 삶 안에는 자유로움이 없다. 유연성이 현저히 결여되어 있다. 강박적인 삶을 살 때에는 잘 웃지 못하고, 잘 듣지 못하고, 연결과 일체를 경험하지 못하기에 축제를 벌이지 못한다. 왜냐하면 축제는 연결과 일체감이 기본이기 때문이다. 강박적인 도덕, 강박적인 똑바름, 강박적인 성공지향은 타자의 고통을 덜어주지 못하며, 타자의 아픔을 함께 나누지 못한다. 강박증에 걸린 문화는 고통으로 얼룩진 사람들의 아픔을 덜어주기는 고사하고, 친밀감의 능력도 제대로 발휘하지 못한다.

종교는 때때로 사람들에게 강박적인 삶을 가르치고 요구한다. 많은 그리스도인들이 강박적인 삶에 매달려 있다. 강박적인 삶에 기초해 하나님을 섬기려는 사람은 자기 삶에서 진정으로 하나님을 경험할 수 없다. 강박적인 삶을 사는 그리스도인들은 "진리를 알지니 진리가 너희를 자유케 하리라"(요 8:32)는 말씀을 경직되게 만들어버리기 때문에 결코 자유로움을 경험할 수 없다. 강박적인 삶은 의식적으로 자유를 선언할지라도 그 선언은 자유가 완전히 결여된 외침에 불과할 뿐이다. 강박적인 관계와 긍휼의 관계를 쓴 저자의 의도는 긍휼에 기초한 영성적인 삶과 강박적인 삶의 상관관계를 대상관계이론과 관계적인 기독교 영성에 기초하여 전개함으로써 이에 대한 새로운 깨달음과 실천적인 삶을 촉구하는 데 있다.

강박적인 삶에 대한 이해

강박적인 삶이란?

본 장에서 말하는 강박적인 삶의 정의는 강박적 성격, 강박성 인격장애, 강박적인 관념, 삶의 패턴pattern으로서 강박에 사로잡힌 방식 등을 모두 포함한다. 강박적인 삶을 사는 사람들은 불합리한 생각들이나 두려움, 충동들에 사로잡혀 있다. 그러한 생각들이 불합리하고 올바르지 못하다는 사실을 알고 있음에도 맥없이 계속 그러한 삶을 살게 된다. 강박에 사로잡힌 사람들은 매 순간 불행한 일이 자기에게 닥칠지 모른다는 두려움에 사로잡혀 있다. 그러기에 여유로움과 부드러움이 결여될 수밖에 없다. 어떤 일을 할 때에는 항상 돌다리도 두드려 보고 건너는 스타일이다.

정신적으로 건강한 사람이라도 때때로 좋지 않은 생각을 할 수 있다. 그러나 건강한 그에게는 병적으로 죄의식을 가지는 성향이 없기 때문에 그 생각들이 더 이상 자라지 않는다. 그러한 생각들이 머리에 떠올랐을지라도 곧 없애버릴 수 있다. 그러나 강박증인 사람들은 병적인 죄의식 때문에 그 생각들에 걸려 넘어지고, 그 생각들이 영영 그를 잘못되게 할까 봐 두려워한다. 그러나 그런 두려움은 오히려 그런 생각을 강화시키고 만다. 그러다가 결국 그는 그런 생각들과 싸우지도 못하게 된다(A. Lechler, 58).

강박성 인격장애 증상은 정리정돈에 몰두하거나 완벽주의, 마음의 통제와 대인관계의 통제 등인데 이런 특징은 융통성, 개방성, 효율성의 상실이라는 대가를 치르게 한다. 이러한 양상은 성인기 초기에 시작되며, 여러 상황에서 나타난다(APA, 857). 강박성 인격장애를 가진 사람은 자신의 가족이나 친구들을 희생시켜 가며 자신의 일에 헌신하는 경향이 있다. 이들과 중요한 관계를 맺고 사는 주변 사람들이 이들과 함께 살기가 어려워서 정신과 치료를 받을 정도다(Glen O. Gabbard, 574). 인격장애를 가진 사람들은 일에 대해 고집스러운 집착을 보인다. 자기 일을 진정으로 즐기는 것이 아니며, 자신의 잠재력을 완전히 드러내는 데도 어려움을 겪는다. 이유는 과도하게 완벽을 추구하거나 엄격하기 때문이다. 대학생을 비롯하여 일반 사회생활을 하는 사람 가운데도 상당히 있지만, 자신의 인격이 병리적이라고 생각하지 않기 때문에 상담이나 심리치료도 받으려 하지 않는다. 강박의 정도가 심하지 않은 다수의 사람들은 사회에 잘 적응하기도 한다(원호택, 366-367).

강박적인 삶을 사는 사람들은 최선의 방법을 선택하거나 결정하는 데 어려움이 있어서 우유부단하게 보인다. 지배-피지배 관계를 설정해 놓고 상대방 앞에서 자신의 상대적 위치에 신경을 쓴다. 감정표현은 매우 절제되어 있거나 꾸며낸 것이어서 감정표현을 잘하는 사람과 같이 있는 것을 불편해 한다. 융통성과 타협이 필요한 새로운 상황에 직면했을 때 어려움을 겪는다. 적대감, 경쟁심, 조급함 등의 모습이 많다(원호택, 359). 그래서 성취 지향적이고 성공적인 삶을 쟁취하려고 애를 쓴다(위의 책, 367). 강박적인 삶을 사는 사람들은 규칙과 질서에 철저하고, 모든 일에 완벽성, 정확성, 세밀성에 지나치게 집착하면서 반복적인 생각과 반복적인 행동을 하지 않으면 견디지 못하며, 매사에 확인하고 또 확인해야 하기에 남에게 일을 맡기지 못한다(P. A. Dewald, 130). 다른 사람들과 일을 나눌 수 없기 때문에 비생산적이다. 계획만 무성하고 실제로 행하는 데 어려움이 있기 때문에 계획을 세우고 준비하는 데만 시간을 허비하고 실천하지 못하는 경우가 많다.

강박성 인격장애의 원인은 문화적 배경이 하나의 원인이 되기도 하지만, 생애 초기 관계경험을 분석해 보아야 한다. 도덕적인 삶을 중시하는 기독교 가정에서 자라난 사람들 가운데 이러한 삶을 사는 이들이 의외로 많다. 대상관계이론은 모든 관계경험은 내면화되고 적절한 환경이 주어지면 재연된다고 보며 특히 생애 초기에 중요한 대상인 양육자와의 관계경험, 부모의 가르침이나 가치관 등이 인격에 지대한 영향을 미친다고 본다. 실존주의적 입장에서는 인간의 인격은 갈등구조를 가지고 끊임없이 변하고 있는데 그 갈등구조가 심각할 정도로 치명적이어서 병리적으로 방어하고 있는 상태라고 강박증을 진단한다. 목회 상담적 입장에서는 인간의 영, 혼, 육 가운데서 혼의 차원이 과거의 상처 경험으로 인해 장애를 일으켰다고 본다.

치료에 있어서 정신역동적 입장은 내담자의 경험과 태도를 해석해 주고, 상담자와 좋은 대상관계를 새롭게 경험하는 것이 중요하다고 가르친다. 왜곡되고 병리적인 관계의 결과로 병리적인 삶을 반복하기 때문에, 새로운 관계경험이 필요하다고 보는 것이다. 정신병리는 치명적인 좌절을 주는 왜곡된 관계경험이 원인이 될 수 있지만, 마땅히 가졌어야 할 관계경험의 부재도 큰 원인이 되므로 상담자와의 관계에서 지금까지 반복하던 경험이 아닌 새로운 관계경험이 일어나야 한다. 실존주의적 입장에서는 궁극적인 삶의 의미를 발견하는 것이고, 영성적인 관점에서는 좋은 대상으로서의 하나님을 경험하는 것이 중요하다고 가르친다. 여기서는 강박적인 삶과 긍휼의 삶을 심리학적으로 또 영성 신학적으로 조명함으로써 강박적인 삶을 경계하고자 한다.

강박적인 삶과 긍휼의 삶에 대한 심리학적, 영성 신학적 가르침

윌리암 에크하르트William Eckhardt는 "경쟁은 자연의 기능과는 거리가 멀고 오히려 강박증을 강화시킨다."(William Eckhardt, 100)라고 말한다. 그는 "긍휼의 반대 에너지는 강박증으로 불려야 마땅하다고 생각한다. 강박증이 증가하면 필연적으로 삶에서 긍휼의 힘이 감소되고, 반대로 긍휼이 증가하면 필연적으로 삶에서 강박증의 힘이 감소된다."(위의 책, 1). 그리스도인은 강박적인 선한 의도, 선한 행동, 선한 태도까지 버리는 법을 익혀야 한다. 선하고 좋은 방향으로 나아갈지라도 강박적인 삶으로 인해 종국에는 나쁜 방향을 갖게 되기 때문이다. 일반적으로 이런 강박적인 삶의 배후에는 자연에 대한 두려움과 사물에 대한 두려움이 도사리고 있다. 파오리Arturo Paoli는 사물이 산업사회에서 인간의 적이 되었다고 탄식하면서 "민족 간의 평화와 사람 사이의 평화를 말하기 전에 사람과 사물 사이의 평화를 말해야 한다."(Arturo Paoli, 3)라고 강조한다. 사물에 강박적인 집착을 가짐으로 사물을 그대로 두거나 상호공존의 대상으로 여기지 않고 전투적이고 공격적인 자세를 가짐으로써, 자신의 공격성에 의해 투사된 에너지가 다시 내사되어 둘 사이의 관계가 두려움의 형태를 띠게 된다.

강박적인 삶은 다른 사람들의 욕구와 감정을 무시하는 이기주의적인 면이 특징적이다. 강박적인 삶은 다른 사람들의 욕구와 감정이 정서적으로 표출되건, 정치적으로 표출되건, 종교적으로 표출되건, 지적으로 표출되건 전혀 아랑곳하지 않고 그들의 욕구와 감정을 무시해버린다. 충동과 이기주의는 미성숙함의 특징이다. 충동과 이기주의는 성숙되지 않은 인격을 지배한다. 에크하르트는 강박적인 가치체계와 자비가 넘치는 가치체계의 차이를 서술했다. 강박적인 가치체계의 의식구조는 사회의 불평등을 비판하지 않는 것, 깨어있는 자를 무지한 자로 몰아가는 것을 사명으로 여긴다. 하지만 긍휼이 넘치는 가치체계는 인간의 이러한 의식을 예찬한다. 이러한 의식이 없으면, 자아의 변화나 타인의 변화 혹은 세계의 변화도 있을 수 없기 때문이다. 에크하르트는 어떤 한 개인이 의식이 없다면, 인간으로서의 여하한 가치도 있을 수 없다고 한다(William Eckhardt, 256).

학습에 있어서도 강박적이고, 강제적인 방법은 절대적인 복종을 필요로 한다. 그것은 권위 있는 인물들이 행사하는 통제, 즉 지시하고 처벌하고, 규제하는 통제에 길들여진 복종이다. 반면에 긍휼이 넘치는 학습이나 훈련은 개인의 자유(자신뿐만 아니라 타인을 항상 포함하는 자유)가 사회적인 책임의식을 발생시킨다고 본다. 학습자는 이러한 환경 속에서 통찰력을 얻도록 격려되고, 동등한 사람으로 대우 받는다. 긍휼이 넘치는 자유는 모든 사람에게 똑같이 소중한 자유다. 그것은 개척되어야 하고 만들어져야 할 자유다. 왜냐하면 그것 자체로는 상속이 되지 않기 때문이다. 강박적인 정의正義는 심판처럼 여겨진다. 그것은 인간관계를 언제나 계층적으로 정의定義 내린다. 강박적인 정의는 평등을 추구하는 사회운동을 수상하게 여긴다. 반면에 긍휼이 넘치는 정의는 평등을 향하여 나아가는 것을 의미한다. 모든 사람이 평등하기 때문이다.

강제적이거나 강박적인 삶의 구조에서는 사랑도 지배-복종의 관계, 가학-피학의 관계가 되기 쉽다(위의 책, 258). 하지만 긍휼 안에 놓인 사랑은 서로를 목적으로 대하는 동등한 사람들의 자유로운 선택으로 여겨진다. 강박이 지배하는 곳에서는 정신건강의 의미가 이기적인 삶을 가리키고, 물질적인 번영이 건강을 상징하고, 성은 필요악으로 여겨진다. 반면에, 긍휼이 지배하는 곳에서는 건강한 사람이 자신뿐만 아니라 타자에게도 관심을 기울이는 것을 정신건강으로 본다. 여기에서 창조성은 건강을 상징하고, 성은 창조적인 나눔이 된다.

강박적인 삶의 환경에서는 권력이 타자를 통제하고 지배하고 다스리는 것을 의미한다. 그러한 권력은 기존의 불평등 체제를 강화시킨다. 하지만 긍휼의 삶의 환경에서는 권력이 모든 사람들에게 힘을 똑같이 분배하는 것을 의미한다. 강박은 자아에 대해서까지 적대적이다. 그러므로 자아를 신뢰하지 않으며, 자신을 사랑하지 않는다. 강박은 언제나 자신의 밖에 있는 것, 예컨대 규율, 규범, 통치자, 권의주의적인 인물을 목표로 삼는다. 강박에는 개인의 도덕적 선택이나 결단을 위한 여지가 없다.

강박적인 삶은 한쪽 방향만을 보게 하고, 위험할 정도로 일면에 집중되어 있다. 그래서 강박증에 걸린 사람이나 그 문화는 한쪽의 외침, 한쪽의 부름, 한쪽 방향, 한쪽의 이념에만 귀를 기울인다. 이러한 편향성은 지나치게 단순하고 지나치게 일차원적이고 다른 사람들의 아픔과 기쁨에 냉랭하다. 결국 긍휼의 가능성이 철저하게 추방된다. 경쟁과 강박적인 삶에는 감사도 없고, 웃음도 없고, 타인의 아픔을 민감하게 느끼는 감수성도 없고, 축제도 없다. 다만 황량한 세계가 있을 뿐이다. 그 세계에는 다정한 사람이나 의로운 사람을 위한 여지가 없으며, 온화한 사람들이 균등하게 차지할 공간이 없다. 자비는 서로를 파괴하는 강박적인 삶으로부터 사람들을 해방하는 진리이다. 강박은 본능이 아니다. 강박증을 특징짓는 본질적인 조건은 불평등이다.

강박적인 삶과 그대로 둠, 버림의 삶

영성생활은 그대로 둠letting be을 바탕으로 한다. 하나님을 하나님 되게 하고, 나를 나 되게 하고, 고통을 고통으로 놓아두고, 기쁨을 기쁨으로 놓아두는 것이다. 자연을 그대로 두면 자연은 우리에게 자신이 가지고 있는 존재적 고유성을 되돌려 준다. 자녀를 있는 그대로 두면 그 자녀는 자신의 타고난 아름다움을 부모에게 선물로 준다. 그대로 둠의 가치를 임상적 사례를 통해 확인해 보자.

구자영(가명, 45세 여성) 씨는 귀신에게 공격 당하는 꿈을 꾸거나 친한 동성 친구에게 성폭행을 당하는 꿈, 아니면 죄책감에 사로잡혀 힘들어 하는 꿈을 반복적으로 꾼다. 이러한 꿈들은 모두 그녀의 생애 초기 양육자와의 관계에서 온 외상들을 표상할 뿐만 아니라 그 외상으로 인한 강박증적인 불안을 드러내고 있다. 그녀의 어머니는 강박적이고 목적 지향적이며 공감능력이 떨어지는 분이셨다. 특별히 그녀는 생애 초기에 외할머니에게 보내져서 두 해 동안 엄마와 떨어져 지낸 적이 있다. 이러한 경험은 그녀의 성격형성에 지대한 악영향을 끼쳤다. 그녀는 총명해서인지는 모르지만 생애 첫 기억으로 생후 1년도 안 되어 엄마랑 떨어졌던 유기 경험을 기억한다고 했다. 그녀는 사랑받지 못하고 버려졌던 느낌을 다시는 경험하지 않으려고 엄마의 마음에 들기 위해 최선을 다하곤 했다. 그래서 초, 중고등학교 시절 매우 좋은 학업 성적을 받았다. 늘 전교 1등을 했다. 하지만 그녀에게 전교 1등을 계속해서 유지하는 일은 힘겨웠다. 그녀는 1등이 아니면 자신이 매우 보잘것없는 존재로 여겨졌다.

공부에 즐겁게 몰입해서 좋은 성적을 내는 것과 강박적인 불안에 사로잡혀 1등을 하는 것은 완전히 다른 것이다. 불행하게도 그녀는 후자에 속했다. 마침내 그녀는 고등학교 3학년 때 공황장애를 겪게 되면서 학업을 유지하는 것 자체가 불가능했다. 결국 그녀는 SKY 대학에 들어가기는 했지만 엄마가 바라던 서울대학교 진학은 실패했다. 자신이 보잘것없고 다니는 대학이 수치로 여겨졌다. 대학을 졸업한 후 그녀는 의사인 남편을 만나 행복한 삶을 누리며 사는 것 같았지만 강박증에서 오는 불안감을 떨쳐버릴 수 없다. 그녀는 인격적인 남편, 경제적으로 안정된 가정을 갖고 있음에도 불구하고 매일 밤 악몽에 시달렸던 것이다. 그녀는 이렇게 고백한다. "이 세상에서 제일 고통스런 병은 아마도 강박증일 거예요. 말도 안 되는 일임에도 불구하고 어처구니없이 병리적인 공식을 강박적으로 따르지 않을 수 없어요."

자녀뿐만 아니라 하나님을 도구로 사용하지 않고 있는 그대로 둘 때 참된 하나님을 만나게 된다. 우리는 삶에서 그대로 둠의 가치를 추구함으로써 새로운 에너지를 받게 된다. 그대로 둠은 영적 신비 경험도 대단한 일로 취급하지 않고 신비를 신비로 놓아두는 태도를 취한다. 거기서 우리는 신비를 변질시키지 않고, 신비를 있는 그대로 받았다가 흘려 보낼 수 있다. 주의 깊게 듣기, 깨어 있기, 민감하게 관찰하기 등도 그대로 둠에 속한다. 이러한 태도는 대상을 존중하는 태도이지 내 욕동을 따라 대상을 조정하는 것이 아니다. 만물을 그대로 둘 때, 아주 작은 미물 속에서도 커다란 경이를 발견하고, 나뭇잎 사이로 스며든 한줄기의 햇빛에서도 창조주 하나님을 발견하게 된다. 사물을 그대로 두고, 하나님을 그대로 둘 때 경이가 되돌아온다. 그리고 그러한 경험은 순간의 작은 빛이 되어 영원한 빛으로 인도된다. 즉, 나와 너의 관계를 통해서 영원한 너에게로 나아가게 된다. 빛을 가진 자는 자신의 거룩함과 선함을 알고, 질투나 비난보다는 수용성을 가지고, 타자 속에 있는 거룩함과 선함을 환대할 준비를 보다 충실하게 할 수 있다. 그대로 두기를 배움으로써 그만큼 더 깊은 변화에 이를 수 있다. 그대로 둠은 경외敬畏와 존숭尊崇의 행위이다. 그대로 두는 법을 배우는 순간, 감독관이 되는 대신 축제를 벌이는 사람이 된다. 그대로 둠을 실천하는 사람은 하나님으로 가득 차 있는 실재 속으로 들어갈 수 있다. 하지만 많은 사람들은 집착과 강박적인 추구로 인해 자신에게 참된 선물과 거룩함이 주어져 있음을, 어디에나 경외와 축제의 근거가 충만함을 깨닫지 못한다.

그러므로 사물이 그 참된 모습을 드러내게 하려면 우리는 그대로 둠의 가치를 추구해야 한다. 집착이 사라진 곳에서 자녀들은 타고난 그 진가를 발휘하게 되고, 하나님이 하나님으로 우리 가운데에 온전히 존재한다.

강박적인 삶과 버림letting go의 영성을 고찰해 보자. 버리는 법을 배우는 순간, 감독관이 되는 대신 축제를 벌이는 사람이 된다. 버림을 감행한 사람은 하나님으로 가득 차 있는 실재 속으로 들어갈 수 있다. 하지만 집착과 강박적인 삶으로 인해 자신에게 선물과 거룩함이 주어져 있음을, 어디서나 경외하고 축제를 벌여야 함을 깨닫지 못한다. 그러므로 사물이 모습을 드러내게 하고 사물이 드러나게 하기 위해 우리는 버릴 필요가 있다. 사물에 대한 집착이 사라진 곳에 하나님이 존재하기 시작한다.

하나님을 모셔 들이는 것은 다른 사물을 내보내는 것을 의미한다. 다른 사물을 내보내는 까닭은 사물이 악하기 때문이 아니라, 사물에 대한 집착이 자신의 의식에 영향을 미치기 때문이다. 여기서 말하는 사물은 자신의 몸일 수 있고, 자신의 직함과 신분일 수도 있다. 자신의 주식과 채권일 수도 있고, 새로 구입한 중형차일 수도 있다. 심지어 버림은 버림을 버리는 것까지도 의미한다. 버리는 법을 익힐 때, 사물에게로 돌아가서 독점하려는 마음을 갖지 않은 채 그것을 소유하고, 경쟁심을 갖지 않은 채 경쟁하고, 강박관념에 사로잡히지 않은 채 관리하고, 성공에의 집착을 갖지 않은 채 성공하고, 실패 아닌 실패를 할 수 있게 된다. 사물이 단지 사물이 아니라, 경쟁과 강박증의 요구에 따라 자신을 노예로 만들 수도 있는 에너지임을 깨닫게 되는 것이다.

버리는 법을 익히면 궁극적인 버림을 위한 준비, 즉 생명을 버리고 죽음을 맞이하는 법까지 배우게 된다. 현존하는 문화는 죽음을 논하길 피하고, 죽음을 이해하길 꺼리는 경향이 있다. 이런 경향은 자신이 가지고 있거나, 소유하고 있다고 생각하는 것에 대한 강박적인 집착에서 기인한다. 죽음에 대한 강박적인 회피는 생명에 대한 강박적인 집착에 기인한다. 하지만 인간은 생명을 소유할 수 없으며, 삶의 어떤 선물도 소유할 수 없다. 그것은 대여된 것이지 주어진 것이 아니다. 사유재산도 죽으면 누군가 다른 사람의 손으로 들어가게 된다. 그러므로 죽음이야말로 참된 버림이요, 참된 자유일 것이다. 죽기 전에 버리는 법을 충분히 익힘으로 죽음을 연습할 수 있다. 그것은 죽음 앞에서 사는 법, 죽음 앞에서 영원한 생명을 맛보는 법을 터득하는 일과 같다.

버림을 가로막는 또 다른 장애물은 무無에 대한 공포이다. 인간은 미지의 대안을 두려워한다. 그러므로 지금 사물을 소유해야 한다. 그리고 자신의 사물을 정돈하지 않으면 사물이 온통 질서를 잃어버릴 거라고 생각한다. 무에 직면하여 어떻게 행동하는가? 강박적으로 행동하는 자, 강박관념에 사로잡혀서 저축하는 자, 강박적인 구원자, 강박적으로 명령하는 자가 될 수 있다. 하지만 모든 것을 버리는 편을 택할 수도 있다. 성서적인 답은 무가 참되다면, 존재는 더 참되고, 더 근본적이라고 말한다. 태초에 존재한 것은 공空이 존재했던 것이 아니라, 자기의 이름을 '나는 스스로 있는 나다'라고 밝힌 그분이 계셨다. 그러므로 신앙은 무에 대한 공포를 버리게 하고 무를 탐험하다 보면 마침내 무언가에 도달하게 됨을 믿으라고 가르친다.

버림과 그대로 둠으로 나아가는 또 다른 차원은 독거獨居이다. 독거를 통해서 자신과 동무하고, 교제를 즐기고 경축하는 법을 배울 수 있다. 독거와 도피의 차이는 무엇인가. 그것은 고독과 외로움의 차이이다. 외로움은 그리고 강박적인 문화는 자신에게 두려워하고 도망쳐야 한다고 가르친다. 하지만 무와 어울려 춤을 추듯이, 고독과 어울려 춤을 춘다면 유有가 나타날 것이고, 에너지들이 도처에 널려 있음을 알게 되며, 그것을 누리게 된다. 고독과 독거는 홀로 있는 것이 아니다. "나는 얼마간 홀로 지내기 위해 숲으로 가고 있다."고 말할지라도 사실은 홀로 있는 것이 아니다. 나는 나무와 풀들과 들짐승들과 함께 지내는 것이며, 나뭇잎 사이로 비춰오는 햇빛과 함께 있는 것이며, 숲 속의 작은 집과 함께 있는 것이다. 나아가 자신이 살아오면서 내면화internalization한 내적 대상inter object과 함께 있는 것이다. 그러므로 인간은 어떤 순간에도 홀로일 수가 없다. 관계 안에 있다. 인간의 실존은 관계 안에서 발견되기 때문이다. 관계를 초월할 수 있는 이는 야훼 하나님(출 3:14)밖에 없다. 충만한 독거, 충만한 고독은 도피가 아니라, 혼자 있건 다른 사람들과 함께 있건 자신을 대상에게 통째로 쏟아붓는 것이다. 충만함에 이르려면 텅 비어 있어야 한다. 영성은 이 세계를 도피한다고 사물에게서 도망친다고 외톨이 생활을 한다고 이 세계에서 떨어져 나간다고 터득되는 것이 아니다. 어디에 있건 누구이건 간에 내적인 독거, 고독을 익혀야 한다. 사물을 뚫고 들어가 거기서 하나님을 발견하는 법을 터득해야 한다.

제임스 F. 매스터슨James F. Masterson은 "참 자기가 있으면 유기공포 없이 홀로 있을 수 있는 능력을 소유한다."고 했다(James F. Masterson, 72). 홀로 있을 수 있는 능력은 임마누엘 믿음과 유사하다. 홀로 있는 능력은 역설적으로 대상과 하나 됨의 경험이 깊이 내면화되어 물리적인 공간에서는 홀로 있으나, 심리적 공간에서는 내적 대상이 충일하게 자신 안에서 번식하고 든든히 같이하므로 실상은 함께 있는 것이다. 그러므로 그대로 둠과 버림의 영성적 삶을 추구하는 자는 홀로 머물 수 있는 능력을 소유하고 있다.

강박적인 신앙생활의 특징과 영성적인 신앙생활

강박적인 신앙생활의 특징

강박적인 생활을 하는 신앙인은 자신이 지은 죄를 다른 사람들 앞에서 낱낱이 고백하기 전까지는 자신이 바라는 마음의 평화를 하나님이 주지 않으실 거라고 확신한다. 그래서 자신의 과거사 가운데 대수롭지 않은 것까지 이웃들에게 고백해야 한다고 생각하면서 시시콜콜 털어놓기도 한다. 강박적인 신앙인은 상담자를 찾아가 계속적으로 확인 받기를 바란다. 그들은 아무리 회개해도 내면의 평화를 얻지 못하기에 자신이 고백을 성실하게 하지 못한 거라고, 아직 다 고백하지 못한 잘못이 없는지 찾는다.

하나님께 올바르게 보이기 위해서는 무엇인가 하나님께 약속해 드려야 한다는 압력을 받는다. 어떤 잘못을 저지른 후, 다시는 그런 잘못을 저지르지 않겠다고 맹세하기도 한다. 신앙인들 중에는 일종의 강박적인 기도를 하는 이들이 많다. 쉬지 말고 기도해야 한다는 생각에 사로잡혀 자신이 너무 기도를 안 하고 있는 것이 아닌가 죄의식에 시달리는 것이다. 죄를 지었을 때는 하나님께 용서해 달라고 끊임없이 애원하는데 그 청원이 받아들여졌다는 확신이 안 들어 계속 회개에 강박적으로 매달리기도 한다. 또 기도를 하면서 같은 형식으로 기도하고 같은 동작으로 기도를 마치곤 한다. 어떤 사람은 중보기도를 해야만 한다는 강박에 사로잡히기도 한다. 중보기도 할 사람들의 명단을 길게 써서 하루에도 여러 차례 그 사람들의 이름을 불러가며 기도를 해야 쉴 수가 있게 된다.

강박적인 신앙인은 영적인 삶에 문제가 있을 수밖에 없다. 아이들이 자기 아버지에게 쉽게 다가가듯이 하나님께 다가가야 하는데 그렇지 못한 신앙인이 많다. 그들은 자기 생각이 깨끗하지 못하고, 죄의 상태에 있으며, 사탄의 세력에 사로잡혀 있다고 생각한다. 그들은 머리에 자꾸 떠오르는 신성모독적인 생각들이 하나님이 그를 버리신 증거라고 확신한다. 그들은 종교적으로 소심하기 때문에 자신의 신앙이 굳건하지 않고 안정되어 있지도 않다고 생각한다. 자신의 충동을 따라야 할 것인가, 따르지 말아야 할 것인가 하는 끊임없는 자문은 그에게 자기 확신을 모두 앗아가 버린다. 언제나 하나님의 계명을 제대로 지키지 못했다고 벌벌 떨기 때문에 율법주의자들처럼 날이 저물면 자신이 어느 것은 하고 어느 것은 하지 말아야 죄를 짓지 않게 되는지 따지려고 한다. 이러한 강박관념은 한시도 하나님 안에서 기쁨을 누리거나 마음의 평화를 누리지 못하게 한다. 강박적인 삶을 사는 신앙인에게 필요한 것은 그대로 둠과 버림의 영성이다.

그대로 둠과 버림을 추구하는 영적인 삶과 대칭되는 강박적인 삶은 자율성autonomy vs 자동성automatization, 창조성creativity vs 경직성rigidity, 해학humor vs 심각seriousness, 공감empathy vs 적개심hostility이다. 그대로 둠과 버림을 추구하는 영적인 삶은 자율적이며 창조적이고 해학적이며 공감적이다. 반면에 강박적인 삶은 자동성, 경직성, 심각성,

적개심으로 가득하다. 그대로 둠과 버림의 영성을 추구하는 자들의 특징은 다음과 같다.

그대로 둠과 버림을 추구하는 영적인 삶

그대로 둠이나 버림을 추구하는 영성적인 삶과 강박적인 삶의 형태는 다음과 같은 네 영역에서 상반되는 모습을 보인다. 그대로 둠과 버림의 영성적 삶은 자율적이고 창조적이며, 해학이 있고 공감적인 삶의 가치를 발견하고자 한다.

자율성 vs 자동성

자율성의 다른 말은 자동성과 민감함이다. 자기 성찰을 통한 자기이해에 기초한 행동인지를 먼저 따져 보아야 한다. 신앙의 모습은 열심과 성실을 다해 봉사하는 신앙생활로 이끈다. 자동성은 자동적으로 열심과 성실에 치우친다. 정확하고 체계적인 방식으로 일을 처리한다. 자동성은 정확하고 체계적인 방식에 경직된 모습으로 집착한다. 자율성도 강박적으로 변모해 버리면, 자동성이 되므로 바람직하지 않다.

자율성은 참 자기에서 나온다. 참자기의 삶은 활기 있고 기쁘게 그리고 자율적으로 다양한 감정을 깊이 경험할 수 있다(James F. Masterson, 67-68). 자율은 삶의 상황과 조화를 이루면서 살게 한다. 좋은 일이 생기면 행복을 누릴 수 있고, 안 좋은 일이 생기면 실망하거나 슬퍼하거나 분노할 수 있다. 자율성을 가진 참 자기의 삶은 감정을 숨기거나, 사장시키려 하지 않고 적절하게 감정을 느낄 수 있게 한다.

그러므로 건강한 참 자기를 가진 자율적인 사람은 좋은 감정, 나쁜 감정, 유쾌한 감정, 불쾌한 감정 모두를 체험하며 산다. 이런 감정은 삶에 필수적인 요소이다. 그대로 둠과 버림의 영적 가치를 추구하는 사람은 감정을 막거나 은폐하는 장벽을 세우지 않고, 다양한 감정을 수용하고 그런 감정의 표출을 두려워하지 않는다.

창조성 vs 경직성

창조성의 반대말은 경직성이다. 창조성은 달란트 비유에서 가르치는 것처럼 활용의 개념이다(마 25:14-30). 활용은 자신이 어떤 존재이며, 어떤 재능을 가진 존재인지 파악하는 데서부터 가능해진다. 창조성을 가진 신앙인은 삶에서 일을 해내는 완성도가 높아, 어떤 일이든 믿고 맡길 수 있는 신앙인으로 인정 받게 된다. 하지만 경직성은 일의 완성도를 높이는 데서 자기만의 방식을 고집하게 한다. 창조성이 이끄는 곳에는 도덕과 양심이 있다. 경직된 사람은 도덕적이고, 양심적이기 위해 자기나 타인에 대해 가차없지만, 창조성은 경직됨 없이 유순한 도덕과 양심을 가진다. 창조성은 깊이 일체감을 경험할 수 있는 사람이 가지는 정신적인 능력이다.

창조성의 능력은 자신의 주변 문제에 대해 적절하게 해결책을 찾는 능력인 동시에, 자기표현을 차단할 우려가 있는 정신 내적인 패턴을 재정비하는 능력이다. 자기표현 없는 창조성은 존재할 수 없기 때문이다(위의 책, 71). 창조성은 새로운 환경에 적응하는 능력이기도 하다. 새로운 곳에 이사했을 때, 새로운 보직을 맡았을 때, 바뀐 상황에 지혜롭게 잘 적응하는 것도 분명히 창조성의 한 부분이다.

칼 로저스Carl Rogers는 "창조성이 없으면 모든 빛은 사라지고 말 것이다."(Carl Rogers, 348)라고 했다. 현대사회는 많은 곳에서 빛이 사라졌다. 지구촌 전체가 금융위기를 맞고 있다. 실업자들이 속출하고 있으며, 폭력적인 사회는 각박하기 짝이 없다. 수천억 달러를 들여 무기를 구입하면서도 정작 사람을 사람답고 풍성하게 하는 문화예술 방면의 투자는 인색하다. 인간의 창조성은 어디에서 나올까? 코헛은 건강한 자기에 도달하기 위해서는 세 가지 자기대상 경험이 필요하다고 말한다.

첫째는 아이의 활기와 위대함이나 완벽함에 대한 내적 감각에 반응해주고 확증해주며, 기쁨과 찬성의 눈빛으로 보아주고 과대적인 마음상태를 지지해주는 자기대상의 경험이다. 인간은 반영이 없는 곳에서는 삶을 꽃피울 수 없다. 둘째는 아이가 존경할 수 있고 그와 더불어 자신이 평온하고 절대적이며 완벽하고 전능하다고 느낄 수 있는 강력한 타인과의 관계경험이다. 존경하고, 우러러 볼 수 있는 자기대상과의 관계경험은 꿈과 이상을 갖게 할 뿐만 아니라, 자기가 약한 아이에게는 든든한 안정감, 붙잡아 주는 느낌을 주기 때문에 정서적인 욕동들을 조절할 수 있는 힘의 근원이 된다. 셋째는 일체적 자기대상 경험이다. 반영과 존경이 있는 대상과 함께함으로써 둘이 하나가 되었다는 느낌은 참으로 중요하다. 사내아이가 아빠랑 함께 연장들을 가지고 가구를 만드는 일 혹은, 여자아이가 엄마랑 앞치마를 두르고 요리를 하는 중에 일체의 기쁨을 경험하게 되는데 이런 과정에서 친밀감을 주고받을 수 있는 능력을 소유케 된다(Stephen A. Mitchell & Margaret Black, 276).

이러한 세 가지 자기대상 경험은 사랑받는 존재로서의 자기, 수용될 만한 존재로서의 자기이미지를 획득하게 한다(Sheldon Cashdan, 68). 자기를 비쳐주는 이와 같은 빛은 그의 삶에서 창조성으로 드러나게 된다. 코헛은 자기대상 경험을 주변에서 끌어올 수 있는 능력에 따라서 그 사람의 정서적 성숙도를 판단한다. 자기대상 경험의 기회가 많았던 사람은 자기 본능을 조절할 능력을 갖추게 되고, 동시에 안정된 정서 상태를 유지할 수 있다. 자기대상과의 관계경험은 자긍심의 기초가 되며, 타인에 대한 사랑 감정의 토대가 된다.

하나님이 사람을 '하나님의 형상'으로 지었다는 창세기의 선언은 모든 사람이 창조적인 힘을 가진 예술가임을 선언하는 것이다. 모든 사람 속에 있는 이 창조력은 때때로 악마적인 파괴성으로 나아갈 수 있다. 하지만 창조력은 인간에게 주어진 은총이며, 확실히 하나님의 형상을 가진 존재임을 보여준다. 첫 사람 아담은 이름 짓는 일을 하였다. 창세기의 이름 짓기는 상징을 만드는 능력과 창조력을 보여주는 행위이다(Silvano Arieti, 38). 인류 최초의 인간인 아담이 그러했듯이 모든 사람들에게 부여된 능력이다. 어떤 사람은 부모로서 창조자이고, 어떤 사람은 목회자로서 창조자이며, 어떤 사람은 과학자로서 창조자이고, 어떤 사람은 요리사, 사상가, 교수, 학생으로서 창조자이다. 창조성은 모든 사람들의 것이고 모두에게 영향을 미친다. 하나님의 말씀을 좇아 살아가는 사람들, 빛으로 살아가는 사람들은 하나님의 구원의 행위, 창조 행위에 동참하는 자이다.

창조성은 낳음을 귀하게 여기는 데서 출발한다. 창조성은 통제보다는 낳음을, 객관화보다는 낳음의 가치를 존중하는 공동체에서 풍요로워진다. 창조는 매우 유쾌한 일이다. 어머니는 아이를 낳는다. 창조가 일어난 것이다. 산고産苦가 있지만 그것은 행복하고 유쾌한 일이다. 당신은 피아노를 치십니까? 즉, Do you play the piano?에서 play는 '놀다'라는 뜻과 '연주하다'라는 뜻을 가지고 있다. 이처럼 창조성은 놀이가 되어 인간에게 유년기의 회복을 주고 즐거움을 준다. 창조성의 결과물로 낳음을 가질 때, 그 낳음은 내 안에 머물러 있지 않고 모든 이의 것이 된다. 공동체의 것이 된다. 창조물은 자신에게서 시작되지만 모든 세계와 연결되어 있는 것이다. 기독교 영성은 내향적인 운동방향에 국한되지 않고, 외향성을 가진다. 외향적인 묵상이 없으면, 이러한 내향적 묵상은 좀처럼 축제나 고통의 경감에 도달하지 못한다. 외향적 영성은 관계적인 영성이요, 사회적인 영성이며, 공동체적인 영성이다. 공동체 속에서 창조력을 드러내는 것이 결여되어 있다면, 그 영성은 은둔이요 회피가 된다. 그러므로 영성의 사회적인 성격은 참된 영성을 판가름하는 중요한 기준이 된다.

해학 vs 심각

그대로 둠과 버림의 영성적 삶에는 해학humor이 있지만, 강박적인 삶은 항상 심각seriousness하다. 해학은 자율성과 창조성의 기능을 높이는 윤활제이며, 그대로 둠과 버림의 영적 삶에서 충일하게 드러난다. 해학은 탈화석화de-fossilization를 이끈다. 해학은 자기를 살게 하며, 그의 신앙생활 모습은 대인관계가 좋고 넉넉한 인격의 소유자로 인정 받으며, 여러 사람들에게 신뢰를 얻는다. 하지만 심각한 사람은 대인관계가 힘들고, 신뢰하기 힘든 사람으로 불안스럽게 여겨진다. 해학적인 삶은 넉넉함, 성실성, 공손함을 갖추게 된다. 심각한 사람은 넉넉하지 않다. 이러한 강박성향의 신앙생활을 하는 사람들에게는 다음의 것들이 도움이 될 것이다. 자율성을 위해서 자기를 성찰하는 여유 찾기, 천천히 걸으며 찬찬히 바라보기, 자기에게 미소 짓기, 자기를 사랑하기 등이다.

해학은 죽음이나 불확실성과 같은 실존적인 한계에 대한 두려움을 극복했을 때 생기는 심리적 자원이며, 견딜 수 없는 현실을 견디도록 도와주는 정서적 능력이며, 동시에 인지적으로 통합할 수 있는 힘이다. 유머가 있는 사람은 인격적인 왜곡의 깊이가 절대 깊지 않다. 성숙한 유머는 원시적인 과대적 자신감이 적절한 좌절경험optimal frustration experience을 통해 변형이 될 때 생긴다. 적절한 좌절경험은 발달단계에 따른 좌절이어야 하며, 너무 치명적이어서는 안 된다. 점점 강한 좌절이 온다 할지라도 공감적인 환경 아래서 일어나는 좌절은 적절한 것이 된다. 좌절이 너무 얄팍하거나 부재했다면 그것 역시 치명적이다. 왜냐하면 인간은 좌절에서 새로운 변형과 성장이 이루어지기 때문이다. 유머는 안정된 자존감과 헌신할 수 있는 이상과 가치를 소유한 사람이 지닌 인격적인 특성이다.

유머는 자신의 주변을 경화시키지 않고 부드럽게 해준다. 유머는 자신과 타자를 여유롭게 해주고 넉넉하게 해준다. 성경에도 예수님이 웃으셨다는 기록이 있다. 교회지도자들의 얼굴에 웃음이 가득해야 한다. 경직되어서는 안 된다. 그리스도인들은 이미 승리를 얻은 사람들이기에 신앙생활이 즐거워야 한다. 그리스도인들의 진정한 유머는 인위적이고 조작된 것이 아니라 하나님의 은혜로 천국을 소유한 사람이 누리는 풍요와 감사에 기인해야 한다. 사도 바울도 "항상 기뻐하라"(살전 5:16)고 권면한다. 기쁨, 해학, 즐거움은 하나님 나라를 소유한 자들의 외현적 표징이다.

상담에서나 인간관계에서 적절한 유머의 사용은 긴장을 완화시켜 준다. 특히 상담 초기 단계에서는 관계의 형성이 필요하다. 신뢰할 수 있는 편안한 대상, 즉 관계적인 대상에게 자신을 드러낼 수 있기 때문이다. 편안하게 담아주는 기능의 유머가 사용될 때 치료적인 관계도 든든히 세워질 것이다.

공감 vs 무관심

공감의 반대는 무관심이다. 그대로 둠과 버림의 영성을 추구하는 사람에게 나타나는 특징은 공감적인 관계형성이다. 만면 강박적인 사람들의 관계성의 특징은 무관심과 냉정함이다. 공감은 대상을 있는 그대로 경험할 수 있는 능력이며, 현실의 환경 상태를 있는 그대로 수용할 수 있는 능력이다. 공감은 모든 문화와 예술적인 창조의 기초가 된다. 이는 다른 사람의 경험을 소중하게 다룰 수 있는 능력이기도 하다. 강박적인 삶에서 자유로워진 사람, 즉 그대로 둠과 버림의 영성적인 가치를 존중하는 사람에게서 나타나는 심리적 능력이다.

목회상담에서 대화가 유일한 목적이 되어서는 안 된다. 말을 많이 하는 것보다 더 중요한 것은 함께 있는 것이다. 상담자가 너무 많이 말함으로 '달래주는 일'에 지나치게 시간을 사용하게 되면, 오히려 공감적이지 않은 관계를 형성할 수 있다(Thomas Oden, 303, 312). 그러므로 상담에서의 어조는 떠들썩하고 자극적이기보다는 정감적이고 공감적인 음성이어야 한다. 이는 그와 함께 영혼의 친구가 되게 한다(위의 책, 311).

공감은 치료적 관계에서 보듬어 주는 기능과 담아내는 기능을 한다. 공감은 상담자가 내담자를 깊이 세밀하게 이해할 수 있는 수단을 제공한다. 만성적으로 부모가 공감해 주지 못하면 유아는 자기애의 취약성을 갖게 되는데, 나중에 상담자는 공감적 반응을 해줌으로써 내담자가 이를 극복하도록 도와야 한다. 해밀턴에 따르면, 경계선적 인격은 상담자의 공감적 개입을 자신의 적개심을 피하기 위한 개입으로 느끼거나 일종의 융합으로 보고 두려워한다. 이런 상황에서 공감적인 상담자는 내담자를 이해할 수 있는 자신의 능력을 활용하겠지만, 성급하게 이러한 이해를 직접적으로 전하지는 않는다. 공감은 자기애성 인격 환자에게는 자신을 살아나게 하는 것과 같다. 이들에게는 공감이 그의 자기애를 충족시켜주는 생명 에너지와 같은 역할을 하기 때문이다. 그러므로 상담자는 자기애적인 내담자가 부드러운 직면과 해석을 수용하게 되기까지 오랜 기간 공감적인 관계를 유지해야 한다(N. Gregory Hamilton, 267). 공감을 통해 신뢰가 형성될 때 비로소 직면, 해석, 명료화를 이룰 수 있다.

크리스토퍼 볼라스Christopher Bollas는 "내담자를 수용할 수 있기 위해서는 특별한 마음 상태가 필요하다. 그런 상태에서 직접적이고 목적적인 사고는 소음이 된다. '자기의 내면으로부터 새로운 무언가가 도착하기' 위해서는 수용적이며 적극적이지 않은 마음의 상태가 필요하다."(Bollas, 239). 정신생활은 평온함을 가질 때 활성화된다. 내면에서 나오는 새로움에 대한 수용은 긴장한 상태가 아닌 편안한 마음상태에서만 가능하다. 이러한 수용능력은 상담자와 내담자를 미묘한 전이와 역전이 상태 그리고 다른 경험들에 조율될 수 있게 한다. 볼라스는 상담자가 너무 해석에 매달리거나 너무 열심히 무언가를 하려고 하지 않는 것이 중요하다고 한다. 이렇게 열심히 무언가를 하려는 활동이 상담자의 수용능력을 제한하거나 없애버릴 수 있다는 것이다(위의 책, 101).

치료적 관계에 있어서 코헛은 공감적 침잠empathic immersion과 대리적 성찰vicarious introspection이 무엇보다도 중요함을 강조한다(Stephen A. Mitchell & Margaret Black, 272). 이는 내담자가 하는 말뜻에 대해 선입감뿐 아니라, 자신이 가진 모든 심리치료 이론들도 내려놓는 것을 의미한다. 상담자 자신을 내담자의 입장에 놓고 내담자의 관점에서 그의 경험을 이해하려고 하는 것을 말한다. 상담자는 공감적인 관계를 통해 자기대상이 되어야 한다. 자기대상은 "이상화된 힘과 고요함의 원천으로, 본질적으로 그와 같으면서 고요히 그의 곁에 현존하며, 그의 내적인 생활을 붙잡을 수 있게 한다."(Heinz Kohut, 1984, 52). 이를 통하여 "사람은 일생을 통해 그 경험과 연결되며, 그것은 시간과 공간 안에서 그 자신을 응집력 있고 조화로운 굳건한 존재로 경험하게 해준다."(위의 책, 52). 생존에 산소가 필수적인 것처럼, 아동의 심리적 생존을 위해서는 타자와의 관계가 필수적이다. 자기는 타고난 아기의 잠재력과 아기에 대한 부모의 기대가 만나는 지점에서 출현한다(Heinz Kohut,1977, 99). 유아에게 있어서 자기대상이란, 한 개인이 성숙하면 스스로 담당하게 될 정신구조의 기능을 유아 시절에 대신 맡아주는 사람을 말한다. 공감적인 어머니는 심리적인 분리 개별화가 이루어지지 못한 연약한 미분화된 자기를 가진 아이에게 든든한 자기대상으로서 기능한다. 건강한 어머니는 아이를 고요함과 평온함으로 든든히 붙잡아 주듯이 상담자는 내담자를 편안히 담아주는 공감적 기능을 활성화함으로써 내담자에게 고요함의 원천이 되어야 하며, 그에게 정서를 조절할 수 있는 지원자가 되어야 한다.

그대로 둠과 버림을 추구하는 삶에서 자율과 창조와 해학과 공감이 나온다는 것을 알았다. 이 네 가지 요소들이 삶 속에 가득할 때 긍휼을 실천할 수 있다. 긍휼은 강박적이지 않은 삶의 패턴에서 나오기 때문이다.

1장에서 언급한 바와 같이 마틴 부버는 관계성은 두 가지 형태를 취한다고 보았다. 그것은 나와 너의 관계와 나와 그것의 관계다. 나와 너의 관계에서의 '나'와 나와 그것의 관계에서의 '나'는 각기 다른 나이다. 나와 그것의 관계에서 나는 정서적으로 떨어져 있고, 관련되어 있지 않다. 단지 나는 그것을 수단으로 사용할 뿐이다. 하지만 나와 너의 관계에서 '나'는 정서적으로 연결되어 있고, 나는 너를 돌보며, 너에게 헌신하며, 활기를 주고받는 존재이다. 수단으로 사용하는 것이 아니라 관계 안에 있고, 너의 자율성과 자유를 존중하는 '나'이다. 여기서 중요한 것은 대상이 아니라, 나이다. 왜냐하면 대상에 따라 나는 다른 나로 관계를 맺기 때문이며, 이는 또한 대상을 향한 나의 지향성에 달렸기 때문이다. 그러므로 나는 어떤 대상과도 '너'로서 혹은 '그것'으로서 관계를 맺을 수 있다." (Martin Buber, 54) 고 주장한다. 나와 너의 관계는 긍휼의 관계이다. 그대로 둠과 버림의 가치를 추구하는 영적인 삶은 긍휼을 드러내기 마련이다. 부버가 말한 나와 너의 관계 안에 있는 사랑을 경험했다면, 긍휼의 마음이 체득될 것이며, 궁극적으로 하나님의 마음인 긍휼이 자기 안에 내재되어 밖으로 표현될 것이기 때문이다.

긍휼은 모든 대상을 대할 때, 따뜻한 친절과 사랑의 마음과 태도를 갖는 것이다. 사랑에 노출되었다면, 귀하게 여겨지고 가치 있게 돌봐졌다면, 사랑의 빛을 받았다면, 그 빛은 자신의 삶 가운데서 작든 크든 다시 반사될 것이기 때문이다. 모든 만물은 손을 내민 긍휼과 상호 연결의 풍요로움 속에 거하기를 원한다.

강박적인 삶에는 나와 너의 관계가 존재하지 못한다. 너는 내 목표를 위한 수단일 뿐이고 경쟁이나 착취의 대상이 될 뿐이다. 그대로 둠과 버림의 영성을 추구하는 사람들은 삶이 경직되어 있지 않다. 심각하지도 않다. 그들은 해학적이며, 여유로우며 창조적이고, 수용적이며 공감적인 삶을 산다. 그들에게는 심리적으로 넓고 풍요로운 공간이 있기 때문이다.

5장

성만찬에 담겨진 관계성

삶과 사랑에 대한 정의가 사람마다 다르듯이 영성에 대한 정의도 그러하다. 즉, 삶이나 사랑이란 이런 것이라고 규정지어 말할 수 없듯이, 영성 역시도 사람마다 다르게 표현될 수밖에 없다. 하지만 영성신학자들이 내린 정의에는 보편적으로 '관계'라는 말이 포함된다. 저자도 마찬가지로 영성을 관계성으로 이해한다. "영성이란 대상과의 관계 경험을 통한 인식의 확장과 고양으로 하나님의 마음인 긍휼로써, 세계 공동체 속에서 창조성을 드러내는 것이다."라고 정의한다. 모든 대상과의 관계 경험을 통해 우리의 인식, 즉 앎과 깨달음이 확장되고 고양된다. 궁극적으로 무엇을 알고 깨닫는 것인가. 그것은 하나님의 마음인 긍휼의 깊이와 넓이를 아는 것이다. 긍휼에 대한 지평이 넓어지고, 강해지는 것이다. 하나님의 마음인 긍휼을 알게 되면, 세계 공동체 속에서 창조성을 드러내는 참된 영적인 삶의 실천이 기대된다. 기독교 영성의 특이성 중 하나는 개인적이지 않고, 공동체성을 지향한다는 것이다. 공동체는 영적 관계가 경험되고, 실천되는 장소이다. 모든 피조물은 상호 관계적이고, 유기적인 관계로 연결되어 있다. 창조성은 인간이 하나님의 형상을 지닌 존재임을 드러내는 일이다.

영혼이란 인간의 에너지가 집중되어 있는 내적인 중심을 뜻한다. '네 영혼을 다하여'(신 13:3)라는 말씀은 자신의 중심으로부터 행동하라는 것이다. 영혼은 그것을 통하여 우리가 깊이 느끼고, 알게 되며, 의지를 갖게 되고, 또 그것을 통하여 우리의 몸이 생명력을 지니게 된다. 영혼은 히브리어로 '네페쉬'이며, 그 의미는 살아 있는 생명의 모든 것, 혹은 살아 움직이는 중심을 말한다. 성서에서는 탐욕의 심중(시 78:18), 감정의 원천(사 1:14), 갈망의 자리(시 63:1)를 표현할 때 쓰기도 한다. 그러므로 영혼은 전인적이고, 통합적인 차원에서 사용된 용어이다. 신약성서에서 인간과 하나님의 관계가 형성되는 자리라는 의미로 사용되기도 했으며, 사도 바울에게 영혼이란 말은 몸 안에 있는 생명을 지칭하였다. 영혼은 욕망과 감정의 중심이기도 하다(빌 1:27, 살전 5:23). 결론적으로 영혼이라는 말은 전인격적이고, 관계성을 지향하는 용어다.

성만찬 역시 관계적인 의례이다. 그리스도께서는 잡히시기 전에 제자들과 함께 저녁식사를 하셨다. 예수는 유대인의 관습대로 떡을 들어 사례하시고 한 조각씩 떼어 제자들에게 나누어 주시면서, "이것은 너희를 위하여 주는 내 몸이라 너희가 이를 행하여 나를 기념하라"(눅 22:19) 하셨다. 식후에 포도주 잔을 들어 사례하시고 제자들에게 주시며, “이 잔은 내 피로 세운 새 언약이라”(고전 11:25)고 말씀하시면서 성만찬 예전을 제정하시었다. 초기교회는 성만찬을 통해 예수 그리스도와의 영원한 구원의 약속을 기억하였다. 사람들은 먹고 마시면서 교제한다. 특히 저녁식사 자리는 여유롭게 관계의 정을 나누는 자리이다. 저자는 본 장에서 성만찬에 담겨진 관계적인 의미에 초점을 두고 글을 전개하려고 한다. 인간은 관계성을 추구하는 존재라고 보는 대상관계이론과 관계적인 기독교영성의 시각으로 성만찬에 담겨진 의미들을 설명해 보고자 한다. 성만찬의 의미를 여섯 가지 관계적인 요소들로 규정한 후 이를 대상관계이론과 관계적인 기독영성의 관점에서 다시 조명할 것이다.

성만찬과 관계성

마틴 부버는 모든 피조물은 서로 상호적인 관계에 있으며, 유기적 존재라고 인식하였다. 이러한 피조물들과 나-너 관계를 경험함으로 영원한 너이신 창조주와의 관계로 나아가게 된다고 주장한다.

대상관계이론에서는 인간을 쾌락만족을 위하여 끊임없이 욕동을 추구하는 생물학적인 존재로 보는 것이 아니라, 관계 추구적인 존재로 이해한다. 리비도libido가 대상을 통해 본능적인 긴장을 해소하려 한다고 보는 프로이트의 주장에는 왜곡이 있다. 리비도는 본능의 만족보다는 대상 자체에 집착하는 성향이 더 크기 때문이다. 대상관계이론가인 페어베언은 인간에게는 다른 사람들과 관계를 맺고자 하는 기본적인 욕구가 있다고 보았다. 리비도는 대상 추구적이며, 매우 뚜렷한 목표 지향적인 성질을 가지고 있다. 즉, 자아는 쾌락과 만족만을 추구하지 않고 대상과 관계 맺기를 갈망한다고 본 것이다(Michael St. Clair, 88). 인간행동의 기본적 동기는 쾌락과 긴장 해소의 목적을 위해 타인을 사용하려는 것이 아니라, 타인들과 관계를 맺고 유지하는 데 있다고 생각했다(Stephen A. Mitchell & Margaret Black, 205). 쾌락은 타인들과 관련을 맺는 하나의 형태다. 만일 부모가 아이와 쾌락을 교류한다면, 그 아이는 쾌락을 목적으로서가 아니라, 타인과의 상호작용을 위해 추구하는 것이라고 생각했다(위의 책, 206). 이처럼 대상관계이론에서는 인간을 끊임없이 대상과 상호작용하는 관계적인 존재로 본다. 최후의 만찬인 성만찬이 가지는 궁극적인 의미는 모두 관계적이다. 그러므로 인간의 본성을 관계적으로 보는 대상관계이론으로 성만찬을 조명하면 더 깊고 새로운 의미와 통찰을 얻을 것이다.

그리스도인은 성만찬 시뿐만 아니라, 기도생활 혹은 일상의 삶에서 하나님과 인격적인 관계를 추구해야 한다. 영성지도의 목표는 하나님의 뜻에 따라 각 개인이 전인적인 삶의 변화를 경험하도록 하는 데 있다. 영적 지도는 하나님과 한 개인의 관계에서 그들이 보다 분명하게 하나님에 대한 자각에 이르도록 도와주는 일이다(유해룡, 27). 영적 지도의 중요한 과제인 기도도 자신의 지향성이 어느 방향으로 나아가는가에 따라 욕동적인 기도와 관계적인 기도로 나눌 수 있다. 욕동적인 기도는 자신의 욕구를 충족시키려는 도구로서 하나님을 사용하는 목적 지향적인 기도이다. 하지만 관계적인 기도는 자기 욕구를 지향하지 않고 하나님과의 관계를 추구하며, 진정으로 듣고 순종하려는 자세로 드리는 기도이다. 그러므로 대부분 사람들은 욕동적인 기도에서 출발하지만, 이에 머물지 말고 영적 지도를 통하여 성숙에 이르면, 점점 더 관계적인 기도로 깊이 나아갈 수 있다. 기도신학에서는 '원초적으로 들음listening'이 아닌 기도는 기도의 궁극적인 목적, 즉 세상을 향한 하나님의 비전을 깊이 나누어 가지는 일에 항상 방해가 되는 모험을 하게 된다(U. T. Holmes, 46)고 말한다. 듣는다는 것은 관계 속에 있다는 것이다. "쉬지 말고 기도하라(살전 5:17)"는 말씀도 하나님과 인격적인 교제 안에 머물면서, 자신의 내적 지향성을 하나님께 두는 삶의 태도를 가지라는 의미다. 이와 같이 성만찬뿐만 아니라, 그리스도인의 모든 영적 생활은 관계적이다.

레너드 스윗Leonard Sweet은 기독교의 기초를 관계로 보았으며 "관계에 기초한 교회는 신조를 제시하고, 신봉자들을 모집하는 곳이 아니라, 하나님과 타자와 소통할 수 있고, 신앙 여정에 격려와 힘을 주고받는 곳이다. 관계적인 교회는 그리스도와 지체간에 관계가 살아있도록 성도들을 이끌어 준다."(Leonard Sweet, 43)라고 했다. 목회자는 그리스도의 공동체 멤버들에게 말씀을 선포하고, 성례전을 집례하며, 하나님의 자기노출에 응답할 수 있도록 성도들을 인도하고 양육하기 위해 따로 세워진, 예수 그리스도의 몸의 일원이다(Thomas Oden, 50). 그러므로 목회자의 중요한 사역은 하나님과 공동체의 멤버들 간의 관계성을 돕는 것이며, 성만찬을 집례하는 일 역시 그러하다. 성장하는 관계는 깊어진다. 식물이 아래로 자라지 않고서는 위로 자라지 못하듯이 바른 영성의 길은 먼저 영적인 전통의 땅에 뿌리를 내려야 한다. 성장은 끊임없이 뿌리로 돌아가 양분과 활력을 얻는 것이다. 열매가 뿌리에서 나오듯이 영적인 성장을 위해서는 예수님께서 제자들의 발을 씻기시고, 최후의 만찬을 베푸신 영적 전통의 뿌리에 믿음을 내려야 한다(Leonard Sweet, 161-164). 예수 그리스도는 교리를 위하여 죽은 것이 아니라 사람을 위하여 죽으셨다. 예수 그리스도는 저주의 십자가를 지시고 죽으셨으며, 생명의 부활을 이루시었다. 성만찬은 예수 그리스도와 온전한 하나의 관계를 이루는 의식이기에 죄와 사망, 은혜와 생명이라는 두 대극을 하나로 이어주는 잔치이다. 떡을 나눔은 그리스도의 죽음뿐 아니라, 부활의 메시지도 포함하고 있는 의식이다. 예수 그리스도의 몸을 먹고 피를 마시면 그의 생명을 소유하게 되는데(요 6:53), 이것은 죽음을 물리치고 부활하신 생명의 관계와 연결되어 있다(Frank Viola, Rethinking the Wineskin, 57). 은유는 단순한 상상력이 아니라 의미 혁신을 통해 세상을 다시 그려내고 실재에 대한 새로운 인식을 준다(이재화, 전요섭, 167). 마찬가지로 성만찬은 인간을 향한 하나님의 사랑을 은유로써 표현한 것이다.

성만찬은 관계적인 것들로 가득 채워져 있다. 김상구 교수는 성만찬의 의미를 롤로프Jureen Roloff의 주장에 기초하여 감사기도, 아남네시스(회상), 교제의 관계성, 종말론적 이행으로 이해했다(김상구, 35-36). 1982년 페루의 리마에서 모인 W. C. C의 신앙과 직제Faith and Order 위원회에서 채택한 세례, 성만찬 사역에 관한 합의 문서인 리마 문서는 성만찬의 의미를 다섯 가지로 정의한다. 즉, 하나님께 감사, 예수 그리스도에 대한 기념, 성령의 임재, 성도들의 교제, 하나님 나라의 잔치로 규정하였다. 이 다섯 가지 성만찬의 의미는 모두 관계적인 것이다. 그리고 홀튼 데이비스Horton Davies는 성만찬의 의미를 기념, 감사, 희생, 종말론적 향연, 공동체, 신비, 해방, 사회정의, 상징으로 규정하였다(Horton Davies, 1993). 홀튼 데이비스 역시 성만찬의 의미를 관계적인 것으로 이해하였다. 제임스 화이트는 성만찬의 기본적 의미를 유그브 브릴리오스Yngve Brilioth가 규정한 다섯 가지, 즉 기쁨으로 드리는 감사예전으로서의 성만찬, 회상의 사건으로서의 성만찬, 하나 됨을 위한 성도의 교제로서의 성만찬, 예수 그리스도의 희생으로서의 성만찬, 예수 그리스도의 임재로서의 성만찬에 다음과 같은 두 가지 이미지를 추가하였다. 바로 성령의 역사하심으로서의 성만찬, 최종적 성취로서의 성만찬이다(James F. White, 2006, 117).

저자는 이러한 주장에 기초하여 성만찬의 의미를 아래와 같이 여섯 가지로 규정하고, 각각의 요소에 대해 대상관계이론과 관계적인 기독교영성으로 조명하고자 한다. 성만찬에 담겨 있는 그 여섯 가지 의미는 기쁨이 가득한 감사, 예수 그리스도의 희생에 대한 기억과 회상, 그리스도의 임재, 교제를 통한 일치, 약속의 성취, 공동체적 축제이다.

대상관계이론과 관계적인 기독교영성으로 본 성만찬의 의미

기쁨이 가득한 감사로서의 성만찬

감사는 공감적, 도덕적, 사회적인 정서로 행복감과 밀접한 관계에 있다. 따라서 감사하는 사람은 행복한 정서 상태에 머물러 있는 것이다.

성만찬은 하나님이 이루신 일에 대한 감사의 행위이며, 감사는 기쁨 속에서 드려지는 찬양을 통해 밖으로 드러난다. 성찬식을 의미하는 Eucharist의 어원인 희랍어 *Eucaristie*는 그 원뜻이 감사이다. 그러므로 감사는 성만찬의 본질이며, 출발점이다. 창조주 하나님에 대한 감사, 예수 그리스도와 그의 몸 바치심에 대한 감사, 성령의 임재하심에 대한 감사가 성만찬의 핵심이다(Michael Welker, 101). "감사로 제사를 드리는 자가 나를 영화롭게 하나니"(시 50:23)라는 말씀처럼, 하나님을 영화롭게 하는 것이 예배의 목적이라면 감사는 필수적인 것이다.

"기쁨과 순전한 마음으로 음식을 먹고 하나님을 찬미하며"(행 2:46-47)라는 말씀에서 알 수 있듯이 초대교회는 같은 기억을 회상하는 이들이 함께 모여 즐거워하고, 기뻐하면서 감사의 예배를 드렸다. 초대교회의 예배가 기쁨과 감사, 찬미가 넘쳐난 이유는 그 공동체의 구성원들에게 예수 그리스도의 구속의 은총을 기억하고 회상하며 감사할 수 있는 심리적인 능력이 있었기 때문이다. 만약 예배자의 일상의 삶에 감사가 없다면, 성만찬 시 예수 그리스도의 몸과 피에 대한 감사 역시 없을 것이다. 그러므로 하나님 은총을 깊이 경험하려면, 현실의 삶에서 구속의 은혜에 대한 감사가 진정으로 드러나야 한다.

감사라는 말은 라틴어 *Gratia*에서 유래한다. 은혜Grace, 친절함Graciousness 또는 고마움Grateful을 의미하며, 인간 대상을 비롯한 특정 대상에게 느끼는, 은혜에 보답하려는 정서로 어떤 상황과 시간 속에서도 계속적으로 유지되는 고마워하는 마음이다(R. A. Emmons & C. M. Shelton, 459-471). 감사는 타자나 사물에 의해 얻게 된 좋은 것, 혹은 평화로운 축복의 순간들을 선물로 받아들이며, 고마움과 기쁨으로 이에 반응하는 마음 상태이다(위의 책). 똑같은 은혜를 입었음에도 기뻐하고 감사하는 이가 있는가 하면, 오히려 감사해야 할 대상에게 시기와 공격성을 드러내는 이들도 있다. 그러므로 심리학적으로 볼 때 기쁨과 감사의 마음을 갖는 것과 이를 밖으로 드러내는 일은 누구나 다 할 수 있는 것이 아니라, 감사의 능력을 갖춘 자에게만 기대되는 것이다. 기쁨과 감사는 대상관계이론에서 보면, 좋은 내적 대상이 풍요롭게 번성하고 가득 차 있음을 외현화한 것이다.

멜라니 클라인에게 있어서 대상이라고 하면, 내적 대상과 외적 대상을 모두 포함한다. 내적 대상은 정신적인 표상으로 사람이나 장소 또는 사물에 관련된 이미지나 개념, 환상, 감정 혹은 기억을 말한다. 그리고 외적 대상은 실제 사람이나 사물을 가리킨다(N. Gregory Hamilton, 6). 외적 대상과의 실제적 관계경험은 무의식 안에 이미지, 개념, 환상, 감정, 기억의 형태로 내재화된다. 실제대상과의 관계는 각각의 고유한 내적 대상 표상을 바탕으로 경험되기 때문에 각 개인의 경험은 주관적이고 고유한 것이다. 같은 상황에서 사람마다 다른 판단과 결정, 정서, 관계패턴을 취하는 것은 자신의 고유한 내적 대상표상을 기초로 각기 다르게 경험하기 때문이다. 이처럼 하나님께서 베푸신 구속의 은총에 대하여 온전히 기쁨과 감사로 반응하기 위해서는 좋은 내적 대상이 충일해야 한다.

클라인은 1975년 자신의 저서인 『시기심과 감사envy and gratitude』에서 시기에 사로잡힌 사람들은 선함과 사랑에 대하여 공격하고 파괴하는데, 이유는 공격과 파괴의 대상이 지닌 그 선하고 사랑스러운 가치들 때문이라고 주장한다. 즉, 아기가 엄마의 좋은 젖가슴을 공격하는 것은 그것이 만족스럽고 좋은 것을 줄 뿐만 아니라, 좌절이나 고통도 주기 때문이라는 것이다. 시기심은 자기와 타자의 나쁜 것과 더불어 좋은 것을 파괴한다는 점에서 매우 병리적인 정서 상태이다(Julia Segal, Melanie Klein, 54-57). 시기심이 내적 세계를 장악하면, 결코 감사할 수 없는 신앙인이 되게 한다. 시기와 감사는 반비례하기에 시기심이 있으면, 일상생활의 관계나 성만찬 예배에서 기쁨과 감사로 나아갈 수 없다. 클라인은 시기의 원인이 유아의 선천적인 공격성에 있다고 생각했다. 이는 생래적인 것으로 사람마다 공격성의 정도는 각기 다르다. 아동에게서 나타나는 증오는 모두 나쁜 대상에게로 향한다. 그리고 증오가 투사되었거나 투사적으로 동일시된 나쁜 대상들은 투사한 자신의 가학성을 담고 있기 때문에 대상은 박해적이고 악한 것으로 내사되어 다시 자신에게로 돌아온다. 시기심은 나쁜 대상뿐만 아니라, 좋은 대상들에게도 향한다는 것이 문제이다. 즉, 시기로 가득한 유아는 어머니가 제공하는 선함과 사랑의 돌봄을 경험하지만 불충분하기에 젖가슴은 인색하고, 좋은 것을 그 안에 저장해 두고 자기에게는 늘 부족하게 공급한다고 느낀다(Jay Greenberg and Stephen R. Mitchell, 212). 어떤 사람에게는 감사하는 것과 선함이 견디기 어려운 경험일 수 있다. 왜냐하면 대상이 가진 선함과 좋은 것은 상대적으로 자기에게는 없는 것이기에 그것이 자신에게 결핍감을 인식하게 하고 고조시키기 때문이다. 아기는 좋은 것을 주며, 창조적인 것으로 여겨지는 젖가슴을 공격한다. 왜냐하면 선하고 좋은 것이 자기에게는 있지 않고 대상에게 있으며, 대상이 가진 좋은 것이 항상 자신에게 만족스럽게 제공되지 않기 때문이다. 인간으로서 마땅히 경험해야 할 정상적인 관계경험이 부재하거나 결핍되었다면, 왜곡된 경험이 많다면, 그는 성인이 되어 병리적인 시기심을 갖게 되고 결과적으로 대상이 지닌 좋고 선한 것에 감사하지 못하고 오히려 파괴하려 든다. 시기심은 매우 해로우며, 삶을 기쁨과 행복감으로 즐기지 못하게 막는다. 나쁜 내적 대상이 가득히 내재되어 있어서 선하고 좋은 대상에 대해 진정으로 기뻐하거나 감사할 능력이 없기 때문이다. 그렇게 되면 더 이상 자기 안에 선함의 중심을 지닐 수 없다. 그리고 선하고 좋은 중심을 지닌 것처럼 보이는 다른 사람들을 시기하게 된다. 만약 선한 이들이 자신의 공격을 받아 망가진다면, 병리적인 시기심을 가진 자는 자기에게 평화를 얻을 희망이 없다고 느끼게 된다. 그런 사람은 자신의 내부와 외부 모두가 불행으로 둘러싸인, 불평과 비참한 세계에 사는 것이다. 임상에서 시기심에 사로잡힌 내담자는 상담자의 분석에 대해 평가절하하고 불평한다. 좋은 것은 대상에게로부터 왔고 자신은 무능하게 그것을 바라만 보아야 하기 때문에 자신의 가치 없음을 인식하게 하는 상담자를 파괴해야만 하는 것이다.

한편, 앤 율라노프Ann Belford Ulanov는 시기심은 악의 표현이 아니라, 절대 선인 하나님께 도달하는 통로가 될 수 있다는 역설을 말했다. 시기심이 선함에 대한 적대 행위라는 점에서 시기심은 보다 근원적 차원에서 모든 선함의 원천이신 하나님에 대한 반역이다. 한 개인이 병리적 시기심에서 벗어나려면, 먼저 이러한 사실을 깨닫고 하나님의 선하심과 무조건적인 사랑을 받아들여야 한다. 그렇게 할 때에만 시기심을 극복하고 사랑과 감사의 삶으로 나아갈 수 있다. 그러기 위해서는 자신의 시기심을 억압하거나 부인하지 말고 의식 안으로 받아들이고 하나님께 고백할 수 있어야 한다. 시기심 그 자체는 파괴적이고 부정적인 것이지만 그것에 어떻게 대응하느냐에 따라서 그것은 선하신 하나님께로 인도 받는 통로가 될 수 있다. 시기심이 절대선이신 하나님 손 안에 맡겨질 때 그것은 사랑과 감사로 변형될 수 있다(Ann Belford Ulanov, 28-29). 그러므로 병적인 시기심에서 벗어나려면, '선의 결핍으로서의 악에 속한 자신' (Thomas Oden, 239)의 무능을 깨닫고 절대 선이신 하나님께 도움을 구할 뿐만 아니라, 좋은 외적 대상과의 관계경험도 지속적으로 쌓아야 한다.

그리스도인들에게 감사는 하나님의 은총을 기꺼이 인정하는 자세이다. 성서는 하나님께 속한 사람들이라면 그들이 누구든, 어디에 살든, 어떤 일을 당하든 감사하는 생활을 해야 한다고 가르친다. 하나님의 선물은 주변 어디에나 있으며, 감사와 찬양으로 이를 표현해야 한다. 감사의 기도는 가장 강력한 기도다. 감사의 기도를 통해 자신의 존재와 소유가 어디에서 비롯되었는가를 알게 된다. 감사는 그리스도인의 기본자세이다. 은총과 감사는 천국과 지상처럼 하나로 묶여 있으며, 목소리가 메아리를 일으키는 것처럼 은총에 대한 온전한 깨달음은 감사를 불러일으킨다(Robert A. Emmons, 162-163). 감사는 성만찬에 참여하는 예배자의 기본자세이며, 예수 그리스도의 구속의 은총에 대한 감사는 하늘과 땅이 맞닿아 최고의 관계를 내품는 순간이다. 그러므로 하나님의 은총을 알면 알수록 기쁨과 감사로 성만찬 예배에 참예하게 된다. 감사에 넘치는 영성적인 삶을 살려면 죄와 허물에서 구속하시기 위해 기꺼이 자신을 내어주신 예수 그리스도의 사랑에 대한 기억과 회상이 필요하다.

주님의 희생에 대한 기억과 회상으로서의 성만찬

기억은 기억하려는 대상이나 사실에 대한 구체적인 경험을 전제로 한다. 기억이라는 뜻의 라틴어 단어는 Recordari 인데 Re-cor는 "다시 마음으로 돌아간다."라는 의미이다. 그러므로 기억은 단순히 지성의 행위가 아니라 뜻과 마음의 행위이다. 기억한다는 것은 사랑을 갖고 생각하는 것이며, 너에게로 돌아가는 것이다. 성만찬은 예수 그리스도의 희생에 대한 기억이다. 그 기억은 매번 드리는 성만찬을 통해 더 깊게 회상되어야 한다. 기억과 감사는 상호 연결되어 있다. 은총을 기억하는 사람은 감사할 수 있고, 감사하는 사람은 은총을 기억하는 사람이다. 기억이 감사를 불러일으키기 때문에 관계에 있어서 기억하는 것은 중요하다. 기도하는 것이나 성만찬, 그리고 주일 성수하는 것은 모두 기억을 위한 행위이다. 기독교인에게 성만찬 예배는 예수께서 최후의 만찬에서 제자들에게 "이를 행함으로 나를 기념하라(눅 22:19)"고 하신 것을 순종하는 행위이다. 그리스도인들은 떡과 포도주를 먹고 마심으로써, 대속하시기 위해 죽으신 예수 그리스도의 은총을 기억하며 그 은총에 참예하는 것이다. 기억과 회상으로서의 성만찬은, 예수께서 죽으심으로 생명의 양식과 음료로 만인에게 선물이 되신 것처럼, 성만찬에 참예하는 내게도 하나님의 나라가 이 땅에 이루어지는 생명의 역사에 동참하도록 촉구한다. 빵이 나누어지기 위해서는 먼저 쪼개져야 하듯이 예수께서 자신의 몸을 쪼개어 생명을 나눠주셨음을 기억하면서, 나도 누군가에게 생명을 주는 헌신의 삶을 살아야 한다.

하나님과 성숙한 관계, 즉 영적 성장을 위해서는 반복적으로 기억을 확인해야 한다. 기독교 전통에서는 반복을 의식이라고 한다. 의식이란 왜곡된 생각과 부조화의 삶에 조화를 회복해 주는 활동들을 통해 관계를 재정렬하는 것이다(Leonard Sweet, 178). 의식은 대상과의 관계성을 재확인시켜 준다. 성경을 반복해서 읽고 또 읽는 것을 거룩한 독서, 렉시오 디비나Lectio Divina라고 한다. 가톨릭교회에서는 반복해서 외는 기도를 묵주 기도라 하며, 신조(사도신경, 니케아 신조)를 외는 것을 연도連禱라고 한다. 동방교회의 영성 수련 방법의 하나인 예수의 기도는 "하나님의 아들이시며, 구주이신 예수 그리스도여, 우리를 불쌍히 여기소서!"란 말을 호흡과 함께 리듬에 따라 거듭 반복하는 기도이다(U. T. Holmes, 43). 개신교 영성지도에 있어서도 주기도문을 반복하는 기도를 통해 하나님과 깊은 관계로 나아갈 수 있다고 가르친다. 유대교는 회당에서의 아침기도 외에도 매일 세 번 기도를 드린다(단 6:11, 14). 매일 세 번 드리는 기도는 개인적으로 드릴 뿐만 아니라 가정에서 공동체 기도로도 드린다(James White, 2000, 34). 기도는 관계의 다른 이름이다. 예수님은 기도의 첫째 원리를 관계라고 가르치셨다. 즉, 하나님을 아바 아버지라고 부르면서 편안한 관계에서 하나님께 말하는 것이다(Leonard Sweet, 178-179).

사랑하는 사람들은 서로가 관계 안에 있음을 확인하기 위하여, 약속의 징표로 반지를 나누어 가진다. 그들은 연인이 부재하는 시간 혹은 공간에서 서로를 기억하기 위한 약속의 반지를 확인하는 반복된 행위를 통해 서로가 서로에게 연결되었음을 느끼며, 아름답게 사랑을 지켜나간다. 이처럼 성장하는 관계는 서로를 기억해야 하며, 이를 위해서는 반복적인 행위가 필요하다. 그런 의미에서 성만찬 의식은 기억되어야 하며, 이 기억은 끊임없는 반복 행위를 통해서 확인되고 또 확인되어야 한다.

친밀한 관계에서의 모든 관계경험은 매순간에 느꼈던 감흥을 회상하는 것을 필요로 한다. 회상은 기억과 연관되어 있으며, 회상은 내재화된 대상과 관계를 맺는 일이다. 인간은 끊임없이 내적 대상들과 관계를 맺는 존재이다. 지금 이 순간 실제 대상과의 관계는 자신 안의 자기와 연결되어 어떤 이미지나 표상으로 내재화되기 때문이다. 그러므로 지금의 나는 과거 다양한 역할을 했던 인물인 동시에 현재 자신의 회고록을 쓰고 있는 사람이다. "나는 홀로 거하기 위해 숲으로 들어갔다." 라는 명제는 틀린 것이다. 왜냐하면 숲에서 수많은 외적 대상인 자연만물과 만나 관계를 맺기 때문이다. "나는 홀로 있기 위해 독방에서 지냈다." 라는 명제 역시 틀리다. 인간이 물리적으로 홀로 있는 것은 중요하지 않다. 공간적으로 홀로 있다 할지라도 인간은 자신의 내적 대상과 기억과 회상을 통해 끊임없이 관계를 맺는 존재이기 때문이다.

반복적으로 만나고 서로에 대한 기억을 회상하면서 보다 깊은 교제를 나눌 수 있기에, 부모자식 간이라도 그리움 없이 오랫동안 서로 잊고 지내다가 재회한다면 서로 낯설게 느껴질 것이다. 이처럼 반복적인 만남(기억과 회상을 위한)이 친밀한 인간관계에서도 필수적이듯이 영성 생활에서도 주님의 은총을 기억하기 위해 떡과 포도주를 먹고 마시는 반복적인 성만찬 예식을 통해 예수 그리스도와의 영적인 연합의 신비로 들어가게 된다.

기억과 회상은 기억과 회상의 대상과 함께 있기를 원하게 만든다. 기도가 하나님의 사랑의 기선성에서 출발되듯이, 성만찬 예식에서의 그리스도의 임재는 하나님이 믿음의 공동체와 항상 함께하신다는 사랑의 표현으로서의 의미를 지닌다.

주님의 임재로서의 성만찬

예수 그리스도는 성만찬을 제정하실 때 "이것이 내 몸이니라… 이것은… 나의 피 곧 언약의 피니라"(마 26:26, 28)고 하심으로 떡과 포도주를 자신의 몸과 피와 동일시하시었다. 바울은 잔에 대해 감사드림을 '그리스도의 피에 참여함'으로, 떡을 떼는 것을 '그리스도의 몸에 참여함'으로 불렀다(고전 11:24, 25). 성만찬에서의 떡을 떼고 잔을 나누는 행동은 그리스도의 보혈과 몸에 참여하는 것을 의미한다(James F. White, 127). 임마누엘은 '하나님은 우리와 함께 하신다'는 의미이다. 이는 기독교 신앙의 핵심이라고 할 수 있다. 성만찬은 하나님이 함께하신다는 약속을 확인하는 예전이다.

임마누엘, 즉 하나님이 함께 하신다는 그리스도의 임재는 대상관계이론에서 말하는 홀로 있는 능력과 유비하여 설명할 수 있다. 홀로 있는 능력이란 존재의 연속성 상태를 경험하게 되는 것으로, 어머니가 아무것도 요구하지 않으면서 아이와 함께 있어줄 때, 유아가 형태없음formlessness과 편안하게 홀로 있음의 상태에 머물 수 있는 것을 말한다(Jay Greenberg and Stephen R. Mitchell, 310). 이와 같이 하나님은 아무것도 요구하지 않으면서 함께 있어주는 임마누엘의 하나님이시다. 홀로 있는 능력을 형성하려면 많은 유형의 경험이 요구되지만, 그중에서도 가장 기본적인 것이 있다. 그것은 역설적인 것으로 유아가 어머니와 함께 있으면서 홀로 있었던 경험이다(Donald Woods Winnicott, 39). 이것이 역설적인 이유는 누군가가 곁에 있을 때에 홀로 있는 경험이기 때문이다. 그러므로 홀로 있는 능력은 유아의 어머니에 대한 신뢰의 결과물이며, 이는 성인의 심리적인 성숙의 중요한 기준이 된다. 임마누엘의 신앙이 건강한 영성에서 중요한 기준이 되는 것은 하나님이 언제 어디서나 함께 하시는 것을 믿기 때문에 두려워하거나 걱정하지 않고 담대히 나아갈 수 있기 때문인데, 이는 주님께서 항상 함께 계심을 믿는 믿음에서 나온다.

홀로 있는 능력은 개인의 심리적 실재 안에 좋은 대상이 존재하느냐에 달려 있다. 그것은 좋은 내적 관계들이 충분히 확립되어 있으며, 개인이 현재와 미래를 확신할 수 있다는 것을 의미한다. 이러한 확신은 삶의 에너지를 충분히 공급해 주며, 자극이 있어도 만족스럽고 편히 존재할 수 있게 한다. 성숙과 홀로 있는 능력은 충분히 좋은 어머니의 돌봄을 통해 좋은 환경에 대한 믿음을 확립할 수 있는 기회를 가졌었음을 의미한다(위의 책, 42). 홀로 있는 능력을 갖기 위해서는 안아주는 환경holding environment을 제공받아야 한다. 이는 어머니가 아이에 몰두함으로써 아이의 욕동을 정확히 알고 적절하게 환경을 채워주는 것이다. 나아가 필요하지 않을 때는 어머니가 물러나 줌으로써 아이가 자신이 보호받고 있다는 것을 의식하지 못한 채 보호받는 물리적, 심리적 공간을 창조하게 해 주는 환경을 말한다.

누구나 키다리 아저씨를 꿈꾼다. 키다리 아저씨는 항상 나를 지켜보면서 어려운 일이 있을 때는 언제든지 보이지 않게 도와주는 분이시다. 사람들은 보이지는 않지만 늘 자신을 지켜주는 키다리 아저씨가 있으면 좋겠다는 생각을 한 번쯤 한다. 자신이 노는 모습을 지켜봐 주고 자신의 성취를 함께 기뻐해 주며, 즐거움과 기쁨으로 칭찬하는 어머니의 존재만 있어도 아이는 자신감 있게 자신의 과제를 완수해 낼 수 있다. 이처럼 한 개인이 누군가와 함께 있으면서 홀로 있었던 경험, 보호받고 있음을 의식하지 못한 채 보호받았던 환경경험이 참자기의 능력을 갖게 해 주듯이, 성령의 임재에 대한 믿음은 그리스도인들에게 이와 유사한 영적인 성숙을 드러내게 한다. 성만찬 예식을 통해 하나님이신 예수 그리스도가 식탁의 자리에 함께하시며, 사랑으로 자신을 선물로 주심은 매우 만족스러운 관계경험이며, 이러한 경험은 고난의 자리에서도 든든하게 믿음을 지탱할 수 있게 해준다. "모든 지각에 뛰어난 하나님의 평강이 그리스도 예수 안에서 너희 마음과 생각을 지키실" 뿐만 아니라 "평강의 하나님이 너희와 함께 계시리라"(빌 4:7, 9)는 말씀처럼 그리스도의 임재는 진정한 쉼을 얻게 한다. 그리스도의 임재경험을 통해서 얻는 온전한 샬롬은 하나님과의 화목을 의미하며, 나아가 형제와 자매, 심지어 원수와 더불어서도 화목한 관계를 이루게 한다. 나아가서 함께함이라는 관계경험은 교제를 통한 일치와 연합을 고양시킨다.

그리스도의 임재는 하나님이 자신을 있는 그대로 받아들이신다는 믿음에 기초해 있으며, 하나님의 음성을 조용히 듣는다는 것을 의미한다. 영적인 삶에서 중요한 한 가지는 하나님의 임재 가운데서 아무것도 하지 않고, 조용히 있는 것이다. 무엇을 하지 않고 조용히 머물러 있다는 것은 마치 아이가 근처 어딘가에 엄마가 자신과 함께 있음을 믿는 것과 같다. 그리스도께서 임재하심을 믿으면, 요란하게 떠들 필요 없이 고요히 머물 수 있다. 조용히 머물러 있는 이러한 기도를 드리게 될 때 처음에는 하나님의 음성보다 자신의 내면의 소리가 더 많이 들릴 것이다. 하지만 아주 서서히 이 침묵의 시간이 자신을 고요하게 만들고 자신과 하나님을 더 깊이 의식하게 만든다(Henri J. M. Nouwen, 2008, 172). 신뢰할 만한 관계는 서로가 서로에게 속했으며, 늘 함께한다는 믿음으로 고요히 머물 수 있는 관계이다.

교제를 통한 일치로서의 성만찬

성만찬은 성도의 교제이다. 하지만 16세기 교회는 화체설로 인하여 교제적 성격이 쇠퇴했으며, 회중은 1년에 한 번 이상 성만찬에 참여하지 않았다(오현철, 89). 그리스도가 임재하신 곳은 하나님과 그 백성들의 교제하는 장소이다. 그리고 이 교제는 보다 더 강력한 일치를 열망한다. 성만찬을 통한 교제의 궁극적인 목표는, 하나님과의 합일 Union with God이다. 인간은 본능적으로 끊임없이 합일에 열망을 가지며, 모든 관계에서 연합과 일치를 이루려고 한다. 성교의 진정한 의미도 부부가 서로에게 공동 귀속되었음을 확인하는 것이며, 서로 고통을 함께 짊어지고, 현재뿐만 아니라 미래도 함께할 것이라는 약속과 신뢰를 표현하는 것이다. 참된 성교는 결혼의 울타리 안에서 이루어지고, 남편과 아내는 부모가 되며, 부모는 자기 자녀들에게 아낌없이 자신을 내어준다. 이러한 의미에서 우리는 배우자와 맺는 관계와 하나님과의 관계성 사이에 있는 친밀한 무구성Intimate Innocency에 대한 유비를 발견하게 된다(U. T. Holmes, 153).

마가렛 말러Margaret S. Mahler는 인간은 출생 후 8주 동안 자폐단계를 거친다고 했다. 자폐단계는 태내와 태외의 중간지점이며, 잠자는 것 같은 상태로 유지된다. 유아는 무조건적이며, 전능적이며, 자폐적인 궤도 안에서 욕구를 충족시키는 원초적이고, 환각적인 혼동 상태에 있다(Margaret S. Mahler, 69). 이 시기의 과제는 신체 정신적이고 생리적인 기제에 의하여 새로운 자궁외 환경에서 유기체의 항상적 평형을 성취하는 것이다(위의 책, 70-71). 유아는 생후 2개월이 되면 욕구충족 대상에 대해 희미하게나마 의식을 갖게 된다. 이를 공생적 융합단계라 한다. 이 단계에서 유아는 자신과 어머니가 마치 하나의 전능체계(하나의 공통된 경계 내에 있는 이중적 단일체)인 것처럼 행동하고 기능한다. 이는 마치 대양처럼 느껴지는 무경계성의 감각이다. 이 시기 동안 유아는 공생적 파트너인 어머니에게 절대적으로 의존하는 반면, 어머니도 자신의 아이에게 모성적 몰두를 통해 강력한 융합상태에 놓이게 된다(위의 책, 72-73). 인간은 생애초기에 경험한 이자 단일체의 융합경험을 평생 동안 열망하는 존재이다. 인간은 관계 안에서 출발해 관계 안에서 살다가 또 다른 관계로 떠나는 존재이다. 엄마와의 공생적 융합은 피조물인 인간에게 근본적인 관계성 추구의 첫 출발점이 되며, 궁극적으로 자신을 지으신 창조주와의 융합으로 나아가게 한다.

내면화Internalization는 어떤 새로운 것을 개인의 내면에 포함시키는 모든 기제를 말한다. 내면화에는 함입과 내사, 동일시가 있는데 함입Incorporation이란 자기-타자 간의 분명한 경계가 발달하기 전에 심리적으로 먹는 것을 의미한다. 즉, 어머니의 젖가슴에서 따뜻하고 달콤한 젖을 빨아먹고 있는 유아를 생각하면, 젖은 들어와서 아기와 어머니의 공생적 합일체 속으로 사라진다(N. Gregory Hamilton, 68). 자기와 대상 사이에 어떤 구별도 없는 합일이 되는 것이다. 만족 경험은 융합의 환상과 욕구를 불러일으키며, 어떤 대상이 되어버린다. 미성숙한 유아시기뿐만 아니라 심리적으로 온전한 그리스도인들도 성만찬 의식에 참여할 때 함입을 경험한다. 성만찬에 대한 가르침에서 함입적인 표현은 "내 살은 참된 양식이요, 내 피는 참된 음료로다. 내 살을 먹고 내 피를 마시는 자는 내 안에 거하고 나도 그 안에 거하나니"(요 6:55-56)라는 말씀에서 잘 드러난다. 사도 바울의 중심사상은 "그리스도 안에"(In Christ)이다. 대표적으로 "내가 그리스도와 함께 십자가에 못 박혔나니"(갈 2:20)라는 말씀과 "그리스도와 함께 살리셨고... 함께 일으키사 그리스도 예수 안에서 함께 하늘에 앉히시니"(엡 2:5-6)라는 말씀은 예수 그리스도와 믿는 자들이 융합되고 동일시identification되었음을 가르친다. 사람들이 영적으로 성숙하게 됨에 따라 그들의 기도에는 자신을 향한 지향성은 점점 약해지고 대신 하나님을 향한 열망이 더욱 커진다. 관상contemplation은 하나님과 합일로 나아가는 것을 목적으로 한다. 즉, 지혜의 나타남에 놀라움으로 가득 차, 마음이 자유롭고 보다 내성적인 응시상태(U. T. Holmes, 42)로 들어가는 것이다. 이는 하나님의 임재 안에서 편안하고 자유로운 관계에 놓여 있음을 의미하며, 관계적 일치 상태에 있음을 말해준다. 하나님과의 교제에서 일치를 경험한 자는 이웃, 자연만물과의 교제에서도 연합과 화해와 일치를 이루게 된다. 하나님의 마음인 긍휼로써 하나님이 지으신 모든 피조물과 또 자신과의 관계에서 사랑을 실천하게 된다. 진정으로 하나님의 사랑을 경험하고 일치를 이룬 자들은 말보다 실천으로 하나님의 사랑을 드러낸다. 사랑은 좋은 것을 함께 나누어 가지는 데 있다. 예수 그리스도가 기꺼이 화목제물로 자신을 주셨듯이 그 사랑을 받은 자도 자신의 좋은 것을 나누어 줌으로 사도의 삶을 실천한다.

언약의 성취로서의 성만찬

예수 그리스도는 "내 아버지의 나라에서 새 것으로 너희와 함께 마시는 날"(마 26:29, 막 14:25)에 그 나라에서 다시 유월절 식사를 함께 드시기를 원하신다고 말씀하셨으며, 바울에게는 먹고 마시는 "주의 죽으심을 오실 때까지 전하는" 것이 일생의 사명이었다(고전 11:26). 이는 예수 그리스도가 구약에 약속된 메시아로서 이 땅에 오시고, 구속의 은총을 주심으로 그 약속을 실현하셨듯이 하나님의 나라에서 새 것으로 함께 먹고 마시는 날도 약속대로 이루실 것임을 말씀하신 것이다. 약속을 가진 자는 기다릴 수 있다. 그것은 막연히 기다리거나 긴장하면서 기다리는 것이 아니라 확신에 찬 기다림이요, 설렘이 동반된 기다림이다.

약속하는 주체도 신뢰에 기초되어야 하며, 그 약속을 기다리는 자도 신뢰에 기초를 둔다. 신뢰는 무엇이며, 어떻게 한 사람이 대상세계를 지속적으로 신뢰할 수 있을까? 대상사용object usage이라는 개념은 아이가 자신의 주관적 전능감 안에서 대상을 무자비하게 사용할 수 있다는 것이다. 그는 그것을 창조하고, 자신의 쾌락을 위해 그것을 착취하고 전용하고 파괴한다. 아이가 대상을 사용할 수 있기 위해서는 어머니가 아이에게 자신을 내어주고 아이의 무자비한 사용에도 살아남을 수 있어야 한다. 만일 아이가 무자비하게 어머니를 사용할 때 그녀가 살아남지 못하고 위축되거나 붕괴되고 아이에게 보복한다면, 아이는 대상세계를 신뢰하지 못하게 된다. 성인의 사랑도 정기적으로 대상을 사용하는 것을 바탕으로 한다. 서로에게 생존할 것인가를 염려하지 않고 리듬 있게 강렬하게 몰입함으로써 서로를 사용할 수 있어야 한다(Stephen A. Mitchell & Margaret Black, 227-228). 생애 초기에 형성된 신뢰감은 성인이 되어서도 자신과 타자에 대한 신뢰감을 굳건히 한 가운데 관계를 맺도록 이끈다. 약속에 대한 믿음에 굳게 선, 즉 신뢰감에 기초한 기다림의 특징은 개방성이다. 하나님을 기다렸던 사가랴, 엘리사벳과 마리아, 시므온과 안나는 자신들을 개방하고 능동적으로 하나님을 기다렸다. 하지만 영성적인 기다림은 능동적 수동의 형태를 취한다. 믿는 자들은 예수 그리스도의 죽으심과 부활 그리고 성만찬을 통해 그들을 기다리시는 하나님을 만나게 된다. 그러므로 하나님의 임재와 역사 앞에서 인간이 할 수 있는 일은 약속에 대한 믿음을 가지고 설렘 가운데서 자신을 먼저 개방하며 기다리시는 하나님을 기대하는 것이다.

헨리 나우웬Henri J. M. Nouwen은 영성생활에서 약속에 대한 기다림에 대해 깊은 깨달음을 제공해 준다(Henri J. M. Nouwen, 2001, 70-77). 약속에 대한 믿음에 선 기다림은 조급하지 않으며, 두려워서 먼저 공격하는 식의 행태를 보이지 않는다. 기다림이란 어떤 약속을 의식하고 기다리는 것이다. 그리고 기다림은 능동적이다. 능동적인 기다림이란 그 순간까지 온전히 그곳에 거하는 것을 의미한다. 기다리는 사람은 매순간이 바로 그 순간임을 믿으면서 그 순간까지 그 곳에 거하는 사람이다. 그러므로 기다리는 사람은 인내하는 사람이다. 기다림은 언제 끝날지 알 수 없는 가운데서 기다리는 것이다. 두려움과 조급함은 끝을 알 수 없는 기다림을 위한 시간을 갖지 못하게 한다. 하지만 약속에 서 있는 기다림의 영성은 언제까지나 기다리는 것이 아니라 끝이 있는 기다림이다. 그러므로 조급하지 않고 약속의 확신에 서 있는 기다림은 현재와 미래를 적절하게 통제할 수 있다.

예수 그리스도께서 베푸신 최후의 만찬은 구약에 예언된 약속의 성취일 뿐만 아니라 미래에 다시 임할 새로운 잔치를 약속하고 있다. 성만찬이 축제다운 축제가 되려면, 예수 그리스도의 언약에 대한 공동체적 기다림이 필요하다.

공동체적인 축제로서의 성만찬

바울은 성만찬을 행하는 데 있어 "올바른 마음가짐 없이 그 빵을 먹거나 주님의 잔을 마시는 사람은 주님의 몸과 피를 모독하는 죄를 범하는 것"이라고 경고한다(고전 11:27). 이는 공동체성을 파괴하는 행위에 대한 질책인데 음식을 가져온 이들이 각자의 것을 먼저 먹거나 일찍 온 사람들이 많이 먹음으로써 야기되는 폐단을 지적한 것이다. 그러므로 성만찬은 공동체성이 확인되고 드러나야 하는 장소이다. 성만찬은 공동체의 하나 됨을 가르치기 때문에 성만찬을 통해서 공동체는 일치와 연합을 이루게 된다. 성만찬은 나 홀로 참여하는 것이 아니라 공동체의 모든 멤버가 함께 참여하는 것이다. 공동체적 참여를 통해 공동체는 한 몸을 이룬 신앙공동체임을 확인하게 된다.

성만찬은 죽음에서 생명으로 되살아나는 생명의 예전이다. 성만찬은 생명의 빵과 음료로 말미암아 예수의 생명이 나의 생명으로 새롭게 피어나는 곳이기에 생명의 축제로 드려야 한다. 축제는 무엇인가? 축제의 장은 더 이상 서로를 구분 짓지 않고, 나와 네가 하나임을 확인하는 곳이다. 일체감은 다른 사람의 기쁨을 즐거워하고, 다른 사람의 슬픔을 슬퍼하는 자리이다. 축제는 일체감이고 일체가 있는 곳에는 축제가 있다. 여기서 말하는 일체감은 단순한 감정이입을 말하는 것이 아니다. 그것은 성숙한 인격에서 기대되는 공감이고 하나 됨이다. 기독교 영성의 특징은 공동체성에 있다. 타종교는 개인적인 수덕을 지향하고 깨달음이 그 목적이라면, 기독교 영성은 개인적인 수덕을 넘어서며, 믿음의 공동체도 넘어서야 하고, 세계 공동체의 모든 사람이 사랑의 실천 대상이 되고 그 범위가 된다.

대상관계 심리치료이론에서 공감은 대상을 보듬어 주고, 담아내는 것이다. 공감은 쌍방향적인 의사소통이다. 공감은 해석적인 기능을 수행한다. 심리치료에서 상담자는 내담자의 말과 행동을 통해 자신의 내부에서 느낌을 경험한다. 즉, 내담자와의 관계에서 겪는 상담자의 내면적인 경험은 내담자가 타인과 소통하려는 시도의 결과로 나타나는 현상이다. 상담자는 자신의 내면 경험을 자료로 삼아 내담자를 이해하고 공감함으로써 치료적 관계를 형성한다(N. Gregory Hamilton, 195). 공감은 내담자에 대한 상담자의 관찰, 상담자 자신의 감정에 대한 관찰, 다른 사람이 감정적으로 반응하는 방식에 대한 지식, 그러한 관찰 결과를 서로 비교하는 일을 기반으로 이루어진다. 이런 병렬적인 과정이야말로 진정으로 공감적인 관계다(위의 책). 그러므로 공감은 감정뿐 아니라, 영혼과 지성, 의지, 그리고 의식과 무의식의 모든 부분이 총체적으로, 전인적 인격의 표현으로 이루어지기 때문에 단순한 노력으로 이룰 수 없는 것이다. 참된 일치는 기쁨을 초래하며, 이러한 기쁨이 축제의 특징이다. 성만찬에서는 너와 내가 구분되지 않는다. 나와 네가 함께 같은 떡을 떼고, 같은 포도주를 마신다. 사랑으로 연결된 식탁의 자리는 축제의 자리다. 예수 그리스도의 몸과 피를 주신, 헌신과 사랑의 성만찬이야말로 축제 중의 축제이다. 축제의 자리에서는 자기의 형편과 자아와 모든 속박을 벗어 버리듯이, 성만찬이 축제라면 여기는 모든 짐을 내려놓고 쉬는 곳이어야 한다.

인간은 관계성 안에서 자신을 발견하며, 항상 다른 대상들과의 관계 안에서만 존재한다. 인간이 관계적인 존재이기에 성만찬 역시 관계적 의미가 가득한 선물로 우리에게 주어진 것이다.

하나님은 관계를 창조하셨으며, 관계 안에 계시며, 관계를 초월하여 존재하시는 분이시다. 관계는 태초에 시작되었으며, 기독교는 종교가 아니라 살아있는 인격적 관계, 즉 사랑의 관계이다. 그러므로 그리스도인이 자신의 영성을 민감하게 하면 관계 안에 임재하시는 하나님을 깊이 경험할 수 있다. 관계적인 기도와 말씀묵상을 하거나,

자연만물 그리고 이웃과 사랑의 관계 속에 거함으로써 우리는 하나님의 임재를 경험할 수 있다. 이 사랑의 관계는 하나님 편에서 먼저 시작하신 관계이며, 하나님은 끊임없이 자신의 사랑을 보이신다. 참된 영적 교제를 위해서는 욕동 지향적이 되어서는 안 되고, 관계 지향적이어야 한다. 관계 지향적이라는 뜻은 하나님의 선하시고, 기뻐하시고, 온전한 뜻이 무엇인지 분별하려고 한다는 것이다(롬 12:2). 호세아 선지자의 "여호와를 알자 힘써 여호와를 알자"(호 6:3)라는 촉구에서 보듯이 하나님을 아는 것은 곧 하나님의 사랑을 아는 것이다(요일 4:7-8, 16). 그리고 진정으로 하나님을 사랑한다면, 감사가 열정적으로 드러나야 한다. 뜨겁지도 차지도 않은 영혼의 미온성은 사실상 하나님과 하나님의 뜻을 거부하는 상태이다. 하나님의 은총을 일상에서 감사할 줄 모르는 이들은 하나님을 거부하는 상태에 이르게 된다. 하나님의 선하심에 참으로 응답하고 자기가 받은 모든 것에 감사하는 사람은 결코 미지근한 그리스도인이 될 수 없다. 사랑은 열정을 동반한다. 성만찬에는 하나님의 사랑이 담겨 있다. 성만찬의 깊은 의미를 깨닫는 자는 그리스도와의 관계를 열망할 수밖에 없다.

저자는 성만찬에 담겨진 의미를 대상관계이론과 관계영성의 관점에서 상호 조명함으로 보다 깊고 새로운 통찰을 얻고자 하였다. 대상관계이론은 관계적 기독교영성과 매우 비슷한 관점을 갖고 있으므로 접촉점이 많다. 대상관계이론이 인간의 본질을 관계성을 추구하는 존재로 보는 것은 인간에 대한 성경적 이해와 맥을 같이 하며, 인간에 대한 보다 자세한 이해를 제공해 준다. 대상관계이론은 인간의 인격형성과 발달과정을 자세하고 깊이 있게 설명해 주기 때문에 이것을 잘 활용하면 인간 내면의 세계를 이해하는 데 도움이 된다. 이러한 접촉 지점들 때문에 성만찬의 의미를 대상관계이론과 관계적 영성으로 조명하였다.

6장

애도를 통한 병리적 관계의 변형

사랑에 관한 담론은 넘치는데 비해 이별과 상실에 대한 애도 표현은 상대적으로 빈곤하다. 많은 사람이 이별과 상실에 대한 애도는 나쁜 것, 숨겨야 하는 것, 피하고 싶고 부끄러운 것으로 인식한다. 정신분석적인 관점에서, 슬픔과 애도는 심리적 에너지인 리비도libido 투여와 관련이 있다. 인간은 자신에게 중요한 대상에게 그리고 그 대상과의 관계에 리비도를 강력하게 투입한다. 이 에너지는 그 사람 자체뿐 아니라, 그와의 관계에 얽힌 모든 중요한 기억과 연상에도 투입된다. 그 관계가 중요할수록 더 많은 에너지를 투입하게 된다. 세월호에서 아이들을 잃은 어머니들에게서 보듯이 자식을 잃어버리면, 그간 대상에게 투입된 모든 에너지가 온데간데 없어져버리는 상실을 겪게 된다. 사라진 아이를 몸부림치며 그리워하고, 고통의 시간들이 끝나지 않음을 본다. 그리고 삶에 대한 모든 희망을 잃고, 세상과 주변 사람들에게도 흥미를 갖지 못하며, 새로운 사람들과 관계를 맺으려는 열망도 없이, 살아 있으나 실상은 죽은 자처럼 살아가게 된다. 따뜻한 위로와 더불어 함께함이 필요하다. 슬픔과 고통의 무게는 상실한 대상과의 관계가 얼마나 중요했나와 그 대상에 투여된 리비도의 양과 정비례한다.

정신분석에서 애도는 주로 사별의 슬픔에 관한 측면만 다루는 경향이 컸다. 프로이트도 마찬가지로 1917년 논문 「애도와 멜랑콜리」에서 고통스러운 상실 중 사별에 관하여서만 연구하였다. 논문을 썼던 당시 그는 오스트리아-헝가리 제국과 독일이 연합하여 일으킨 1차 세계대전(1914-1918)으로 인해 주변에서 사별의 고통으로 힘들어하는 사람들을 많이 보았었다. 하지만 애도는 사별뿐 아니라, 인간이 경험하는 모든 아프고 고통스런 상실 가운데 존재한다. 리비도가 강력하게 투여된 모든 자기대상의 상실에는 슬픔과 고통이 존재한다. 만약 발달과정에서 발생한 치명적인 외상으로 정상적인 발달이 정지되어 있는 봉인된 외상경험을 가진 사람이 이러한 상실을 겪게 되면, 모든 심리적 연결이 정지되고, 깊은 고립감과 함께 우울 속에 빠져들게 된다. 일차적인 유대와 내재화의 붕괴는 자기통합과 분리개별화를 이루는 데 장애물이 된다. 인간은 그에게 당연히 필요한 모든 발달적 대상관계를 맺어야 하지만, 생애 초기에 경험된 치명적인 좌절, 즉 박탈과 착취와 유기 경험은 분열과 해리를 통해 나쁜 내적 대상이라는 구성물을 자기 안에 채워 넣게 한다.

저자는 상담자가 자애로운 타자와 정서적으로 안아주는 환경의 역할을 함으로써 발달적 내재화 과정을 갖지 못한 내담자에게, 공감적인 환경에서 일어나는 애도과정이 변형적 내면화라는 발달 과정을 촉진함으로 새로운 자기표상을 형성하도록 하는 것에 대하여 말하고자 한다. 심리적인 변형과 구조화에 핵심적인 역할을 하는 발달적 애도에 관한 내용을 다루려는 것이다. 이를 위해 애도에 대한 정신분석의 이론들을 고찰하고, 발달적 내면화 과정을 위한 촉매로서 상담자의 공감적 태도가 어떻게 일차적인 유대와 내면화가 붕괴된 병리적 애도 상태에 있는 내담자를 새로운 발달적 국면으로 이끌 수 있는지에 대해 논할 것이다. 나아가 임상 상담에서 좋은 대상의 내재화를 위한 자원들과 그것의 효과적인 적용을 제시하려 한다.

애도에 대한 정신분석이론 고찰

프로이트의 「애도와 멜랑콜리」에서의 애도와 치료

멜라니 클라인은 애도를 인격화로 보는 발달적 견해를 가진 반면, 프로이트는 사랑하는 대상을 잃어버린 현실을 직면해야 하는 슬픔의 고통에 관심을 두었다. 즉, 프로이트는 애도자가 고통 가운데 자신의 리비도를, 상실한 사랑 대상에게서 점차로 철수하는 필수적인 과제에 관심을 가졌다. 그는 1917년에 「애도와 멜랑콜리Mourning and Melancholia」라는 논문에서 애도과정에 대해서 다음과 같이 설명했다.

> 현실은 사랑하는 대상이 더 이상 존재하지 않는다는 사실이며, 또 이 사실은 그 사람에 대한 애정으로부터 모든 리비도를 철회하도록 요구한다. 이러한 요구는 이미 잃어버린 사람을 대신할 다른 대상이 있을 때조차도 잃어버린 사람에 대한 애정을 포기하려 하지 않는다. 이런 저항은 너무나 강해서 현실을 저버리게 되고, 환상 속에서 그 대상에게 매달리게 된다. 분명히 현실을 존중하지만 그럼에도 불구하고 이러한 현실을 금방 받아들일 수 없다. 많은 시간과 심적 에너지를 쏟으며 조금씩 현실을 받아들이게 되지만 그러는 동안, 잃어버린 대상의 존재는 심적으로 계속 남아 있게 된다. 하나하나 기억하고 연상하는 과정에서 잃어버린 대상에 붙어 있던 리비도가 되살아나고, 거기에 강하게 집중되어 있었던 리비도는 떨어져 나가게 된다. 애도가 끝나면 자아는 다시 자유롭게 된다(Sigmund Freud, 1917).

이처럼 프로이트는 상실한 대상에게 투여했던 리비도가 상실의 슬픔을 통해 현실에서 어떻게 철수되는가에 관심을 가졌으며, 건강한 애도 과정을 마치고 나면 자아는 다시 자유롭게 된다고 설명한다. "리비도를 대상에 묶어 두는 모든 회상과 모든 기대는 현재화되고 과도하게 투여되었다가, 그 하나하나에 대해서 리비도의 분리가 이루어진다."(위의 책, 245). 그러한 의미에서 애도작업은 죽은 자를 죽이는 것이라고 말할 수 있다. 반면에, 멜랑콜리 환자는 대상상실로 인하여 생기는 고통 속에서 병리적인 과정을 거쳐 만들어 진다고 보았다. 멜랑콜리 환자는 상실한 대상을 내사함으로써 상실한 사람이 마치 지금도 자신의 일부인 것처럼 무의식적으로 믿는 행동을 한다. 그래서 멜랑콜리 환자는 자기 비판적이 된다.

프로이트는 현실에서의 대상상실 혹은 그 대상이 지닌 특별한 가치의 상실과 지각된 자아상실 사이의 관계에 대해 이렇게 설명한다.

> 대상을 상실하고 리비도가 그 대상에서 철수될 때, 사람들은 그 리비도를 새로운 대상에 집중하지 않고 오히려 자아 속으로 철회한다. 이러한 철수가 일어나면 그 리비도는 자아에게 자신을 버린 대상과 동일시하도록 만든다. 자아에 대상의 그림자가 드리워진다. 이제부터 자아는 마치 자신이 떠나버린 그 대상이라도 되는 것처럼 심판을 받는다. 이러한 방식으로 대상 상실은 자아상실을 이끈다. 그리고 자아와 사랑했던 사람 사이의 갈등은 비판하는 자아와, 동일시에 의하여 전환된 자아로 분열된다(위의 책, 249).

프로이트는 자기애적인 유형의 대상관계가 자기애로 퇴행함으로써 발생하는 것이 동일시라고 추정하였다. 병리적인 애도는 리비도가 자아 속으로 철회되어 자아와 상실한 대상을 동일시한다. 그럼으로써 자아는 심판을 받게 되며, 자아상실과 더불어 분열로 들어가게 된다. 프로이트는 "죽은 사람의 그림자가 자아에 드리워진다."(위의 책)라는 유명한 명제를 통해 한 개인의 인격에는 생애초기 대상과의 관계가 내재되어 있으며, 현재의 상실 대상은 내재된 초기대상이 전치된 것이라고 보았다.

「애도와 멜랑콜리」에서 프로이트는 죽은 사람을 내사하는 일은 병리적 우울 반응에서만 일어난다고 여겼다. 죽은 사람의 내적 이미지에 매달려 있으면, 새로운 대인 관계에 몰입할 수 없기에 상실한 사람에 대한 이미지로부터 리비도를 반드시 철회해야 애도가 제대로 될 수 있다고 보았고, 그렇지 못하면 상실한 대상의 노예가 된다고 설명한다. 하지만 존 베이커John E. Baker는 "성공적인 애도는 유족이 죽은 사람에 대한 위로가 될 수 있는 따뜻한 기억과 환상을 가지고, 원할 때는 언제든지 그러한 이미지를 불러낼 수 있는 애도이며, 나아가서 새로운 관계를 형성하는 데 리비도의 사용을 제한시키는 애도가 아니라, 오히려 도움이 되는 애도이다."(John E. Baker, 2001)라고 주장한다. 물론 프로이트도 「애도와 멜랑콜리」 이후 5년 뒤에 발표한 논문인 「자아와 본능The Ego and The Id」에서 "죽은 사람을 내재화하는 일이 임상에서 드물지 않게 관찰되는데, 병리적이지도 않고 그로 인해 죄책감을 양산하지도 않는다."(Sigmund Freud, 1923, 3)라고 수정했다. 성공적인 애도는 상실한 느낌을 누그러뜨리고 새로운 대상과 관계를 맺는데 도움이 된다. 갑작스러운 슬픔의 고통과 무기력에서 벗어나기 위해서는 애도과정을 완전히 끝내고, 상실의 현실과 그 의미를 깊이 받아들여야만 한다. 애도를 못하거나 불충분하면 유족들은 우울, 대인관계 기피, 일상생활에 흥미 상실, 그리고 신체적으로 질병에 빠지거나 자살 위험에 놓이게 된다.

프로이트는 중요한 대상을 상실한 많은 사람들에게서 애도하는 것이 고통스러워서 애도를 최소화하거나 피하려 하는 것을 보았다. 한국사회에서도 상실의 고통 속에 있는 자에게 주변 사람들이 "떠난 사람은 이제 그만 생각해, 산 사람이 앞으로 살아갈 일을 생각해야

지!" 하며 위로하곤 한다. 이러한 위로로 상실한 자의 마음을 현실에 둠으로 슬픔을 잊도록 도우려는 것이다. 하지만, 프로이트 이론에 따르면 이는 어리석은 짓이다. 프로이트 이후 슬픔을 연구한 정신역동 심리치료의 모든 분파들은 슬픔에서 벗어나기 위해서는 모든 유족이 충분히 애도해야 한다고 본다.

프로이트는 애도와 관련하여 두 가지 다른 심리적 상태를 가르친다. 첫째는, 건강한 애도로 상실의 아픔과 비탄 경험을 모두 감당할 수 있는 사람들에게서 발견되는 애도다. 그리고 다른 하나는 이런 능력이 결핍되어 있는 멜랑콜리 환자의 병리적인 애도다. 멜랑콜리 환자의 병리적 애도는 상실의 현실을 항구적으로 방어하는 자기-경멸, 자기-평가절하 그리고 자기-공격이 결합하여 작용된다. 멜랑콜리 환자가 상실한 대상에 대한 이상화를 보존하기 위해 공격성을 자신에게로 돌리는 이상화 방어는 대상에 대한 자신의 증오를 인식하지 못하게 막는다. 이렇게 함으로써 상실한 대상과 가졌던 실제 경험이 박탈과 실망스러운 것임에도 불구하고 자신이 좋은 것을 가졌다는 느낌을 보존하게 한다. 멜랑콜리 환자가 자신의 자아를 공격함으로써 상실한 대상을 보호한다면, 그는 상실한 사랑 대상에게 전치된 일차적 사랑 대상을 보호하고 있는 것이다. 이러한 보호는 무의식적으로 결국 어머니에 대한 이상화 방어이다.

상실에 대한 깊은 슬픔 안에는 우울증과 똑같은 고통스러운 마음이 존재한다. 프로이트에 따르면 "우울증은 한 가지 예외를 제외한다면 비탄과 슬픔에 빠져 있을 때와 같다. 그 한 가지 예외란 바로 슬픔에서는 나타나지 않는 자애심自愛心의 추락이다." (Sigmind Freud, 1997,

245)라고 슬픔과 우울을 구별했다. 프로이트는 "슬픔과 우울은 이것을 제외하고는 모두 동일한 특성을 나타낸다. 즉, 외부 세계에 대한 관심의 상실, 사랑할 수 있는 능력의 상실로 새로운 사랑 대상을 찾지 못하는 것, 그리고 사랑하던 이를 생각나게 하는 어떤 행동도 금하는 것 등이 포함된다."(위의 책)라고 했다. 그러므로 슬픔이 대상이나 관계의 상실에 대한 심리적 반응이라면, 우울증은 자아이상의 상실과 더불어 나타나는 자애심의 상실에 대한 반응이다. 우울증이란 슬픔과 달리 자아의 일부분을 상실하면서 겪는 고통이다. 그리하여 우울증 환자는 자존감을 잃어버리고, 자신을 비난하고 증오하며, 자신을 파괴한다. "우울증 환자는 자아의 빈곤화, 자아의 공동화空洞化, 그리고 자아의 무가치 속에 빠져 있다."(김덕영, 392)라는 주장에서처럼 자아는 슬픔의 감정에 빠져서 일이나 다른 사람에게 관심을 가질 수 없는 마음 상태에 놓이면, 심각할 정도로 고통스러운 낙심과 외부 세계에 대한 관심의 중단과 사랑할 수 있는 능력의 완전한 상실과 모든 행동의 억제, 그리고 자신을 비난하고 자신에게 욕설을 퍼부을 정도로 자기를 비하하는 감정을 느끼면서 마침내 누군가가 자신을 처벌해 주었으면 하는 처벌에 대한 망상적 기대를 갖는다. 그러므로 애도에서는 대상관계가 단순하지만, 우울증의 경우에는 대상에게 사랑과 증오가 동시에 존재하는 양가적 갈등이 있다. 이러한 심리적 역동은 고 최진영 씨가 누나의 죽음 후 우울로 빠져 결국 자신의 삶을 마감하기 6일 전에 쓴 일기와 메모에도 잘 나타나 있다.

바람아 쌩쌩 불어라. 모든 영혼을 날려버려라. 모든 것 다 두고 떠

> 나리라. 엄마의 무덤, 아버지의 영혼의 세계. 뇌사. 영원히 정지된…. 사우나를 갈까. 아니, 헬스를 가볼까. 그것도 싫다. 왜 모두 부질없을까. 그저 한없이 우울한 것뿐. ○○, 어떻게 하지. 요즘 웃지도 않고 비염이 심하다. 울고만 싶다. 죽는다는 것. 모든 것이 끝날 수 있을까? 영혼은 어디로 가는가? 혹은 어디서 왔는가?(레이디 경향, 2010년 6월호).

"불어라 쌩쌩 바람아 불어라"라는 말이 여러 번 나온다. 그는 쌩쌩 바람이 불어서 자신의 영혼을 다 날려 줄 것을 기대한다. 이처럼 자기처벌에 무의식적으로 연결되어 있을 뿐만 아니라, 사우나를 가거나 헬스를 가는 것도 다 싫고, 부질없는 것으로 여겨졌다. 그저 한없이 우울할 뿐이라고 무기력한 상태를 진술하고 있다.

프로이트는 애도의 과정을, 상실한 대상과 관련된 모든 중요한 기억과 연상으로부터 심리적 에너지를 거두어들이는 것이라고 설명한다. 건강한 애도과정은 애도가 끝나면, 다시 세상과 연결을 맺고 다른 사람과 관계를 맺는 데 자신의 리비도를 투여하게 된다. 프로이트는 애도를 외부 세계 안에 사랑하는 대상이 더 이상 존재하지 않는다는 사실을 반복하여 발견하는 과정으로 보았다. 애도에서 리비도는 점차 상실한 대상으로부터 떨어져 나와 새로운 대상에게 투자될 수 있게 된다. 하지만 우울증에서는 사랑할 수 있는 능력이 없기에 새로운 대상에게 리비도를 투자할 수 없게 되고 깊은 고립과 자기질책을 초래하게 된다.

클라인의 「애도와 조울 상태의 관계」에서의 애도와 치료

클라인은 1940년 「애도와 조울 상태의 관계」라는 논문에서 성격변형에 있어서 사랑과 애도가 어떻게 발달적 과정으로 나아가는지 설명했다. 그녀는 맏아들 한스가 젊은 나이에 사고로 죽은 직후 자신이 겪었던 고통의 경험을 Mrs. A라는 임상사례로 서술했다.

클라인은 한 개인이 치명적인 상실을 경험할 때 당연히 애도에 빠지는데 이러한 비탄과 애도는 초기 삶에서 유래한 보다 일차적인 내적 대상들을 통해서 경험되는 것으로 보았다. 나아가 현재 상실에 대한 고통스런 애도는 상실의 원천에 도달할 수 있게 해주고, 그 결과 최초의 상실을 건강하게 애도할 수 있는 길을 열어준다고 보았다. 클라인은 "유아는 어머니를 합입함으로써 사람들이 자기 몸 안에 살고 있다고 느낀다. 그리고 그 안에서 깊은 무의식적 환상을 체험한다. 어머니는 유아의 마음에서 내부 세계 또는 내적 대상이다. 그러므로 내적 세계가 아이의 무의식적 마음에 만들어지는데, 그것은 그의 실제 경험과 일치하며, 유아가 사람들과 외부세계로부터 받은 경험과 연결되어 있다." (Melanie Klein, 1975, 345) 라고 했다. 생애 초기 어머니가 제공하는 양육환경은 일차적인 내적 대상으로 내면화되어 있으며, 이러한 밑그림 위에서 타자와의 관계 경험이 연결된다.

클라인은 프로이트의 멜랑콜리 환자와 달리 Mrs. A의 임상에서, 그녀의 공격성이 자신을 정서적으로 마비시키지 않고 오히려 상실한 사랑 대상에 대한 그녀 자신의 적개심과 의식적으로 접촉할 수 있게 해 주었다. 그녀는 이 적개심을 그녀의 오빠와 어머니에게 전치시켰고, 그것을 꿈 속에서 회상했다. 클라인에게 있어서 조적 방어manic defence는 우울불안을 해소하기 위한 일종의 방어로서, 사랑하는 대상이 유일하다는 것과 자신이 그 대상에게 의존해 있음을 부정하고 통제하기 위해 대상의 개성을 일반화시켜버림으로써 일시적으로 환상 상태에서 위로를 얻는 것을 말한다. 클라인은 자신의 논문에서 자신의 꿈 분석을 통해 조적 방어 상태에 있음을 밝히고 있다. 그녀는 다음과 같은 꿈을 꾸었으며 이렇게 해석했다. 그녀는 두 사람, 즉 어머니와 아들을 보고 있다. 어머니는 검은 옷을 입고 있다. 그녀는 이 소년이 죽었거나 죽을 거라고 생각하고 있다. 그녀의 감정에는 전혀 슬픔이 깃들어 있지 않다. 오히려 두 사람에 대한 적대감의 흔적이 있다. 클라인은 꿈 속의 두 인물에 대해서 의식적인 적대감을 느꼈고, 그 적대감에 대해 연상했다. 그녀는 꿈 속의 어머니와 아들이 그녀 오빠의 친구와 그의 어머니임을 알았다. 그리고 그녀가 어렸을 때 자신의 오빠는 꿈에 나타난 그 친구와 경쟁자였었고, 그들이 자신의 어머니와 오빠를 경멸과 오만한 태도로 대했던 것을 기억할 수 있었다. 그녀는 증오의 대상을 자신의 어머니와 오빠로부터 오빠의 학교 경쟁자와 그의 어머니에게로 전치시킨 것이다. 그녀는 연상을 통해서 오빠의 친구이자 학교 경쟁자에게 느끼던 시기심이 오히려 자신의 오빠에 대한 시기심보다 약하다는 것을 알게 되었다. 그녀는 자신의 오빠에 대한 시기심의 배후에 자신의 어머니에 대한 시기심이 연결돼 있음을 알았다. 그리고 자신의 아들에 대한 공격성이 시간과 공간을 넘어, 그녀가 20대 초반일 때 죽은 그녀의 오빠에 관한 연상을 통해서 서로 연결되었음을 알게 되었다. 자신의 공격성에 대한 이러한 새로운 인식으로 클라인은 자신 안에 있는 경멸, 통제, 승리감 등으로 구성된 조적 상태를 인식할 수 있었고, 그 조적 상태 안에서 그녀가 죽은 아들보다 더 우월하다고 느낌으로써 자신을 방어하고, 유지시키고 있음을 알았다. 그 결과로 그녀는 아들에 대한 자신의 오만한 태도가 갖는 무의식적 의미를 이해하게 되었으며, 아들은 죽었지만 자신은 살아 있다는 이유만으로 우월감을 갖는 것은 상실의 아픔을 인식하는 것과 그녀 자신의 죽음을 인정하지 못하도록 하기 위한 조적 방어였음을 알게 되었다.

이와 같이 클라인은 「애도와 조울 상태의 관계」 논문에서 Mrs. A의 임상사례를 통해 조적 승리와 조적 방어가 어떻게 상실에 대한 비탄으로부터 자신을 보호해 주는지 설명하였다. 애도 과정에서 내적 대상이 죽는 것을 허용해야 했던 뼈아픈 상실을 수용함으로써 모든 형태의 죽음과 이별과 상실을 의식적으로 직면할 수 있다. 클라인은 애도자에게 외부세계에서 사랑하는 사람을 상실한 것이 어떻게 내부세계에서 사랑하는 어머니를 상실한 것과 같은 감정을 남기는지 설명한다. 그들은 내부에 있는 온갖 종류의 나쁜 대상들에 의해 희생되었다고 느끼며, 이런 것들을 다루기 위해서 조적 방어를 사용한다.

사실상 클라인 자신이 주인공인 Mrs. A 임상에서, 그녀는 상실의 현실을 점점 더 인식하면서 박해하는 인물의 비현실성을 깨닫게 되었다. 자신의 상실을 인정하자, 그녀는 더 이상 어머니와 오빠에 대해 승리하지 않아도 되었고, 더 이상 자신을 부인하기 위한 시도로서 모든 상실을 그녀의 어머니에게 돌리지 않아도 되었다. 이것에 대한 증거로 Mrs. A는 그들에게 적개심을 갖지 않게 되었고, 자신의 상실을 받아들이고 이해할 수 있었으며, 이를 통해 그들이 자신을 지지하고 있음을 느끼게 되었다. 오빠와 어머니에 대한 그녀의 질투심을 발견하면서 Mrs. A는 어머니에 대한 견해가 바뀌었고 보다 현실적이 되었다. 현실감과 이해심이 증가하면서, 좋은 내적 어머니가 더 큰 전체성과 안정성을 지닌 채로 재획득됨으로써 다음의 발달단계로 나아가게 되었다.

클라인은 "유아가 생애초기 환상 속에서 자신이 행한 공격이 사랑하는 대상을 파괴했다고 느끼는 데서 오는 강렬한 공포와 죄책을 우울 불안이라고 했으며, 유아가 전체 대상을 향하여 사랑과 미움을 동시에 느끼는 경험조직을 우울적 자리라고 했다."(Stephen A. Mitchell and Margaret J. Black, 95). 또 유아가 파괴한, 좌절을 주는 전체대상은 깊은 감사와 애정을 느끼는 사랑 대상이기도 하다. 이러므로 "아이에게는 사랑과 관심으로부터 떨어져 나간 어머니를 치유하고, 온전한 모습으로 복구시키려고 하는 회복 환상이 발생한다."(위의 책)고 하였다. 그리고 파괴한 대상을 회복시킬 수 있다는 아이의 믿음은 우울적 자리를 지탱하게 하며, 자신의 사랑이 미움보다 강하다는 것과 자신이 파괴한 대상들을 다시 회복시킬 수 있다는 믿음이 자신의 내적 대상을 온전히 지킬 수 있게 해준다. 클라인에 따르면 "좋은 환경에서는 사랑과 좌절, 미움과 파괴와 회복이 순환된다. 이러한 순환을 통해 유아는 전체대상과의 관계를 유지할 수 있으며, 자신의 치유능력과 파괴성을 조정할 수도 있고 보상하는 능력을 발달시킬 수 있게 된다."(위의 책) 그러므로 클라인에게 있어서 치료란 사랑이 미움보다 강력해짐으로써 사랑으로, 파괴한 대상에 대한 보상과 회복을 가능하게 하는 것이다.

페어베언의 중심적 자아 확장을 통한 애도와 치료

클라인은 본능적인 욕동과 심리적인 환상을 통해 내적 대상이 형성된다고 보았지만, 페어베언은 내적 대상을, 실제로 일어난 부모의 방치와 학대로 인한 과잉자극의 결과물로 보았다.

페어베언의 개념 중에서 리비도적 자아Libidinal Ego와 반리비도적 자아Anti Libidinal Ego는 외부세계와 접촉되어 있는 중심적 자기로부터 떨어져 나와 폐쇄된 내적 자기 체계 안에 갇혀 있는 대상들을 말한다. 리비도적 자아와 반리비도적 자아의 내적 대상들은 외상을 주는 부모의 이미지가 소화되지 않은 심리적 형태로 합입되어 있으며, 이러한 나쁜 내적 대상은 공격적인 경험이 유기적으로 연결된 결과물이다. 만약 한 개인에게 좋은 내적 대상이 존재하지 않는다면, 그에게는 외부 세계와 그 세계 안에 있는 타자들과 관계할 수 있는 적절한 통로가 없다는 뜻이므로 병리상태에 있다고 할 수 있다. 페어베언에게 있어서 내적 대상이라는 개념은, 애도할 능력을 가지고 새로운 현재 관계로 나아갈 수 있는 사람들보다는 병리적 애도 상태에 얼어붙어 있는 사람들의 내적 상황을 나타낸다. 나쁜 내적 대상을 형성시키는 부모들은 대상으로 하여금 사랑을 갈망하도록 아이를 흥분시키며, 정서적 연결을 바라는 아이의 요구를 거절한다. 그리고 아이와 함께 있는 것만으로도 자극하지만, 정서 수준에서 아이와의 연결을 허용할 능력은 없는 부모이다. 그러므로 페어베언에 있어서 병리적인 개인은 부모의 부적절한 돌봄의 희생자이다.

페어베언은 외상을 입은 아이가 최초의 부모들이 그를 학대하고 방치하였음에도 부모에게 매달리는 것을 관찰했다. 그는 자신의 임상 사례에서, 심각하게 상처 입은 아이가 좋은 환경을 갖춘 인격적으로 훌륭한 양부모에게 보내졌지만 곧 도망쳐서 학대하는 친부모에게 돌아가는 것을 보았다. 아무리 심한 학대를 받았다 할지라도 아이는 최초의 어머니에게로 돌아가고자 했다. 이러한 매달리기는 아이가 병리적 애도 상태에 있음을 보여준다. 이는 최초의 부모에 대한 상실을 애도할 수 없었고, 따라서 그들을 떠나보내고 외부의 다른 관계로 나아갈 수 없었음을 말해준다. 대상상실을 애도하기 위해서는 아이가 대상과의 연결을 갈망할 뿐 아니라, 상실의 감정을 견딜 수 있어야 하는데, 그러기 위해서는 부모의 사랑을 충분히 받아야만 한다.

페어베언은 중심적 자아 영역의 확장을 위해 상징화의 필요성을 말한다. 아이가 부모에 대한 상징적 표상들을 만들어내고 분화된 대상관계를 처리할 수 있는 상징의 능력을 발달시키려면, 최초의 부모에 대한 충분히 좋은 이미지들을 내면에 보존할 수 있어야 한다. 임상에서도 상담자와 이러한 경험을 통해, 리비도적 자아나 반리비도적 자아보다는 중심 자아의 영역을 확장시킴으로써 이후의 발달 과정으로 나아갈 수 있다. 하지만 병리적인 사람들은 외상 때문에 이러한 능력을 갖고 있지 못하다. 상징화 대신에 해리된 경험이 함입되어 있거나 구체화된 나쁜 대상에 사로잡혀 있는 상태다. “상징화가 필요한 이유는 상징은 의식으로부터 억압된 것을 나타내며, 전체적인 상징화 과정은 무의식적으로 수행되기 때문이다.”(Hanna Segal, 78). 그리고 “억압된 것만 상징화된다. 그리고 억압된 것만 상징화될 필요가 있다.”(Ibid.)는 말은, 상징은 정신내적 갈등의 결과물이라는 의미이다. 모든 상징은 자기 및 초기 대상들에 대한 관념, 또는 출생, 사랑, 죽음의 개념들을 나타내기 때문에 상징화를 통해 비로소 초기 대상을 직면할 수 있게 된다. 하지만 발달이 정지된 아이는 일차 부모의 상실과 애도가 불완전하기 때문에 새로운 대상이 내면세계 안에서 구별되고 건강한 상징적 대상으로 내재화될 수 없다. 그러므로 상담자와의 관계에서 좋은 대상 경험이 반복됨으로써 리비도적 자아 영역과 반리비도적 자아 영역은 줄어들고 중심적 자아 영역이 확장되어야 한다. 그렇게 함으로써 초기의 폐쇄된 내적 자기 체계에 갇혀 있는 대상들을 충분히 직면하고 떠나보내는 발달적 애도와 치료를 기대할 수 있다.

볼라스의 애도와 치료

크리스토퍼 볼라스의 '사고되지 않은 앎'의 개념은, 외상의 압도적인 성질 때문에 의식으로부터 떨어져 나간 치명적인 외상 경험을 말한다. 그것은 알고는 있지만 의식적으로 사고되지 못한 것이며, 억압된 욕동본능이 아니라 너무 압도적이어서 억압조차 견딜 수 없는 것으로 경험되는 실제적인 외상을 말한다. 즉, 외상 전체가 해리되고 떨어져 나가 있음을 가리킨다. '사고되지 않은 앎' 은 아동기에 감당할 수 없었던 그래서 정서적 연결로부터 해리되고 봉인되어야 했던, 부모의 학대와 관련된 외상일 수 있다. 볼라스는 '사고되지 않은 앎'에 대하여 다음과 같이 설명한다.

이것은 모성적 과정과 맞물려서 물려받은 소인에 관한 경험으로,

> 이를 통해서 자아 기질들, 감정들 그리고 궁극적으로 어머니와 아이 사이에서 구조에 대한 상호 협상이 이루어진다. 이는 정신적으로 실현되지 않은 앎의 형태로 개인의 존재에 스며들 수 있으며, 존재와 관계의 성질로 드러난다. 모든 사람은 이해 범위를 넘어서는 경험의 특질들을 보존하고 있으며, 대상과 관계하고 있는 자기 상태라는 형태로 그것들을 붙들고 있다. 그렇게 하는 이유는 이해 범위를 넘어서는 사건들이 장애를 일으킬 뿐만 아니라, 자신의 삶을 규정하고 주관하기 때문이다(Christopher Bollas, 329-330).

'사고되지 않은 앎'은 정신적으로 실현되지 않은 앎의 형태로 정서적으로 살아있는 책임 있는 자기로부터 해리된 상태에 있다. 그래서 투사적 동일시 양태를 통해 '사고되지 않은 앎'의 대상을 외재화한다. 그렇게 함으로써 자신이 의존해 있는 사람들에게는 말할 것도 없고, 정서적으로 관계하는 모든 사람들에게 적대적인 공격성을 드러낸다.

볼라스는 '사고되지 않은 앎은 환자 편에서의 깊은 침묵을 통해서, 혹은 내적 경험이 사고될 수 있도록 몰아가는 환자 내부의 분투를 통해서 감지될 수 있다. 분석가는 환자가 자신에 대해서 무엇인가 근본적이고 새로운 것을 소개하려고 한다는 역전이로부터 그것을 알게 된다'(위의 책) 고 말한다. 그리고 이 무의식적인 '사고되지 않은 앎'이 방어적이고 보복적인 공격성으로 드러나는 것을 의식적으로 경험해 내야만 한다. 외상이 상징의 형태로 접근할 수 있는 것이 되면, 개인의 공격성은 내재화된 악마적 부모 대상과의 관계 안에서 직면할 수 있는 것이 되지만, 그렇지 못하고 전치될 때는 '사고되지 않은 앎'으로 화하게 된다. 내면세계 안에서 원시적인 함입적 동일시를 통해서 외상을 주는 대상이 자기 안에 있음을 의식적으로 알아야 한다. 자기와 타자가 혼합된 이러한 내면의 심리 구조가 대인 관계적 세계 안에서 어떤 행동을 하도록 또는 하지 못하도록 강박적인 충동을 실연한다. 한 개인은 자신의 과거에서 온 '사고되지 않은 앎'의 외상을 계속해서 반복한다. 하지만 사랑 안에서의 자기직면은 과거의 상처와 강박적인 반복 사이의 연결을 깨닫게 해 주며, 이 연결이 과거의 애착과 관련된 비극들을 직면할 수 있게 해 준다.

이러한 사람은 전언어적인 자아기억을 반복하는 행동을 통해 변형적 대상을 끊임없이 추구한다. 변형적 대상이란 이 대상에 의해 내 존재가 변형될 거라는 기대감을 주는 대상을 말하며, 내가 그와 더불어 긍정적 혹은 병리적으로 심리 신체적 융합을 추구하는 그러한 대상이다. 자기애성 혹은 분열성 인격의 내담자가 변형적 대상을 추구하는 것은 자아복구의 필요에 대한 내적 인식 때문이며, 이는 매우 조적인 형태를 띠게 된다. 이는 임상에서 상담자를 변형적 대상으로 바라보기 때문에 강렬한 관계를 희망하며 유지할 수 있게 한다. 그러므로 상담자는 마치 어머니-아기 관계에서 어머니가 아기의 보조자아로 촉진적인 환경을 제공해 주듯이 내담자에게 자기감과 개성을 부여해 줌으로 변형적 대상이 되어야 한다. 유아가 어머니가 제공해주는 환경과 자신의 자아능력의 발달로 인하여 변형적 경험을 하듯이 성인의 삶에서도 변형적 대상이 끊임없이 필요하기 때문이다.

애도를 통한 변형적 내면화 과정을 촉진하는 환경

애도를 통한 내면화 과정을 이루어야만 새로운 자기표상의 형성을 통해 변화를 가져올 수 있다. 한 개인이 변화를 이루려면 애도를 통해 자신의 상처를 직면하고 변형적 대상인 좋은 대상들과의 상호관계 경험이 풍부해야 한다. 상담자는 치료를 위한 변형적 대상이 되어, 변형적 내면화 과정으로 인도하기 위해 다음과 같은 환경을 제공할 수 있을 것이다.

떠나보내기와 홀로 머물 수 있는 능력

우울 자리로 들어가기 위해서는 자신이 힘 있는 존재라는 것을 느낄 필요가 있으며, 주체적인 느낌을 갖고 또 사랑에 대한 자신의 회피를 직면하기 위해서는 자기 자신을 내맡기고 떠나보내는 것이 필요하다. 자신을 내맡기고 떠나보내기 위해서는 다른 사람에 의해 상처받는 것을 겪어내고 경계가 무너지는 고통을 겪어낼 수 있어야 한다. 즉, 정서적인 고통을 감내할 수 있는 주체적인 능력이 필요하다. 내담자가 고통 받는 것에 항복할 수 있으려면, 이 항복을 감당해 낼 수 있는 분리되고 발달된 자기가 형성돼 있어야 한다. 이를 위해서는 부모와의 일차적인 상호작용 가운데서 아이가 좌절을 감당해주는 부모의 자아기능을 사용함으로써 서서히 자기체계를 형성해 가듯이, 내담자도 상담자의 자아기능과 그가 제공하는 촉진적인 환경을 내재화하는 동시에 자신을 상담자에게 맡김으로써 마음의 상처를 떠나보낼 수 있다.

초기의 일차적 대상과 실제 상호작용에서 받은 가장 깊은 가슴의 상처는 전오이디푸스적 상실이나 박탈과 관련이 있다. 이러한 가슴의 상처를 치료하기 위해서는 자기 자신을 내맡기고 떠나보내는 것이 필요하다. 떠나보내는 것은 관상기도에서처럼, 일상적인 사고思考가 자기 의식의 후면으로 물러나게 하여, 그 사고들을 의식하지 않은 채로 그것들이 의식이라는 강 위를 떠내려가도록 두는 것과 비슷하다. 이때 자신의 의식이 배를 바라보기 보다 강을 바라보게 되면, 의식 위에 흐르는 사고(배와 같은)에는 더 이상 주의를 주지 않게 되고 깊고 집중적인 관상의 상태로 들어갈 수 있다. 애도자도 마찬가지로 봉인되어진 상처에 갇히지 말고 편안히 그 상처를 바라볼 수 있어야 하며 그 상처가 떠나가는 것을 용납해야 한다.

볼라스가 "내담자를 수용할 수 있기 위해서는 특별한 마음 상태가 필요하다. 그런 상태에서 직접적이고 목적적인 사고는 소음이 된다. '자기의 내면으로부터 새로운 무엇인가가 도착하기' 위해서는 수용적이고 적극적이지 않은 마음의 상태가 필요하다."(Christopher Bollas, 1987, 239)고 말한 것처럼 상담자 자신의 떠나보내기도 필요하다. 정신생활은 고요함을 가질 때 활성화된다. 내면으로부터 오는 새로움에 대한 수용은 긴장 상태가 아닌 고요한 마음 상태에서 가능하다.

내담자는 자신이 겪은 외상으로 인해 봉인된 나쁜 내적 대상을 떠나보내고 스스로 '홀로 있는 능력'에 머물 수 있어야 한다. "참 자기가 있으면 유기공포 없이 홀로 머물 수 있는 능력을 갖게 된다."(James F. Masterson, 2000, 72)는 제임스 메스트슨의 주장처럼 두려움 없이 자신의 상처와 직면하게 되고, 새로운 대상으로부터 받을 상처에 대해서도 미리 걱정하지 않는다. 홀로 머물 수 있는 능력은 임마누엘 믿음과 유사하다. 홀로 있는 능력은 역설적으로 대상과 하나 됨의 경험이 깊이 내면화되어 물리적인 공간에서는 홀로 있으나, 심리적 공간에서는 내적 대상이 충일하게 자신 안에서 번식하고 든든히 함께 있으므로 실상은 함께 있는 것이다. 이렇게 홀로 머물 수 있는 능력의 상태에서 비로소 떠나보내기를 할 수 있다.

심리적 변증법과 공감적 환경

공감의 능력은 대상을 있는 그대로 경험할 수 있는 능력이며, 현실의 환경 상태를 있는 그대로 수용할 수 있는 능력이다. 공감하는 상담자가 되기 위해서는 삶 속에서 심리적인 이분법을 지양하고 변증법을 적용해야 한다. 공감은 모든 문화와 예술적 창조의 기초가 된다. 이는 다른 사람들의 경험을 소중하게 다룰 수 있는 능력이기도 하다. 공감은 강박적인 삶에서 자유로워진 사람, 즉 심리적 변증법으로 살아가는 사람에게서 나타나는 능력이다.

심리적 변증법은 이원론적이거나 강박적이지 않기에 사랑과 창조성 모두를 위해 타고난 잠재력을 극대화시킨다. 건강한 사람은 자신의 대상관계들을 창조성과 친밀한 사랑에 대한 방어로 사용하는 것이 아니라, 오히려 사랑과 창조성을 위해 이를 사용한다. 사랑과 창조성에 대한 심리적 변증법은 자신 안에 있는 연결에 대한 욕구와 정체성에 대한 욕구를 표현할 수 있게 한다. 자신의 창조성의 원천인 내면세계와 사랑을 주고받는 새로운 실제 대인관계 세계를 물 흐르듯이 넘나들므로 내적 세계를 풍요롭게 할 수 있다. 이원론적인 강박으로 인해 병리적인 애도에 갇혀 정신의 변증법이 작용하지 못하면, 타고난 잠재력은 축소되고 심리적인 건강도 위축되게 된다.

창조와 사랑을 위한 심리적 변증법은 공감적 환경을 만들게 된다. 공감은 치료적 관계에서 보듬어 주는 기능과 담아내는 기능을 한다. 공감은 상담자가 내담자를 깊고 세밀하게 이해할 수 있는 수단이 된다. 만약 생애 초기에 만성적으로 부모에게 공감을 받지 못했다면 그는 취약한 자기애의 구조를 갖게 된다. 상담자는 자기애가 취약한 내담자에게 공감적인 환경을 지속적으로 제공함으로 내담자가 이를 극복하도록 도와야 한다. 그레고리 해밀턴Gregory Hamilton은 "경계성 인격은 상담자의 공감적인 개입을 두고 자신의 적개심을 상담자가 피하려 한다고 느끼거나 일종의 융합으로 보고 두려워한다." (N. Gregory Hamilton, 2004, 197)고 주장한다. "공감은 자기애성 인격 장애 환자에게는 마치 자신을 살아나게 하는 것과 같다. 왜냐하면 이들에게는 공감이 자기애를 충족시켜주는 생명 에너지와 같은 역할을 하기 때문이다. 그러므로 상담자는 자기애성 인격장애를 가진 내담자가 부드러운 직면과 해석을 수용하게 되기까지 오랜 기간 공감적인 관계를 가져야 한다." (Ibid.). 공감을 통해 신뢰가 형성될 때 비로소 직면, 해석, 명료화를 이룰 수 있다. 볼라스는 상담자가 너무 해석에 매달리거나 너무 열심히 무언가를 하려고 하지 않는 것이 필요하다고 말한다. 열심히 무언가를 하려는 활동이 상담자의 수용능력을 제한하거나 없애버릴 수 있기 때문이다(Christopher Bollas, 2010, 101).

치료관계에 있어서 하인즈 코헛은 공감적인 침잠과 대리적 성찰이 무엇보다 중요함을 강조한다(Stephen A. Mitchell & Margaret Black, 272). 이는 내담자에 대한 선입감뿐 아니라, 자신이 가진 모든 심리치료 이론들까지 내려놓는 것을 뜻한다. 이는 상담자 자신이 내담자의 입장과 관점에 서서 그의 경험을 이해하려고 노력하는 것을 말한다. 상담자는 공감적인 관계를 통해 자기대상이 되어야 한다. 자기대상은 "이상화된 힘과 고요함의 원천으로, 본질적으로는 내담자와 같으면서 고요히 그의 곁에 현존하며, 그의 내적 생활을 붙잡을 수 있게 해준다."(Heinz Kohut, 1984, 52). 이를 통해 "사람은 일생을 관통하여 그 경험과 연결되며, 그것은 시간과 공간 안에서 내담자 자신을 응집력이 있고 조화롭고 굳건한 존재로 경험하게 한다."(Ibid.). 생존에 산소가 필수인 것처럼, 아동의 심리적 생존에는 타자와의 관계가 필수적이다. 자기self는 타고난 아기의 잠재력과 아기에 대한 부모의 기대가 만나는 지점에서 출현한다(Heinz Kohut, 1977, 99). 공감적인 어머니가 심리적으로 분리 개별화되지 못한, 미분화된 연약한 자기를 가진 아이에게 든든한 자기대상이 되어 고요함과 평온함으로 붙잡아 주듯이 임상관계 안에서 상담자는 내담자를 편안히 담아주는 공감적 기능을 활성화해 내담자에게 고요함의 원천이 됨으로써 봉인된 외상이 치료될 수 있게 한다.

공생적 융합과 분리개별화

인간은 출생 후 5주에서 5개월까지 공생적 융합단계가 지속된다. 생후 5주가 되면, 유아는 외부 자극에 민감하게 반응하기 시작한다. 외부 환경에 민감해지면서 유아는 외부 대상으로서의 어머니, 특히 자신의 긴장을 감소시키는 능력을 지닌 어머니를 인식한다.

마가렛 말러에 따르면, "이 시기의 유아는 공생적 단위를 구성하는 어머니와 자신 사이에 어떤 구별도 존재하지 않은 양자 단일체dual unity이며, 단일한 전능체계Omnipotent System로 인식한다."(Jay R. Greenberg and Stephen R. Mitchell, 275). 즉, 어머니와 융합된 심리상태에서 전능성이 어머니에게서 나온 것이 아니라, 자신에게 속한 것이라고 여기게 된다. 또 유아는 어머니와 나눈 자신의 모든 경험을 조직화한다. 유아는 좋게 느껴지는 경험은 '좋음'으로 고통스럽게 느껴지는 경험은 '나쁨'으로 여긴다. 이러한 공생단계는 이후의 자기표상과 대상표상 그리고 타자들에 대한 감각의 발달에 중요한 영향을 미친다. 이 시기 동안의 모든 경험들이 이후 자기 및 대상과의 관계에 경험적 전조로서 기능하기 때문이다.

아이는 부화기(5-10개월)와 연습기(10-15개월), 재접근기(15-18개월)를 거쳐 분리개별화를 지나게 됨으로써 자기와 대상에 대해 항상성을 유지하게 된다. "대상 항상성은 생후 3년 동안에 걸쳐 이루어지며, 보통 세 살 때가 되면 비교적 완성된 상태에 도달한다."(위의 책, 279). 이와 같이 유아가 초기 어머니와 18개월간 공생적 융합을 경험하고, 18개월부터 36개월까지 대상항상성의 단계를 거친 후에 개별화로 나아가듯이 발달적 애도과정 또한 상실한 대상과 이와 비슷한 과정을 거친다. 취리히대학 심리학과 교수인 베레나 카스트Verena Kast는 자신의 임상경험을 통해 모든 애도자들에게는 상실한 대상과 함께하려는 공생적 융합에 대한 그리움이 있는 것을 발견했으며, 심리적 공생시기를 거친 후에야 비로소 분리개별화가 가능함을 알았다. 연구자의 임상에서도 남편과 사별한 어느 부인은, 자기 집 앞마당에 남편의 묘지를 두고 밤마다 문을 조금 열어놓고 잤으며, 잠자리에서 죽은 남편과 합일을 이루곤 한다고 보고했었다. 카스트는 애도자들이 배우자와 합일을 이루는 경험이 사별 후에도 지속되는 것을 보았다. "인간은 일상생활에서 공생적 경험을 자주 하므로 공생을 병리적으로 여기지 않는다. 한편으로는 공생적이 되고, 한편으로는 공생에서 개별화로 나아가는 삶의 리듬은 좋은 것이다. 그러므로 공생을 회피하지 말고, 긍정적으로 경험해보려는 시도가 필요하다. 하지만 어린 시절, 긍정적인 공생과 긍정적인 분리 및 개별화를 이룬 사람이어야만 한다." (Verena Kast, 154). 만약에 공생단계와 분리개별화에 봉인된 상처가 가득하다면 공생으로의 퇴행은 또 다른 위험에 처하도록 할 것이다. "사랑하는 사람을 상실한 애도자는 공생에 대한 그리움을 갖게 된다. 그리고 즉시 분리의 방향으로 발길을 옮기는 것은 어렵기 때문에 어쩔 수 없이 우선 공생으로 뒷걸음질 치려고 한다." (위의 책). 이처럼 애도를 과정으로 이해하고, 공생을 통해서 다시 관계 맺는 능력을 갖게 되는 사람에게 있어서도 공생관계는 적절한 기간 동안만 힘과 지지를 제공하기 때문에 유익하다. 그러나 계속되면 병리적 과정으로 나아가므로 유의해야 한다. 남편의 묘를 자신의 앞마당에 두고 계속 융합에 머물려 하던 그 부인과 같은 경우는, 공생상태에 고착되어 항상 슬프고 공허하게 지낼 수밖에 없으므로 병리적인 애도과정에 있는 것이다.

분리와 개별화는 상호 보완적인 발달경로로 간주한다. "분리는 아동이 어머니와의 공생적 융합에서 벗어나는 것이고, 개별화는 아동이 자신의 개인적인 특성들을 갖추어 가는 것이다."(Margaret S. Mahler, 18). 마찬가지로 애도자의 심리과정에서 발생하는 공생과 분리와 개별화로 나아가는 것은 정상적인 과정을 거치는 것이다. 그러므로 사랑하는 자를 잃어버린 애도자에게는 공생적 융합을 제한할 것이 아니라, 애도 기간 동안 충분히 융합하고 떠나보내도록 해야 한다. 그리고 평소에 인격을 신장시키고 활력을 증진시키는 긍정적인 공생을 많이 체험하고, 그 안에서 더욱 건강한 자기표상을 형성하도록 해야 할 것이다. 그렇게 되면 "죽은 파트너는 시간이 흐르면서 한층 변화되어 애도자가 다시 공생적이 될 수 있는 내적인 대화상대가 되어 좋은 대상표상으로 남게 된다."(Verena Kast, 165).

담아주기와 담기기

윌프레드 비온은 담는 것과 담기는 것The Container and The Contained의 개념을 만들어 냈다. 그는 자신의 글에서 담는 것과 담기는 것을 상징들(♀ ♂)로 대체했다. "♀ ♂의 원형은 어머니의 젖가슴과 아기의 관계성이다. ♀이 너무 경직되어 있으면 내용물들을 압박해 그것들을 정체되게 하거나 그것의 속성들을 잃어버리게 할 수 있다. 한편 내용물들이 너무 폭발적이어서 ♀이 깨져버릴 수도 있다. 보다 큰 적의가 있을 경우는 상호파괴라는 결과를 초래할 수 있다. 사랑의 관계에서 이것은 상호유익을 가져올 수 있다. 어머니와 유아는 서로 안고, 안기는 경험을 통해 성장한다."(Joan and N. Symington, 51-52). 자주 유아는 극단적이고 조절되지 않은 감정에 의해 압도된다. 그는 얼굴표정과 울음, 옹알거림을 통해 조절되지 않은 압도된 감정을 전달한다. 주의 깊은 어머니는 경청과 관찰을 통해 유아가 전하는 감정을 담아내고 조절하며, 그것을 변화시킨 후 의미를 부여하여 다시 되돌려준다. 유아는 이러한 과정을 내면화함으로써 자신의 감정을 담아내는 법을 배우게 된다. 예를 들면, 유아가 자신을 다치게 하려거나 귀중한 물건을 부수려 할 때 어머니는 발버둥치는 아이를 들어올려 아이의 조절되지 않는 감정을 자신의 품 안에 품어줌으로써 담아낼 수 있다. 이런 식으로 유아는 자신을 조절하는 법을 담아내는 어머니에게서 배운다. 어머니가 유아의 노는 모습을 지켜봐 주고, 그들의 성취를 함께 기뻐해 주고, 즐거워하고, 칭찬해 주는 것과 같이 유쾌한 담아내기도 아이에게 유익한 경험이 된다.

"치료에서 조용하게 경청하는 것, 방해받지 않는 시간, 조절되고 관심을 보여주는 반응은 담아내는 기능을 제공한다."(N. Gregory Hamilton, 191). 애도 가운데 있는 자에게는 이러한 기능들이 상담자의 주된 일이 되기도 할 것이다. 상담자는 애도자의 두려움과 슬픔 안에 있는 외상을 담아주는 역할을 하는 것이므로 이는 기법이라기보다 인격적인 상호작용이다.

조안, 네빌 시밍턴Joan & N. Symington은 회기가 시작되기 전에는 대기실로 들어오는 것을 원치 않는 환자를 만났다. 그렇게 하면 자신이 침범적인 아이가 된다고 느꼈기 때문이다. 이것이 해석되었을 때 그 환자는 "내 밑바닥에서는 내가 침범적인 아이라는 것을 알게 되면 당신이 떠날까 봐 두려워하는 것 같아요"라고 했다. 그러므로 이 환자는 분석가조차도 침범적인 아이는 담을 수 없다고 생각했던 것이다(Joan & N. Symington, 54). 담겨본 적이 없는 자는 항상 사람들에게 담길 수 없는 자기표상을 가지고 관계를 맺는다. 병리적인 애도자는 그의 삶의 초기에 담아주기와 담기기의 경험이 부재하거나 얄팍했기 때문에 애도가 어렵고 병리적이다. 임상관계는 담아주기와 담기기라는 인격적인 상호작용을 통해 내담자에게 새로운 관계경험을 제공할 수 있다.

안아주는 환경으로서의 공간과 시간

위니캇은 "신체적인 돌봄과 안아주기를 통해서 '안아주는 환경'을 형성하는 것이 매우 중요하다."(Jay R. Greenberg and Stephen R. Mitchell, 198)고 말했다. 이는 "아이의 욕동에 어머니가 정확하게 반응해 줄 뿐만 아니라, 필요하지 않을 때는 어머니가 물러나서 아이의 심리적 공간을 침범하지 않음으로써 만들어지는 환경을 말한다. 이렇게 됨으로써 유아는 자신이 보호받고 있다는 것을 의식하지 못한 채 보호받는 물리적, 심리적 공간을 창조하게 된다."(위의 책, 126). 위니캇은 이에 대해 구체적으로 다음과 같이 설명한다. "안아주는 환경을 제공하는 어머니는 유아가 고요한 상태에 있을 때 침범하지 않고, 편히 두어야 하며 유아에게 거울역할을 해야 한다. 그리고 유아의 중간대상을 존중해 주어야 한다. 또 유아의 공격성을 보복하지 않고 견뎌냄으로써 유아가 대상을 사용할 수 있도록 도와야 한다."(위의 책, 198)라고 했다.

한 개인은 심리적으로 이상화된 대상과 융합하든지 친밀한 상태의 다른 사람과 융합하든지 유기체적인 시간 안에서는 항상 연결된 상태에 있다. 안아주는 환경 속에 있는 시간은 유기체적으로 상호 연결되고 융합되어 있는 시간이다. 유기체적인 시간 속에 무의식적으로 존재하는 모성적인 정신적 이미지는 영원한 지금 안에서 영원히 안아주는 존재로 그 자체가 느껴질 뿐만 아니라 대상에게 그러한 느낌을 준다. 병리적인 애도 과정에 빠져 있는 자는 자기 가슴의 상처, 즉 초기 박탈과 좌절로 인해 치명적인 외상을 갖고 있는 자이다. 그러므로 상담자는 가슴의 상처와 지금 당한 상실로 고통하는 자에게 안아주는 환경, 곧 유기체적인 시간과 공간으로서의 역할을 통해 내담자가 내면화 과정을 경험하도록 촉진할 수 있다. 안아주는 환경은 "죽은 사람에 대한 남아 있는 분노에 대해서도 토로할 수 있게 하며, 그 사람을 살리기 위해 최선을 다하지 못한 것에 대한 죄책감을 포함해 그에 대해서 가지고 있는 모든 죄책감을 마음 놓고 얘기할 수 있게 한다." (Michael Kahn, 220-221). 이러한 경험이 치료를 촉진하는 역할을 한다.

목회적 돌봄에서 활용할 수 있는 자원들

목회적 돌봄 가운데서 좋은 대상을 내면화시키기 위해 활용할 수 있는 자원들은 무엇이며 어떻게 사용해야 할까? 첫째, 중요한 대상을 상실한 사람에게 공동체는 지탱할 수 있는 큰 힘이 될 것이다. 공동체는 따뜻한 소속감에 기초되어 있으며, 좋은 대상이 될 수 있다. 호세아 2장 23절에서도 말하고 있듯이 "내 자식이란 바로 내 육체 속에

새겨져 있는 사람들을 말한다. 내 자식, 내 백성이라는 말은 곧 내가 그들 안에 존재한다는 뜻과 통한다. 친형제 자매들이 멀리 있어도 서로의 내부에 아로새겨져 있듯이 서로가 서로에게 연결되어 있는 강력한 연대감으로 형성된다. 내 자식 내 백성이란 나를 알고, 또 나와 운명을 함께하는 사람들로 이루어진 나의 공동체인 것이다."(Jean Vanier, 17-18). 따뜻한 소속감을 주는 공동체는 애도와 우울 속에 빠져 있는 한 개인에게 하나님과의 개별적인 만남에 도움을 줄 것이다. "공동체로의 길은 자신을 버리고 사랑 안에서 다시 태어나기를 지향하는 과정이다. 그 길은 자신의 관심사로부터 다른 이들의 관심사로 넘어가는 길을 말한다."(위의 책, 152). 공동체 안에서 상실로 인하여 고통하며 좌절하는 사람들이 있다. 공동체는 애도자에게 관심을 갖되 홀로 두어야 하며 결코 그를 포기하지 말아야 한다. 적절한 거리를 두고 조금씩 다가가야 한다. 한 잔의 차와 온화한 말씨로 대화하는 것은 그들에게 큰 도움이 될 것이다. 안아주는 공동체의 구성원은 자신의 나약함을 숨기지 않는다. 또 다른 사람보다 더 낫거나 현명한 척할 필요도 없다. 단지 서로가 서로에게 받아들여지고 사랑받고 있음을 알며, 평화와 따스함 가운데 함께 존재하는 데서 오는 샘 같은 기쁨을 발견하게 된다.

둘째는, 성례전이다. 우리는 그리스도의 몸과 실제적으로 하나가 될 수는 없지만 그의 삶이 우리의 삶과 융합될 수 있음을 믿는다. 빵과 포도주를 먹고 마심으로 주님의 현존은 우리와 연합된다. 이 믿음과 고백 속에서 빵과 포도주를 매개로 그리스도의 영과 우리의 영이 연합되는 신비를 체험하게 되는 것이다. 애도자가 빵과 포도주를 먹고 마실 때 자신 안에 그리스도가, 그리스도가 자신 안에 살아있음을 체험한다. 애도자가 성찬식을 통해 주님을 먹고 마실 때 그리스도도 자신을 먹고 마시는 것이다. 삶을 통째(상실한 사랑 대상과의 모든 융합경험을 포함해서)로 먹고 마심으로 그리스도와 내가 하나가 된다. 이런 상호간의 먹고 마심의 신비를 통해 다시금 그리스도와의 융합을 고백하게 되며, 상실한 대상과도 하나가 된다. 그리스도를 먹고 마신다는 것은 생명을 먹고 마시는 것이다. 영혼이 시들어버린 애도자는 예수로 말미암아 영혼과 세포에 생명의 물줄기가 다시 흘러 들어가는 생명의 축제를 맛볼 수 있다. 성찬식은 그리스도와의 연합과 일치, 그리고 생명의 양식과 음료로 생명의 존재가 되게 하는 신비의 식탁이기에 애도자가 위로 가운데 상처를 딛고 내면화 과정으로 나아가게 해 준다.

셋째는, 관계적인 기도이다. 관계적인 기도는 내가 가지고 있는 모습을 상대에게 투사하지 않고, 대상 그 자체로 보는 눈이 열릴 때 가능하다. 관계적인 기도는 개방적인 자세를 의미한다. 주님을 향한 기도자의 마음도 열려 있고, 주님의 어떠한 명령에도 응답할 준비가 되어 있는 상태다. 관계적인 기도에서는 언제든지 자기주장이나 욕구를 포기할 준비가 되어 있다. 자기 자신에게 솔직하기에 하나님 앞에서도 자기 의사나 감정을 솔직하게 드러낼 능력이 있고 주님과 원활한 소통이 가능하다. 관계적인 기도는 하나님께 집중하는 것이요, 하나님에게 자기 마음을 개방해 놓음으로 언제든 개입하시도록 기다리는 자세이다. 애도자는 이러한 관계적인 기도 참여를 통해 하나님께 마음껏 말할 수 있다. 마침내 관계적인 기도에서 하나님의 사랑을 만난 것이며, 이는 변형적 내면화 과정을 촉진함으로 상실에서 벗어나게 할 것이다. 하나님의 사랑은 우리를 자라게 하고 우리를 변형시키는 능력이 있다. 하나님과 깊은 관계성을 가질 때 그것은 우리의 내적 변형을 촉진시킬 수 있다. 관계적인 기도는 애도자의 봉인된 자아, 사고되지 않은 앎 속에 있는 모든 찌꺼기를 걷어내고 마침내 새로운 변형을 이루는 데 도움이 된다. 넷째는, 영적 독서를 훈련 받고 적용하는 것이다. 이를 통해 생각과 마음이 단순해지고, 확신 중에 평온해지는 내적 고요 상태를 경험하게 된다. 다섯째는, 삶 속에서의 죽음과 부활 경험이다. 죽음은 엄연한 현실이기에 삶은 항상 분리와 이별을 불러온다. 죽음으로 사람을 떠나보낼 뿐 아니라, 삶 속에서도 사랑하는 사람을 다른 사람에게 보내야만 한다. 그리고 그 사랑의 시간이 지나면 자기 자신의 한 면을 소멸시켜야 한다. 그와의 시간이 다했을 때 삶에서 사랑한 그 사람을 단념해야만 한다. 그렇지 않으면 과거에 매달리게 되는데 이는 미래를 회피하는 것이다. 그러므로 삶에서 이러한 종류의 죽음을 다루는 방법을 배움으로 삶 속에서 죽음과 부활 사이를 오가는 법을 배워야 한다. 죽음으로 인해 사랑하는 사람을 상실한 애도자는 죽음후 천국에서 영원히 함께 거할 것을 믿을 때 상실한 대상의 죽음을 견딜 수 있다. 사랑하는 이와의 분리의 시간이 그저 결핍으로 느껴지는 것이 아니라, 이 분리의 시간이야말로 영원한 일치로 나아가게 한다는 것을 믿기 때문이다.

애도 속에 있다는 것은 자기와 세계에 대한 모든 것이 뒤틀려 있으며, 감정의 혼란에 빠져 있음을 의미한다. 그러므로 이 기간에 심리적인 퇴행을 겪는 것은 어쩌면 당연하다. 하지만 이러한 퇴행 속에서 상담자, 상실한 대상, 그리고 자신의 생애초기 대상과 새로운 변형적 융합 경험을 하게 되면 발달적 애도 과정으로 나아갈 수 있다.

초기대상과의 관계경험은 이후 삶의 형태를 결정짓는다. 한 개인에게 있어서 어머니는 변형적 대상으로서 유아를 변형시킨다. 어머니가 유아에게 변형적 대상이 되는 이유는 첫째, 어머니가 자신의 존재적 미학을 가지고 유아에게 환경을 제공하기 때문이다. 어머니는 유아에게 젖먹이기, 달래기, 잠재우기, 안아주기, 아기소리 흉내 내기, 눈빛, 목소리 등을 통해 아이의 보조자아 혹은 촉진적인 환경어머니의 역할을 하기 때문이다. 둘째, 유아는 신체적 인지적 능력이 향상됨에 따라 자아발달이 되고, 이로써 어머니-아기의 관계경험은 이후 상호주관적인 주고받음으로 이루어지기 때문이다. 아동은 언어를 사용함으로 어머니를 넘어 인간 마을인 문화 속으로 뛰어들려 하는 욕동을 분출하게 되며, 마침내는 문화적 교류자 혹은 창조자의 역할을 한다. 한 개인은 유일성으로서의 존재적 미학이 형성됨으로써 장차 미래의 대상관계와 자기 추구의 경향성을 가지게 된다. 만약 전언어적인 시기에 어머니로부터 박탈과 유기와 반영 없음을 반복적으로 경험했다면 유아의 자아는 봉인된 자아, 폐쇄된 자아, 사고되지 않은 앎의 반복적인 패턴을 갖게 되며, 이것이 평생에 걸쳐 악마적인 기능을 하게 된다. 특히 삶에서 위기를 경험할 때, 상실을 경험할 때 자기 속에 있는 악마는 강성하게 힘을 발휘할 것이며, 발달적 애도를 불가능하게 함으로써 더 깊은 병리의 늪에 빠져들게 한다. 교회에도 오랫동안 신앙생활을 하면서 담임목사의 설교를 듣고, 성경공부 코스를 마쳤지만 도무지 변화되지 않고 공동체에 해악을 끼치는 자들이 있다. 이는 그들 안에 있는 악마적인 내적 대상이 작동하기 때문이다. 그러므로 변형적 대상을 통한 심리적인 변형이 안아주는 환경, 촉진적인 환경 속에서 지속적으로 일어나야만 한다. 발달적 애도는 대상의 상실과 함께 자기 실현을 가져오는 핵심자기 안에 있는 사랑과 연결됨으로써 일어난다. 애도에서 일어나는 비탄 경험은, 사랑하기를 원하고 또 사랑할 필요가 있지만 너무 많은 무의식적이거나 해리된 증오 때문에 상실되었던 사람들과, 영적인 수준에서 다시 연결될 것을 우리에게 촉구한다.

7장

거짓자기에 의한 거짓의 관계

현대사회는 무한 경쟁사회이다. 소수의 사람만이 경쟁자들을 물리치고 성공을 쟁취한다. 그들은 경쟁에서 이기기 위해서는 거짓말이나 기만, 속임수가 필요하다고 생각하며 죄책감 없이 이를 사용한다. 지금은 정치, 경제, 사회, 문화, 교육 등 모든 분야에서 거짓과 비리와 술수가 난무하는 소위 거짓말을 권하는 사회가 되었다. 사람들은 어려운 경쟁에서 이긴 그들에게 칭송과 부러움을 보낸다. 하지만 경쟁에서 이긴 자들은 강박적으로 성공에 매달리다 보니 자신을 돌아볼 여유가 없다. 정상에 선 사람들 중에는 애써 이룩한 성취들이 허망하게 느껴져 고립과 우울 속으로 빠져드는 경우가 허다하다. 그들은 스스로 헛된 것들에 갇혀 사는 거짓된 존재라고 여기기 때문에 자신의 성취를 자긍심을 가지고 충분히 누릴 능력이 없다. 그들은 이루어 놓은 성취가 한 순간 자기를 채워주는 것 같지만 이내 그것들이 한없이 덧없게 느껴지면서 깊은 우울과 절망감에 빠져든다.

하인즈 코헛은 고통 받는 인간상을, 금지된 소망들로 인한 죄책감에 짓눌린 존재에서 찾기보다는 의미 없는 삶을 살아가는 존재에서 찾고자 했다. 그리고 의미 없는 삶을 살아가는 자들은 자신의 모든 성취가 공허한 것으로 경험되기 때문에 고립의 아픔 속에 살아갈 수밖에 없다고 생각하였다(Stephen A. Mitchell & Margaret J. Black, 149). 한 인간은 세상에서 유일한 존재이기에 삶에서 자신만의 유일한 존재적 의미와 가치를 추구해야 하며, 이러한 요소가 배제된 채 살면 어떤 성취를 얻어도 결국은 공허감에 사로잡혀 살 수밖에 없다. 그러므로 인간은 자기 고유의 존재적 가치와 의미를 추구해야 하는 존재다. 인생에서 진정 중요한 것은 무엇을 제대로 해내고 쟁취해 내는 능력이 아니라, 활기 있고 창조적이며 개인적으로 의미 있는 삶을 사는 것이다. 거짓자기에 의해 거짓의 삶을 사는 사람들은 자신이 이루어 놓은 업적도 거짓의 그릇 속에 담겨 있는 내용물에 불과하기에 자긍심을 향상시키지 못한다.

현대 다원주의 시대에서는 거짓말이 한 개인의 고유한 특성 중의 하나라고 생각한다. 그래서 거짓말이 미덕이 되기도 한다. 진화론적 생물학에 기초한 진화론적 심리학은 거짓말이 인간의 본성이라고 생각한다. 인간이 진화되면서 몸의 변형만 초래된 것이 아니라, 환경 적응을 위해 마음의 변형도 함께 이루어졌다는 것이다. 그러나 하나님의 형상으로 창조된 인간이라는 관점에서 보는 기독교적 세계관은 이에 대해 견해가 다르다.

본 장에서는 거짓말과 거짓된 삶과 인격에 대해 다루고자 한다. 현대 다원주의 사회에서 상대적 가치로 인정되고 있는 거짓말은 그 뿌리가 거짓자기와 연결되어 있다. 그래서 거짓자기에서 나온 성공은 진정으로 누림과 축제를 경험하지 못한다. 나아가서는 자긍심을 유지하고 강화하는 데도 도움이 되지 못한다. 거짓에 붙들려 사는 자들은 참자기에 대한 방어체계로 거짓자기가 활성화된 사람들이기에 자신의 모든 성공이 공허함으로 다가온다. 그러므로 거짓의 삶이 새로운 삶으로 변화되기 위해서는 거짓자기에 사로잡힌 자신의 자아를 통찰하고, 좋은 내적 대상을 내재화함으로 참자기의 능력을 회복해야 한다. 이러한 목적을 위해 거짓과 거짓말은 무엇이며, 거짓말에 대한 다원주의적 세계관과 기독교 세계관, 거짓과 거짓말의 근원인 거짓자기의 형성 과정, 대상관계의 패턴, 거짓말과 인격장애의 상관관계, 거짓자기에 대한 치료적 접근 등에 관해 살펴보고자 한다.

거짓, 거짓말에 대한 이해

거짓, 거짓말이란?

거짓말은 의식적일 수도 있고 무의식적일 수도 있으며, 언어적일 수도 있고 비언어적일 수도 있다. 진술일 수도 있고 진술이 아닐 수도 있다(David Livingstone Smith, 29). 거짓말은 다른 사람들에게 그릇된 정보를 주거나 진실한 정보를 주지 않으려는 의도가 담긴 모든 형태의 행동이다(위의 책, 28). 나는 거짓과 거짓말을 구별하여 사용하고자 한다. 거짓과 거짓말은 모두 참자기에 대한 거짓자기의 방어체계에서 나온 것이다. 거짓이 대부분 일자관계에서 경험되는 것이라면, 거짓말은 현실적으로 대상이 뚜렷이 있는 이자관계 이상에서 주로 사용된다. 거짓은 자기 스스로에 대한 부적절감으로 죄책감, 홀로 있는 능력의 결여, 통합되지 못한 자아, 친밀성의 결여, 자기기만, 허망함, 고립감, 이유 없는 불안과 초조, 병리적인 투사적 동일시에 집착하여 대상관계를 맺는 것, 유기공포 등을 드러내는 것을 말한다. 살아있으나 실상은 죽은 자처럼 살며, 참자기가 형성되지 못한 상태이거나 너무나 얄팍하게 형성된 사람들이다. 즉, 거짓이 거짓자기에 의해 야기된 모든 것들 중에서 주로 자신을 향한 내적 상태라고 한다면, 거짓말은 사실과 다르게 꾸며내어 상대방을 기만하는 언어, 비언어적인 것에 국한하여 사용하고자 한다. 물론 이 두 용어는 같은 의미를 표현하는 용어로 상호 교차적으로 사용하기도 할 것이다.

웹스터 사전에서는 '거짓말하다'라는 단어를, 말하는 자가 듣는 자에게 사실이나 믿음을 진실이 아니라고 생각하도록 우기거나 오해하도록 하는 것이라고 정의한다. 거짓말은 고의적으로 타인을 속이는 행위와 상대방이 이 사실을 알고 싶어 한다는 것을 알면서도 사실을 숨기는 행위이다. 거짓말은 능동적으로 거짓 사실을 말하는 것과 수동적으로 사실을 밝히지 않는 것 모두를 포함한다. 사실을 감추려 하는 동기가 거짓말의 핵심요소이다(G. R. Miller & J. B. Stiff, 20). 이러한 관점은 거짓말에 대한 연구자들의 공통적인 견해이다. 찰스 포드(Charles V. Ford)도 "거짓말은 잘못된 정보를 여러 사람에게 고의적으로 옮기는 행동과 이를 믿게 만드는 상황에 국한해서 판단해야 한다. 그런 의미에서 속이려는 의도로 진실을 말한다 할지라도 이 역시 거짓말을 한 것이다." (Charles V. Ford, 47-48) 라고 정의함으로써 거짓말의 핵심요소를 사실을 감추려는 동기에 두었다. 거짓말쟁이는 그릇된 사실을 전달하거나 필요한 정보를 아예 전달하지 않으면서 상대에게 자신이 전달하는 내용이 사실임을 확신시키려고 하는 사람이다.

거짓말의 유형

로버트 펠드먼Robert Feldman은 거짓말이 얼마나 사용되는지를 알아보기 위해 일상 상황을 설정해 놓고 100여 명의 사람을 대상으로 실험을 시행했다. 실험 방법은 서로 처음 만난 참가자들을 두 명씩 짝지어서 10분 동안 상대에게 자신을 소개하는 대화를 나누라고 했다. 단 참가자들에게는 거짓말에 관한 실험이라고 말하는 대신 낯선 사람을 만났을 때 어떻게 대응하는지 조사하는 것이라고 거짓정보를 주었으며, 그들의 대화를 몰래 녹화했다. 대화가 끝난 후 참가자들에게 그들의 대화가 녹화된 동영상을 보여 주었다. 그리고 상대에게 자신을 소개한 내용 중 부정확한 것들을 하나하나 짚어달라고 요청했다. 전체적으로 평균을 내었더니 실험에 참가한 사람들은 자신을 소개한 10분 동안 세 번꼴로 거짓말을 했으며, 많이 거짓말한 사람은 열두 번까지 하였다(Robert Feldman, 24-28). 이 실험에서 현대 미국인들은 거짓말을 일상적으로 사용한다는 것을 알게 되었다. 한국인에게도 같은 방법으로 시험한다면 이와 비슷한 결과가 나오리라 예상한다. 거짓말하는 사람은 모두 자신의 거짓말이 선의적인 것이라로 합리화함으로 거짓말 사용에 대해 별로 죄책감을 갖지 않는다.

일상생활의 관계 속에서 발생하는 거짓말의 유형은 크게 자신의 이익을 위한 자기중심적인 거짓말과 타인의 이익을 고려한 이타적인 거짓말로 나눌 수 있다. 자신을 위한 거짓말은 물질적 추구나 편의를 위한 목적도 있지만, 대부분은 심리적인 이유에 기인하는 경우가 많다(B. M. DePaulo & D. A. Kashy, 참고). 거짓말은 대부분 무의식적인 자아방어 체계에서 나오기 때문에 병적인 거짓말쟁이는 심리치료가 필요하다.

사람들은 언어적이지 않은 많은 형태의 거짓말을 사용함으로써 자신을 돋보이게 하거나 상대방의 환심을 사려고 한다. 예를 들면, 성형수술, 거짓 오르가슴, 거짓 웃음, 보정속옷 착용, 명품만을 선호하는 것 등이 있다. 사람들은 직접적이지 않은 간접적인 거짓말도 많이 한다. 교활하게 사용하는 풍자, 청문회에서 쉽게 볼 수 있듯이 전략적인 애매모호한 태도, 결정적인 정보를 생략하는 것 등이다. 때로는 이런 소극적인 거짓말이 더 악의적인 경우도 있다. 찰스 포드는 거짓말의 유형을 다음과 같이 일곱 가지로 분류했다(Charles V. Ford, 54-59).

> 첫째, 선의의 거짓말이다. 의식하지 않고 자연스럽게 나오는 것이 일반적인데 기본적으로 사회적인 거짓말이다. 둘째, 유머러스한 거짓말이다. 이는 상대방을 기쁘게 하려는 유머일 뿐 어떤 악의도 갖고 있지 않다. 셋째, 남을 위한 거짓말이다. 다른 사람에게 도움을 주기 위한 것으로 고통을 경감시키거나 자존심을 회복시켜주

기 위해 사용되는 말이다. 넷째, 방어적인 거짓말이다. 방어적 거짓말은 자신 또는 남을 방어하기 위해 하는 것이다. 이러한 거짓말은 벌이나 다른 사람의 공격을 피하기 위해, 자신의 자존심을 지키기 위해 사용하게 된다. 다섯째, 공격적인 거짓말이다. 다른 사람을 해치거나 자신의 이익을 챙기기 위해서 하는 것이다. 여섯째, 병적인 거짓말이다. 병리적 거짓말은 거짓말을 하는 사람에게 전혀 이익이 돌아가지 않는 거짓말이다. 어떤 때에는 진실을 말하는 편이 훨씬 좋은 상황을 얻을 수 있는데도 불구하고 그럴 때조차 거짓말을 말한다. 병적 거짓말은 놓인 상황에 의해서만이 아니라, 충동이나 환상의 영향 때문에도 나타난다. 일곱째, 과대적인 공상에 사로잡혀서 나오는 허언증이다. 이는 과거와 현재의 생활 환경에 관해 거짓말 하는 증상이다. 이런 거짓말에는 사실과 환상이 기술적으로 섞여 있다.

거짓말 연구에서 방어적인 거짓말, 공격적인 거짓말, 병적인 거짓말, 공상, 허언증 모두는 심각한 문제로 다루어진다. 선의의 거짓말이나 유머러스한 거짓말, 남을 위한 거짓말은 삶을 살아가는 데 윤활유 역할을 한다. 전자에 언급한 부정적인 거짓말들은 모두 미성숙에서 나온 것이며, 반드시 치료가 필요하다. 뿐만 아니라 후자에서 언급한 세 가지 유형의 거짓말도 대부분 거짓자기가 외현화된 것이다. 그러므로 이러한 거짓말도 대책 없이 긍정의 시각으로만 볼 수는 없다. 대부분 거짓말쟁이들은 자신의 거짓말에 대한 합리적 타당성을 믿고 있기 때문에 심각하게 고민하지 않는다.

거짓말은 의사와 환자 간에도 일어난다. 데이비드 나이버그David Nyburg는 자신의 저서인, 「곱게 꾸민 진실」에서 이렇게 말한다. "환자는 의사에게 자신이 알고 있는 사실 이하로 말하고, 의사는 환자에게 자신이 알고 있는 사실 이상으로 말한다. 그리고 두 사람 모두 상대방에게 그런 식의 태도를 바라고 있는 듯하다"(David Nyberg, 18)라고 했다. 그리고 "환자와 의사는 서로를 속인다는 사실을 부인하고 싶어 한다. 뿐만 아니라, 자신이 원하는 바를 얻으려면 스스로를 속여야 하고 그래야 남 앞에서 체면이 깎이지 않는다."(위의 책, 84)고 한다. 그러므로 거짓말은 무의식적인 영역이요, 인격장애의 차원에서 파악해야 한다.

송재범은 거짓말 하는 사람의 의도와 그 대상의 범위에 따라서 거짓말을 12가지 유형으로 좀 더 세분하였다(송재범, 참고).

> 첫째, 자기학대적인 거짓말은 자기 자신에 대한 모멸감과 삶의 희망을 포기한 사람에게 나타날 수 있다. 둘째, 오도적인 거짓말은 듣는 사람에게 직접 거짓을 말함으로써 듣는 사람이 큰 피해를 입게 되는 것이다. 셋째, 즐기는 거짓말은 거짓말을 하는 사람의 성품과 관련이 있으며, 거짓말이 일상이 된 사람이다. 넷째, 공멸적인 거짓말은 말하는 사람과 듣는 사람 모두에게 피해를 주는 것이다. 다섯째, 적대적인 거짓말이다. 이는 적대적 관계에 있는 제3자를 끌어들여 그 사람에게 피해를 입히는 경우다. 제3자에 대한 중상모략, 음모 등이다. 여섯째, 혹세적인 거짓말이다. 이는 사회 전체에 피해를 주는 거짓말이다. 근거 없는 유언비어를 퍼뜨

려 많은 사람들을 현혹시키고 사회질서를 어지럽게 하는 것이다. 일곱째, 위기 속의 본능적 거짓말이다. 상황판단 및 행동선택의 자유가 없는 급박한 상황에서 자기 자신을 보호하기 위해 본능적으로 하는 거짓말이다. 여덟째, 의도적으로 계획된 거짓말이다. 앞에 나열된 것들과 달리 충분히 상황을 판단하고 행동을 선택할 여유가 있을 때 하는 거짓말이다. 아홉째, 악의 없는 거짓말로 인간관계에서 흔히 있는 인사치레나 칭찬이다. 흔히 '하얀 거짓말'이라고도 한다. 열 번째, 정감적 거짓말이다. 악의 없는 거짓말과 비슷한 형태로, 아첨하는 말로 듣는 사람을 기분 좋게 하며 또한 그것을 통해 자신의 이익을 기대하며 하는 거짓말이다. 열한 번째, 우호적인 거짓말은 나와 우호적 관계에 있는 사람을 감싸거나 보호하기 위한 거짓말이다. 열두 번째, 공공선을 위한 거짓말이다. 이는 관련된 몇 사람만을 위한 것이 아니라 많은 사람, 더 나아가 모든 사람을 위하여 거짓말을 하는 경우다. 앞의 여섯 가지는 적극적인 거짓말이고 그 외에는 소극적인 거짓말이라고 할 수 있다.

자기 학대적인 거짓말, 오도적인 거짓말, 즐기는 거짓말, 공멸적인 거짓말, 적대적 거짓말, 혹세적인 거짓말, 위기 속의 거짓말, 의도적으로 계획된 거짓말, 악의 없는 거짓말, 정감적인 거짓말, 공공선을 위한 거짓말 중에서 마지막 세 가지는 긍정적인 면도 많다고 생각하기 쉽다. 하지만 대상관계이론에 기초하여 이런 거짓말을 심층적으로 분석하면, 이러한 거짓말도 거짓자기의 파생물이기에 나쁘다. 예를 들어 악의 없는 거짓말이나 정감적인 거짓말, 우호적인 거짓말 등은 대인관계에 있어 건강한 참자기의 능력에서 나온 것이 아니라 무의식적인 투사적 동일시로서 사용된다. 대상관계에서 "투사적 동일시의 핵심역동은 유도성이다. 투사적 동일시에 매어 있는 사람들은 미묘하지만 투사의 대상이 되는 사람들로 하여금 이미 정해 놓은 방식대로 행동하도록 유도하기 위해 강력하게 조종한다. 그것은 한 개인이 다른 사람에게 그 개인의 내적 드라마의 각본대로 행할 것을 강요하는 것과 같다. 조종의 대상자는 투사를 하고 있는 사람이 부인한 측면을 떠맡도록 유도된다."(Sheldon Cashdan, 106-107). 주요 투사적 동일시의 하나로 환심사기가 있다. 정감적인 거짓말은 대상을 끝없이 기분 좋게 하여서 그것을 통해 자신이 칭찬과 찬사를 받는다. 그들은 자신이 원하는 이러한 패턴으로만 관계를 맺으려 한다. 자신이 항상 희생함으로써 상대방에게 찬사를 받고, 자기감을 확인하는 것이다. "환심을 사려는 투사적 동일시에서는 다른 사람들로 하여금 투사하고 있는 사람이 무언가를 포기하고 있거나 자신의 관심보다 투사 대상자의 관심을 더 우선시한다는 인식을 항상 갖게끔 관계가 만들어진다. 자신의 희생에 대해서 다른 사람들이 감사히 여기도록 만든다. 환심사기의 대상이 되는 사람들은 고마움과 감사가 기대되는 상황에 자신들이 놓여있음을 늘 발견한다."(위의 책, 136-137). 하얀 거짓말이나 정감적 거짓말도 환심사기의 투사적 동일시와 마찬가지로 대상으로부터 찬사를 끌어냄으로써 자신이 계속 필요한 존재임을 확인 받으려 한다. 환심사기 투사적 동일시의 메타 커뮤니케이션meta communication은 "너는 내게 빚지고 있어. 그래서 너는 내게 고마워하고 찬사를 보내야 해."

(위의 책, 203)이다. 이들은 항상 다른 사람에게 헌신하고 수고함으로써 그들이 자신에게 빚진 느낌을 갖게 하는 방식으로 관계를 맺는다. 그러므로 선하고 정감적인 거짓말일지라도 그 근원을 파고들면, 결국 대상관계의 결핍이나 박탈에서 온 병리적인 경우가 대부분이다.

거짓말에 대한 다원주의적 세계관과 기독교 세계관

현대사회는 상호 배타적인 세계관을 가졌다 할지라도 각자의 다양하고 고유한 상대적 세계관을 존중하고 옹호하려 한다. 포스트모던 시대에 사는 현대인은 거짓말을 권하는 사회에서 살고 있다. 정직하게 사는 것이 이제는 윤리적으로 칭송 받을 만한 아름다운 덕목이 되지 못하는 사회가 되었다.

"지나가는 사람 모두를 붙잡고 진실을 분배해야 한다는 도덕적인 명령이라도 있단 말인가?"(David Nyberg, 10). 진실은 그렇게 딱부러지게 내뱉어서는 안 된다는 말이다. 일상에서 진실이 아닌 말들을 많이 사용하는 것이 오히려 더 좋은 상황을 만들어내기도 한다는 것이다. 자신이 거짓말 하고 있다는 사실조차 인식하지 못한 채 거짓말을 하는 사람들은 혼미한 사람으로 혹은 미친 사람으로 간주된다. 하지만 진화론적 심리학은 거짓말을 정상적인 인간 본성에서 나오는 것이라고 본다. 그들은 거짓말에 대해 분석적이고 비판적이기보다는 진화된 생물이 환경에 적응하는 과정에서 자연스럽게 생겨나는 것으로 취급한다(David Livingstone Smith, 30). 진화론적 생물학에 기초한 진화론적 심리학에서는 인간의 마음이 진리를 추구하는 도구로 사용될 수 없다. 왜냐하면 다른 유기체가 진화해 온 것과 마찬가지로 인간의 마음도 진화해 온 것으로 여기기 때문이다. 즉, 인간의 마음은 종족보존과 번식에 성공적으로 기여하도록 육체와 더불어 진화해 왔다는 것이다. 그래서 거짓과 자기기만은 생존투쟁에 유익하게 작용하기 위한 자연스러운 인간 본성의 한 부분이 되었기에 인간이 진리만을 추구하는 것은 말이 되지 않는다고 생각한다. 거짓말 할 수 있는 것을 진화한 인간이 가진 보편적인 능력으로 간주한다.

모든 동식물에서도 속이려 드는 경향을 찾아 볼 수 있다. 보잘것없는 존재여서 생물이라고 부르기조차 우스꽝스러운 유기체인 바이러스조차 숙주의 면역체계를 속이는 미묘한 전략들을 갖고 있다. 이렇듯 자연은 거짓으로 가득하다(위의 책, 8). 게다가 자연세계에서는 잘 속이는 생명체들이 다른 경쟁자들보다 우위에 서게 된다. 이것이 진화를 촉진시키는 에너지이다. 그러므로 거짓이 정신장애나 도덕적 실패로 비난받아서는 곤란하다고 주장한다. "인간사회는 정직이 너무 많을 경우, 오히려 그 무게 때문에 붕괴될 수도 있다."(위의 책, 9)라고 보는 것이 진화론적 심리학에 기초한 현대 다원주의 세계관이다.

기독교 세계관에서는 거짓말을 어떻게 보는가? 기독교 세계관은 창조, 타락, 구속의 패러다임으로 구성된다. 창세기 1장의 가르침은 인간에게 자율적인 권능이 있다고 가르치는 거짓 거울인 포스트모던적인 거울을 깨뜨린다. 거짓말이 인간 자율성의 외적 표현이고, 한 개인의 고유성에서 나온 것이기에 존중되어야 한다고 생각하는 것은 잘못이다. 인간에게는 땅을 다스리는 청지기로서 환경을 의미 있게 변화시킬 수 있는 참된 능력이 있다. 인간이 하나님의 형상을 입은 것은 타인을 통제하고 착취하기 위함이 아니라, 하나님이 이 세상을 창조하실 때처럼 하나님의 축복을 전달하고 모든 피조물의 생명과 풍요로움을 증진시키기 위함이다. 하나님은 우주만물을 창조하시고, 생명과 풍요로움으로 피조물들에게 복 주시는 데에 자신의 권능을 사용하시기 때문에 인간도 자신의 능력을 다른 존재의 유익을 위해 활용해야 한다(J. Richard Middleton, & Brian Walsh, 29-250). 거짓말은 타락의 결과로 모든 피조물 속에 배어 있으므로 자연적 본성이라고 생각해서는 안 된다. 창조 중심 영성 전통에서 큰 사건은 타락이 아니라 하나님의 창조력 또는 하나님의 말씀이다. 이 창조력은 지금도 여전히 작용하고 있다(Matthew Fox. 44). 타락 이후 남성이 여성을 지배하기 시작했다. 지배는 창조세계를 향한 하나님의 계획을 망가뜨리는 행위이다. 이 사건 후 창세기 4장에서는 가인이 충동적으로 동생인 아벨을 살인하는 사건이 나온다. 온 세상은 거짓과 거짓말의 결과물로 물들여졌다. 하지만 예수 그리스도는 "진리를 알지니 진리가 너희를 자유롭게 하리라"(요 8:32)고 하셨다. 즉, 예수 그리스도 자신이 참 진리이시며, 그분에 대한 계시된 말씀이 참 진리이다. 참 진리는 관념적인데 머물지 않는다. 참 진리는 상대적이지도 않다. 참 진리는 인격적이며, 절대적이다. 그러므로 거짓과 거짓말은 하나님의 창조섭리에서 온 것이 아니며, 인간 본연의 마음에 의한 것도 아니다. 인간이 죄인이 되는 것은 오직 각자의 선택에 의해서다.

거짓과 거짓말의 원인인 거짓자기의 형성 과정

참자기와 거짓자기의 형성 과정

거짓, 거짓말의 원인인 거짓자기는 유아-어머니 관계에서 발달한다. 그리고 정상적인 발달과정을 거친 사람들은 거짓자기가 병리로 발전되지 않는다. 거짓자기의 발생 원인은 생애 초기의 대상관계를 통한 발달단계에서 대상 항상성을 성취하지 못했기 때문이다. 즉, 절대적 의존의 단계에서 상대적 의존의 단계로 그리고 독립을 향해 나아가는 정상적인 발달과정을 거치지 못하고, 병적으로 고착되었기 때문이다. 그리하여 성인이 되어서도 여전히 통합되지 못한 상태로 머물러 있기에 거짓자기가 활성화됨으로써 참자기가 그 능력을 드러내지 못한다.

육체가 생존하기 위해서 맑고 신선한 산소가 필요한 것처럼, 아동의 심리적 생존을 위해서도 타자와의 관계로부터 오는 정서적인 산소가 필수적이다. 자기는 타고난 유아의 잠재력과 유아에 대한 부모의 기대가 만나는 지점에서 출현한다. 안정된 자기를 확립하기 위해서는 아동이 자기 응집성, 항상성, 탄력성을 경험할 수 있도록 도와주는 타자가 필요하다. 이러한 대상을 '자기대상'이라고 부르는데, 이는 한 사람이 성숙하게 되면 자기 스스로 담당하게 될 정신구조의 기능을 유아시절에 대신 맡아주는 사람을 말한다(Jay R. Greenberg and

Stephen A. Mitchell, 353). 유아의 자기는 아직 미분화된 상태에 있기 때문에 어머니의 자아를 보조자아로 사용한다. 그리고 어머니가 제공하는 보조자아가 조금씩 내재화됨으로써 마침내 자아정체성을 획득하게 된다. 참자기의 능력은 다양하고 상반되는 자기 이미지들까지도 수용하고 조정해 내는 능력이 있다. 눈에 띄는 일시적인 혼란을 해결할 수 있으며, 참자기는 우리 삶의 다양한 양상들을 하나의 전체로 통합할 수 있게 한다. 참자기는 동기를 부여하고, 또 그 행동을 계속 옳은 방향으로 인도하는 안내 시스템 역할을 한다. 참자기는 현재의 자신이 끊임없이 변화된 역할, 행동, 환경의 산물이라는 것을 잘 알고 있기에 자신에게 적합한 이미지를 형성할 수 있게 해 준다(James F. Masterson, 47). 참자기는 자신의 타고난 잠재력과 창조성을 충분하게 드러내 주는 원동력이 되기에 참자기의 형성은 매우 중요하다.

생애 초기의 유아에게는 어머니가 제공하는 신체적 돌봄이 절대적으로 필요하다. 유아의 참자기 발달은 어머니를 통해서 이루어진다. 이 시기의 유아는 어머니에게 절대적으로 의존되어 있기에 어머니가 제공하는 육아방식은 참자기, 혹은 거짓자기 형성에 결정적인 영향을 준다. 신생아에게는 자기가 존재하지 않는다. 그래서 대상에게 에너지를 투자할 만큼 구별된 자기를 갖고 있지 않다(N. Gregory Hamilton, 36). 아기의 자발적인 몸짓은 어머니와의 상호관계를 창조해 내며, 참자기의 형성을 추구한다. 그리고 자폐기 때 어머니는 일차적인 모성 몰두 상태에 놓이게 된다. 어머니는 임신 말기부터 자연스럽게 아기에게 강력하게 몰두하며, 아기에게 성장을 촉진해 주는 환경을 제공한다. 어머니는 자신의 신체에 대한 걱정은 개의치 않고, 자기

존재와 모든 활동을 아기의 바람과 욕구에 맞추게 된다. 유아는 어머니가 제공하는 생물학적인 환경 안에서 자신의 주관적인 환경을 경험하며 한 개인으로서 고유미를 가진 존재로 출발한다(Stephen A. Mitchell & Margaret J. Black, 125-126). 충분히 좋은 어머니는 유아의 욕구에 적절하게 반응해 줌으로써 유아로 하여금 만족과 전능성을 갖게 하는 동시에 적절한 좌절을 제공하여 자아 형성에 도움을 주는 어머니이다. 하지만 충분히 좋은 어머니가 아닌 어머니는 유아의 전능성 획득에 도움이 되지 못하며, 유아의 몸짓에도 적절히 대응하지 못한다. 참자기는 삶을 생명력 있게 느낄 수 있지만, 거짓자기는 삶이 늘 허망하다고 느낀다. 그래서 자신의 큰 성취에도 그다지 기쁨을 누리지 못하고, 공허함 속으로 빠져든다.

공생적 융합단계는 생후 2개월부터 6개월까지 진행된다. 공생적 융합단계에서 유아는 자신의 필요를 채워주는 대상에 대해 희미하게나마 인식하게 된다(N. Gregory Hamilton, 38). 유아는 자신과 어머니가 동일 시스템 안에서 이루고 있는, 어떤 이중적 합일체의 한 부분으로서 자신을 경험한다(위의 책). 이를 공생적 융합이라고 한다. 만약 공생적 융합이 이루어지지 않고 박탈과 침범을 계속 경험하게 되면, 거짓자기를 강화하여 환경에 순응하게 되기에 참자기의 출현은 숨겨지게 된다. 이처럼 생애 초기의 환경적 요구에 순응함으로써 거짓자기가 발달한 아기는 성인이 되어서도 거짓자기로 환경에 순응하게 되는데, 이렇게 되면 참자기의 자발성과 창조성을 상실한 채 모방과 거짓 속에 거할 뿐 아니라, 자기 스스로를 속이면서 살게 된다.

멜라니 클라인 이론에 따르면, 유아의 타고난 공격성은 어머니

환경 안에서 수용되고 담겨질 때 완화된다. 이때 아이는 박해적이지 않은 내적 및 외적 대상세계의 환경을 경험하게 된다. 그때 아동의 내면세계는 변형되며, 투사와 내사 과정을 통해 긍정적인 대상관계를 형성할 수 있다. 그러나 실제로 끔찍한 침범을 경험하거나 치명적인 좌절을 경험하게 되면 잔혹하고 나쁜 내적 대상들이 형성되고 박해를 받을 것이라는 내적 기대가 커진다. 그리하여 나쁜 내적 대상은 투사와 내사 과정을 통해 부정적이고 퇴행적인 대상관계로 나아가게 한다(Jay R. Greenberg and Stephen A. Mitchell, 134). 박해 받으리라는 불안한 상황은 아동으로 하여금 거짓된 관계를 계속 강화하고 반복함으로써 대상세계와 왜곡된 관계를 맺는 데 익숙해질 수밖에 없게 한다. 청소년기의 비행도 초기 부모와의 관계에서 경험한 심각한 박탈이 근본 원인이다. 정상아동이란 단지 잘 먹고 잘 자라고 방싯거리기만 하는 것이 아니라 부모에 대한 신뢰의 터 위에서, 파괴하고 놀라게 하고 지치게 하고 소모시키고 소란스럽게 하고 제멋대로 하면서 자신의 힘을 시험해 보는 아이이다(Donald W. Winnicott, 63). 아동이 자유를 느끼고 결과에 대한 책임 없이 마음껏 놀려면 부모와의 관계에 안전하고 신뢰할 만한 틀이 형성돼 있어야 한다. 이러한 대상관계는 심리적인 잠재적 공간을 창조하게 된다. "잠재적 공간이란 ? 의미 있는 의사소통이 일어나는 장소이며, 사랑의 관계를 형성하는 기반이 되는 심리적 공간을 말한다."(Madeleine Davis and David Wallbridge, 82). 이런 사랑 관계 안에서는 본능의 긴장을 완화할 수 있고, 건강하고 탄력적인 안정감을 지닌 풍부함과 편안함에 이를 수 있다(위의 책). 심리적인 울타리와 공간이 여유롭게 형성되었느냐 혹은 얄팍하게 형성되었느냐는 참자기와 거짓자기의 사람을 구별하는 중요한 척도가 된다.

참자기의 능력을 지닌 자가 되기 위해서는 사랑의 관계에서 안정감을 유지해야 하지만 적절한 좌절의 경험도 필요하다. 안아주는 가정의 울타리 안에서라면, 아이는 부모가 제공해 주는 대상세계가 전적으로 위협적이거나 전적으로 유쾌한 것이 아니라 안전과 위험, 성공과 실패, 편안함과 고통, 힘과 무력감, 친밀과 고독 등 상반된 것이 공존하는 세계임을 인식하게 된다(James F. Masterson, 59). 어머니 역시 좋은 특성과 나쁜 특성을 드러낸다는 사실을 알게 된다. 엄마는 보상과 위안을 주지만, 때로는 멀리 떨어져 있는가 하면 처벌을 가하기도 한다는 것을 알게 된다. 하지만 어머니는 어떤 상황에서도 자신을 사랑한다는 것과 진심으로 자녀의 성장을 바라는 존재임을 알게 될 때 어머니가 주는 좌절도 최적의 좌절로 경험된다(위의 책). 이러한 경험은 참자기의 강화를 가져와 통합적으로 판단하고 관계 맺을 수 있는 능력을 형성한다. 그러므로 안아주는 환경에서라면 강도 높은 좌절 경험도 사랑과 신뢰 관계 안에서 통합되기 때문에 적절한 좌절이 되며, 거짓자기가 뿌리내릴 수 없게 한다.

인간은 아동기와 청년기를 통해 육체적, 심리적으로 독립심을 키워 나가고, 그 과정에서 감정과 사고의 패턴을 개발한다. 이렇게 개발된 사고와 감정의 패턴은 향후 어려운 문제와 상황에 대처하는 내부의 안내자 역할을 하게 된다. 이런 패턴은 참자기 특유의 장점과 능력을 통합하고, 관계와 일 또는 모든 분야에서 자신의 고유성을 표현하는 능력이 된다(위의 책, 61).

한 개인이 거짓자기에 지배 받지 않고 건강한 참자기의 능력을 갖게 되면 방어체계나 장벽을 세우지 않고 좋은 감정, 나쁜 감정, 유쾌한 감정, 불쾌한 감정 등의 다양한 감정을 자발적으로 체험할 수 있게 된다. 그리고 자기 존중감의 터 위에서 자신의 권리를 적절하게 주장할 수 있고, 인생에서 전념할 만한 목표를 설정해 놓고 매진하는 능력을 가짐으로써 세계 속에서 자신의 창조력을 마음껏 드러낼 수 있게 된다. 참자기의 사람은 어떠한 위기와 대우 속에서도 자기 항상성을 유지하게 됨으로 확고부동한 중심에 서서 위기를 극복하고, 한결같은 존재로 거짓자기와 관계 없는 삶을 살게 된다. 하지만 이러한 참자기의 형성 과정을 거치지 않은 거짓자기의 사람은 대상으로부터 유기되지 않으려고 매달리고, 환심을 사기 위해서 거짓을 행하고 거짓말을 할 수밖에 없다.

정상적인 발달에서는 어머니가 아이에게 차츰 정도가 심한 좌절을 경험케 함으로써 언제나 원하는 것을 손에 넣을 수는 없다는 현실을 터득하게 한다. 아이의 자아는 이것을 깨닫고, 수용하고 내면화하면서 마음에 들진 않지만 현실을 이해하게 된다. 그러나 자아 발달이 중지된 아이는 자아 조절 능력이 없기 때문에 좌절을 견디지 못한다 (위의 책, 110). 거짓과 거짓말에 사로잡힌 사람은 자아발달 기능이 정지된 상태이다.

거짓자기에서 나온 거짓, 거짓말

거짓말은 거짓자기와 깊이 연결되어 있다. 거짓자기는 자아방어기제의 하나이며, 거짓자기가 팽배한 사람은 거짓말을 계속 만들어 낼 수밖에 없다. 그러므로 거짓자기에 의해 습관처럼 거짓말을 하는 거짓말쟁이들은 거짓자기로 이루어진 자신의 방어를 포기하고 참자기와의 만남을 가져야만 한다. 거짓자기의 방어적 기능은 참자기를 숨기고 보호하는 데 있다.

거짓말이 거짓자기에서 나오는 것임을 도날드 우즈 위니캇의 논문 「참자기와 거짓자기의 관점에서 본 자아 왜곡」을 통해 알아보고자 한다. 그는 자신의 논문에서 거짓자기의 심각한 정도를 다음과 같이 다섯 가지로 구분하고 있다(Donald W. Winnicott, 1984).

첫째는 거짓자기가 진짜를 대신하는 극단적으로 심각한 경우이다. 타인들도 그의 거짓자기가 그의 진정한 인격이라고 생각하기 쉽다. 심각한 거짓자기의 사람은 공적이거나 사회적인 인간관계에서 자신의 거짓자기의 문제를 드러내는 법이 없다. 하지만 친밀한 관계에서는 속이는 일에 실패할 뿐만 아니라, 본질적으로 무언가가 결핍되어 있음을 드러낸다. 이러한 자기노출이 두려워 친밀한 인간관계를 피함으로써 이를 거짓 속에 감추기도 한다. 극단적으로 심각하게 거짓자기에 사로잡혀 있는 자는 참자기가 너무 미약하고 희미하며, 그마저도 철저하게 숨겨져 있는 상태다. 이러한 사람은 거짓자기에서 나오는 모든 거짓된 것들이 진정으로 자신이라고 여긴다.

둘째는 보다 덜 극단적인 경우로 거짓자기가 참자기를 보호하며 방어해 주는 방어체계 역할을 한다. 참자기의 존재는 미약하지만, 이때 참자기는 완전히 숨어버리지 않고 잠재적인 요소로 인식되며, 비밀스런 삶 속에서 허용된다. 거짓자기는 참자기를 방어하기 위한 목적으로 신체화 증상 같은 병리를 만들어내기도 한다.

셋째는 거짓자기 안에 건강의 요소가 있는 경우이다. 참자기가 어느 정도 존재하고 있다. 거짓자기는 주로 참자기가 자신의 역량을 발휘할 상황을 찾아주는 데 관심을 갖는다. 그 조건이 발견되지 않으면, 거짓자기는 참자기가 착취되는 것에 대항하기 위해 새로운 방어 체계를 조직한다. 그 방어가 성공할 수 없을 때에 나타나는 임상적 결과가 세 번째 경우이다. 자살은 참자기의 멸절을 피하기 위해 전체 자기를 파괴하는 것이다. 그런 면에서 자살시도는 참자기가 배신 당할 수밖에 없는 상황에 대한 최후의 방어 형태다. 이렇게 해서라도 참자기가 모욕 당하는 것을 방어코자 하는 것이다. 자살은 거짓자기의 파괴를 포함하며, 동시에 그 거짓자기가 존재해야 할 필요성 자체를 없애버리는 것이다. 참자기의 입장에서 보면 자살시도는 절망의 징표가 아니라 희망의 징표이다. 이런 사람은 참자기가 숨어버리고 더 이상 현실에 대해 반발하거나 분노를 느낄 필요도 없이 전적으로 거짓자기만으로 살아가는 것이 훨씬 더 안전하고 세상에도 잘 적응할 수 있다. 참자기의 출현이 오히려 더 나쁜 결과를 가져오는 경우이다. 이 수준에서 거짓자기의 기능은 모욕으로부터 참자기를 보호하는 것이다. "참자기의 출현에 대한 방어로서의 자살은 심각한 심리적 질병이다. 자살은 정상적인 상태에서보다는 대부분 병리적 상태에서 시도된다."(김충렬, 2011).

넷째는 보다 건강을 향해 열려 있는 경우다. 거짓자기는 타자와 동일시를 통해서 간접적으로나마 참자기의 삶을 만족시키고자 한다. 자신이 이상화하는 사람의 삶을 모방하면서 그와 같이 말하고 생각하고, 행동하면서 살아가려는 사람의 모습 속에서 흔히 보게 된다. 그러나 모방은 참된 자기의 모습이 되지 못하고 거짓자기에 머물도록 한다.

다섯째는 참자기가 활성화된 건강한 사람의 거짓자기는 감정을 모두 드러내어 말하지 않고, 공손하고 예의바른 사회적 태도를 보인다. 전능성과 일반적인 일차과정을 포기할 수 있는 개인의 능력이며, 참자기만으로는 결코 살아갈 수 없는 현실사회 속에서 개인이 있을 수 있는 자리를 지혜롭게 제공 받는 방법이다. 여기서 참자기는 건강성과 진정성을 지니며, 삶에 대한 진정한 의미와 가치를 추구하면서 자긍심을 가지고 창조적인 삶을 살게 된다. 거짓자기는 참자기의 삶에 봉사하는 역할을 할 뿐 아무런 걸림돌이 되지 않는다.

병리적인 거짓자기를 지닌 자들은 대상관계 패턴 역시 병리적이다. 의존적인 투사적 동일시를 가진 자는 관계 안에서 항상 대상으로 하여금 돌봄을 유발하게 만든다. 정상적인 의존이 아니라, 병적으로 의존되어 있기에 자기 자신에게는 무기력하다. 자신의 의존을 받아주지 않으면 관계에서 버려졌다고 느낀다. 투사적 동일시는 모든 관계를 통제하고 조정하려고 하기 때문에 대상에게서 무능감을 유도해낸다. 자기가 주도권을 잡지 않으면 관계성을 경험할 수 없다. 성적인 투사적 동일시에 고착되어 있는 사람은 성적인 각성 외에는 대상과 진정으로 관계를 가질 수 없다고 생각하기에 항상 성애적인 경향을 보인다. 그리고 환심사기 투사적 동일시는 자기를 희생함으로써 대상으로부터 찬사와 인정만을 받으려 한다. 이 모든 병리적 관계 패턴들은 무의식적인 거짓자기에서 나온 것이기에 그 한 가지 패턴만을 고집하게 되고, 그밖의 모든 관계에서는 관계적인 즐거움을 가질 수 없으며, 무의미하다고 느낀다.

대상관계이론에서 본 거짓말과 인격장애

거짓말과 인격장애의 관계

사람들은 지금 겪고 있는 상황에서 제각기 다른 정서와 판단, 결정, 행동, 대인관계 패턴, 자신의 정서를 밖으로 드러내기, 버릇, 대처방식 등 다양한 모습으로 그 개인만의 독특성을 드러내는데 이를 '인격'이라고 한다. 거짓말은 단독으로 나타나지 않고 다른 인격장애와 함께 나타난다(Charles V. Ford, 148). 거짓말 혹은 거짓자기는 한 개인의 인격장애와 어떻게 연결되어 있을까?

반사회적 인격장애는 자신의 잘못된 행동에 대한 후회나 양심의 가책이 없다. 그들이 능숙한 거짓말쟁이가 되는 이유는 자신의 행동에 대한 반성이 없기 때문이다. 그래서 반사회성 인격장애자들은 병적 거짓말, 속임수, 조작을 습관적으로 하는 특성을 갖고 있다. 그들은 어떠한 일이든 만족을 잘 느끼지 못하기 때문에 늘 사회와 마찰을 일으킨다. 그리고 어린 아이처럼 자신이 무언가를 원할 때는 즉각 그것을 얻어야 직성이 풀린다. 자제력이 없으며 자신을 통제하고 조정할 수 없기에 이런 행동양식을 보이는 것이다(위의 책, 152). 한편 반사회성 인격장애를 지닌 개인들은 긴장감, 지루하고 권태로움, 우울 기분 등에 빠져드는 경우가 많다. 그래서 불안장애, 우울장애, 물질 관련 장애, 신체화 장애, 병적 도박, 충동조절 장애를 동반하기도 한다(American Psychiatric Association, 830). 이러한 기분들이 범죄를 저지르게 한다. 실제로 범죄자들 중에는 반사회성 인격장애자들이 많으며, 그들은 거짓말을 많이 한다.

연극성 인격장애를 지닌 사람은 반사회성 인격장애를 가진 사람들처럼 거짓말을 많이 하고 성적으로도 문란한 경우가 많다. 그들은 늘 피상적인 거짓말을 하며, 속으로는 아무 감정도 없으면서 겉으로는 격한 분노를 드러낸다. 이들의 거짓말에 계속 속은 사람들은 결국 그들을 따돌리며 친밀하게 관계를 갖지 않고 거리를 둔다(Charles V. Ford, 162).

경계성 인격장애 환자들은 실제적이거나 가상적인 유기를 피하기 위해서 필사적으로 노력하며, 극적인 이상화와 평가절하를 반복하면서 불안정하고 강렬한 대인관계를 맺는 경향이 있다. 정체성 혼란과 낭비, 성 관계, 물질남용, 폭식 등의 충동성을 드러낸다. 반복적인 자살 행동과 자살 위협을 하며, 자해행위를 한다. 그리고 정동의 불안과 만성적인 공허감, 부적절하고 심한 분노와 일과성의 망상적 사고나 해리 증상을 보인다. 이 아홉 가지 중 다섯 가지 이상이 해당될 때 경계성 인격장애라고 한다(American Psychiatric Association, 838). 경계성 인격장애 환자들은 자아능력이 발달되어 있지 않고, 기본적인 신뢰가 없으므로 초기방어기제인 부인, 합리화, 매달리기, 회피, 거리두기, 자기표현의 미숙함, 개성의 활성화를 피하는 등의 특성을 보인다. 그 이유는 유기 우울증을 겪지 않으려는 일념으로 거짓자기의 울타리 안에서만 살고자 하기 때문이다. 예를 들면 부인, 합리화를 통해 사랑하는 사람이 자기로부터 철수하는 것을 성공적으로 피하기 위해 "저 사람이 나를 공격하는 이유는 내가 싫어서가 아니라 지금 다른 일로 화가 나 있기 때문이야." 라고 함으로써 방어한다(James F. Masterson, 116). 이와 같이 이들은 자기 스스로에게 거짓말을 하는 사람들이다.

자기애성 인격장애 환자들은 자존심을 지키려고 거짓말을 하는 경우가 많다. 이들은 자기에게만 너무 몰두해 자신의 능력을 과대평가함으로 자기 자신을 향해서 가장 많이 거짓말 하는 자들이다. 자기애성 인격장애를 진단하는 기준으로 「정신장애의 진단 및 통계편람 제4판, (DSM-IV)」은 다음과 같은 진단기준을 제시한다. 이들은 자신의 중요성에 대해 과대 망상적인 느낌을 갖는다. 끝없는 성공, 권력, 훌륭함, 아름다움 혹은 이상적인 사랑에 집착한다. 자신이 특별한 사람이고 독특하며 특별하고 높은 지위의 사람들이나 기관에 의해서만 자신이 이해 받을 수 있다고 믿는다. 지나친 존경을 요구하며, 특별한 권리가 있다고 느낀다. 자신의 주변 사람들을 착취한다. 공감력이 결핍되어 있으며, 타인들이 자신을 질투한다고 믿는다. 거만하고 도도한 행동이나 태도를 취한다. 오토 컨버그(Otto F. Kernberg)는 "자기애성 인격장애 환자는 타자와 부드러운 관계를 맺을 수 없고, 통합된 자아 개념과 타자를 전체적으로 통합하는 능력이 없기 때문에 사회적으로 고립되고, 성적인 욕구도 자위행위적 환상을 통해 만족한다. 전반적으로 사랑에 빠지지는 않지만, 때로는 난잡한 성관계를 맺는다."(위의 책, 192-193)라고 지적한다. 그리고 자기애성 인격장애와 반사회성 인격장애 환자들은 다른 사람에 대한 공감력이 부족하기에 대상을 착취하거나 명백한 잘못에도 죄책감을 느끼지 못한다. 그들은 거짓말은 물론이고, 사기행위도 서슴지 않는다는 공통점이 있다.

거짓말의 원인인 거짓자기의 치료방안

위니캇은 반사회성 인격장애 환자들은 두 가지 특성을 보인다고 했다. 하나는 훔치기이고, 다른 하나는 파괴적인 행동이다. 무의식적인 분석 틀로 보면, 훔치기는 자신을 찾는 데 실패한 무엇인가를 다른 곳에서 찾는 것이며, 그곳에 희망이 있다고 믿는 행동이다. 파괴적 행동은 자신의 충동 행위를 버텨줄 수 있는 안정된 환경을 찾고 있는 것이다. 즉, 그는 잃어버린 환경, 혹은 경험되지 않았으나 인간으로서 마땅히 경험되어야 할 환경을 찾고 있다. 그들은 신뢰할 수 있고, 마음껏 움직이고 행동하고 흥분할 수 있도록 허용해 주는 친밀한 인간관계를 찾는 것이다(Donald W. Winnicott, 77).

비행 청소년을 치료하기 위해서는 개인 심리치료를 제공하여야 하며 개별적인 보살핌과 사랑을 주고, 점차적으로 자유를 허용하는 안정된 환경을 제공해야 한다(위의 책, 68). 이러한 위니캇의 주장에 따르면, 반사회성 인격장애뿐 아니라 자아발달이 정지돼 거짓자기에 지배 받는 사람들 모두는 병리에 의해 그렇게 행동하는 것이다. 그들은 출생 시부터 남들과 달리 악하기에 그렇게 된 것이 아니다. 그러므로 상담자는 긍휼의 마음으로 그들에게 다가서야 하며, 치료적인 관계성을 맺어야 한다.

거짓자기의 방어체계에 의해 야기된 인격장애들을 치료하기 위해서는 무엇보다 치료적인 관계가 필요하다. 그들은 황폐한 관계경험 혹은 인간으로서 마땅히 가졌어야 할 경험이 없거나 얄팍함으로 인해 거짓자기의 틀에 있기 때문에, 치료적인 보살핌과 사랑이 제공되는 안아주는 환경을 경험해야 한다. 코헛은 "부모가 좋은 자기대상의 역할을 해주지 못할 때, 아동은 부모를 자신의 완전성에 공감해 주지 않는 공격자로 경험하게 된다."(Heinz Kohut, 91)고 말했다. 상담자가 제공하는 공감적 자기대상 경험은 거짓자기로 인한 인격장애 환자에게 새로운 자기표상을 형성하게 한다. 치료에서 공감적인 관계가 중요하지만 그보다 더 중요한 것은 대상에 따라서 공감을 적절하게 조율하는 것이다. 예를 들어, 공감적인 개입은 경계성 인격장애 환자에게는 융합이라는 낯선 경험이 되기에 오히려 두려운 것이 될 수 있다. 그러나 자기애성 인격장애 환자에게는 자기를 살아나게 하는 경험이 된다.

대상관계이론에서 심리치료는 관여, 투사적 동일시, 직면과 해석, 종결의 네 단계를 거친다. 네 단계 중 치료적인 관계를 형성하는 일이 제일 중요하다. 담아주는 관계에서 마치 좋은 어머니가 아이의 불안을 귀담아 듣고 조절해주며, 변환시킨 후 그것의 의미를 아이에게 새롭게 부여하듯이 상담자도 거짓자기에 의해 인격장애를 갖게 된 내담자의 감정을 담아주어 그가 이를 내면화함으로써 스스로 자신의 감정을 담아내도록 도와야 한다. 대상관계이론은 치료에서 얻은 통찰을 활용하여 자연스런 성장이 전개되도록 치료적인 환경의 제공을 중시한다. 만성적으로 부모가 공감해 주지 못하여 자기애성 장애를 갖고 있다면, 치료자는 공감적 반응을 통해 내담자에게 사랑과 보살핌을 제공함으로써 치료적 관계로 들어가야 한다.

투사적 동일시를 통해 관계가 강화되면 명료화, 직면, 해석 작업으로 나아간다. 이 순간 상담자와 내담자는 무엇보다 진실 앞에서 용기 있게 직면할 수 있어야 한다. 왜냐하면 명료화, 직면, 해석은 내담자의 입장에서 매우 힘든 순간이기 때문이다. 그러므로 상담자의 공감의 터 위에서 명료화, 직면, 해석이 일어나야 한다. 이러한 작업을 통해 내담자는 통찰의 능력을 갖게 되고, 성숙으로 나아가게 된다.

저자는 거짓, 거짓말의 모든 원인은 초기 양육자와의 관계에서 일어난 병리적이고 왜곡된 관계경험이라는 전제에서 글을 전개하였다. 결론적으로, 거짓과 거짓말에 사로잡힌 인격장애 환자를 치료하기 위해 상담자가 가져야 할 마음과 태도에 관해서 몇 가지 제안하려고 한다. 첫째는 긍휼이 필요하다. 그들은 정신과 심리에 병이 든 것이기에, 비방하기 전에 그들을 긍휼의 눈과 환대하는 마음으로 대하는 것이 중요하다. 그들은 사랑에 주려 있기에 사랑과 배려를 통해 나쁜 내적 대상을 완화시키고, 좋은 내적 대상 세계를 확장해야 한다. 둘째는 거짓과 거짓말에 대한 태도이다. 다원주의적 사상은 거짓과 거짓말이 경쟁 사회를 살아가기 위해서는 필수적이라고 여긴다. 하지만 거짓자기 체계에 의해 병든 인격장애 환자들의 거짓말은 분명 병리의 결과물이다. 그러므로 각 개인의 고유성은 가치가 있고 존중되어야 하지만, 병리적인 인격의 활성화까지 다양성이라는 이름으로 존중되어서는 안 될 것이다. 셋째는 거짓자기의 형성 과정에서 보았듯이 생애 초기에 미성숙한 부모로 인해 생긴 내담자의 부정적인 관계경험이, 상담자가 제공하는 공감적이고 안아주는 환경 속에서 변형적으로 내면화되도록 도와야 한다. 넷째는 상담자가 거짓말과 깊은 관계를 가진 반사회성 인격장애, 연극성 인격장애, 경계성 인격장애, 자기애성 인격장애에 관하여 이론적 지식과 임상경험을 통해 보다 전문적으로 다루어야 한다는 것이다. 다섯째는 이상과 현실 사이의 괴리를 인정하는 것이다. 거짓말과 연관된 인격장애는 거의 대부분 이상적 관계에 몰두된 사람들에게서 나타난다. 그러므로 상담자는 내담자를 반드시 변화시켜야 한다는 이상에 사로잡혀서는 안 된다. 한 사람의 고유한 성격은 쉽게 고쳐지지 않으며, 현실과 이상 사이에서 균형을 갖고 접근하는 것이 오히려 치료적임을 알아야 한다. 이러한 태도는 상담자로 하여금 자기 이론과 이상에 강박적으로 매달리지 않게 할 뿐만 아니라, 내담자를 그대로 두고 내려놓아 자유롭게 할 수 있게 한다. 상담자는 '애도를 통한 변형적 내면화 과정'을 촉진시킴으로 내담자 안에서 '떠나보내기'와 '심리적 변증법'이 형성되도록 해야 한다.

8장

진실 추구로서의 '꿈'

꿈은 진실을 추구한다. 정신적 변형은 진실에 접촉될 때 일어난다. 꿈은 무의식적 진실을 표명하는 대표적인 것이므로 심리치료에서 반드시 활용되어야 한다. 그리고 영성생활에 꿈을 적용하면 놀라운 유익을 얻게 된다.

월프레드 비온은 심리치료의 원칙을 무의식적 진실이 부상浮上됨을 통해 정신적 변형과 성장을 이루는 데에 두었다. 즉, 그의 일상적 사고는 "정신은 진실에 노출됨으로써 성장한다."(Joan and Neville Symington, 3)라는 명제에 기초한다. 그는 평생 동안 진실이 드러나는 과정과 가로막히는 과정을 가지고 씨름하였다(위의 책). 비온은 심리치료가 되기 위해서는 자신의 진실을 맞닥뜨리는 것이 필수적이라고 생각했다. 왜냐하면 진실을 가로막는 접촉 장벽을 극복하고 정신적인 성장으로 나아가느냐 아니면, 접촉 장벽에 막혀 병리적 인격조직이 강박적으로 반복되느냐가 그에게는 주된 관건이었기 때문이다.

한 개인이 자신의 정신적 진실을 맞닥뜨리는 일은 매우 힘들고 고통스러운 작업이다. 그런 측면에서 정신분석적 작업은 고통과 아픔을 겪어야 하는 것이다. 하지만 피분석자는 분석가의 담아주는 공감적 환경 안에서 자신의 무의식적 진실이 노출되기 때문에 견딜 만한 것이 될 뿐만 아니라, 충일한 감정을 누릴 수도 있다.

비온은 변형, 즉 정신치료는 반드시 진실 추구를 통해서 이루어진다고 생각했다. 그러나 진실을 마주하는 것이 힘든 사람들은 진실을 추구하는 대신에 거짓되고 도착적인 방식으로 관계를 맺는다. 임상적 상황이나 대인관계에서 진실에 접촉되는 것은 불안과 고통을 맞닥뜨리는 용기를 필요로 하므로 힘든 일이다. 그래서 많은 사람들은 무의식적으로 병리적인 패턴을 반복함으로 이를 방어한다. 멜라니 클라인학파의 존 스타이너는 이를 가리켜 '병리적 인격조직pathological organization of the personality'이라고 하였다(John, Steiner, 16). 병리적 인격조직이라는 용어는 환자가 생애 초기 외상으로 인해 반복적으로 발생하는 불안을 피하기 위해 타인이나 현실과의 정서적 접촉을 회피하는 그만의 고유한 방어체계를 뜻한다. 심리치료는 병리적 인격조직이 야기하는 반복적인 패턴을 분석하고 변형시키는 작업이다. 이를 위해서는 정신화를 통해 성장하지 못한 비인격적인 진실을 허구화fictionalize해야 한다. 이렇게 함으로써 비인격적인 진실로부터 오는 위협적이고 폭압적인 공포를 제거할 수 있으며, 이제 그것은 충분히 감당할 만한 것으로 재구성된다(James S. Grotstein, 218).

비온은 꿈을 중시했기 때문에 임상에서 꿈 분석을 중요하게 취급하였다. 한 개인의 인격적 성장이 자기 자신을 있는 그대로, 그것이 비록 두렵다 할지라도 용기 있게 직면함으로써 이루어진다고 볼 때, 꿈은 자기의 진실을 만나는 최선의 길이다. 왜냐하면, 꿈은 무의식적인 것으로 자신의 내적 진실을 있는 그대로 표상하기 때문이다. 꿈은 심리내면의 무의식적 진실을 압축, 상징, 전치 등의 꿈 작업과 이차적 개작 과정을 통해 있는 그대로 드러낸다. 그러므로 꿈을 분석하고 직면하는 것은 자신의 진실에 접촉하는 작업이다. 이와 같은 꿈 분석 작업을 자신의 영성생활에 적용하면, 영적 성장에 매우 큰 도움이 된다. 참된 영성의 길은 진실을 추구하는 것이기 때문이다. 저자는 꿈을 정신적 진실의 노출로 이해한 비온의 이론을 바탕으로, 프로이트와 융의 이론을 상호 교차적으로 연구하려 한다. 이렇게 함으로써 꿈에 대한 통합적 이해가 가능하며 정신적 변형의 방안도 제시할 수 있다.

꿈에 대한 프로이트와 융의 견해

프로이트는 꿈의 기능은 갈등을 일으키는 소망들이 위장된 형태로 충족되는 것이라고 보았다(Stephen A. Mitchell, 8). 즉, 의식 세계에서 억압된 내용이 잠자는 동안 실행되도록 하려는 것이 꿈이라는 것이다. 하지만 융은 꿈을 꾸는 가장 큰 목적은, 의식이 어느 한 방향으로만 치달아 나갈 때, 이를 바로잡아서 균형을 유지해 주고 전체성을 이루게 하는 데 있다고 보았다. 꿈에 대한 프로이트의 견해와 융의 견해를 이해하는 것은 꿈에 대한 비온의 개념을 이해하는 데 도움이 될 뿐 아니라 보다 통합적인 시각을 갖게 해 준다.

꿈에 대한 프로이트의 견해

프로이트는 꿈의 목적을 원망願望의 충족으로 보았다. 즉, 잠자는 동안은 억압되어 있던 방어의 힘이 약화되기 때문에 꿈을 통해서 금지된 소망을 충족하는 것으로 여겼다. 이제 꿈 작업의 기제들, 꿈의 기능들, 꿈 해석 기법 등에 대해서 알아보자.

꿈 작업의 기제들

프로이트에게 있어서 발현몽manifest dream이란 꿈을 꾼 사람이 기억해낸 꿈의 내용을 말하고, 잠재몽latent dream이란 발현된 꿈 속에 담겨져 있는 의미를 가리킨다. 모든 꿈의 내용에는 잠재된 의미가 있으며, 그것이 꿈을 꾸는 목적이기 때문에 잠재몽에 초점을 두고 바르게 해석해야 한다. 프로이트에 따르면, 잠재몽의 내용은 발현된 꿈의 내용보다 앞선다. 왜냐하면, 잠재된 꿈 내용에서 발현몽이 만들어지기 때문이다. 꿈 작업dream work은 전자를 후자로 변형시키는 것을 말한다(Jean, Laplanche & Jean B. Pontalis, 382). 꿈 작업은 다음과 같은 세 가지 기제, 즉 압축, 전치, 상징표상에 의해 만들어지는데 그것은 이차 개작이라고 불리는 과정을 거친다.

꿈의 기제들 중에 압축condensation은 하나의 상징이 수없이 많은 실체들을 수축하거나 압축하는 혼합과정을 말한다. 즉, 잠재몽 속의 내용들이 발현몽의 단 한 가지 이미지로 압축되도록 만드는 것이다(Lillie Weiss, 17). 압축의 목적은 의식 세계에 보다 강한 영향을 주기 위해서다. 이것은 화살촉이 한 지점에 응집됨으로써 표적을 뚫는 힘을 가지는 것과 유사한 방식이다(Eric Ackroyd, 33). 꿈 속에 표현되는 내용의 양은 잠재된 사고의 양에 비해 적다. 발현된 꿈은 압축되어 있기 때문이다. 꿈의 내용을 글로 쓰면, 반쪽이 채 넘지 않을 때가 많다. 하지만, 꿈 사고까지 포함하여 꿈 분석의 내용을 글로 쓰면, 열 배 이상이 될 때도 있다(S. Freud, 2003, 337). 전치displacement는 자기나 어떤 대상들의 속성과 특질들을 옮겨놓는 것을 말한다. 자신의 정서나 생각의 강도가 타자에게로 옮겨져 꿈 꾸는 사람의 자아가 받아들일 수 있게 만드는 것이다(Glen O. Gabbard, 187). 전치는 사상, 감정 또는 소망을 더 바람직하고 수용 가능한 것으로 바꾸어 놓음으로써 거기에 따르는 걱정이 줄어들게 하기 위해서 사용하는 방어기제이다. 상징표상symbolic representation은 추상적이고 복합적인 감정들이 단순하게 집약된 감각 이미지로 상징화된 것이다. 프로이트는 상징이 가진 무의식적 의미는 자유연상을 통해서 알 수 있다고 생각했다.

이러한 꿈 작업 기제들은 이차 개작의 과정을 거쳐 비로소 꿈으로 발현된다. 이차적 개작secondary revision은 꿈을 보다 논리적으로 그럴듯하게 보이게끔 하는 허구화 과정을 말한다. 프로이트는 보다 성숙하고 이성적인 자아의 측면이 일차적인 꿈의 내용들을 좀 더 응집된 형태로 조직화한다고 보았으며, 이러한 과정을 이차적 개작이라고 했다.

꿈의 기능

꿈은 소원성취의 기능을 가지고 있다. 꿈이 가지는 과거에 대한 기억이나 미래에 대한 예견은 어떤 소망을 담고 있다. 걱정, 두려움 등 고통스럽고 부정적인 정서를 담고 있는 꿈도 소원성취를 지향한다. 꿈이 소망을 담고 있다는 것은 매우 관계적이고 사회적이라는 뜻이다. 사람들은 현실에서 기대한 것보다 더 나은 일이 생길 때, "그런 좋은 일이 생길 줄은 꿈에도 생각하지 못했어!" 라고 기쁨의 소리를 외친다. 이와 같이 인간은 자신의 소망을 사회적으로 표현한다. 개체보존이나 종족보존의 본능은 그 자체로 표현되는 것이 아니라, 사회 속에서 다른 사람들과 맺는 관계를 통해 표현된다. 그러므로 프로이트가 꿈은 곧 소망의 성취라는 주장에서 소망은 생물학적 욕구보다는 관계에서 발생하는 요구나 욕망을 가리킨다.

프로이트는 인간관계에 대한 욕망은 성적 욕망에서 비롯된다고 생각했다. 성적인 욕망이란 타자에게 사랑 받고 싶고, 그와 결합하고 싶은 욕망을 말한다. 모든 소망은 사회적 관계 안에서 인정 받고 사랑 받고 싶은 욕망이 표현된 것이다. 그러한 측면에서 프로이트의 이론은 욕동구조 모델이기도 하지만 관계구조 모델을 지향한다고 하겠다.

불안함으로 가득 찬 꿈은, 금지된 충동이 억압 장벽을 뚫고 지각 표면으로 분출된 것이다. 따라서 불안에 대한 꿈 역시 소원을 성취하는 한 가지 형태이다. 꿈에서 소원이 표출되는 검열의 기능은 소원의 성취를 방해하는 억압의 기능과 같기 때문이다. 꿈의 또 다른 기능은 망각과 왜곡이다. 잠재몽의 의미를 탐색하는 작업은 망각과 왜곡이 일어나는 이유와 방법에 대해 알아보는 것이다. 그리고 꿈의 또 다른 기능은 편의를 위한 것이다. 실제로 행동하는 대신 환각적인 체험을 함으로써 욕구를 편리하게 충족시키는 것을 말한다. 성욕은 성적 행동을 하지 않고 상상하는 것만으로도 어느 정도 충족될 수 있다. 몽정이 그러한 경우다. 물을 마시는 꿈으로 갈증을 달랠 수 있다면, 갈증을 해소하기 위해 굳이 깨어날 필요가 없다. 왜냐하면 이 꿈은 깨어 있을 때 하는 행위를 대신하기 때문이다.

꿈 해석 기법

프로이트는 피분석자가 자신의 꿈을 서사한 후 자유롭게 연상하도록 허용하면, 어떤 주제들이 반복하여 출현한다는 것을 발견하였다. 이때 나타나는 것은 구체적인 문제들, 기억들, 소망들이며, 자유연상에서 출현된 것들은 꿈 요소들보다 더 분명하고, 의미 있는 연결을 보여 주었다(R. D. Hinshelwood, 11). 프로이트는 꿈 해석 작업에서 꿈과 자유연상을 동일한 것으로 보았다. 그는 자유연상을 통해 꿈 상징들을 보다 명확히 해석할 수 있다고 생각했다. 꿈이 상징들을 사용하여 의미를 숨기고 있지만 서로 연결되어 있듯이, 자유연상들도 그러하다고 보았다(위의 책, 12). 프로이트는 꿈과 자유연상, 일상생활의 무의식을 병렬적으로 해석하는 방법을 취하였다.

꿈의 상징성은 꿈 해석에서 매우 중요하다. 꿈의 상징성이 해석되면, 꿈 꾼 사람에게 묻지 않고도 꿈 내용의 의미를 보다 명확히 이해할 수 있다. 꿈은 상징으로 꽉 차 있다. 이 상징 때문에 꿈 해석이 쉬워지기도 하지만, 더 복잡해지기도 한다. 그러나 피분석자의 자유연상만을 따라가는 해석이나, 분석가의 이론이나 주관적인 시각으로 판단해 꿈을 해석하는 것은 바람직하지 않기 때문에 병합기법 combined technique을 사용해야 한다. 병합기법이란 상징과 자유연상을 동시적으로 보면서, 한편으로 상징에 대한 분석가의 지식을 사용하는 것을 말한다. 프로이트는 꿈의 상징은 보편적이지 않고, 꿈 꾼 자의 고유성에 초점이 맞춰져야 하므로 모든 상징은 회기마다 새롭게 해석해야 한다고 생각했다(위의 책, 12). 그러므로 분석가는 꿈 해석 시 꿈 꾸는 사람의 연상에 조심스럽게 주의를 기울여야 하며, 상징을 해석하는 데서도 신중해야 한다. 즉, 상징들은 보편적 의미를 가지고 있지만 그것들이 나타난 맥락과 환경에 주의를 기울여야 한다(Michael Kahn, 204).

예를 들어 "뱀은 남성의 성기를 나타낸다." 라는 해석을 고집해서는 안 된다. 뱀은 꿈 꾼 사람에 따라서 창조의 상징일 수도 있고, 올바른 길에서 벗어나는 것을 상징하기도 하고, 위험의 상징이 되기도 한다. 또한 지혜와 변형과 치료의 상징이기도 하다. 그러므로 꿈 꾼 사람에 따라 뱀이 상징하는 것은 고유할 수밖에 없기 때문에 분석가는 피분석자 없이 어떠한 꿈도 해석할 수 없다. 꿈 분석은 분석가와 피분석자가 공동으로 행하는 작업이다(Lillie Weiss, 133-134).

꿈의 기능 : 보상적이며, 목적론적인 꿈

칼 융은 꿈을 무의식의 창조적인 표현으로 보았다. 꿈의 기능은 정신적인 평형을 미묘한 방법으로 조정함으로써 심리적 균형을 회복시키는 것이라고 생각했다(Carl, Jung, 1964,34). 보상하다compensate라는 말은 '균형을 잡는다' 또는 '대체한다'라는 의미이다. 융의 보상이론은 그의 콤플렉스complex 이론과도 관련되어 있다(Verena Kast, 133). 융에게 있어서 콤플렉스라는 말은, 무엇인가에 크게 마음을 빼앗기고 있어 다른 것은 거의 생각할 수 없는 무의식적인 태도를 가리킨다. 한 개인은 자신의 콤플렉스에 의해 지배된다. 융은 콤플렉스의 시발점을 생애 초기의 외상적 경험에 두었다(Calvin. S. Hall & Vernon J. Nordby, 47-48). "꿈은 콤플렉스에 대한 보상적 기능을 수행한다."라는 말의 뜻은 꿈 꾼 사람의 콤플렉스를 보상하거나 대체하는 것을 통하여 그의 심리적 균형을 회복시킨다는 것이다. 이와 같이 꿈 꾼 사람은 꿈을 통해 자신의 외상에 의한 콤플렉스를 대체함으로 정신의 회복을 성취한다.

꿈은 심리적 고통을 표상함으로써 보상 기능을 수행한다. 중년의 한 남자는 그의 삶에서 새로운 희망을 가져다주는 꿈을 꾸었다. 흐린 날 오후 호숫가에서 물 속을 들여다보는데 갑자기 불어온 미풍이 물 위를 스쳐 지나가자 물결이 가볍게 일어났다. 바로 그 순간, 그는 매우 기분이 좋아졌다. 물결이 가볍게 일어난 것이나 잔잔한 바람은 새로운 활력을 가져다주는 에너지를 의미한다. 그 꿈은 무기력하게 지내던 그가 새로운 에너지를 받아 살아나고 있음을 상징한다(Verena Kast, 136-137). 중년의 한 남자는 꿈을 통하여 자신의 심리적 고통을 치료 받고, 또한 보상 받고 있는 것이다.

페르소나persona를 드러내는 꿈도 보상적이다. 한 개인은 페르소나에 의해 자기 자신의 성격이 아닌 다른 성격을 연기할 수 있다. 페르소나란 개인이 보여주는 가면 또는 외형이며, 사회적으로 인정 받을 수 있는 좋은 인상을 주려고 거짓되고 강박적인 모습으로 자신을 꾸미는 것이다(Calvin. S. Hall & Vernon J. Nordby, 57). 하지만, 무의식의 진실을 드러내는 꿈은 자신의 부적절한 페르소나를 있는 그대로 보여 줌으로써 더 이상 자신이 가면을 쓰고 살지 않기를 촉구한다. 이와 같이 꿈의 기능은 정신 전체의 균형을 재건케 하는 꿈을 만들어 냄으로써 심리적인 균형을 회복하게 하는 데 있다.

융은 프로이트의 인과론적 해석을 비판하면서 꿈은 목적론적으로 해석해야 할 때가 많다고 하였다. 융에 의하면, 꿈은 정신의 자기 조절 기능에서 발원하여 의식의 잘못된 태도를 교정하려는 목적이 있다. 그래서 꿈에서는 종종 의식에서 주목받지 못했거나 몰랐던 것들이 등장하고, 그것들이 중요하게 여겨지기도 한다(김성민, 379-380). 꿈은 상황을 교정하려는 목적을 가진다. 꿈은 꿈 꾼 사람이 삶의 자세를 바꾸도록 촉구한다. 꿈 분석이 유익한 점이 바로 여기에 있다(C. G. Jung, 2001, 166). 꿈은 목적이 있으며, 그것을 이해할 수 있는 방식으로 만들어진다. 그러므로 한 개인은 자신의 무의식을 존중하고, 무의식이 꿈을 통해 무엇을 말하고 있는지에 주의를 기울여야 한다. 그렇게 할 때에 무의식은 그가 그 메시지를 진정으로 이해할 수 있도록 협력하고 도울 것이다(Eric Ackroyd, 12). 이와 같이 융이 이해한 꿈의 기능은 목적론적이고 보상적이다.

상징 해석

융은 상징을 욕구 충족의 위장 그 이상의 것으로 여겼다. 상징은 원시적인 본능 충동의 변형, 미지의 영역에 속해 있는 것, 미래에 속할 무엇인가를 나타낸다. 그리고 상징은 집단 무의식에 담겨 있는 태고유형이기도 하다. 인간은 원형적 상징을 통하여 개성화에 이르고자 한다. 상징은 콤플렉스, 아니마와 아니무스, 페르소나, 그림자, 태고유형을 개성화하고 그것들을 통합함으로써 균형이 잡힌 조화로운 전체를 만들어 내려는 시도이다. 그러므로 상징은 한 개인의 정신을 표상한 것이며, 인격의 모든 면이 투영된 함축적인 의미를 지닌다(Calvin. S. Hall & Vernon J. Nordby, 155-156).

상징의 의미를 바르게 알기 위해서 중요한 것은 상징 표상이 순전히 개인적인 경험과 관련된 것인지, 아니면 어떤 목적을 가지고 꿈이 의식적으로 축적된 지식에서 선택한 것인지를 먼저 알아야 한다. 예를 들면, 어떤 사람이 꿈에서 13이라는 숫자를 보았을 때 그가 13이라는 숫자를 부정적인 상징이라고 확신하는 자인지, 아니면 13이라는 숫자를 부정적인 상징으로 여기는 이들을 어리석다고 보는 자인지를 알아야 한다. 전자일 경우 13이라는 숫자는 그의 모든 생활에서 꺼려 하는 태도를 꿈 해석에 적용해야 하겠지만, 후자일 경우는 가볍게 취급될 수도 있다(C. G. Jung, 2010, 142). 그러므로 상징 해석은 사전적이거나 기계적이지 않고, 꿈 꾼 사람의 고유성에 따라 가변적이어야 한다. 이 같은 견해는 프로이트와도 통하는 맥락이다.

상징에 대한 융의 독특성은 원형적인 해석이라는 점이다. 원형에 대한 해석 역시 보편적으로 해석할 수 없고, 한 개인의 전체적인 삶 가운데서 해석되어야 한다. 만약 한 개인이 십자가라는 원형적인 꿈을 꾸었다면, 그가 독실한 그리스도인인지 아닌지를 먼저 알아야 한다. 만약 그가 독실한 신자라면, 그 사실에 기초하여 십자가 꿈을 해석해야 한다(위의 책, 144).

융은 프로이트가 상징이라고 주장하는 것은 상징이 아니라 기호

sign라고 하였다. 융은 상징은 하나의 이미지에 수많은 의미를 담고 있다고 보았지만, 프로이트는 성적인 의미로만 해석하였다(김성민, 374). 드힝J. Dehing은 해석학적으로 볼 때, 프로이트는 기호학적인 해석방법을 채택한 반면, 융은 상징적인 해석방법을 취하였다. 프로이트는 표현된 것들 속에 억압되어 있는 숨겨진 의미를 찾아보려 했지만, 융은 아직 드러나지 않은 의미까지 찾으려 했다(위의 책, 374. J. Dehing, 17-33). 융의 업적은 프로이트가 말하는 개인 무의식의 차원을 넘어서 집단 무의식을 발견해 낸 것이다. 융은 꿈에는 집단 무의식에 담겨 있는 원형적 상징에 관한 것들이 포함되어 있다고 보고 꿈을 광의적으로 해석했던 것이다. 요약하면, 프로이트는 꿈을 인과적이고 소원성취의 행위로 보았지만, 융은 목적론적이고 정신의 균형을 위한 보상으로 보았다.

꿈에 대한 비온의 개념

꿈에 대한 프로이트와 비온의 견해는 매우 다르다. 꿈의 기능에 대해 프로이트는 숨겨진 욕구를 나타내면서도 숨기는 것이며, 소원충족을 통해서 긴장을 줄이는 것이라고 생각했다. 하지만 비온은 긴장을 줄이는 것이 아니라 조절하는 것이며, 조각난 요소들을 하나로 통합하는 것이 꿈의 역할이라고 보았다. 사고思考에 대한 이해에 있어서도, 프로이트는 만족에 도달하려는 것으로 보았던 반면에 비온은 사고가 진실을 위해 사용된다고 보았다. 두 사람 사이에는 근본적인 차이가 있는데, 프로이트는 인간이라는 생물학적 존재가 생존에 필요한 것들을 얻기 위해서 정복해야 하는 외부세계에 초점을 두었고 이 존재가 고통을 제거하는 방식으로 인간을 이해했지만, 비온은 개인의 의식적인 성찰에 초점을 맞추고 고통을 인내하는 모델을 생각하였다(Joan and Neville Symington, 7-8).

꿈에 대한 비온의 개념

꿈은 진실에의 추구이며, 허구화 작업이다. 비온의 좌표 C행에 해당하는 요소들에는 꿈뿐 아니라 은유, 신화, 상상, 생각, 환상, 비전, 보이는 것, 서사 등도 포함된다. 신약성서 사도행전에서는 꿈에 해당하는 호 호라마 ὁ ὅραμα 라는 단어가 모두 10회 사용되었다. 이 용어는 꿈뿐만 아니라 예언의 성취나 환상, 비전이라는 의미도 지닌다(이영호, 139-140). 그러므로 이 용어는 잠잘 때 꾸는 꿈에만 사용된 것이 아니라 매우 광범위하게 사용되었다고 볼 수 있다.

좌표 C행은 대체로 시각적이면서 감각적인 이미지로 표현될 수 있는 것들이다. 신화는 사회적인 신화는 물론 사건에 대한 개인적인 표상을 말한다. 어떤 사건에 대한 한 개인의 표상은 사건에 대한 그의 고유한 시각이라는 면에서 일종의 신화이다. 즉, 모든 사건은 개인적인 요소가 개입되기 때문에 신화가 된다는 말이다. 비온은 대체로 꿈들은 시각적으로 경험되지만 신체적인 증상도 꿈의 또 다른 표현이라고 보았다(Joan and Neville Symington, 39-40). 꿈에 관한 비온의 주요 개념들은 다음과 같다.

인간은 쉼 없이 꿈을 꾸는 존재이다.

비온은 인간은 밤만이 아니라 낮에도 꿈을 꾸는 존재로 보았다(W. R. Bion, 1992, 63). 프로이트는 꿈꾸기가 낮 동안의 잔재로부터 온 잠재된 정신내용에 의해 수면이 방해받지 않도록 하는 기능을 가지고 있다고 생각했다. 하지만 비온은 꿈꾸기가 밤 동안뿐 아니라 낮 동안에도 이루어진다고 생각했다. 이러한 견해는 꿈의 범위를 확장시켰다. 꿈꾸기는 알파기능과 같은 역할을 한다. 즉, 꿈은 내부와 외부로부터 유입되는 자극들을 처리하고, 의미 있게 변형시키는 역할을 한다(James S. Grotstein, 279). 이에 대해서는 꿈과 알파기능을 다룬 부분에서 더 자세히 서술할 것이다.

안소니 스토Anthony Storr 박사는 잠의 통합기능은 꿈과 연관된다고 보았다. 꿈은 과거와 현재의 경험을 조화시키는 통합기능이 있어서 복잡한 문제도 잠을 푹 자고 나면 매우 쉽게 보일 때가 많다. 잠자는 동안 얼굴과 손가락 끝에 미세한 경련이 일고, 눈동자는 실제로 뭔가를 보고 있는 것처럼 빠르게 움직일 때가 있다. 이런 상태를 급속안구운동Rapid Eye Movement 수면이라고 한다. 한 개인이 7시간 반 정도 잔다면, 렘REM수면 상태는 한 시간 반에서 2시간 동안 이루어진다고 한다. 놀라운 사실은 꿈을 꾸지 못하도록 렘수면 상태가 방해를 받았을 경우, 수면을 방해 당한 그룹에게 자유롭게 자도록 허락해 주면, 렘수면 시간이 모자랐던 그 만큼 수면시간이 늘어난다는 것이다(Anthony Storr, 84-85). 이 실험을 통해서 새삼 깨닫는 점은 인간은 잠을 자고 꿈을 꾸어야만 하는 존재라는 것이다. 나아가 인간은 낮 동안에도 생각, 사고, 은유, 신화, 상상을 통해 끊임없이 꿈을 꾸는 존재라는 점이다.

무의식적인 깨어있는 사고인 꿈꾸기는 사고와 감정과 존재에게 필수적인 요소라고 비온은 생각했다. 환상이 없고 꿈이 없는 사람이라면, 자신의 문제에 대해 생각할 수단도 없는 것과 같다고 보았다 (James S. Grotstein, 268). 이는 꿈의 통합 기능에 관한 설명이다. 비온의 견해에서 꿈꾸기는 진실을 추구하려는 능력이며, 용기이다. 왜냐하면 무의식적 진실은 강렬하고 폭압적이고 모호하기 때문에 매우 고통스럽지만 꿈으로 나타났다는 것은 상징화하고 허구화할 수 있는 능력이 있다는 것이며, 그 꿈을 분석하고 직면하는 작업에 참여하는 것은 자신의 내면을 있는 그대로 마주하는 용기 있는 행동이기 때문이다.

꿈은 진실을 추구한다

육체가 음식을 필요로 하듯이 정신은 진실을 추구한다. 꿈은 무의식적인 진실의 노출로 정신적인 성장에 필수적이다. 비온은 인간이 진실욕동을 추구한다고 봄으로써, 프로이트의 욕동 추구적인 인간 이해나 죽음본능이 우선한다는 클라인의 주장에 도전장을 내밀었다(W. R. Bion, 1992,99-101, 299-300).

한 개인이 자기 경험의 불확실성과 심각성을 견디어 낼 수 있을 때, 그리고 그것이 주관적이고 개인적이며 객관적인 의미로 처리될 수 있을 때 비로소 그는 경험으로부터 배우게 된다. 이러한 경험은 유아가 레브리reverie 상태를 통해 배우는 것과 매우 유사하다. 유아는 레브리 상태에서 알파기능을 사용하는 엄마의 알파기능을 충분히 함입함으로써 나중에는 유아 혼자서도 이를 수행할 능력을 갖게 된다. 레브리 상태에서의 무의식적 의사소통이란, 유아의 강렬한 욕동을 엄마가 알아차리고 흡수할 뿐만 아니라, 아이가 필요로 하는 대상세계를 제공하는 어머니와 유아 사이에 형성되는 무의식적, 몽상적 관계를 말한다. 엄마는 유아의 베타요소를 수용한 후 알파요소로 전환하여 유아에게 돌려줌으로써 엄마의 알파기능이 유아의 정신조직 안에 스며들게 한다.

꿈꾸기는 절대적 진실의 충격을 완화시키는 기능을 한다. 그러므로 진실은 항상 허구화 과정을 수반할 수밖에 없다. 그러나 정신증 환자는 허구화 할 수 있는 능력이 없다.

정신증은 손상된 꿈꾸기의 결과물이다

정신증은 꿈 꾸는 기능이 심각하게 손상된 상태임을 의미한다. 장-다비드 나지오J. D. Nasio는 무의식적 외상은 강박적으로 또 다른 외상을 부르고, 주이상스jouissance는 반복적으로 주이상스를 초래한다고 보았다. 주이상스란? 아이가 외상을 겪을 때 느끼는 강렬하고 폭압적이고 혼란한 감정 덩어리이다. 즉, 강력한 외상에 의해 폐제되고 억압된, 감정의 덩어리를 가리킨다. 미숙한 상태에 있는 아이는 강력한 정서적 공포 가운데서 외상을 경험하기 때문에, 이것은 아이의 연약한 자아가 의식에 등록할 수 없는 감정 덩어리이다. 라캉 학파에 따르면, 상징계에서 거부된 감정인 아이의 주이상스는 억제할 수 없는 감정 덩어리가 되어, 성인의 몸과 마음을 긴장으로 가득 차게 하고, 마침내는 분출되어 나와 재출현 하게 된다(J. D. Nasio, 40-41).

이와 유사하게 융은 정신병으로 고통 받는 자들도 그들의 내면에 있는 콤플렉스가 삶의 어떤 상황에서 붕괴되어, 강력한 정감 속으로 몰아넣으면서 인격을 와해시키는 것이라고 생각했다(김성민, 2015, 167). 의식적으로 상징화되지 못한 감정은 무의식 안에서 떠다니고, 의식을 통한 상징화로 발전할 수 없기 때문에 정신을 더욱 황폐하게 만들어 꿈꾸는 능력을 갖지 못하게 만든다.

건강한 사람의 꿈은 내재화되지만, 정신증 환자는 꿈꾸기 과정에서 실현된 것을 투사적으로 축출하는 데에 사용하기 때문에 내재화시키지 못한다. 정신증이 치료되기 위해서는 모든 감각적인 자극들이 꿈 꾸어져 처리되고, 부호화되고, 기호화되어야 한다. 그리고 무엇보다도 내면의 정서와 접촉이 있어야 하는데 그들에게는 이렇게 할 능력이 없다(James S. Grotstein, 267-169). 정신증 환자는 자신의 현실을 인식하게 되는 고통스러운 정서 경험들을 회피한다. 이러한 병적인 정신조직이 반복 강화되면 그는 더 이상 자신의 내적 세계를 이해하지 못하게 되고, 현실을 인식하는 능력이 심각하게 결여된다. 그리고 마침내는 꿈을 꾸지 못하고 상징들을 사용할 수 없게 된다.

정신증 환자들은 사물을 물자체와 동일한 것으로 여긴다. 즉, 물자체가 자신이 사고하는 것과 동일하다고 이해한다. 그래서 그 대상이 영향을 받아 힘들게 되면, 자신의 정신이 방해 받는다고 생각한다(Joan and Neville Symington, 157). 어떤 정신증 환자는 성서에 나오는 광인이 자신이라는 생각에 사로잡혔다. 광인과 동일시된 자기가 정서적으로 강력한 고통을 느끼자 "아니야! 이것은 내가 아니야!" 라고 절규했다. 이와 같이 정신증 환자는 자기와 타자의 경계를 구분 지을 능력이 없기 때문에 대상들과 쉽게 동일시됨으로 혼란한 자신의 내면을 드러내곤 한다. 그래서 자신의 고통스러운 측면들을 밖으로 거칠게 투사한다. 그는 스스로 인식하지 못한 채 혼동 속에서 분열됨으로 자신을 지탱하게 된다.

정신증 환자들은 대상이 파편화되어 있고, 전체대상으로 발달하지 못했기 때문에 꿈을 꾸지 못한다. 유아가 전체대상 관계, 즉 우울적 자리로 발달해 들어가기 위해서는 반드시 먼저 충분히 좋고, 안정적이며, 전체적인 내적 대상을 자아의 핵심에 확립하는 작업이 수행되어야 한다. 만약 이러한 과정이 실패하면, 편집증이나 조울증과 같은 정신증에 걸리게 된다(Hanna Segal, 89). 그리고 정신증이라는 방어기제는 그를 꿈 꿀 수 없는 병리적인 인격체로 전락시킨다.

접촉 장벽은 무의식체계로부터 의식체계를 보호한다

접촉 장벽은 알파기능에 의해 제공되는 알파요소들에 의해 강화된다. 꿈꾸기는 손상되지 않은, 제대로 기능하는 접촉 장벽의 역할에 달려있기 때문에 알파요소가 원활하게 공급되어야 한다. 접촉 장벽은 의식과 무의식 사이에서 쌍방향적이고 선택적으로 스며들 수 있는 막으로서 기능한다. 그리고 접촉 장벽은 쌍방향에서 오는 자극들의 변형, 축소, 부호화를 수행한다. 접촉 장벽은 꿈꾸기를 가능케 하며, 접촉 장벽 자체의 유지를 위해서도 꿈꾸기에 의존한다(James S. Grotstein, 267).

만약 접촉 장벽에 알파요소가 제대로 공급되지 못하고 베타요소로 가득 차면, 좌절을 수용할 수 없기 때문에 정신과 인격 발달에 심각한 문제가 야기된다. 여기서 '좌절'이라는 말은 충족되지 않은 욕구를 뜻한다. 즉, 우울, 박해, 절망, 시기, 죄책, 극심한 불안, 지루함, 희망 없음의 상태와 같은 고통스러운 정신 상태를 말한다. 또 이러한 상태는 정신증 환자가 너무도 증오하고 두려워하여 피했던 정신적인 실재 속에 들어가 있음을 의미하며, 고통을 제거하기 위한 병리적 시도가 반복적으로 이루어졌음을 보여준다(Joan and Neville Symington, 69). 이러다 보면 마침내는 꿈 꾸는 능력이 불가능하게 되고, 접촉 장벽은 굳어진 경화증 상태가 된다.

꿈 해석의 가치는 신화적 기능을 회복하는 데 있다

꿈 해석의 가치는 꿈의 신화적 기능을 회복하는 데 있다. 분석가의 해석으로 내담자의 꿈은 이야기를 통한 재조정 기능, 즉 일반화와 추상화를 통해 사고될 수 있는 것으로 전환되어 담아내는 기능을 회복하게 한다. 이렇게 회복된 기능은 본래 잠재되어 있던 의식의 내용과 협력적 대립관계를 유지하고, 은유를 위한 기초가 됨으로써 정신화 mentalization에 기여한다(위의 책, 267-268). 분석가의 담아주는 환경 가운데 꿈이 해석됨으로써 피분석자는 자신의 병리적 정신조직을 직면할 수 있게 된다. 피분석자는 자신의 주이상스를 분석가와 함께 관찰할 수 있는 능력을 갖게 됨으로써 치료적 국면을 맞이하게 된다. 되살리기 reviviscence 기법은 피분석자의 강박적이고 돌발적인 반복과는 달리, 분석가가 의도한 가운데 일어나는 재현이다(J. D. Nasio, 86-89). 이때 피분석자는 자신의 외상을 재경험하는 것과 외상을 재경험한다는 것을 아는 사람으로 분열되어 분석가와 함께 외상을 관찰하기 때문에 치료적이다.

되살리기 기법에 계속 노출되면, 자신의 외상에 익숙해지게 되고, 마침내는 탈동일시가 되어 자유로워지게 된다. 그리고 병리적으로 반복되었던 대상에게 투여된 에너지는 새로운 대상을 향하게 된다. 분석가는 피분석자에게 꿈의 한 부분이나 전체를 자유롭게 연상케 함으로써 꿈 해석이 보다 분명하게 드러나게 할 수 있다. 만약 피분석자가 자유롭게 연상할 수 있다면, 그는 꿈 꾸고 있는 상태이다. 따라서 분석가는 피분석자의 꿈과 연상들을 병렬적으로 해석함으로써 꿈의 진실에 도달할 수 있다. 병렬적으로 해석한다는 것은 꿈과 연상들을 나란히 올려놓고 공통된 주제를 찾는 것이다.

비온은 담아주기, 꿈꾸기, 환상하기, 신화화하기는 하나로 연결되어 있다고 보았으며, 그것들의 기능도 비슷하다고 보았다(James S. Grotstein, 273). 분석가가 피분석자의 꿈을 해석할 시에는 그도 내담자처럼 꿈 꾸는 상태가 되어야만 해석적인 환경을 제공할 수 있다.

꿈꾸기와 알파기능 사이의 관계

알파기능은 진실을 향해 욕동의 문을 열게 하고, 궁극적으로는 진실의 메신저로서 꿈꾸기를 중재한다. 이러한 알파기능이 발달하려면, 위니캇이 주장한 것처럼 혼자 있을 수 있는 능력이 필요하다. 위니캇은 혼자 있을 수 있는 능력은 누군가가 곁에 있음을 아는 상태에서 혼자 있었던 경험에서 생긴다고 보았으며, 이런 경험이 충분하지 못하면 혼자 있을 수 있는 능력이 생기지 않는다고 보았다(Donald W. Winnicott, 29).

유아가 자기를 발견할 수 있는 때는 가까운 곳에 누군가가 있다는 것을 아는 상태에서 혼자 있을 때이다. 이를 위해서는 알파기능을 증가시키는 알파요소 경험이 많아야 한다. 정신증은 알파기능의 결핍이나 부재 때문에 일어난 것이다.

정신증 환자들은 좌절을 수용하지 못한다. 왜냐하면 사고들이나 생각을 가져오는 알파기능이 활성화되어 있지 않고, 알파기능이 파괴돼 있기 때문이다. 알파기능이 파괴되어 있는 사람들은 담아주기와 담기기의 상호적 성장을 촉진하기보다 오히려 이런 관계를 파괴시킨다. 그리고 이미 형성된 알파요소들도 베타요소로 되돌아가게 만든다. 베타요소들에는 초자아와 관련된 무서운 속성을 가진 인격의 측면들이 내재되어 있다. 그러므로 정신증 환자의 인격화된 베타요소들은 기괴한 대상들로 구성된다(James S. Grotstein, 273).

베타요소가 변형되기 위해서는 담아주기가 필요하다. 이에 대한 적절한 예는 어머니-유아 사이의 무의식적 의사소통이다. 아기는 울음으로써 엄마의 마음에 무언가를 집어넣는다. 아기의 울음에는 혼란하며 불편하고 힘들며, 긴장되고 두렵고 불안한 내용들이 포함되어 있다. 그러한 자신의 내적 욕구들을 엄마에게 투사하면, 엄마는 이를 수용하고 알파요소로 변환시켜 아기의 욕구를 적절히 채워준다. 아기가 이러한 경험을 반복하게 되면, 엄마의 알파기능이 함입되고 내재화됨으로써 마침내는 혼자서도 알파기능을 수행할 수 있게 된다. 알파기능은 꿈 사고로서 꿈꾸기를 가능케 하는 알파요소들을 공급한다.

꿈꾸기, 알파기능, 접촉 장벽... 이 모두는 상호 교차될 수 있으며, 연속체이다. 알파기능은 베타요소를 알파요소로 변형시키는 역할을 한다. 그렇게 변형된 알파요소들은 꿈 사고, 억압, 기억, 접촉 장벽을 강화하는 데 사용된다. 그리고 알파기능은 의식이나 전의식 안에 위치해 있으며, 현실원리가 우세한 가운데서 외부 세계로부터 오는 자극들이 지닌 베타요소들을 알파요소로 변형시키는 역할을 한다(위의 책, 410-412). 비온이 꿈과 꿈꾸기에 심혈을 기울인 시기는 담아주기와 담기기의 개념과 알파기능 개념이 형성된 시기와 동일하다. 그는 꿈 작업과 알파기능이 서로 관련되어 있다고 보았다(W. R. Bion, 1992, 186).

꿈꾸기의 기능은 접촉 장벽에 알파요소들을 공급하는 것이다. 접촉 장벽의 기능이 든든하게 유지되어야 하는 이유는 의식체계로부터 무의식체계를 분리시키는 문지기로서의 작용을 수행하기 때문이다. 접촉 장벽은 선택적인 삼투막 기능을 하는데 특히 꿈은 무의식체계와 의식체계 사이의 경계를 유지하게 할 뿐 아니라 선택적 투과 기능도 수행한다. 꿈꾸기는 접촉 장벽을 강화시키기 위해 알파요소들을 공급하는 일을 하며, 접촉 장벽 자체가 지닌 무의식체계와 의식체계를 분리시킴으로써 안전한 꿈꾸기를 제공한다. 비온은 무의식체계와 의식체계의 기능도 꿈이나 알파기능, 접촉 장벽처럼 진실을 드러내는 데 있다고 생각했다. 그러므로 비온 정신분석의 핵심은 꿈을 통해서 무의식적 진실을 추구하는 것이라고 하겠다.

꿈을 영성생활에 활용하기

영성은 하나님의 부르심에 응답하는 방법이고, 성령의 에너지를 사용해 살아가는 태도이다. 영성은 궁극적인 가치를 따라 이 세상에서 행동하고 존재하는 방식이다. 영성은 삶의 영적인 차원에 눈을 뜨고 그 무한한 가능성을 실현해 가는 삶의 방식이다. 영성은 공동체 속에서 하나님의 마음인 자비로써 창조성을 드러내는 것이다. 기도는 하나님과의 관계를 보다 깊고 넓게 해 준다(Louis M. Savary & Patricia H. Berne & Strephon Kaplan Williams, 182).

꿈을 활용하여 기도하면, 진실함으로 하나님과 관계를 맺을 수 있기 때문에 하나님과 자신에 대한 깊은 깨달음과 변화를 촉구하게 된다. 기도생활에 꿈을 사용하는 것은 정직한 기도를 드릴 수 있어 치료적이며 변형적이다.

꿈 영성일기 쓰기와 참 자기가 되기

꿈을 영성생활에 활용하기 위해서는 먼저 꿈 일기를 쓰는 것이 필요하다. 꿈 영성일기를 쓰는 중에 자신의 내면에 대한 깊은 통찰이 가능하기 때문이며, 이렇게 함으로 영성생활에 적용이 용이해지기 때문이다.

4T 4A방식으로 꿈 일기를 쓰는 법을 소개한다. 꿈 일기를 쓸 때에는 먼저 꿈 꾼 날짜와 장소를 기록한다. 그리고 제목Title은 매우 주관적이고 함축적인 의미가 되도록 표현한다. 제목을 통해 꿈 내용이 짐작되면 좋다. 제목은 가장 나중에 적는 것이 좋으며 영화제목처럼 표현하면 된다. 주제Theme는 꿈의 내용이 잘 표현될 수 있도록 사실적이고, 객관적인 한 문장으로 서술한다. 주제는 꿈 내용 전체를 함축해야 한다. 꿈 이야기 서술Tell the story은 꿈의 내용을 서술하는 것이다. 서술할 때 가능하면 1인칭 현재형으로 표현하는 것이 좋다. 마치 간밤에 꾼 꿈이지만, 지금 꾸는 것처럼 생생하게 진술될수록 좋다. 꿈

이야기 서술에서는 꿈에 대한 어떤 해석이나 분석을 하지 않는다. 내용의 길고 짧음은 중요하지 않다. 미화해서 기록하려고 하지 말고, 솔직해야 한다. 두려운 꿈도 정직하게 용기 있게 진술해 보면, 오히려 마음이 편안해진다. 잠자리에서 곧바로 일어나지 말고 꿈을 다시 한 번 회상해 보는 시간을 가지는 것은 꿈 일기를 쓰는 데 있어 매우 유익하다. 그리고 베개 옆에 항상 메모장을 두고, 잠자리에서 일어나서 꿈의 내용을 대략 쓴 후에 여유로운 시간에 다시 정리하는 방법이 좋다. 핵심단어The key word난에는 꿈에서의 가장 중요한 단어 2개 정도를 기록한다. 정서Affect는 꿈 내용에서 강렬했던 나의 정서적인 상태들을 형용사를 사용해 몇 개 나열하면 된다. 하나님께 묻기Ask to God에서는 꿈 내용이나 상징에 대해 의문을 제기하는 것이다. 그것이 무엇인지 알 것 같기도 한 내용이나 상징도 의문형으로 표현하면 좋다. 그리고 하나님께 질문하듯이 표현하면 좋다. 성령님과 더불어 연상하기Association with holy spirit는 성령님과 더불어서 꿈에 나타난 상징이나 꿈의 한 부분 혹은 전체에서 연상되는 것, 나의 어린 시절, 초기 대상관계, 환상들, 정서들, 일화 등을 기록한다. 적용과 기도Application and Prayer는 자신의 삶에 적용하는 것이다. 적용에는 3P를 사용하면 좋다. 개인적Personal이고 실현가능Possible하고 구체적인Practical 적용을 쓰고 기도문이나 시를 쓰는 것으로 마치면 된다.

꿈 영성일기를 쓰는 일은 참 자기가 되는 영성의 길을 걷는 것이다. 정신의 변형과 참 자기가 되기 위해 가장 중요한 것은 좌절을 회피할 것인가, 아니면 직면할 것인가이다. 고통스러운 정신 상태에 직면했을 때, 한 개인은 이러한 좌절의 고통을 제거할 목적으로 준비된 수많은 방어기제들을 강박적으로 사용하는가? 아니면 이러한 좌절에 열려 있으면서 그것을 수용하면서 사고하려 하고 용기 있게 맞서는가? (Joan and Neville Symington, 67). 그러므로 꿈 일기를 쓰는 것은 좌절에 대해 열려 있으면서 좌절을 수용하고 사고하는 능력, 즉 자신의 진실을 맞닥뜨리는 용기 있는 행동이기에 변형과 성장의 길로 가는 최선의 길이 된다.

한 개인이 꿈을 통하여 자신의 진실을 마주 대하고 자신에게 진실할 때 진실한 기도를 드릴 수 있고, 그리할 때에 진실한 하나님을 만나게 된다. 무엇보다도 예배하는 마음으로 꿈을 해석해야 한다. 꿈을 진중하게 대할 때 하나님의 인도를 받을 수 있다. 꿈 해석을 통해 하나님과의 관계가 더욱 깊고 풍요로워지면 영혼은 새로운 활기를 얻게 되고, 삶의 의미가 더 깊이 드러나게 되며, 병리적인 인격조직이 성장의 길로 나아간다.

꿈은 우리의 가치 체계가 어떻게 잘못되어 있는가를 보여 주고 고쳐 나갈 것을 촉구한다. 자기self는 자신의 성격을 스스로 통찰하고, 변화시키고, 조절하는 기능을 한다. 꿈과 명상을 통하여 자신의 성격 발달을 살펴보면, 자기가 우리 성격을 어떻게 형성하고 성장시켜 나가는지 깨달을 수 있다. 자기는 우리 성격의 내적, 외적 가능성을 잘 알고 있다. 자기는 꿈을 통하여 다양한 치유 가능성을 제시하면서 병든 자아에 대한 바른 인식과 개선의 길을 제시한다. 그리고 꿈 해석을 통하여 자기가 자아에게 정신적, 영적 성장을 위해서 자발적 협력을 요구한다는 것도 알게 된다.

꿈 자아를 관찰함으로써 자기의 발달을 가져올 수 있다. 꿈 자아는 꿈에 등장하는 인물이나 상징들과 관계를 맺는 패턴을 보여준다. 그러므로 꿈 해석 시 꿈 자아가 대상과 어떻게 관계를 맺고 유지해 가는지 살펴보아야 한다. 꿈 자아는 현실 자아가 지니고 있는 태도나 행동을 그대로 반영한다. 꿈은 자아가 자신의 궁극적인 존재 목적을 어떻게 보고 있는지 알려 준다. 꿈은 자아가 자신의 기능, 재능, 선택능력, 타자와 관계 맺는 기술, 정체성 등을 어떻게 발전시켜 가는지 보여 준다. 자아가 꿈의 권고를 받아들여 행동으로 옮긴다면, 변화를 지지하는 꿈을 꾸게 될 것이다. 융이 말하는 것처럼 진정으로 자기 되기와 개성화의 길을 걸어가려면, 꿈 속에 숨겨진 자신의 콤플렉스, 아니마와 아니무스, 페르소나, 그림자와 맞닥뜨려야 한다. 꿈은 자아에게 변형과 성장을 촉구하기도 하지만, 기뻐하거나 격려하기도 한다.

꿈 심리치료의 임상사례

목회적 돌봄은 치유, 지탱, 안내의 기능을 수행하는 것이다. 치유는 상처 입은 영혼을 치유하는 것으로 온전함을 추구한다(Seward Hiltner, 89-172). 이는 재생성과 같은 말이며, 본래의 모습으로 다시 회복되는 것을 말한다. 꿈으로 기도하는 것과 꿈을 명상하는 것은 영혼의 치유에 유익하다. 명상은 인간의 의식 속에서 일어나는 것에 대해 알아차리면서 자신의 집착을 인식하고 초탈하게 한다(권명수, 416). 목회적 돌봄의 따뜻한 환경은 상담자와 내담자와의 관계에서 형성되는 지지 때문에 내담자는 자신의 초자아의 변화에 순응하게 된다. 그리고 자신의 가혹하고 공격적인 초자아를 사랑하고 보호하는 초자아로의 변형을 이룬다(장정은, 195). 다음에 소개하는 28세 남성의 임상사례를 통해 병리적인 초자아가 어떻게 변형되는지 볼 수 있다. 그는 두 가지 꿈을 꾸었다.

첫 번째 꿈의 내용은 다음과 같다. 그는 교회로 가는 중에 길거리에서 TV 뉴스를 본다. 어떤 남자가 자신의 오렌지 색 카디건을 도둑맞았다고 한다. 순간 그는 자신이 입고 있는 카디건을 살펴본다. 분명히 집에서 푸른색 카디건을 입고 나왔는데 어느새 오렌지 색 카디건으로 바뀌지 않았는가? 매우 황당해 한다. "나를 도둑으로 몰면 어떻게 하지!"라고 걱정하면서 교회로 왔다. 꿈 속에서 자신의 주요 정서는 죄책감과 왜소함이었다. 분석가는 자신이 훔치지 않고 집에서 입고 온 카디건임에도 불구하고 도둑으로 몰릴 것 같은 불안에 대해 연상해 보도록 했다. 그는 4살 즈음에 면도칼을 갖고 놀다가 손이 베인 적이 있다. 매우 깊은 상처였으며, 피가 많이 났었다. 하지만, 엄마가 방에 들어왔을 때 그는 "엄마 아파. 나 피났어!"라고 말하는 대신에 "엄마 미안해!"라고 했었다. 그는 이 장면을 연상하면서 몹시 고통스러워했다.

두 번째 꿈의 내용은 자신이 탄 승강기가 위로 올라가는 중에 갑자기 밑으로 뚝 떨어진다. 지하 어두운 곳이다. 정확히 인천소년원 지하 감방이다. 그는 어렵게 승강기에서 나왔다. 지하 감방에는 많은 소년들이 무기력하게 누워 있거나 죽어가고 있다. 그는 죄수들이 누운 사이로 그들을 밟지 않기 위해서 조심스럽게 걸어 계단 위로 올라갔다. 위층에는 소년원 원장실이 있다. 그는 원장실에서 음식을 푸짐하게 대접 받았고 다시 아래로 내려온다. 지하 감방에는 아프리카 아이처럼 뼈만 앙상한 소년들이 성애적인 행위를 한다. 그는 생각하기를 "이런 상황이면 저렇게 해서라도 힘을 얻는 수밖에..." 라고 생각하며, 지하 감방을 비교적 담담하게 지켜본다. 꿈에서의 정서는 절망감과 기쁨, 그리고 용기, 담담함이었다. 자신의 꿈을 자유 연상했을 때, 그는 4살 때 엄마가 우울증으로 인해 자신을 침대에 눕혀 놓고 목을 눌렀던 일이 떠올랐다. 그는 그 순간 죽은 척했다. 그리고 6살 때 유치원 버스를 기다리다가 엄마랑 눈이 마주치는 것이 불편해서 창밖을 보고 있었던 장면을 떠올리며 힘들어했다.

피분석자는 평소에도 지나치게 죄책감이나 수치심에 사로잡혀 있었다. 수치심의 경험은 응집된 자기의 발달에 나쁜 영향을 주었으며, 자기감의 결여를 가져오게 했다. 수치심은 주체적 자기감에 반향을 일으킨다(홍이화, 189). 그러므로 그의 수치심은 주체적 자기감을 형성하는 데 부정적인 영향을 주었다. 첫째 꿈에서 그는 자신의 옷인데도 불구하고 훔친 것이 아니냐고 누가 몰아부칠까 봐 두려워했다. 꿈 자아의 모습 그대로 현실적 자아도 그러한 경우가 많다. 수치심과 죄책감은 어린 시절에 면도칼에 손이 베인 사건에서 보듯이 어머니의 담아주는 능력의 결핍에서 왔다고 보인다. 두 번째 꿈은 자신의 부적절하고 병리적인 내면으로 내려가는 꿈이다. 그것은 내담자가 자신의 그러한 모습을 담담하게 관조하는 것을 보여 준다. 그 꿈은 어린 시절에 입은 외상을 있는 그대로 마주하는 꿈이다. 그러므로 그가 꾼 두 가지의 꿈 모두는 고통스러운 외상을 직면하는 내용으로 이루어져 있다. 피분석자는 변형의 과정을 거쳐 지금은 좋은 회사에 취업하여 조직사회의 일원으로 자신의 역량을 드러내고 있으며, 결혼해서 행복한 가정을 꾸리고 있다. 참 자기의 능력을 그의 삶과 대상관계에서 잘 발휘하고 있는 것이다.

꿈을 기도 생활에 적용

꿈을 기도생활에 적용하는 것은 영성생활에 있어 매우 유익하다. 몇 가지 유익을 서술하면 다음과 같다. 첫째는, 무의식적 진실의 노출인 꿈을 통하여 기도하는 것은 진실한 기도를 드리게 한다. 둘째는, 진실하게 자신을 맞닥뜨릴 때, 진실한 기도를 드릴 수 있고, 진실한 기도를 드릴 때 진선미의 참 하나님과 만날 수 있다. 셋째는, 꿈을 기도생활에 활용하면 기도가 풍요로워지고 힘들지 않으며 영적인 변형과 성장으로 이끌어 준다. 넷째는, 꿈을 통해 자신의 진실이 노출됨으로 자신의 정신적 병리와 맞닥뜨리기 때문에 치료의 길로 나아가게 한다. 다섯째는, 꿈을 기도에 적용하면, 자신의 실존적 소명을 발견하고 참 자기가 되어 개성화의 길을 걸어가게 된다. 여섯째는, 보다 가치 있고 의미 있고 영원한 것에 관심을 두고 추구하게 함으로써 참 영성의 길을 걸어가게 한다. 일곱째는, 자신의 정신과 인격이 균형을 이루어 견고해지고 인내하는 능력이 커진다. 인내patience는 조급impatience하지 않고 주어진 약속을 확신하면서 기대를 가지고 기다리는 마음이다.

꿈을 기도생활에 활용할 때는 꿈을 통해 비춰진 자신의 아픔, 에움길, 생채기, 연약함, 폐제되고 억압된 무의식적 외상들을 있는 그대로 받아들이고 성령 하나님을 상담자로 여기고 진실한 마음으로 자신의 아픔을 아뢰어야 한다. 이러한 기도를 드릴 때 진정으로 겸손하고 가난한 심령이 되어 하나님으로부터 오는 위로와 새 힘을 공급받을 수 있다. 꿈을 소중히 다루는 사람은 삶의 여정과 목적을 의식하면서 살며, 자신의 자아뿐 아니라 보다 원대한 하나님의 섭리를 깊이 깨달으려 노력한다(Louis M. Savary & Patricia H. Berne & Strephon Kaplan Williams, 182). 영성적 깨달음은 인식에 이르는 것뿐 아니라, 이 인식을 행동으로 옮겨 보다 새롭게 살아가도록 도와준다. 이렇게 의식적으로 살아가려면 끊임없이 자기 무의식에 질문을 던지고 이 질문에 응답하고자 해야 한다(위의 책, 184).

하나님께 나아가는 길은 궁핍에 대한 체험, 힘이 센 낯선 존재들로부터의 위협, 절망, 불의, 고독, 슬픔 등의 아픔을 넉넉히 견디어 내는 과정이다. 이러한 어두운 체험들 안으로 용기를 가지고 나아갈 때, 새로운 느낌이 다가오며 어려움의 저변에서 나를 지탱해 주시며, 자유롭게 하시며, 사랑하고 밝혀주시는 하나님 당신을 만나게 된다(Anselm Grun, & Meinrad Dufner, 65). 아래로부터의 영성을 실천하는 한 방법은 자신의 생각들, 느낌들과 대화하는 것이다. 하나님은 우리의 느낌과 고통을 통해 우리에게 말씀하시기 때문이다. 그러므로 꿈을 가지고 기도함으로 하나님의 음성을 주의 깊게 경청하고, 들려주시는 말씀을 통해서 새로운 변형과 정신적 성장으로 나아가게 된다. 기도는 진실을 필요로 한다. 자신의 진실을 맞닥뜨리는 자는 진실한 하나님을 만나게 된다. 꿈은 무의식적 진실이다. 이러한 진실을 가지고 기도로써 하나님께 나아가는 삶이 겸손과 가난한 마음으로 하나님을 구하는 영성적 삶이다.

개인의 인격적인 성장은 자신을 있는 그대로 용기 있게 마주함으로써 이루어진다. 꿈은 자신의 내적 진실을 직면하는 최상의 길이다. 왜냐하면 꿈은 개인의 무의식적 진실을 나타내 보이는 것이기 때문이다.

무의식적 진실의 추구인 꿈의 중요성을 강조하고 이를 영성생활에 적용하기 위해 몇 가지 제안을 하고자 한다. 첫째, 꿈은 하나님의 선물임을 깨닫고 소중하게 취급해야 한다. 꿈을 꾸었는데 기억이 나지 않는다고 말하는 사람들은 자신의 꿈을 무시하거나 소중하게 여기지 않거나 지나치게 억압하기 때문이다. 둘째는, 꿈 일기를 쓰는 것이다. 꿈 일기를 습관적으로 쓰게 되면, 꿈의 내용이 보다 선명하게 기억된다. 그리고 꿈 일기를 쓰는 중에 자신에 대해 깊이 통찰하게 된다. 셋째는, 꿈의 내용이나 상징 속에 있는 잠재된 의미를 깨닫고 있는 그대로 하나님께 기도하는 것이다. 이렇게 하면 기도생활이 풍요로워지고 오랫동안 기도할 수 있다. 넷째는, 성서 속에는 많은 꿈들이 소개되어 있으며, 하나님은 자기계시의 특별한 통로로 꿈을 사용하셨다. 그러므로 꿈은 하나님의 뜻을 알게 하고 소명의 삶, 참된 자기로서의 삶을 살게 해준다. 다섯째, 예수 그리스도의 가르침의 방법론은 은유이다. 예수는 항상 하나님의 나라를 비유로써 가르치셨다. 은유, 비유, 상징화 등은 비온에 따르면 꿈에 해당된다. 그러므로 성서는 꿈으로 가득 차 있는 책이다. 꿈을 자신의 영성생활에 활용함으로 지혜로써 가르치는 능력을 향상시킬 수 있다. 여섯째는, 꿈을 통해 발견한 자신의 무의식적 진실을 하나님, 그리고 영성지도자나 목회상담자와 더불어 다루라는 제안이다. 이렇게 함으로써 자기 내면의 콤플렉스를 재현하고 익숙해지고 탈동일시되는 치료적 과정으로 나아갈 수 있다. 일곱째는, 영성지도나 목회상담 시 내담자의 꿈을 분석하고 그들의 고통에 공감적으로 함께하는 것이다. 이렇게 함으로써 목회자는 기도의 깊이가 확장되며, 치유 사역을 행할 수 있게 된다. 여덟째, 하나님을 알기 위해서 먼저 자신이 진실로 어떤 존재인가를 알고 경험하려는 열망이 있어야 한다. 무의식적 진실을 추구하는 꿈을 통해 자신의 부적절함, 상처, 약함, 에움길 등 자신이 마주하고 싶지 않은 것을 기도의 서사로 맞닥뜨리면, 하나님의 창조적인 에너지를 공급 받을 수 있다. 이 같이 하나님의 현존을 알기 위해서는 자신에 대한 심층적인 각성이 전제되어야 한다.

현대사회는 과중한 스트레스 때문에 영적으로, 육체적으로, 정신적으로 소진되어 있는 사람들이 많다. 그들은 교회를 통해서 자신의 상처 입은 마음을 치료 받기 원한다. 꿈 치료는 이들에게 가장 좋은 치료의 길이며, 하나님을 진실하게 경험하는 최상의 영적 통로이다.

9장

돈, 재물財物과의 관계

승승장구하던 대한민국의 자존심이 1997년 연말, 처참하게 무너졌다. 대한민국정부는 외환위기로 1997년 11월 21일 국제통화기금IMF에 구제 금융을 신청하였고, 그해 12월 5일, 1차로 55.6억 달러를 차입한 이후 IMF로부터 1999년 5월 20일까지 총 10차에 걸쳐 195억 달러를 차입했다. 각 기업마다 구조조정이라는 서슬 푸른 칼날이 가정과 가족들의 생살을 도려내고 뼈를 깎아내었다. 이 땅의 많은 아버지들이 직장을 잃었고 그 가족들은 고통의 세월을 보냈다. 당시 수많은 노숙자가 양산되었다. 그러나 우리 민족의 특성인 은근과 끈기로 어려운 때일수록 슬기롭게 극복하는 지혜와 애국심이 발동되어 국민들은 장롱 속에 고이 간직해 두었던 아기 돌반지까지 자발적으로 내어놓았다. 대한민국은 인고忍苦의 긴 시간을 보낸 뒤, 마침내 3년 8개월 만에 경제주권을 회복했다. 그 후 "언제 우리가 그 같은 어려운 세월을 보냈었던가?" 의구심이 들 정도로 한국경제는 순조로운 항해를 했다. 국민들은 정부에 경제정책과 성장 부문에서 가장 강한 기대감을 갖는데 그 이유는 한 국가의 경제문제는 각 가정의 경제적 고통으로 곧바로 연결되기 때문이다. 인간은 더 많은 물질을 소유하여 안전하고 여유로운 생활을 하고자 하는 강한 열망을 가지고 있다. 2018년 현재 문재인 정부에서 펼치는 근로자 소득중심 경제정책은 기업이윤중심 경제학과 부딪히면서 앞길을 예측하기 어려운 상황 가운데 있다.

종교개혁자 마틴 루터Martin Luther는 세 가지 회심이 필요하다고 했다. "가슴의 회심, 정신의 회심, 그리고 돈지갑의 회심이다."(James Reilly, 22). 그 중에서 돈지갑의 회심이 가장 어렵다고 보았다. 많은 그리스도인이 돈에 대해 통합적인 인식을 갖지 못하고, 강박적으로 매달려 있는 상태이다. 나아가서 자신과 세계의 관계가 상호관계적임을 깨닫지 못하고, 자신의 이기심에 기초하여 재물 소유에 강박적으로 집착해 악을 드러내고 있다. 성숙한 영성적 삶을 위해서는 돈에 대해 통합적인 인식과 균형 잡힌 가치관을 가져야 하고, 나아가서는 우주만물이 상호관계적임을 통찰할 수 있어야 한다. 저자의 의도는 만물은 상호 관계적이며 모든 것은 상호 연결되어 있다는 영성적 가르침에 기초하여, 돈과 재물 소유에 대한 바른 인식, 즉 통합적이고도 상호관계적인 인식을 갖게 하는 데 있다. 이는 지구촌 모든 민족이 긍휼의 영성에 기초해 상호 공존함에 관한 것이다.

재물 소유에 대한 통합적인 자세

현대사회의 사람들은 좋은 것들이 넘치는 풍요 속에 산다. 그러나 현대 문명사회의 모든 구성원은 일상의 삶에서 양분과 독이 함께 섞여 있는 강물을 마시며 산다. 한강물을 정제해서 서울시민들에게 공급하는 수돗물을 '아리수'라 한다. 이는 고구려 때 한강을 일컫던 말이다. 서울시 상수도 사업본부는 아리수가 현대적인 정수시설로 과학적인 생산과정을 갖추었기 때문에 원수原水에서 가정의 수도꼭지에 이르기까지 정밀한 수질검사를 거쳐 생산 공급되는 안전한 수돗물이라고 광고한다. 아리수 수돗물에서 약간의 소독 냄새가 나는 것은 안전하다는 증거라고 말한다. 이것은 정수처리과정에서 멸균하기 위해 넣는 염소라는 약품냄새로, 인체에는 전혀 해로움이 없으며 이 냄새도 끓이거나 수돗물을 받은 후 시간이 조금 지나면 증발되어 없어진다고 한다. 정말로 아리수는 시민들의 몸에 좋은 영양물질로만 구성되어 있고 독소는 전혀 없을까? 그렇게 믿는 사람들은 많지 않을 것이다. 그 증거로 서울시민 대부분은 식수로 아리수를 마시지 않고 생수를 사서 마시거나 각 가정마다 정수기를 설치하여 사용한다. 마찬가지로 인간에게 물질을 포함한 모든 대상과의 관계도 다 양분만을 주지 않는다. 그 안에는 독이 들어 있다. 정서적인 양분과 정서적인 독소는 서로 얽혀 있으며, 한 대상은 내게 영양분과 독을 함께 준다. 그러므로 문제는 독으로부터 양분을 추출해 내는 일이다. 어떻게 독으로부터 양분을 추출해 낼 수 있을까?

마이클 아이건Michael Eigen은 그의 책 『독이 든 양분』에서 "사람들은 누적된 독소가 삶의 좋은 느낌을 압도한다고 느낄 때, 심리치료를 요청하게 된다. 삶의 위험들을 지각하고, 그것들과 타협하는 데서 도움을 얻고자 하는 사람들이 있다. 그들은 독소와 세상의 좋음에 대해 명료한 감각을 가지고 있다. 동시에 자신들 안에 있는 파괴적인 경향이 치명적인 잘못으로 인도할 수 있다는 것도 알고 있다."(Michael Eigen, 8-9)라고 말한다. 또 다른 극단의 사람들은 "자기 증오에 의해 독화毒化되어 생애 전체를 장기적 재난으로 느끼는 개인들이 있다. 그들은 좋은 것들이 피할 수 없는 것으로 보이는 유해물질에 의해 오염되어 있다고 느낀다. 이들은 자신들이 기본적으로 손상을 입었고, 불구가 되었다고 느끼거나, 우울증적 타성이나 피학증적 피로감에 종속되어 있다고 느끼게 된다. 그들은 자신들이 무가치감의 무덤에 파묻혀 있고, 존재의 모든 숨구멍에 독이 배어 있다고 느낀다."(위의 책, 8). 전자에 속하는 개인들은 삶에 제공되는 좋은 것들에 권리가 있다고 느끼면서도 그것에 거슬러 작용하는 데서는 설명할 수 없는 무언가에 의해 괴롭힘을 당하고 있다고 느끼며, 후자에 속하는 개인들은 자신에게는 활기차게 살 수 있는 힘이 없다며 우울과 자기비하적인 삶을 산다.

개인은 언제 힘이 나는가? 좋은 음식과 보약을 많이 먹는다고 생기가 넘쳐날까? 개인의 자기감이 건강하게 발달되기 위해서는 "대상의 활기와 위대함, 그리고 완벽함에 대한 내적 감각에 반응해주고 그것을 확증해주며, 기쁨과 찬사의 눈빛으로 그를 보아주고, 과대적인 마음상태를 지지해주는 반영적 자기대상 경험이 필요하다. 그리고 두 번째는 존경스러운 대상과 더불어 자신이 고요하고 절대적이며, 완벽하고 전능하다고 느낄 수 있는 이상화된 자기대상과 함께 있음을 경험해야 한다."(Stephen A. Mitchell & Margaret Black, 159). 하지만, 건강한 자기감을 획득하려면 한 걸음 더 나아가 최적의 좌절optimal frustration을 경험해야 한다. 하인즈 코헛은 인간은 좌절이라는 아픔이 영양분이 되어 건강한 자기, 즉 응집적 자기cohesive self, 혹은 핵 자기nuclear self를 획득한다고 보았다. 그러므로 좌절은 성장을 위해 필수적이다. 최적의 좌절은 발달에 따라서 적절한 수준이어야 하며, 반영과 사랑 안에서 일어나는 좌절이다. 최적의 좌절은 치명적이지도 않고 너무 얄팍하지도 않은 좌절, 즉 영양분이 되는 좌절을 말하는 것이다. 상담자와 내담자의 관계도 항상 양분만 나누는 관계가 아니다. 독소가 포함된다. 하지만 염려할 것이 없는 이유는 독소는 좋은 양분으로 인해 중화되어 마침내 양분으로 바뀌기 때문이다. 인간은 좌절이 없는 관계보다 적절한 좌절이 있는 관계에서 건강한 심리구조를 형성하듯이 독소가 없는 관계보다는 오히려 독소가 있는 관계에서 인간은 더 성숙해진다. 마이클 아이건은 자신의 내담자 중에 폐를 앓고 있는 사람이 뉴욕의 오염된 공기를 피하여 스위스의 공기 좋은 곳으로 요양하러 갔는데 도착 후 며칠이 되지 않아 죽은 사례를 예로 들면서 자신이 처한 공간과 관계성 속에 독이 있을지라도 그것이 때로는 긍정적이 영향을 주기도 한다고 했다.

돈과 재물도 마찬가지이다. 돈과 재물이 한 개인의 삶 속에서 항상 영양물질이 되지는 않는다. 한 개인을 파괴하고 독에 찌들게 하여 숨을 쉬지 못 하게 할 수 있다. 재물도 독소적인 면, 즉 어두운 면과 밝은 면이 있다. 그러므로 한 개인이 성숙하다는 말은 모든 관계와 환경에 대해 통합적으로 통찰하는 능력이 있다는 말인 것처럼, 재물 소유에 대해서도 어두운 면과 밝은 면을 통합하는 것이 중요하다.

리처드 포스트Richard J. Foster는 돈 혹은 재물에 관한 두 가지 왜곡된 견해를 지적하였다. 첫째는, 돈을 하나님이 내리시는 복의 표시라고 생각하는 것이다. 따라서 가난은 하나님이 불쾌해 하시는 표시가 되므로 저주 받은 삶이 된다. 이 같은 왜곡은 기독교가 개인적인 평안과 번영의 종교로 변질되도록 만들었다. 이러한 왜곡은 하나님의 풍성하심이라고 하는 성경의 한 가르침에만 치우쳐 있는 것이다. 이러한 태도는 돈에 대한 성경적인 가르침의 한 측면을 성경 전체의 메시지인 것처럼 왜곡한 것이다(RichardFoster, 32). 두 번째 왜곡은 오늘날의 청지기 직책에 대한 지배적인 견해에서 발견된다. 청지기직에 대한 가르침을 보면 돈을 전적으로 중립적이고 비인격적인 것으로 보고 있다. 돈은 단순히 중립적인 교환 수단이 아니라, 그 자체가 생명을 가지고 있는 힘이라는 사실을 간과하기 때문에 이 또한 왜곡된 것이다. 돈이 가진 힘에 대한 성경적 견해를 진지하게 받아들일 때 바르게 돈과 관계를 맺게 된다(위의 책, 33). 이러한 왜곡된 소유에 집착하는 삶은 타인을 철저히 배제하는 이기주의적인 삶의 양식을 따른다(Erich Fromn, 112). 돈을 바르게 사용하기 위해 돈과 재물의 독소, 즉 어두운 면과 양분, 즉 밝은 면을 함께 살펴보자.

돈과 재물의 독소: 어두운 면

돈에 대한 신약성경의 가르침은 예수님에게서 찾을 수 있다. 예수님은 "집 하인이 두 주인을 섬길 수 없나니 혹 이를 미워하고 저를 경히 여길 것임이니라 너희가 하나님과 재물을 겸하여 섬길 수 없느니라."(눅 16:13)고 하심으로 재물을 신으로 여기는 우상숭배에 대해 엄히 가르치셨다. 그리고 돈과 재물이 인생의 통치자가 되어 하나님의 역할을 빼앗지 않아야 한다는 점과 하나님의 나라를 먼저 구하면, 물질도 뒤따를 것임을 가르치셨다(눅 12:31). 돈에 대해 예수님은 과격하게 경고하시기도 하셨다. "화있을진저 너희 부요한 자여"(눅 6:24). "약대가 바늘귀로 들어가는 것이 부자가 하나님의 나라에 들어가는 것보다 쉬우니라."(마 19:24). 사도 바울도 "돈을 사랑함이 일만 악의 뿌리가 된다."(딤전 6:10)고 가르쳤으며, 탐욕을 벗어나 스스로 자족하는 그리스도인의 영성 생활에 관하여 가르쳤다(빌4:12). 바울은 자신의 삶과 사역을 "가난한 것 같으나 많은 사람을 부요하게 하고 아무 것도 없는 자 같으나 모든 것을 가진 자로다"(고후 6:10)라고 표현했다.

예수가 부를 지칭할 때 아람어인 맘몬mammon이라는 단어를 사용하셨다. 이는 예수가 돈과 재물에 인격적이고, 영적인 속성을 부여했음을 알 수 있다. "너희가 하나님과 재물을 겸하여 섬기지 못하느니라."(마 6:24)고 했을 때 맘몬을 하나님의 경쟁 신으로 인격화시킨 것이다. 돈은 도덕적으로 중립적인 어떤 것이 아니며 맘몬이라는, 사람을 지배하려고 쫓아 오는 하나의 힘이라고 가르치신 것이다(RichardFoster, 34). 돈의 어두운 면은 인간에게 돈에 대한 헌신의 영감을 불어넣는 능력이 있기 때문이다. 그러므로 돈의 힘, 배후에 있는 영적 실체에 대해 예민해야 한다. 맘몬은 한 개인의 마음을 빼앗고, 충성을 요구한다.

세리 삭개오는 자신 안에 계시는 그리스도의 삶과 현존으로 말미암아 자유함을 얻게 되자 이렇게 선언하였다. "내 소유의 절반을 가난한 자들에게 주겠사오며 만일 뉘 것을 토색한 일이 있으면 사 배나 갚겠나이다."(눅 19:8) 이에 대한 응답으로 예수님은 "오늘 구원이 이 집에 이르렀느니라."(눅19:9)고 하셨다. 예수 그리스도는 삭개오가 돈의 힘에서 놓인 것이야말로 참된 영적 구원의 증표라고 여기셨다. 예수님은 돈을 우리가 그분에게로 향하기 위해서 돌아서야 하는 것으로 여겼다. 맘몬 신을 거부하는 일이야말로 예수님의 제자가 되기 위해 필요한 전제 조건이고, 구원의 확증임을 가르치신 것이다(위의 책, 36).

돈과 재물은 한 개인에게 안정감을 주고, 자유를 가져오고 힘을 주며, 자신의 힘이 편재되어 있는 것 같음을 경험하게 한다. 그런 측면에서 돈과 재물은 도날드 우즈 위니캇이 말하는 중간대상의 역할을 한다. "돈은 돈의 일반적인 용도 – 식료품을 사고, 청구서들을 지불하고, 영화 티켓을 사고, 신상품 옷을 사고 – 외에도 종종 깊은 정서적 욕구를 충족시키는 수단이 된다. 어떤 이들에게 돈은 힘과 독립을 의미한다. 또 어떤 사람들에게는 돈이 안전, 보호, 사랑 받을 만함을 의미한다. 또 어떤 이들은 단지 돈을 만지는 것만으로도 안심할 수 있다. 즉, 돈뭉치를 주무르는 것이 아이가 중간대상으로 담요를 쓰다듬거나 동물인형을 꼭 껴안는 것과 같은 것일 수 있다."(Sheldon Cashdan, 85). 돈은 자신의 존재적 항상성을 경험하게 해 준다. 하지만 그것이 사악한 이유는 전능성을 가지려 한다는 것이며, 최고 우위 자리를 차지해야만 속이 풀린다는 것이다. 돈은 다른 모든 것을 물리치고 사다리의 꼭대기에 머물려고 한다. 사람들은 돈을 찬미한다. "돈이 최고야! 돈으로 안 되는 것이 어디 있느냐!" 고 말하곤 한다. 그 사람이 얼마나 돈을 가지고 있으며, 얼마나 많은 돈을 버느냐에 따라서 신분과 명예의 등급을 부여한다. 오늘날 세계의 신은 돈이다. 돈의 배후에는 눈에 보이지 않는 세력들이 존재한다. 사도 바울이 "돈을 사랑하는 것이 일만 악의 뿌리가 된다."(딤전 6:10) 고 말했을 때는 돈의 배후에 눈에 보이지 않는 영적 세력들이 있음을 말했던 것이다. 돈을 사랑하는 자는 그것을 위해 무슨 짓도 할 수 있다는 말이다. 그러므로 돈은 충성과 헌신을 요구하는 신의 자리에 앉게 되었다.

어떻게 돈의 독소, 어두운 면을 다스릴 수 있는가? 이에 대해 리처드 포스트는 일곱 가지 방안을 제시하였다(RichardFoster, 40-45).

첫째로, 돈에 대한 자신의 감정에 직면하는 것이다. 사람들은 돈을 적게 가진 것을 두려워하며, 너무 많이 가진 것을 두려워한다. 그러므로 돈에 대한 자신의 많은 감정들을 직면하고 다스림으로써 돈의 어두운 면을 다스릴 수 있다. 둘째로, 의식적으로 자신이 부유하다고 생각하려는 의지와 자세가 필요하다. 자신의 부요를 인정하고, 그것으로부터 도망치려는 노력을 그만둘 때 진정으로 자신의 부를 하나님의 선하신 목적을 위하여 사용하고 정복하게 된다. 셋째로, 공동체를 통해 돈에 대한 경험들을 서로 이야기하고, 자신의 두려움을 고백해야 한다. 돈에 대한 두려움과 상처를 들어주고, 그것을 수용하며 하나님의 품 안으로 옮겨 줄 다른 사람들이 필요하다. 네 번째, 돈의 혼돈 속에서 자신을 도와줄 사람과 함께하는 것이 필요하다. 돈이 가지는 힘에서 놓여 믿음의 길로 인도해 줄 영적 지도자가 필요한 것이다. 다섯째, 가난한 사람들이 주는 선물을 받아들여야 한다. 부요함이 행해질 때 그것이 주는 가장 파괴적인 일은 가난한 자들과 멀리 떨어지는 것이다. 부요한 자는 가난한 자들에게 항상 주는 것이 아니다. 부요한 자들은 가난한 사람들에게서 그들이 가난함으로써 줄 수 있는 아름다운 선물들을 발견할 수 있다. 여섯째로, 내적으로 내려놓음의 의미를 경험하는 것이다. 모든 것이 자신의 것이 아니라, 주님의 것이라는 것을 스스로 상기할 필요가 있다. 일곱째는, 기쁘고 너그러운 마음으로 나누어 주는 것이다.

헨리 나우웬도 "사랑 받는 자의 모습은 다른 사람들에게 나누어 주는 것이다. 주는 행위를 통하여 삶의 궁극적 의미를 발견할 수 있으며, 타자와의 나누는 삶에서 선택 받고 축복 받고 상처 받는다는 사실이 더욱 분명해진다."(Henri Nouwen, 1995, 89)라고 했다. "인간성은 주는 행동에서 가장 활짝 꽃을 피우게 된다. 줄 수 있는 것은 무엇이든－미소, 악수, 내적 평화, 키스, 포옹, 사랑의 말, 선물, 우리 삶의 일부 등 우리의 모든 삶－줄 때, 우리는 아름다운 사람이 된다." 고 했다(위의 책, 90). 나우웬은 "나이가 들면서 깨닫게 되는 가장 큰 선물은 내 삶의 기쁨, 나의 내적인 평안, 나의 침묵과 고독, 나의 행복감이라고 했다." 그는 자신의 존재 자체가 타자를 위한 선물이 된다고 여겼다. 즉, 자신의 평온이 타자들에게 정서적 안정감을 주는 값비싼 선물임을 말한다(위의 책, 96). 이처럼 나누는 삶이야말로 돈, 즉 맘몬 신으로부터 자유하게 되었음을 표명하는 것이다.

돈에 대한 초대교회의 생활태도는 사도행전에 잘 나타나 있다. 사도 바울은 예루살렘의 고난 받는 자들을 구제하기 위한 기금을 모으는 데 정력을 쏟는다. "그 중에 핍절한 사람이 없으니 이는 밭과 집 있는 자는 팔아 그 판 것의 값을 가져다가… 저희가 각 사람의 필요를 따라 나눠 줌이러라."(행 4:34-35). 이와 같이 초대교회의 특징은 나눔에 있었다. 하지만 초대교회가 공산주의적이지는 않았다. 교부들은 성경의 사유재산 인정과 기독교적 사랑에 대한 급진적인 요구 사이에 놓인 긴장을 인지했다. 초기교부들은 사유재산과 상업 활동을 허락했다. 초대교회 교부들은 지속적으로 부의 위험에 대해 경고하면서, 부자들에게는 자선행위를 통해 가난한 사람들의 고통을 덜어주어야 한다고 가르쳤다. 돈에 대한 초대교회의 가르침에는 한 개인의 사유재산을 보호함과 동시에 공동체와 더불어 나누는 나눔이 균형과 조화를 이루는 통합적인 인식이 있었음을 시사한다. 마이클 그린Michael Green은 초대교회 성공의 비결 여덟 가지 중 가장 강력한 것은 솔직한 사랑과 나눔에 있었다고 한다. 당시 사회는 부와 기회의 격차가 매우 심했다. 그리스도인들의 솔직한 사랑은 구분이 확실했던 당시 사회에서 엄청난 도전이 되었을 것이라고 한다(Michael Green, 28-29). 초대교회는 그렇게 함으로써 "온 백성에게 칭송을 받으니 주께서 구원받는 사람을 날마다 더하게 하시니라"(행 2:47)는 말씀처럼 큰 부흥을 경험하게 되었다.

돈과 재물의 양분: 밝은 면

창세기 1장에는 "좋았더라!"는 감탄이 일곱 번 반복해서 나온다. 히브리어 '토브 טוב'는 위대한, 놀라운, 완벽한, 아름다운 등의 뜻으로 사용된다. 그러므로 하나님이 본래 좋은 것으로 인정하신 '돈'(재물)을 바르게 사용함으로써 물질을 지으신 창조주를 영화롭게 할 수 있다. (강병도 편, 131). 에덴동산은 최초의 부부에게 남아돌 만큼 풍부하게 모든 것이 공급된 동산이었다. 하나님은 선하신 뜻 가운데 천지를 창조하셨다. 그러므로 하나님이 창조하신 모든 것은 선하다. 만물은 인간의 삶을 축복하고 향상시키도록 지어졌다. 지으신 만물의 아름다움은 인간으로 하여금 감사와 찬양 가운데 하나님께로 가까이 가도록 이끌어 주었다. 리처드 포스터는 "돈과 그 돈으로 사는 것들을 사랑하시는 하나님으로부터 온 은혜로운 선물로 받기를 배움에 따라 그것들이 자신과 하나님과의 관계를 어떻게 증진시키는지를 발견하게 된다."(RichardFoster, 51)라고 했다. "네 하나님 여호와께서 네 모든 물산과 네 손을 댄 모든 일에 복 주실 것을 인하여 너는 온전히 즐거워할지니라."(신 16:15). "신명기의 송영은 기쁨과 감사와 찬양으로 가득 차 있으며, 이것이 우리 삶의 표상이 되어야 한다. 구약의 제사가 축제와 감사를 중심으로 이루어진 이유는 은혜로우시고 자비로우신 하나님의 공급을 경험하였기 때문이다."(위의 책, 51).

아브라함은 "가축과 은과 금이 풍부하였다"(창 13:2)고 묘사되었다. 욥은 거부巨富였으며, 솔로몬은 당대 왕들 가운데 필적할 자가 없을 정도로 부와 영예를 누렸다(왕상 3:13). 잠언은 우리에게 "야훼께서

복을 주시므로 사람으로 부하게 하시고"(잠 10:22)라고 말하며, "손을 게으르게 놀리는 자는 가난하게 되고 손이 부지런한 자는 부하게 되느니라."(잠 10:4)고 노동윤리를 제시한다. 한편 구약성경은 우리에게 부에 대한 경고를 주고 있다. "네 하나님 여호와를 기억하라 그가 네게 재물 얻을 능력을 주셨음이라"(신 8:18). 부의 근원을 잊지 말 것을 가르친다. 하나님을 자기 힘으로 삼지 아니하고, 오직 그 재물의 풍부함을 의지하며, 자기 악으로 스스로를 든든케 하는 자는 궁극적으로 멸망하게 될 것이라고 경고한다(시 52:7). 게다가 부의 소유는 궁핍한 자를 돌보아야 하는 책임을 수반한다. "가난한 자를 불쌍히 여기는 것은 야훼께 꾸어 드리는 것"(잠 19:17)이라고 가르치며, 십일조, 안식일, 희년 같은 구약의 제도들은 이스라엘 사람들에게 그들의 부가 궁극적으로는 주님의 소유이며, 주님의 영광을 위해 사용돼야 한다는 점을 상기시킨다.

리처드 포스트는 신약성서에도 돈은 자주 하나님과의 관계를 증진시키고 이웃에 대한 사랑을 표현하는 한 수단으로 나타나고 있다고 보았다(RichardFoster, 48-49). 동방박사들은 경배하기 위한 수단으로써 아기 예수께 자기들의 부를 가지고 왔으며, 삭개오는 풍성하게 베풀었으며, 가난한 과부는 희생적으로 바쳤다. 부유한 여자들은 그들의 소유로 제자들을 섬겼다(눅8:2-3). 아리마대 요셉과 니고데모도 그들의 부를 그리스도를 섬기는 데 사용했다. (마27:57-61). 장 바니에Jean Vanier는 예수께서는 모든 것을 나누심으로 물질의 아름다운 요소를 드러내셨다고 했다(Jean Vanier, 131). 그리고 예수님은 우리에게 일용할 양식을 위하여 기도하라고 가르치심으로 물질적인 공급에의 관심을 영적인 삶과의 긴밀한 관계 안으로 끌어들이셨다. 물질을 경멸하거나 진정한 영성적인 삶의 밖에 있는 것으로 여겨서는 안 된다.

리처드 포스트는 돈의 밝은 면을 실용화하는 일을 가르친다 (RichardFoster, 59-60). 그는 감사하는 정신을 기르는 것을 배움으로써 돈의 밝은 면을 찬양하게 된다고 보았다. 그가 '기르는 것을 배운다.'고 말한 것은 감사가 인간존재에 자연스럽게 따라오는 것이 아니기 때문이다. 하지만 감사하는 가운데 성장하도록 서로를 돕는 것이 필요하다. 맑은 공기, 햇빛, 비, 바다, 사계절, 하늘과 땅이야말로 창조주의 손에서 나온 은혜로운 선물들이다. 모든 것이 하나님으로부터 나왔고, 하나님의 사랑의 선물임을 감사하는 삶의 태도는 참으로 중요하다.

돈과 재물의 어두운 면과 밝은 면의 통합 방안

헨리 나우웬은 삶은 매순간 좋은 것과 나쁜 것이 섞여 있으며, 독소와 양분을 함께 제공해 준다고 보았다. 그는 "인간존재의 가장 행복한 순간에도 비애를 느낀다. 모든 만족에는 한계가 있으며 모든 성공에는 두려움이 도사리고 있음을 깨닫는다. 미소 뒤에는 눈물이, 포옹에는 외로움이, 우정에는 거리감이 존재한다. 빛은 어두움에서 빛난다. 죽음의 그늘로 물드는 삶의 매순간 우리가 누리는 친교의 체험은 우리를 존재의 한계 저 너머로 인도해 간다. 그리하여 기대한 만큼 완전한 기쁨으로 채워지는 그날, 아무도 기쁨을 빼앗아갈 수 없는 그날을 향해 우리를 이끌어 간다."(Henri Nouwen, 1981, 51-53). 이와 같이 나우웬은 삶 전체를 통합적으로 보았던 것이다.

리처드 포스트는 그리스도인들이 맘몬 신을 다스리는 여덟 단계의 지혜를 다음과 같이 제시하였다(RichardFoster, 70-75).

첫째 단계는 돈에 대한 성경의 증언을 듣는 것이다. 두 번째 단계는 돈에 대하여 심리학적 및 사회학적 관점에서 고찰해 보는 것이다. 자신이 그토록 돈을 모으려는 심리의 무의식은 무엇인가? 지금은 "아파트를 갈아탈 때"라고 한다. 이 말의 의미는 20평대에서 30평대로, 30평대에서 4-50평대로 넓혀갈 때라는 말이다. 어떻게 잘 팔고 잘 투자하면, 그렇게 될 수 있다고 한다. 자신은 왜 필요 이상으로 아파트 평수에 집착하는가? 돈과 재물은 나를 그토록 자랑스럽게 해 주는가? 아니면 부끄럽게 만드는가? 돈에 대한 심리학적, 사회학적 명상의 시간을 가지는 것은 돈과 재물의 밝은 면과 어두운 면을 통합하게 해 준다. 세 번째 단계는 돈과 재물의 관리이다. 재물을 잘 관리하는 자는 자신의 지출 항목들을 이 세계의 자원들을 공정하게 분배하는 일에 민감하도록 산출해 낼 수 있으며, 자신이 베푸는 일을 주님의 대사명인 선교적인 것에 분배할 수 있다. 그렇게 함으로써 돈을 통제하고 관리할 수 있다. 네 번째 단계는 자신의 생활양식의 변화를 지지해줄 공동체를 규합하거나 그러한 공동체의 일원이 되는 것이다. 다섯 번째 단계는 돈 문제에 관하여 직접적이고 구체적으로 기도하는 것이다. 여섯 번째 단계는 돈과 재물을 왕좌로부터 끌어내리는 일이다. 자신을 사로잡고 있는 탐욕을 십자가에 못 박고, 주 너희 하나님만 섬기는 것이다. 일곱 번째 단계는 돈과 재물에 대항하여 사람의 편에 서는 것이다. 즉, 사람이 물질보다 가치 있다고 선언하고, 그러한 가치관을 가지고 돈과 사람을 보는 것이다. 여덟 번째 단계는 돈에 근거하여 사람에게 호의를 베푸는 태도를 근절하는 것이다. 그리스도인들은 소유의 많고 적음에 따라 사람을 평가하거나 각 개인을 대하는 태도를 달리해서는 안 된다. 모든 사람을 하나님이 가지신 긍휼의 마음으로 귀하게 대해야 한다.

돈과 재물의 독소와 양분을 통합하는 방안은 청교도들의 생활양식에서 발견할 수 있다. 현대인들은 물질의 풍요로움을 삶의 궁극적 가치로 여긴다. 성공과 축복의 기준을 더 많은 물질의 소유에서 찾으려 한다. 하지만 청교도들은 물질의 축적을 통해서 행복을 얻을 수 없다고 가르친다. 청교도들은 자수성가는 있을 수 없다고 생각했다. 왜냐하면 부요는 전적으로 하나님의 선물이라고 보았기 때문이다. 물질을 주신 분은 하나님이시며, 물질을 허락하신 분도 하나님이시다. 선물로 그것을 주신 분도 하나님이다. 인간은 하나님이 주신 것을 관리할 뿐이라고 생각했다. 현대인은 기업의 경영 목표는 최대의 수익을 얻는 것이고, 법을 어기는 것이 아니라면 어떤 수단이나 방법도 다 수용할 수 있다고 생각한다. 하지만 청교도들은 경영을 사회에 대한 봉사로 여겼다. 또한 현대의 물질주의는 사회풍조에 대한 반발로서 풍요로움과 소유를 본질적인 결함으로 보는 부류를 만들어 냈다. 그러나 청교도들은 물질을 하나님의 좋은 선물로 생각했다. 청교도들은 자신들의 생활방식에 생겨날 수 있는 잠재적인 방종을 경계하기 위해 아주 긴 주의사항, 예를 들면 부요처럼 가난도 하나님이 주신 것이라는 인식, 풍요로움의 위험성에 대한 경계심, 절제에 대한 이상, 만물의 근본 주인이신 하나님이 지켜보고 계신다는 청지기 교리, 그리고 돈과 재물은 공공의 선을 위한 것이라는 관점을 가졌다.

부자와 가난한 자를 위한 목회상담 시 목회상담자는 돈과 재물이 주는 독소와 영양분 중 어느 한 쪽으로 치우치지 말고, 통합적이고 상호관계적인 인식의 기초 위에서 토마스 오덴Thomas Oden이 지적한 “부자에게는 죄의식이 무겁게 드리워져 있는 반면에 가난한 자에게는 불안이 보다 더 큰 문제일 수 있다. 부자는 재력이 있기 때문에 그들에게는 더 큰 책임이 따른다. 목회상담에서 부자들의 죄의식과 가난한 자들의 불안을 담아낼 수 있어야 한다.” (Thomas C. Oden, 291)는 점을 기억하면서 목회적 돌봄을 실천해야 한다.

돈과 재물의 어두운 면과 밝은 면을 통합하고 재물에 대해 바른 태도를 갖기 위해서는, 무엇보다 재물에 관한 상호관계적인 영성적 가치관이 있어야 한다.

돈과 재물에 대한 상호관계적인 영성

돈과 재물에 대한 강박적인 탐욕

주말에 이 마트E-Mart나 코스트코Costco에 가보라. 많은 사람들이 마치 소비를 위해 태어난 듯이 구매에 열을 내고 있는 모습을 보게 될 것이다. 마치 구매하고, 소비하는 것을 통해서 자신의 존재를 확인이라도 하는 듯한 모습을 보게 된다. 모든 중독의 특성은 강박적인 성격이다. 강박적으로 소유에 집착하는 것은 텅 비어 있고, 허망한 마음에서 나온 것이다. "돈에 강박적인 집착을 갖는 사람들은 본질적으로 좌절감에 빠질 수밖에 없다. 왜냐하면 돈은 결코 만족될 수 없는 것이기 때문이다. 언제나 더 많이 갖거나 더 많이 얻거나 더 많이 잃거나, 더 많이 증가되는 것만이 있을 뿐이다. 실로 강박증은 죽음을 몰고 온다. 그것은 객체들에 둘러싸여 숨이 막히는 죽음을 경험케 한다. 돈으로 인한 문제에서 헤어나오지 못하는 상태에 놓이게 된다. 그러한 삶은 기쁨이 없는 삶이거나, 기쁨을 공유할 능력이 없는 삶이며, 삶 자체가 강박적이 되어버린 상태다."(Matthew Fox, 350).

탐욕은 팽창에 대한 욕구에서 그 모습이 잘 드러난다. 탐욕은 결코 만족을 모르는 상태이다. 탐욕은 불만을 낳는다. 탐욕은 필요와 욕망 사이의 경계를 모호하게 한다. 또한 탐욕은 사회가 필요로 하는 것을 무시한다. 그 결과, 경제학은 사회에 중요하게 기여하고 봉사를 지향하는 대신에 사소한 일에 매달리게 된다. 강박적인 팽창과 강박적인 탐욕 속에서 사는 사람은 언제나 '조금만 더'가 있을 뿐이다. 만족을 누릴 수 없다. 이와 같은 구강기적 탐욕은 유아가 젖가슴 앞에서 느끼는 무력감에 대한 반응이다. 유아는 젖가슴을 자신의 욕구대로 사용하고, 그것을 다 써버리고자 하는 충동에 사로잡힌다. 이러한 탐욕은 파괴하고자 하는 의도에서가 아니라, 소유하고 통제하고자 하는 의도에서 나온 것이다. 멜라니 클라인에 따르면, "유아의 탐욕은 시기심과 달리 젖가슴을 파괴하고자 하는 의도를 갖고 있는 것은 아니다. 그러나 유아의 탐욕은 값진 것을 한 방울씩 받아먹는 것에 대해

심히 분개한다. 따라서 더 많은 것을 획득하기 위한 무자비한 탐욕이 발생할 때는 좋은 대상까지 파괴해버리는 시기심과 동일한 것이 된다." (Stephen A. Mitchell & Margaret Black, 99-100). 예를 들면, 황금알을 낳는 거위의 주인인 농부는 탐욕으로 가득 차서 자신에게 그토록 좋은 것을 주는 거위의 배를 가른다. 결국 황금알을 낳는 거위는 죽고 말았다. 이 농부의 탐욕은 극단적인 악이며, 대상을 보호할 능력까지 없애 버린 것이다. 그러므로 강박적인 팽창욕구와 탐욕에 의한 물질추구는 자기와 대상을 파괴하는 자학과 피학이 함께 내재되어 있으므로 죽음본능으로 치닫는 행위이다. 그것은 불쾌한 기억들을 반복하고 있는 것이며, 죽음으로 돌아가려는 충동이 존재함을 증거해 준다(R. D. Hinshelwood, 136-137).

강박적인 팽창욕구를 가진 사람은 모든 것을 구분 지으려고 한다. 상위 10%에 들려고 한다. 그리고 가진 자와 갖지 못한 자, 많이 가진 자와 적게 가진 자를 구별하여 가격을 매긴다. 강남과 강북, 특수중고등학교와 일반중고등학교, 명문대학교와 일반대학교 등 모든 것을 구분함으로 자신이 보다 좋은 쪽에 서 있음을 확인하려고 한다. 이원론에 입각한 인간이해는 가난한 자들이 주는 선물이 얼마나 소중한지를 전혀 알지 못한다. 그들의 구제는 생색내기와 자기만족에 기초되어 있으므로 도무지 상호연결과 상호의존을 드러내는 긍휼의 영성은 찾아볼 수가 없다.

반대로 해리 건트립Harry Guntrip은 "모든 대상 추구를 포기한 리비도적 자아의 일부를 퇴행한 자아라고 불렀다. 이는 깊은 무력감과 절망감을 가져오게 하며, 현실의 타자들과 맺는 박탈적 관계는 삶에 대한 깊은 공포와 반감을 갖게 한다. 그때 중심적 자아는 내적이고, 외적인 모든 타자들과의 관계를 포기하고 마치 출생 전에 어머니 자궁 속에 있었던 무자극의 상태로 도피하려고 한다. 이러한 퇴행은 내적, 외적 대상으로부터 완전한 단절을 상징하는 죽음에 대한 갈망으로 나타나 아무런 욕구도 관계성을 지향하는 에너지도 없기에 타자와 함께 삶을 나눌 수 없다."(Jay R. Greenberg and Stephen A. Mitchell, 211). 이와 같은 퇴행적 자아는 공동체적 상호연결에 대한 에너지가 전무한 상태이므로 또한 큰 문제이다. 그러므로 건강한 자아를 가진 자는 재물과 관련해 국가주의를 넘어 지구 차원의 상호연결과 상호 의존의 관계성을 인식해야 한다.

돈과 재물에 대한 국가주의를 넘어선 상호관계적인 영성

2018년에 대한민국 일인당 국민소득GDP이 3만 달러를 넘어설 것이라고 한다. 세계 모든 국가뿐 아니라 국민들은 자기 나라의 경제규모, 국민총소득, 일인당국민소득, 수출입, 자국의 돈 가치 등에 관한 통계수자의 순위에 촉각을 세운다. 왜 정부와 국민은 이러한 통계수자에 예민한가? 그것은 통계 수자가 세계 속에서 대우받는 데에 기초가 되기 때문이다. 그러므로 각 나라의 정부는 전력을 기울여 보다 높은 성적을 받으려고 애를 쓴다. 오늘날 정치에 대한 평가는 이러한 경제적인 평가와 맞물려 있다. 세계는 경제에 의해 좌지우지되고 있다. 결론적으로 저자는 이와 같은 국가주의 혹은 민족주의적 가치가 중요한 것이 아니라, 온 세계가 상호 의존되어 있음을 깨닫는 것이 중요하다는 점을 지적하고자 한다. 모든 국가와 민족은 고립된 실체들이 아니다. 상호 연결되어 있고 상호 의존되어 있는 지구촌 공동체인 것이다. 지금 초강대국 미국의 경제적 위기는 모든 나라를 위기로 몰아가고 있으며, 지구촌 공동체의 모든 구성원들에게 고통과 위협을 주고 있다.

매튜 폭스Matthew Fox는 말한다. "지구가 모든 인류가 서로 의존하고 함께 살아가는 집이라면, 새로운 경제학과 새로운 공동체 의식이 필요하다. 크든 작든, 가난하든 부유하든, 모든 국가가 공통의 고통과 무력감을 공유하게 될 때 머지않아 새로운 경제학과 새로운 공동체 의식이 나타날 것이다. 공통의 아픔을 덜어주기 위해 애쓰는 새로운 질서가 태어날 때에만 긍휼이 넘치는 지구촌이 태어날 것이다. 이것이야말로 새로운 지구촌 경제학이다."(Matthew Fox, 325). 국가주의는 부분적인 사고방식에 집착되어 있다. 자국의 이익만을 추구하는 방식은 자기애적인 병리에 갇혀 있는 방식이다. "공동의 생존이 걸린 지구의 안전은 한 국가의 안전만큼 중요한 가치가 아니라고 생각한다. 그러나 지구의 안전이야말로 자국의 안전보다 훨씬 더 중요한 가치가 있다."(위의 책, 333)라는 그의 주장은 부분적인 사고방식이 아닌 전체를 통합해서 본 예지이다. 오늘날 지구 생태계는 심각하게 위협을 받고 있다. 지구촌이 위기 속에 처해 있다면 한 국가의 안전장치가 무슨 소용이 있겠는가? 그러므로 중요한 것은 국가가 아니라 생명이다. 생명이 전체이며, 국가는 부분에 불과하다. 새로운 경제학은 만물의 상호 연결을 깨닫고 이해하는 기초 위에 있어야 한다. 토마스 머튼Thomas Merton은 "긍휼에 대한 온전한 이해는 모든 생물이 상호 의존한다는 인식에 뿌리박고 있다. 모든 만물은 서로의 일부이며, 서로 연결되어 있다."(Thomas Merton, 80). 대한민국에 불법 체류하는 외국인에 대한 의식도 민족주의나 국가주의에 기초한 부분적인 사고방식으로 대처할 것이 아니라, 지구촌 모든 사람들이 지구라는 집 안에서 서로 의존하고 연결되어 있다는 점에서 이해해야 한다.

한국인들은 '우리'라는 말을 많이 사용한다. '우리 아이', '우리 집', 심지어는 '우리 마누라', '우리 남편' 등 모든 말에 '우리'라는 단어를 사용하기를 좋아한다. 이는 긍정적으로 보면 공동체의식이 강화된 표현이라고 할 수 있지만, 실상은 다른 이들에 대한 철저한 배격이 깃들어 있는 말이다. 구분 짓는 말이고, 폐쇄적인 말이다. 원하든 원치 않든 대한민국은 곧 다문화국가로 진입하게 된다. 외국인에 대해 배격하거나 폐쇄적이지 않고, 상호 존중하고, 그들을 적극적으로 수용한 나라들이 경제적으로도 든든한 성장을 이루었다. 그러므로 한국은 문화·복지주의 관점을 넘어서 외국인과 어떻게 사회적 통합을 이루어야 할지에 대해 정책적 대안을 가져야 한다.

참된 긍휼의 삶은 이타주의가 아니다. 이타주의는 자신을 사랑하는 것이 아니라 대상만을 사랑하는 것이기 때문이다. 참된 긍휼은 타자를 사랑함으로써 나 자신을 사랑하고 있는 것이며, 나 자신의 가장 좋고 충만한 자기사랑에 몰두하고 있는 것이다. 그러므로 긍휼은 자기사랑과 타자사랑이 하나가 된 것이다. 우리는 다른 사람과 상호 연결 및 상호 의존을 넘어 모든 보이는 것을 포함해 보이지 않는 만물들과도 상호 의존되어 있다. 창세기 1장 28절 "생육하여 땅에 충만하라 땅을 정복하라 바다의 물고기와 하늘의 새와 땅에 움직이는 모든 생물을 다스리라"는 말씀의 의미가 무엇일까? 이는 만물을 다스리고 만물 위에 군림하고, 만물을 도구로 사용하는 만물의 주인이 되라는 말이 아니다. 흔히 만물이 인간을 위해 존재하는 것으로 생각한다. 하나님의 형상을 입은 인간이 만물을 정복하고, 만물을 자기 욕구대로 사용하는 것이 하나님 뜻이라고 생각하는 사람들이 많다. 인간은 만물의 주인이 아니다. 인간은 만물들 가운데 하나일 뿐이다. 인간은 철저히 만물들에 의존하여 산다. 좋은 공기와 물이 없다면 인간이 존재할 수 있는가? 나무와 동식물들이 없다면 인간이 존재할 수 있는가? 자연이 베풀어주는 풍요로움을 제공 받지 않고서도 존재할 수 있는가? 존재할 수 없다. 인간은 철저히 만물에 의존되어 있는 자연의 일부일 뿐이다. "모든 피조물이 상호 연결되어 있는 이유는 그들의 창조주가 같기 때문이다."(Matthew Fox, 92). 그러므로 인간은 만물을 하나님의 마음인 긍휼로써 존숭尊崇함으로 대해야 한다. 만물을 정복하고 다스리는 원리는 긍휼로 존숭의 마음으로 하라는 말이지 자신의 욕구와 쾌락을 위한 수단과 도구로 가볍게 대하라는 말이 아니다.

지구촌 사람들이 상호 연결되어 있으며, 상호 의존되어 있음을 알 때 돈은 더 이상 인간들의 신mammon의 자리에 앉아 군림하며 숭배 받을 수 없게 될 것이다. 긍휼compassion의 정신은 나눔과 구분 짓기에 있지 않다. 긍휼은 일체와 연결, 즉 연합이다. 기뻐하는 자와 함께 기뻐하고, 애통해 하는 자들과 함께 애통해 하는 것이다. 상호연결과 너와 내가 다르지 않다는 일체감에 기초해 있다. 일체감은 축제의 색이다. 긍휼의 색깔은 밝은 색이다. 긍휼은 감정적으로 동화되는 것을 의미하지 않는다. 오히려 감정주의는 위험하다. 믿을 수가 없다. 왜냐하면 감정은 시간과 환경과 대상에 따라 수시로 변하기 때문이다. 감정적으로 상호 의존되어 있는 것은 언제 어떻게 변할지 모르는 가변적인 것이며, 이내 개인주의로 돌아설 가능성이 많다. 긍휼의 영성적 삶이 지성에 기초해야 하는 이유는 바로 이 때문이다.

인간들은 태어나면서부터 경쟁하는 법을 배운다. 대한민국에서도 유치원 때부터 삭막한 경쟁이 시작된다. 전국 초등학생들의 학력도 1등부터 꼴찌까지 성적이 기록되어 있다. 누군가를 쓰러뜨리지 않으면 내가 쓰러진다. 우리의 마음은 강박적인 경쟁에 모든 여유와 인간다움을 내어주었다. 국가 간에도 개인 간에도 경쟁을 부추기는 세력이 존재한다. 매튜 폭스는 "경쟁을 부추기는 경제학에 맞설 수 있는 대안은 그대로 둠과 버림, 축제를 벌임, 서로 사재기하거나 축적하는 대신 선한 대지의 기쁨을 공유하면서 함께 의지하는 것이다."(위의 책, 345)라고 했다. 경쟁은 적자생존이라는 훈련을 받은 개인들에게 손을 들어준다. 출발점이 다른 개인이 경쟁에서 이기기는 역부족이다. 그래서 더 이상은 "개천에서 용이 날 수 없다." 적자들 가운데서 용이 나는 법이다. 물론 긍정적인 경쟁, 건강한 경쟁도 있을 수 있다. 그것은 개인과 민족이 게으름을 극복하고 보다 더 창조성을 드러내는 데 도움이 될 수 있다. 그러나 인간사회의 경쟁은 대부분 적자생존이라는 뜨겁게 타오르는 용광로 속에서 이루어지기 때문에 인간성을 말살한다. 한국경제계도 20여년 전에 30대 대그룹에 들어가던 그룹 중에서 현재는 10개 그룹 이상이 퇴출되었다. 적자생존의 용광로는 냉정하고, 서로 죽이고 죽는, 서로 먹고 먹히는 형국을 초래할 뿐이다. 그러므로 상호 연결과 상호 의존의 정신에 기초한 긍휼의 영적인 삶으로 나아가야 한다.

돈과 재물에 대한 긍휼에 기초한 경제학

돈과 재물은 인간의 삶 전체에서 너무 중요하다. 그러므로 인간의 존엄성을 말살하는 경제법칙은 제거되어야 하며, 새로운 대안이 나와야 한다. 그 새로운 대안이 긍휼의 영성에 기초한 경제학이다. 긍휼에 기초한 영성은 상호연결과 상호관계적인 세계관에 기초되어 있다. 매튜 폭스는 긍휼의 경제학의 실현을 위해 다음의 일곱 가지를 제시한다 (위의 책, 379-392).

첫째는, 소규모 기업을 위한 경제학이어야 한다. 재래시장들이 죽어가고 있다. 작은 가게들이 문을 닫고 있다. 큰 것에 의해 작은 것들이 무참하게 죽어간다면 참된 상호연결과 상호의존의 경제학이 설 자리가 없게 된다. 큰 것, 중간 것, 작은 것들이 함께 조화를 이루며 함께 공존할 때 다양성 속에서 각각의 것들은 아름다움을 발하게 될 것이다. 둘째는, 소득세 구조를 바꾸는 것이다. 수입에 따라 소득세의 징수를 달리해야 한다. 일을 해서 번 돈에 대해서는 세금을 적게 부과하고, 돈놀이를 하여 번 돈에 대해서는 많은 세금을 부과해야 한다. 셋째는, 토지는 신성한 것이다. 왜냐하면 어느 누구도 토지를 창조할 수 없기 때문이며, 창조주께서 모든 사람을 위해 공평하게 준 것이기 때문이다. 모든 사람은 흙에서 왔다 흙으로 돌아간다. 토지는 투기의 대상이 되어서는 안된다. 그러므로 토지에 대해 더 많은 세금을 부과하여야 한다. 넷째는, 생산성보다는 분배에 더 역점을 둔 경제학이어야 한다. 경

> 제학의 참된 목적은 인간이 살기에 알맞은 살림을 꾸리는 데 있다. 다섯째, 실업자들과 빈민들에게 기술을 습득할 기회를 만들어 주어야 한다. 공동체의 일원인 그들이 희망과 긍지 없이 사는 것은 공동체 전부를 무기력하게 만든다. 그들이 직업교육을 받고 이웃을 회복시키는 일에 참여하는 것은, 한 개인이 자신의 일을 통해 이웃을 돕는 것도 배우는 일이 되기 때문에 그들에게 희망과 긍지를 갖고 삶을 살게 해준다. 여섯째, 경제학을 지구촌 경제학으로 넓혀 나가야 한다. 세계적인 경제적 전망이 없다면 지구촌의 미래는 없을 것이다. 일곱째, 동기를 유발하고, 이상적이며, 신화적인 경제학이 필요하다. 동기 유발은 삶의 질을 향상시키는 데 있다. 경제학의 관심사는 이익이 아니라 사람이며, 부가 아니라 가난이다. 그리고 마땅히 보존되어야 할 지구의 재화를 보호하는 것이다.

인간의 자유와 잠재력을 극대화할 수 있는 경제학이 필요하다. 그것은 경쟁을 통한 강박적이고 이원론적인 구분 짓기의 경제학이 아닌 상호연결과 상호의존의 가치에 기초한 긍휼의 경제, 영성적 경제학이어야 한다. 이와 같은 경제학은 집 없는 자들에게 주택을 공급하고, 굶주린 자들을 먹이고, 문맹자들을 교육하고, 병든 자들을 치료하고, 실업자를 위해 좋은 일자리를 창출하고, 과학 기술을 인간답게 만들고, 잊힌 자들과 함께 축제를 벌이고, 자연자원을 다음 세대에게 물려주는 상호 의존의 경제학이다. 그것은 우리가 살고 있는 창조 세계를 중요하게 여기는 경제학이다. 데일리Herman E. Daly는 "건강한 국가의 중요한 쟁점은 생산이 아니라 분배에 있다."(Herman E. Daly, 19)라고 했다. 하지만 현대의 경제학은 좋은 분배에 관심이 없다. 단지 강박적이고 이원론적인 경제학의 가치가 높여지고 있을 뿐이다. 그러한 제도 아래에서는 하나님께서 하늘로부터 부富를 비처럼 퍼부어 주시고, 지구 내부에서도 부가 용솟음쳐 나온다 할지라도 모든 이들에게 은혜가 될 수 없을 것이다. 대천덕 신부는 "나라이 임하옵시며, 뜻이 하늘에서 이룬 것같이 땅에서도 이루어지이다"라는 기도가 이루어지는 그날은 빈곤이 사라지고, 모든 사람이 풍족하게 되며, 한 인간이 타고난 창조성을 마음껏 발휘하는 날이다. 이 날은 또한 부에 대한 탐욕이 사라지는 날이며, 남을 짓밟거나 투쟁하지 않는 날이며, 각자의 특성을 최고로 발휘할 수 있는 기회를 가지며, 그에 따른 보상도 받는 날이 될 것이라고 지적했다(대천덕, 138). 하나님이 주신 모든 물질을 각자의 능력에 따라 나눠가지는 것이 아니라, 상호연결과 상호관계성에 기초한 긍휼의 영성으로 물질을 대함으로 하나님의 나라가 임하도록 하는 경제학을 가져야 한다.

"돈과 재물은 하나님의 선물, 하나님의 축복의 표시다. 그러나 돈과 재물, 그 자체는 신이 아니다."라고 돈과 재물의 이중성에 대하여 성서는 교훈하고 있다. 성서는 우리를 금욕주의로 이끌지 않는다. 성서에서 가난은 본질적으로 고결한 것이 아니며 부요함도 죄가 아니다. 신약성서에서 가르치는 참된 부는 물질적인 것이 아니라 영적인 것이다. 신약에서 '복'은 '마카리오스μακάριος이다. 이는 사막을 횡단하는 여행자가 오아시스를 만났을 때 외치는 소리이다. 마카리오스는 하나님 자신을 가리킨다. 그러므로 진정한 복은 예수님이 흘리신 보혈을 믿음으로 자신의 죄와 허물이 대속함을 받고 구원받은 하나님의 자녀가 되는 것이다. 성령의 내주하심이 참된 복이며, 돈과 재물은 영적 은총에 결코 앞설 수 없음을 명심해야 한다.

어떤 관계에서나 대상에 대해 좋고 나쁜 것을 통합적으로 생각할 줄 아는 사람이 건강하듯이 돈과 재물도 그것이 가지는 독성과 양분을 통합적으로 사고하고 다룰 수 있어야 한다. 돈과 재물은 나쁘지 않다. 반대로 항상 좋지도 않다. 돈과 재물은 맘몬신이 되어 개인에게 충성과 헌신과 경배를 강요할 위험이 있다. 강박적인 탐욕은 결코 만족을 모른다. 탐욕은 필요와 욕망 사이의 경계선을 모호하게 하며, 사회가 필요로 하는 것을 무시하게 만든다. 그 결과 경제학은 사회에 중요하게 기여하고 봉사하는 일을 지향하는 대신에 소유에 매달리게 된다. 강박적인 팽창과 강박적인 탐욕 속에 사는 사람은 언제나 '조금만 더'가 있을 뿐이다. 만족을 누릴 수 없다. 이러한 위험을 극복할 수 있는 방법이 나누는 삶이다. 초대교회는 재물에 대한 나눔의 정신을 가르쳤고 실천하였다.

만물은 상호 연결되어 있으며, 상호 의존적이다. 상호관계적인 정신으로 돈과 재물을 대할 수 있어야 한다. 긍휼의 영성적인 삶을 살려는 자는 돈을 국가주의적 시각에서 보거나 부분 대상으로 여겨서는 안 된다. 그러므로 지구촌 경제학이 필요하다. 지구촌 경제란 지구의 모든 국가, 민족, 한 개인이 같은 집에서 사는 공동체의 일원임을 깨닫고 상호관계적인 시각으로 돈과 재물을 대하는 태도와 삶을 뜻한다. 부요한 자와 가난한 자는 서로를 포용해야 한다. 예수 그리스도가 베푸신 마지막 식탁은 모두를 수용하고 포용하는 관용의 식탁이었다. 성만찬은 의인의 식탁이 아니라 죄인들과 연약한 자들을 초청한 식탁이었다. 예수님은 비겁하게 숨어버릴 제자들과 세 번씩이나 자신을 부인할 베드로, 심지어 자신을 팔아넘길 가룟 유다까지도 외면하지 않으시고 식탁으로 초청하셔서 그들에게 관용의 영성이 무엇인지를 보여주셨다. 그러므로 돈과 재물 소유에 대해 통합되어 있으며, 세계가 상호관계적임을 깊이 인식하는 자는 예수 그리스도처럼 소유를 넘어 참된 나눔과 관용의 삶을 실천할 수 있게 된다.

10장

죽음과의 관계

인생에 있어서 경외감을 일깨워 주는 두 가지가 있다. 출생을 바라보는 순간과 임종을 지켜보는 순간이다. 이 두 가지에서 생명은 다른 어떤 가치들과 쉽사리 비교될 수 없음을 배우게 된다. 새로 태어난 아기를 안아 보거나, 죽음에 임박한 사람의 손을 잡아볼 때 근본적인 경외심, 즉 생명은 고귀하다는 사실을 깨닫게 된다. 모든 살아있는 것은 생성되고, 성장하며, 소멸한다. 생성과 성장과 소멸의 모든 과정은 각 개체가 유일성으로서 고귀한 가치를 드러내는 것이다. 생성과 탄생이 아름답다면, 당연히 소멸과 죽음도 고귀한 것이다. 그러므로 인간은 죽음의 골짜기를 지날 때, 상실을 뛰어넘는 어떤 뜻 깊은 해석과 돌봄을 제공해 그 여정을 옳게 인도해 주는 사람을 필요로 하게 된다. 죽음은 인간사에서 가장 엄숙한 것 중의 하나이므로 출생을 통하여 새로 받은 새 생명의 귀한 가치를 하나님께 의탁하는 것이 합당하듯 임종에 있어서도 귀한 생명의 가치를 하나님 손에 의탁해야 한다.

모든 사람에게는 죽음이 찾아온다. 인간은 죽어가고 있다는 사실을 진지하게 생각하지 않으면 안 된다. "괴로운 인생길 가는 몸이… 돌아갈 내 고향 하늘나라." 찬송가 290장은 임종 혹은 장례식장에서 가장 널리 불린다. 이 찬송가 가사처럼 어떤 이에게 있어서 죽음은 고향으로 돌아가는 해방과 같은 것이다. 그래서 오랜 투병으로 지쳐 있는 사람들은 고통이 더 지속되지 않고, 쉽게 끝나기를 기도한다. 또 다른 이에게는 죽음이 끔직한 불안을 겪게 하며, 죽음 앞에서 무력감이나 죄책감에 사로잡히기도 한다. 그래서 무의식적으로 죽음에 대하여 회피하게 된다. 하지만 오순절적 신앙은 그리스도의 재림을 고대하는 열망이 강렬하므로 죽음은 곧 영원한 하나님 나라에서의 안식을 의미한다. 그러하기에 죽음을 보는 견해가 달라야 할 것이다. 왜냐하면 오순절신앙에서 죽음은 새로운 관계로 들어가는 희망임을 강조하기 때문이다.

종말에는 세 가지 차원이 있다. 첫째는, 예수 그리스도의 재림으로 휴거와 7년 공중혼인잔치가 열리고, 신천신지가 펼쳐지는 우주적인 종말이다. 둘째는, 한 개인이 육체적인 죽음을 맞이하여 이생을 정리하고, 새로운 삶의 세계로 전환하는 개인적인 종말이다. 셋째는, 인간 실존의 삶 속에서 매순간 생성과 소멸, 융합과 분리, 만남과 이별, 창조와 파괴를 경험하며 살 수밖에 없는 실존적인 종말이다. 본 논문에서 집중하려는 관점은 우주적인 종말보다는 개인적인 종말과 실존적인 종말에 있다.

죽음은 생물학적이고 자연적인 현상이다. 인간 어느 누구도 그것을 거부할 수 없다. 죽음은 모든 인간의 공통된 운명이며, 성서는 죽을 수밖에 없는 인간의 실존을 가르친다. 본 글의 목적은 개인적인 종말과 실존적인 종말에 관하여, 오순절주의자들과 영성신학자, 심층심리학자들의 독특한 견해와 태도들을 조명할 뿐만 아니라, 상호연결점을 찾음으로써 죽음에 대한 새로운 인식을 가지게 하는 데 있다. 즉, 죽음 안에 있는 긍정적이고 희망적인 요소들을 재발견하고, 죽음에 대한 올바른 영성지도를 함으로써 성도들이 궁극적인 소원을 하나님 나라에 두고, 오늘의 삶에서 의미와 가치를 추구하도록 하려는 것이다.

죽음에 대한 현대인들의 자세

죽음에 대한 현대인들의 자세는 다음과 같은 역설적인 두 가지 사실로 특징지을 수 있다. 첫째는, 죽음의 수량화 현상數量化 現象이다. 현대사회는 인간의 가치, 지식, 의미도 수치화되고 있다. 삶 자체가 수량화되고 숫자적인 지표에 의해 측정되기 때문에 죽음도 어쩔 수 없이 그렇게 될 수밖에 없다. 그렇게 되면, 죽음은 그 존재론적 절대성이 탈색되고 만다. 누가 죽었는가, 누가 왜 죽었는가에 대한 관심은 얼마나 많은 사람이 어떻게 죽었는가 하는 관심에 의해 약화되거나 억압된다. 즉, 현대사회는 한 개인의 삶과 죽음에 대해 공동체적인 관심이 희박하다. 둘째는, 죽음의 현실성에 대한 현대인들의 거절, 혹은 도피,

부인의 경향이다. 죽음에 대해 이렇게 피하고, 저렇게 꾸미면서 죽음의 실재를 직시하거나 있는 그대로 조우하는 일은 안 하려고 갖은 노력을 다하고 있다. 현대인들이 "모든 인간은 죽는다."라는 진리를 받아들이되 각 개인의 무의식에서는 "나는 결코 죽지 않는다."는 왜곡된 신념을 붙잡고 있기 때문이다. 그러나 가까운 사람들에게 죽음이 다가올 때 각 개인은 긴장과 불안, 인생의 가장 진한 비애와 상실을 체험케 된다. 더욱이 본인이 죽음에 직면해서는 불안을 넘어 고통스러운 엄청난 공포에 사로잡히게 된다.

필립 에이리스Philippe Aries는 그의 책, *The Hour of Our Death*에서 시대에 따라 변하는 죽음에 대한 태도를 자세히 나열하고 있다. 길들여진 죽음tamed death에서의 죽음은 친숙하게 개인의 삶과 연결되어 가깝게 느껴져 왔다. 그러나 이러한 죽음이 멀리 있는 죽음remote death으로 바뀌게 됨으로써 현대사회에서 개인적인 죽음에 대한 태도 또한 급격하게 바뀌었다. 이전의 죽음은 개인만의 죽음이 아니라, 공동체와 같이 애도하는 공동체적 사건이었다. 그러나 산업화, 도시화로 특징지을 수 있는 현대사회는 개인의 죽음에 대하여 공동체와 사회적인 기능이 현저하게 감소되었다. 죽음에 대해 거절, 도피, 부인함으로써 멀리 있는 죽음으로 의식하려고 애쓴다. 나아가서는 안 보이는 죽음invisible death의 개념에 사로잡힌 개인은 각자의 밀폐된 공간에서 죽음을 맞이하고, 장례절차에 있어서도 공동체의 역할은 현저히 줄어들게 되었다(Phillipe Aries, 611-612).

서구 기독교 전통은 개인의 권한과 자율성을 강조하여 왔다. 어네스트 베커Ernest Becker는 "서구문화는 자기표현의 과정을 지향하고,

문화적으로 정의된 자기를 만들고, 유지하고, 향상시키는 일을 평생에 걸쳐서 한다." (Ernest Becker, 109)라고 지적했다. 끊임없이 자기중심적인 문화에 의해 정의된 현대인들은 마치 죽음이 없는 자처럼 살면서, 평상시 죽음에 대한 인식과 죽음에 대한 노출의 경험을 최소화한다. 이러한 제한된 경험들은 죽음에 대해서 추상적인 개념을 갖게 하고, 죽음에 대한 현실적인 인식을 가지지 못하게 한다. 이렇게 추상화되고, 개인화된 죽음의 개념은 한 개인으로 하여금, 자신의 죽음 문제를 극히 개인적인 사건으로만 생각하여 나 자신의 죽음이 공동체적인 사건이고, 속한 공동체와 연결되어 있다는 책임성을 절감하지 못하게 한다. 개인화된 죽음에 기인한 책임성 없는 죽음의 개념은 "내가 죽으면 그만이지" 하는 책임성이 결여된 죽음, 즉 자살로 연결된다.

종말론적 희망이나 부활의 확신, 천국에 대한 믿음은 죽음의 현실 속에서 그것을 넘어 다른 세계를 조명할 수 있기에 중요하다. 이를 실존적 희망이라고 부를 수 있다. 실존적인 희망은 무엇을 이루려는 희망이 아니다. 실존적 희망의 관심사는 인간이 그의 근본적인 자질로서 희망할 수 있는 능력을 가지고 있다는 사실이다. 죽음의 문제는 그 자체가 신비이다. 그래서 사람들은 오랫동안 삶이 시작되면서부터 죽음과 씨름해 왔다. 인간은 죽음에 대해 무섭고, 두려운 느낌 속에서 때로는 피하고, 저주하고, 항거하다가 결국 맞아들이면서 이를 겪어 왔다. 하지만 오순절신학에서는 인간이 죽음에 갇혀 있지 않고, 그 너머에 새로운 길이 있다는 것을 믿고 그 길을 추구한다.

죽음에 대한 오순절 신앙 양태

오순절신앙이라고 해서 죽음에 대한 보편적인 기독교 교파들의 그것과 특별히 차이가 나는 것은 아니다. 하지만 죽음에 대해 역설적인 두 가지 자세를 강력하게 취하는 것은 오순절신앙의 특징이라고 생각한다. 오순절주의자들에게 있어서 죽음은 사모하는 주님과 영원한 양자 합일체로 나아가는 은총이다. 하지만 동시에 죽음을 대적해야 하고, 물리쳐야 할 세력으로 간주한다.

죽음은 대적해서 물리쳐야 할 세력이라고 보는 이러한 신앙자세의 기초는 하나님 왕국의 현재화 운동kingdom now movement에 기반을 두고 있다. 그래서 질병과 죽음에 대하여 편안함보다는 하나님 나라의 현재화를 부셔버리는 것에 대한 두려움을 가지는 동시에, 이 두려움의 세력을 물리치려는 성향을 취한다. 죽음에 대한 오순절신학의 독특성은 하나님 나라 왕국의 현재화에 있다. "최근까지 오순절파 사이에서 의견의 일치를 본 한 가지 교리가 있다면 그것은 주 예수 그리스도의 임박한 재림에 관한 것이다. 주님의 재림과 교회의 휴거를 소개하는 격정적인 메시지는 많은 오순절 설교자들의 주제가 되었다." (Harold B. Smith, 65) 하나님 왕국의 현재화 운동 또는 지상왕국 운동은 후천년설에 기초한다. 오순절주의자들에게 중요한 것은 예수 그리스도께서 재림하실 수 있도록 지금 이곳에다 천년왕국을 세우는 일이다. 그 왕국의 설립에 긍정적으로 접근하는 가운데 왕국백성으로서의 통치의식을 강조하는 이 운동은 기존의 전통적인 오순절파뿐만 아니라, 은사주의자들에게도 호감을 주었다.

"오순절 신앙은 하나님 나라의 종말론적인 측면을 통해 다가올 하나님 나라에 대한 소망을 강조하며, 하나님 나라의 현재적 측면을 통해 이 땅에 이미 임한 하나님 나라를 경험할 것을 가르친다. 이 땅에서의 하나님 나라의 경험은 종말론적인 개념을 현재화하여 지금 여기서, 하나님의 임재를 실제화하는 것을 의미한다. 다시 말하면 이 땅에서 하나님 나라를 경험하는 것이다. 때문에 하나님 나라의 현재적 측면은 이 땅에서 전인적인 구원의 삶을 추구하게 된다."(배현성, 241). 조용기 목사는 미래적 하나님의 나라에서는 구원이 완성되므로 현재적인 하나님의 나라, 즉 이 시간에도 역사하시는 하나님을 성도들에게 강조하면서, 예수님의 죽으심과 부활이 하나님 나라를 이 땅에 심으신 사건이라고 보았다. 하나님 나라는 현재 개인의 삶에서뿐만 아니라, 가정에서 그리고 천국시민이 사는 모든 환경 가운데서 확실하게 나타나고 성취된다. 따라서 그는 그리스도의 교회는 미래적으로 완성된 하나님의 나라를 소망함과 동시에, 현재적 임재로 체험되어야 한다고 주장한다(국제신학연구원 편. 138) 그리스도인들은 "이미와 아직" 사이에 있는 하나님 왕국에 살고 있다. 그러므로 하나님의 나라는 이미 실현되었고, 미래적으로 실현되어야 할 나라이다.

오순절주의자들은 하나님 나라에는 마귀를 제압하는 능력도 포함되어 있다고 생각한다. 예수 그리스도의 십자가와 부활이 사탄에 대한 승리를 확보해 주었다고 인식하고 있으며, 동시에 성령세례는 예수가 하셨던 것과 마찬가지로 마귀를 쫓는 능력을 받았음을 의미한다. 오순절파의 사역에서는 하나님 왕국의 자녀인 그리스도인은 마귀를 제어할 권세를 지니고 있다는 믿음이 공식적, 비공식적으로 언제나 선포되어왔다(국제신학연구원 편, 67). 오순절, 은사주의의 몇몇 교회에서는 신자들로부터 마귀를 쫓아내는 일을 도맡아하는 사역자를 따로 두고 있다. 이러한 믿음을 가진 오순절, 은사주의교회들은 기독교인이 겪는 거의 대부분의 어려움을 마귀의 지배 탓으로 돌린다. 예를 들면 감기를 걸리게 하는 마귀, 손톱을 무는 마귀, 길을 가다가 넘어지게 하는 마귀, 질병과 죽음을 주는 마귀, 모든 것을 마귀의 지배 탓으로 돌린다. 그러므로 질병과 죽음은 마귀의 활동이나 신자의 믿음과 능력의 부족 탓으로 돌리기에 그것은 부끄러운 것이고, 믿음이 부족한 것을 증명하는 것이기에 대적해서 물리쳐야 할 것으로 간주한다.

기독교인이 마귀에 사로잡힐 수 있다는 이러한 가르침에 정통오순절주의자들은 동조하지 않는다. 정통오순절주의자들은 비신자의 경우 마귀의 지배를 받을 수 있다고 믿지만, 중생한 그리스도인들은 마귀에게 눌릴 수 있다는 생각에 강력하게 반발하여 왔다. 하지만 실재적인 신앙생활에서는 마귀의 활동을 가시적인 실재로 받아들여 그리스도의 능력으로 그러한 마귀들의 권세에 적극적으로 대적한다. 오순절주의자들은 죽음을 불교에서처럼 인간의 존재적 순환으로서 이 세상과 다음 세상 사이에 있는 하나의 전환점으로만 보지 않는다. 오순절신앙에서는 죽음의 의미가 하나님에 대한 인간의 불순종의 결과로 인간역사 안에 내재하여, 삶을 파괴하는 세력으로 이해된다. 따라서 죽음을 하나님과 대결하는 세력, 삶에 대립되는 세력으로 인식한다. 질병이나 자연재해에 의해 일어나는 인간의 죽음을 하나님에 대한 불순종 사건의 결과로 보는 것이다. 죽음을 인간의 한 상태로만 보지 않고 죽음의 세력을 역동적이고, 정신적인 것으로 보아 악마demon로 보고, 죽음의 주를 마귀devil로 보아 죽음의 세력이 어떻게 역사 안에서 하나님을 대적하며, 인간의 역사와 삶을 파괴하는가에 대해 민감하다.

찰스 폭스 파함Charles F. Parham은 신유사역자가 치유하시고자 하시는 하나님의 마음과 능력에 절대적인 믿음을 가지기만 한다면, 틀림없이 치료받을 수 있다고 믿으면서 종종 의사와 약의 효능을 부정하면서 이렇게 선포했다. "그리스도인이여, 우리가 마귀를 내쫓으려면, 우리 스스로 우리의 질병을 끊임없이 시중들고 돌보는 행위를 중단해야 할 것입니다. 강력하게 대적하십시오."(James R. Goff, 43). 이러한 질병과 죽음에 대한 극단적인 견해는 긍정적인 측면도 있었지만, 많은 부정적인 결과를 가져왔다. 예를 들면, 1984년, 부모가 의학적인 도움을 거부한 어느 15세 소녀의 죽음을 둘러싸고 여론의 비판이 빗발치면서 미국사회의 쟁점이 되었다. 그 소녀는 심장병으로 곧 죽었다. 의사들은 적절한 치료만 받았다면, 죽음을 면할 수 있는 병으로 진단했다(Smith Harold B. 83). 오순절주의 초기 지도자들 중의 하나인 F. J. 리(F. J. Lee)는 의사들에게 도움을 받지 않을 것을 택했고, 믿음으로 치유받기를 원했다. 그러나 그는 병에서 회복되지 못하고 죽음을 초래했다(John Kie Vining, & Edward E. Decker, 35). 이와 같이 오순절주의의 하나님 나라의 현재화 운동은 가난, 질병, 죽음, 이 모든 것이 마귀로부터 왔으므로 대적하면 부요와 건강을 되찾게 된다는 신앙을 가졌다.

조용기 목사의 종말론은 어떠한 혼란이나 파괴를 선동한 적이 없으며, 오히려 때가 가까울수록 모든 성도가 깨어 삶에 최선을 다하게 하는 종말론적인 희망을 피력한다. 또한 세상 끝이 다가온다고 하나님이 세상파괴에 동참하기는커녕 더욱 건설적이고 생산적인 일들을 설계하고 있다고 믿는다. 즉, 내일 지구의 종말이 다가와도 오늘 사과나무를 심겠다고 하는 생산적인 믿음의 태도가 그의 종말론적인 신앙의 본질적 일면이다. 조용기 목사의 전인적인 종말관은 종말은 미래의 일이며, 동시에 현시대에 종말을 경험하며 살고 있다고 본다. 이런 종말의식은 현시대를 살아가는 우리에게 바른 윤리, 신앙 의식을 제공하며, 바른 긴장감을 제공한다. 그것은 성도가 이 땅에서 하나님의 은혜 안에 살고 있다는 확신을 주며, 장차 다가올 미래를 기쁜 마음으로 소망할 수 있게 해준다. 그것은 또한 성도들의 마음 속에 영혼구원에 대한 열정을 불러 일으켜서 전도하게 만들며, 그 결과 하나님의 나라가 확장되도록 하는 기폭제 역할을 한다. 무엇보다도 바르고 건전한 종말론적 신앙은 성도로 하여금 경건하고, 순결한 신앙을 유지해서 믿음과 정절로 그리스도를 맞이하게 해준다. 조용기 목사의 하나님 왕국의 현재화는 현재적인 측면과 미래적인 측면이 균형 잡혀 있다. 하나님의 나라의 현재성에 의해 질병과 죽음에 대해서 대적하고 건강을 구하는 신앙을 가르치면서 동시에, 미래적인 하나님 나라 안에 있는 현재적 인간의 실존적 차원을 균형 있게 생각하는 믿음을 가르치고 있다.

한편 오순절주의자들은, 죽음은 사모하는 주님과 양자합일체로 나아가는 영원한 안식에 이르는 은총이라는 다소 양가적이며, 역설적인 신앙자세를 취한다. 오순절주의자들은 임박한 종말론을 갖고 있다. "아멘 주 예수여 속히 오시옵소서."(계 22:20)는 주님의 재림을 대망하는 오순절신자들에게 위로의 말씀이 된다. 그리고 개인적인 종말의 마지막 순간에는 비록 재림의 주님이 오셔서 종말을 맞이할 때의 그 영광은 누리지 못하지만, 천국에 대한 분명한 믿음 때문에 죽음을 은총으로 받아들인다. 조용기 목사는 그의 저서 『보혈로 그린 자화상』에서 다음과 같이 말한다. 인간이 하나님에 대하여 죄를 범하자, 죄의 결과로 죽음의 파괴력은 인간 역사에 깊이 침투하여 왔다. 아담은 인간이 하나님을 모반하는 상황에서 수치감과 죄책감을 갖게 되었고, 에덴이라는 삶의 자리에서 소외되었으며, 자연도 갈등과 정복의 대상으로 전락하게 되었다. 이리하여 삶의 기틀이 파괴되었으며, 가인이 아벨을 살해함으로써 인간 삶의 근본인 공동체가 파괴되었다. 하지만 두 번째 아담이신 예수 그리스도의 보혈의 공로로 "누구든지 그리스도 안에 있으면 새로운 피조물이라 이전 것은 지나갔으니 보라 새것이 되었도다."(고후5:17)라는 말씀처럼 새로운 자화상을 가질 기회의 문이 열렸다. 용서와 의의 옷을 입은 자화상, 보혜사 성령님이 함께하시는 자화상, 혹시 육신이 병들고 연약하다 할지라도 용서 받고 건강한 자화상을 가져야 한다. 저주에서 속량되어 부활의 주님과 영광스러운 자리에 있는 자화상을 가져야 한다. 이러한 자화상은 삶의 마지막 순간, 즉 임종의 순간에 죽음의 힘에 의하여 휘둘리지 않고, 소망을 가지게 한다(조용기, 65-72). 조용기 목사의 가르침은 예수님의 보혈로 그린 새로운 자화상을 가지면, 생각이 달라지고 행동이 달라지고 신념이 달라짐으로써 성공적인 삶을 살 뿐만 아니라, 설사 인간의 실존적인 운명인 임종의 순간을 맞이한다 하더라도 죽음의 세력이 틈타지 못한다는 것이다. 왜냐하면, 보혈에 대한 믿음과 천국에 대한 소망이 확고하기 때문에 죽음을 편히 맞이할 수 있기 때문이다.

하나님 왕국의 현재성에 근거하여 죽음의 세력에 대적하는 오순절 주의자들과 달리, 영성신학자들은 죽음을 자연스러운 것인 동시에 하나님의 은총으로 인식하고, 그러한 은총으로서의 죽음을 소망한다.

죽음에 대한 영성 신학자들의 견해

개인적 종말에 대한 대부분의 영성신학자들의 견해는 죽음은 하나님과 결합되는 은총이며, 대적하거나 피할 것이 아닌 친근하고도 아름다운 것으로 받아들였다. 죽음에 대한 성 어거스틴(St. Augustine)의 견해는 다른 모든 피조물과 마찬가지로 인간도 죽어 없어질 육체적 존재라고 보는 것이다. 인간의 삶이 육체로 시작되었기에 또한 육체의 죽음으로 끝난다는 것이다. 인간이 유한한 존재라는 사실은, 죽음에 대한 공포를 떨쳐버릴 수 없는 존재임을 뜻한다(St. Augustine, 67). 하지만 어거스틴은 인간의 피조성은 피조물 자체를 넘어서서 이것을 창조하여 존재케 한 하나님의 영을 지향하고 있다고 말한다. 시편 39편의 가르침처럼 인간에게 한정된 날들만이 허락되었지만, 인간은 허락된 날들에 책임을 다할 의무를 지니고 있다. 달팽이도, 게도, 양羊들도 모두 다 죽음을 맞이한다. 다른 어떤 것보다도 죽음에서 인간은 자신이 하나님이 아님을 깨닫게 된다. 죽음은 인간으로 하여금 모든 것을 창조하기 이전에도 계셨고, 모든 것이 없어진 이후에도 계실 영원하신 한 분을 찬양하도록 유도한다. 죽음은 또한 한계를 지닌 인간성

자체를, 하나님께서 허락하여 주신 있는 그대로를 바라보며, 찬양할 것을 요구한다(Thomas Oden, 513). 그러므로 어거스틴에게 있어서 죽음은 하나님 앞에서 겸손할 수 있으며, 찬양할 수 있게 하는 것으로 인식되었다.

12세기의 끌레르보의 베르나르Bernard of Clairvaux는 수도원 전통을 개혁하고, 성 베네딕트St. Benedictus의 단순함의 삶을 실천한 영성가이다. 그는 자신의 저서 『하나님의 사랑에 관하여』에서 사랑을 네 단계로 구분하였다. 첫 번째 단계는, 영혼이 온통 자신만을 사랑하는 단계이며, 두 번째 단계는, 자신을 위해서 이웃과 하나님을 사랑하는 단계이다. 세 번째는, 하나님을 위해서 하나님을 사랑하는 단계이다. 네 번째 단계는, 영혼이 하나님을 위해 자신을 사랑하는 것이다. 끌레르보의 베르나르가 살았던 당시의 신비주의자들은 천국에 계신 하나님에게 초점을 맞추고 있으며, 그 주님과의 결합을 열망하였다. 어떤 자들은 무아지경 속에서 자신의 영혼이 주님과 만나는 것을 경험하였으며, 또 다른 이들은 그들의 영혼이 육체를 벗어나 천국으로 올라가서 그리스도를 만났다고 진술하였는데 이들은 그리스도를 자신의 사랑이나 애인으로 묘사하였다. 그들은 그리스도 또한 자신들과 똑같은 열정을 가지고 응답하시며, 자신들의 동반자라고 묘사하였다(Colleen McDannell & Bernard Lang, 200-201). 그러므로 죽음은 연인戀人인 예수 그리스도와 영원한 교제관계로 나아가는 길임을 받아들였다.

성 프란체스코의 개인적 종말사상은 소박하기 그지없다. 그의 시詩 '태양의 노래'는 프란체스코의 개인적 종말사상을 꾸밈없이 잘 보여준다. 그에게 있어서 개인의 종말, 즉 죽음은 지옥에 대한 공포나이 세계에서의 행실에 대한 보상 차원이 아니다. 그는 매우 특이하게도 죽음을 아름답게 생각하고 받아들였다. 오히려 그는 그가 지었다는 '태양의 노래'에서 죽음을 예찬하고 있다. 그에게 죽음은 친근하기 그지없는 누이로 묘사된다. "내 주여! 목숨 있는 어느 사람도 벗어나지 못하는 우리 육체의 죽음, 그 누나의 찬미를 받으소서. 죽을 죄 짓고, 죽는 저들에게 앙화인지고. 복되도다. 당신의 짝 없이 거룩한 뜻 좇는 자들이여! 죽음이 저들을 해치지 못하리로소이다. 내 주를 기려 높이 찬양하고, 그에게 감사드릴지어다. 한껏 겸손을 다하여 그를 섬길지어다."(Eric Doyle, 68).

성 프란체스코는 자신의 죽음으로 인해 자기 친구나 하나님과의 관계가 끊어진다고 생각하지 않았다. 도리어 이러한 관계는 영원히 계속된다. 그는 자기가 체험한 사건과 계속해서 일어나고 있는 사건에 대해 말하고 있다. 예수께서 "내가 온 것은 양으로 생명을 얻게 하고 더 풍성히 얻게 하려는 것이라"(요 10:10)고 말씀하신 바로 그 생명에 대하여 이야기한 것이다. 달리 말하면, 예수께서 영생을 얻게 하기 위해서 세상에 오셨음을 그는 깊이 인식하고, 믿고 있었다. 그는 영생을 사모하면서 당시 사람들처럼 심판과 영생, 천국과 지옥의 존재를 확실히 믿고 있었다. 그러나 민중들과 같이 기복적인 종말관에 머물지 아니하고 올바르게 살아가지 못하는 자에게 예언자적인 경고의 메시지를 던지는, 회개와 예언이 현존하는 삶을 살았다. 그는 또한 죽음을 신앙의 완성이요, 새로운 시작으로 보았다. 프란체스코의 죽음에서 이를 잘 보여준다. 의사가 그에게 말했다. "수사님, 하나님이 원하신다면 모든 것이 잘 될 것입니다." 이에 프란체스코는 "진실을 말해 주시오. 당신의 진짜 의견은 어떻습니까? 두려워하지 말고 말해 주시오. 나는 하나님의 은총 가운데 있습니다. 그러므로 죽음을 두려워할 만큼 비겁하지는 않습니다. 성령의 은총과 도우심으로 나는 주와 결합되어 있기에 살거나 죽거나 마찬가지로 만족합니다." 그러자 의사는 그에게 솔직하게 말했다. "수사님, 저희들의 의학지식에 따르면, 당신의 병은 불치병입니다. 9월 말이나 10월 초에 돌아가실 것 같습니다." 그러자 프란체스코는 침대에 누워서 자신의 손을 하나님께로 경건하고, 헌신적인 자세로 내밀고, 마음과 육신의 큰 기쁨으로 이렇게 말했다. "어서 오시오. 죽음 자매여!……." 그는 임종이 다가오자 또 다시 자기를 땅에 눕혀 주기를 청했고, 간신히 목소리를 가다듬어 시편 142편을 읊었다. "목소리 높이어 주께 부르짖나이다. 소리 내어 주께 비옵나이다."에서 시작하여 "옥중에서 이 몸을 빼어 주신 당신의 이름을 기리오리다. 주께서 나에게 은총을 베푸실 제 의인들이 나를 두루 에워싸오리다." 이렇게 읊고는 죽었다(Thomas Celano, 415-419). 하나님의 사랑 안에 있는 그에게 죽음의 세력은 결코 어떠한 두려움도 주지 못했다.

헨리 나우웬은 자신의 저서 『죽음, 가장 큰 선물』에서 그리스도인들은 자신의 죽음을 준비할 때 첫 번째 과제로 하나님의 어린 자녀로서의 자유를 주장함으로써 죽음이 어떤 힘도 행사하지 못하도록 해야 한다고 가르친다(Henry J. M. Nouwen, 39-40). 여기서 하나님의 어린 자녀라는 말은 미소微少하고, 연약하며, 천진난만하고, 미성숙하다는 의미가 아니라 하나님의 아들과 딸로서의 성숙, 곧 하나님 나라의 상속자로 선택받는 자로서의 의미를 말한다. 하나님의 자녀로 선택 받았기 때문에, 산산이 부서져 내리는 세계를 걸어갈 때에도 하나님 앞에서 온전히 걸어갈 수 있다. 사도바울은 큰 소리로 이렇게 주장하였다. "무릇 하나님의 영으로 인도함을 받는 그들은 곧 하나님의 아들이라. 너희는 다시 무서워하는 종의 영을 받지 아니하였고 양자의 영을 받았으므로 아바 아버지라 부르짖느니라. 성령이 친히 우리 영으로 더불어 우리가 하나님의 자녀인 것을 증거하시나니 자녀이면 또한 후사 곧 하나님의 후사요 그리스도와 함께한 후사니 우리가 그와 함께 영광을 받기 위하여 고난도 함께 받아야 될 것이니라"(롬8:14-17). 이러한 외침은 작은 어린 아이의 목소리가 아니다. 이것은 영적으로 성숙한 사람의 목소리요, 하나님 앞에 있음을 아는 사람, 하나님에 대한 완전한 신뢰와 의존이 힘의 원천이며 용기의 토대이자, 진정한 내적 자유를 가진 자의 목소리이다. 사도 바울은 죽음을 조롱하면서 외치었다. "사망아 너의 이기는 것이 어디 있느냐. 사망아 너의 쏘는 것이 어디 있느냐"(고전15:55). 사도 바울이 이렇게 말할 수 있었던 것은 하나님의 사랑에 속해 있는 자, 하나님 나라의 상속자로서 자신의 신분을 정확히 알고 있었기에 죽음의 힘 앞에 두려워하지 않았던 탓이다.

헨리 나우웬은 죽음을 잘 맞이하도록 해주는 두 번째 자세는 다른 사람들과 같다는 데서 오는 기쁨, 하나의 가족 안에 소속되는 데서 오는 기쁨에 근거해야 한다고 가르친다. 좋은 죽음은 다른 사람들과 결속하는 죽음이다. 죽음을 다른 사람들과 자신을 분리해내는 사건으로 생각한다면, 죽음은 슬프고 비통한 사건이 된다. 하지만 죽음이 무엇보다도 다른 사람들과 결속시켜 주리라는 생각이 더 커진다면, 죽음은 하나 됨을 축하하는 사건이 될 수 있다. 죽음은 다른 사람들과 분리시키는 것이 아니라, 일치시키는 것이다. 죽음은 비통하게 하는 것이 아니라, 오히려 새로운 기쁨을 북돋아 줄 수 있다. 죽음은 단순히 삶을 마감하는 것이 아니라, 새로운 것을 시작하는 일일 수 있다(Henry J. M. Nouwen, 49). 죽음으로 이별하였지만 여전히 사랑하는 사람은 자신 안에 있고, 자신의 영혼의 일부요, 내면의 삶의 일부가 되어나 자신의 내면에서 영원히 산다. 그러므로 죽음은 지상공동체적인 것이며, 죽음으로 영원한 하나님의 나라를 상속한다는 데서 천상공동체적인 속성을 지니고 있다.

좋은 죽음을 맞이할 수 있는 세 번째 자세는 예수님이 보여주신다. 주님은 자신의 죽음이 몰고 올 슬픔과 비통함을 아시면서도 그 죽음을 좋은 것으로 선포하셨고, 은총과 약속과 소망이 가득한 것으로 선포하셨다(요 16:5-7, 13). 헨리 나우웬은 "진리의 성령이 오시면 그가 너희를 모든 진리 가운데로 인도하시리니"(요 16:13)라는 말씀에서 '성령이 오심'은 죽음이 사랑하는 이들을 홀로 내버려 두는 일이 아니라 살아 있을 때보다 더 깊고 새로운 결합을 주는 일임을 나타내는 최상의 표현이라고 주장한다(위의 책, 62-63). 그러므로 예수님의 죽음뿐만 아니라, 모든 그리스도인의 죽음도 뒤에 남은 사람들에게 하나님의 성령을 모셔올 수 있다고 주장한다. 아름다운 삶과 죽음은 모든 사람들에게 회상되어지고, 먼저 간 사람들과 내적 관계를 새롭게 맺으며 하나님의 사랑을 경험하는 통로로 사용된다. 특히 예수님의 죽음은 다른 이들을 위해 죽으신 그 죽음을 통하여 계속해서 열매를 거두고 있다. 이러한 방식으로 죽음은 영원토록 열매 맺는 길이 되며, 여기에 죽음의 희망적인 측면이 있다. 어거스틴의 어머니 모니카St. Monica는 죽음 직전에 "아무것도 하나님으로부터 멀리 떠나 있지 않으며, 세상 끝날에 하나님께서 나를 어느 곳에서 부활시킬지에 대해 두려워할 필요도 없는 것이다."(St. Augustine, 203)라는 말로 부활의 확신을 가짐으로써 죽음은 결코 하나님으로부터 멀어지는 것이 아니라는 고백을 아들에게 들려주었다.

좋은 죽음을 맞이할 수 있는 네 번째 자세는 죽음과 편해지는 것이다. 헨리 나우웬은 나이 예순쯤에 당한 교통사고 이후에 자신의 죽음에 대해 평안해졌다. 그리고 사람들에게도 훨씬 편안하고 수용적인 자세를 취할 수 있었다고 고백한다. 그는 나이 63세 때 이렇게 고백하였다. "나는 나이를 먹는 것은 더 풍성한 삶으로 가는 여정에 대해 생각하는 시간임을 깨닫는다. 나는 내 삶이 완성을 향해 가고 있다는 데 대해 감사하고 싶고, 내가 사랑하는 모든 사람들에게 내 사랑의 영을 보내게 될 것을 기대하고 싶다. 나는 내 죽음에 대해 우울함이 아니라 열린 마음으로 말할 필요를 느끼며 내 공동체, 내 가족, 내 친구들을 나의 이생에서의 삶의 끝까지 나와 함께 가자고 초대할 필요를 느낀다. 나는 나의 죽음과 친구가 되고 싶다."(Henri J. M. Nouwen, 117-118). 헨리 나우웬은 이러한 고백을 한 후 그 이듬해 심장마비로 편안한 죽음을 맞이하였다.

모든 영성가들은 죽음을, 죽음의 씨앗들이 실존의 삶 가운데 함께 있지만 사랑은 죽음보다 강하다는 믿음 위에서 하나님의 사랑 받는 자녀로서 자신의 정체성을 온전히 실현하며, 사랑의 하나님과 온전한 교제를 나누게 되는 마지막 통로이자 자신의 삶을 출애굽 하는 길로 인식하였다. 예수 그리스도는 앞서서 그 길을 가셨고, 그를 사랑하는 모든 사람들도 일생 동안 동일한 그 길을 가도록 초청하신다고 믿고 실천하였다.

죽음에 대한 정신분석학적 견해

인간은 매순간 살고 죽는다. 매순간 수많은 세포는 죽고, 새로 생성된다. 늙는다는 것은 새로 생성되는 세포가 활성화되지 못하는 것이지만, 죽는 그 순간까지 세포는 새롭게 생성된다. 인간은 매순간의 시간을 보내야 하며, 또 다시 맞이한다. 인간은 일생 동안 수많은 만남과 이별을 경험한다. 새롭게 묶고 끌어당기는 힘이 삶이고, 파괴하고 해체하는 것이 죽음이라면, 인간은 실존적으로 삶과 죽음이 결합되어 있는 존재이다.

통합integration과 분화differentiation는 상호보완적인 기능으로 이런 기능은 생애 초기부터 발달하여 일생에 걸쳐서 지속된다. 프로이트는 이런 기능을 리비도libido와 죽음본능thanatos, 즉 공격성의 욕동으로 표현하였으며, 이와 연관된 느낌으로 사랑과 증오를 연결시켰다. 그는 에로스eros를 합일체를 이루고 함께 묶는 본능, 당기는 힘으로 보았으며 대조적으로 죽음본능, 즉 공격성은 연결을 해체하는 밀어내는 힘으로 보았다. 리비도는 결합시키거나 통합하는 욕동으로 간주하고, 공격성은 분리하거나 분화하는 욕동으로 간주하였다(N. Gregory Hamilton,78). 합치고 나누는 경향은 심리적인 과정일 뿐만 아니라, 모든 유기체가 가지고 있는 존재의 기본적 생리 과정이다. 예를 들어 도토리가 땅에 떨어지면 싹이 나온다. 생식세포는 수많은 세포로 분열되며, 이 새로운 세포는 다시 분열된다. 즉, 분화된다는 말이다. 인간은 전 생애에 걸쳐서 통합하고 분화하는 기능에 의존한다. 통합이 삶의 본능이고, 분화가 죽음 본능이라고 본다면 인간은 실존적으로 삶과 죽음이 융합되어 있는 존재이다. 그러므로 사는 것과 죽는 것은 별개의 것이 아니라, 상호보완적이며 연결되어 있는 것이다. 물론 삶의 리비도는 죽음으로 데려가려는 욕동의 힘과 함께 모든 생명체에서 처음부터 작용한다. 죽음의 힘의 존재를 직접 증명하는 일은 어렵다. 왜냐하면 그것은 삶을 보존하려는 힘에 의해 가려 있기 때문이다(Jean Laplanche & Jean Bertrand Pontalis, 435).

프로이트는 인간을 동물적인 소원, 보복에의 두려움, 죄책감과 씨름하는 존재로 이해했다. 멜라니 클라인은 인간을 멸절에 대한 깊은 공포paranoid와 완전히 버림 받는 것depressive에 대한 공포와 씨름하는 존재로 보았다. 하인즈 코헛은 의미 없이 삶을 살아가는 존재, 고립이라는 뼈아픈 감정을 안고 사는 존재로 이해한다. 이들은 죽음 본능이 내재되어 있는 존재로서 인간을 이해했다.

제1차 세계대전으로 유럽은 정신적, 경제적으로 참혹한 폐허가 된다. 프로이트는 생각했다. 왜 사람들은 집단적으로 흥분에 들떠 죽음의 위험을 무릅쓰면서까지 전쟁에 나가 서로 죽이고 죽는 것일까? 그 엄청난 공격 에너지들은 도대체 인간 내부의 어디에서 끊임없이 생성되는 것인가? 왜 사람들은 끔찍스런 고통의 경험을 되풀이하려는 반복강박을 보이는가? 왜 쾌락을 지향하는 인간이 가학적이고, 피학적인 욕동을 보이는가? 프로이트는 공격성 내지 파괴성을 억압된 항문기적 성욕동의 특성으로 해석하려 하였다. 그러나 집단적으로 서로를 죽이고 죽는 것, 반복해서 고통 속으로 들어가려는 인간의 본능을 억압된 항문기 성욕동으로 해석할 수는 없었다.

프로이트는 '쾌락원리 너머에' 어떤 것이 존재하고 있으며, 그것이 이러한 반복강박으로 인도한다고 보았다. 그는 그것을 '죽음 본능'이라고 불렀다. 죽음본능이란 모든 생물이 무기질의 상태로 돌아가고자 하는 근본적인 경향을 가리킨다. 이러한 반복강박을 죽음본능(이전의 상태, 즉 흙으로 돌아가려는 충동)이 존재한다는 증거로 간주했다. 본능은 이전 상태로 되돌아가려 하는 유기체 내부의 관성 내지 충동을 내포한다. 생명체에 내재된 가장 원초적인 본능은 무기물로 돌아가려는 본능이다. 모든 유기체는 그 자신의 방식대로 살다가 죽음에 이르길 바란다. "유기체적 본능이 지향하는 최종 목표는, 지금까지 발전해 온 길을 따라, 생명체가 최초로 분리되어 나온 과거의 어느 시점으로 거슬러 돌아가는 것이다. 이러한 회귀욕동으로 모든 생명체는 내부적인 이유로 최초의 상태인 무기물로 돌아간다. 즉, 모든 생물체의 궁극적인 목적은 죽음이다."(이창재, 279). 예를 들면, 연어는 성장해 가면서 자신들이 처음 태어난 곳으로 다시 돌아와 생식 세포를 방출하고는 죽는다. 자신이 태어난 바로 그곳으로 돌아오기 위해 곳곳에 포식자들이 산재해 있고, 돌아오는 길이 험난하여도 필사적으로 태어난 곳으로 회귀한다. 그럼으로써 연어는 연어다운 죽음을 맞이한다. 프로이트는 하등동물들이 그들 '특유의 죽음'을 맞으려고 회귀하는 것이라고 해석한다. 곤충들에게 교미 행위는 죽음과 밀접한 관련이 있다. 만족스러운 교미 과정에서 자신들의 에로스 에너지는 전부 소진되며,

그 순간 죽음 본능은 마음껏 자기 목적을 달성한다. 그로 인해 사마귀나 메뚜기, 수펄 등은 교미한 후 몇 시간 내에 죽고 만다. 삶의 본능인 에로스의 극대화와 동시에, 욕동 없는 죽음의 상태가 결합되어 있는 것이다. 이러한 측면에서 희망을 갖지 못하고, 절망 속에서 자살하는 것은 인간이 자신의 종착지인 죽음을 통하여 무기물로 돌아가야 함을 알고, 그 길을 의식 속에서 혹은 무의식적으로 빨리 재촉하는 것이라고 볼 수 있다. 그러므로 프로이트가 말하려는 죽음의 욕동 개념에서 가장 근본적인 것은, 이전 상태로 돌아가려는 회귀이며, 이는 결국 무생물의 절대적 휴식으로의 회귀이다. 죽음본능 이론은 존재하는 모든 것은 온 데로 되돌아가려 한다는 성질에 기초한 것이다.

생명체에 내재된 가장 원초적인 본능은 무기물로 돌아가려는 본능이다. 그렇다면 생명체는 왜 자신의 궁극 목적을 곧바로 실행하려 들지 않는 걸까? 이는 삶 본능이 죽음 본능의 활성화를 저지하고 있기 때문이다. 삶 본능은 유기체가 원하는 바를 충분히 성취하기 위해 죽음에 이르는 시간을 지연시킨다. 그렇다면 유기체가 원하는 바는 어떤 것일까? "인간은 자신이 원하는 방식으로 죽고 싶은 욕구가 있다. 인간은 유년기에 그토록 부러워했던 어른들의 행동을 충분히 다 경험해 본 후, 아무 고통도 없는 원상태로 돌아가고 싶어 한다."(위의 책, 285). 위의 이론에 근거하지만, 자기 보존 본능이란 죽음 본능에 봉사하기 위해 형성된 것일 뿐이다. 자아 본능은 유기체가 정해진 길을 따라 죽음에 이르도록 보호해 주는 동시에, 곧바로 무기물로 회귀하지 못하도록 방어하는 기능을 한다. 그 때문에 생명체가 그것의 목적인 죽음에 이르기까지는 매우 복잡한 '우회로'를 거쳐야 한다. 모든 유기체는 그 자신의 방식대로 죽기를 바란다. 즉, 자신의 방식대로 살다가 죽음에 이르길 바란다. 그런 의미에서 인간도 자신의 삶에서 자아실현, 즉 소명召命을 다하려는 궁극적인 목표를 지닌다.

죽음본능은 삶에 대한 증오이다. 생명본능과 죽음본능 간에 근원적이고 본래적인 충돌이 있다는 프로이트의 이론은 모든 개인이 해체 상태, 즉 죽음의 침묵으로 돌아가고 싶어 하는 죽음소망과 생명소망 사이에서 분투한다는 것을 의미한다(R. D. Hinshelwood, 135). 한나 시걸Hanna Segal은 소설 『마틴 이든Martin Eden』의 마지막 구절에 관해 다음과 같이 언급했다. 주인공 마틴은 자살하려고 강물에 뛰어들었지만, 자신도 모르는 사이에 헤엄을 치고 말았다. 이 소설은 살고자 하는 것이 얼마나 자연스런 본능인지를 묘사하고 있다. 그는 헤엄치기를 중단했다. 그러나 입이 물에 잠기는 것을 느끼는 순간, 반사적으로 물 위로 떠오르려고 두 손을 휘저었다. 그는 "이것이 살려는 의지구나" 라고 생각했고, 그 순간 자신이 경멸스럽게 느껴졌다(Hanna Segal, 55-61). 저자는 삶에 대한 증오와 더불어 계속해서 살고자 하는 소망에 대한 조롱과 경멸을 그리려고 했다. 작가는 주인공 마틴이 물에 빠져 죽었을 때, 가슴이 찢어지는 고통을 다음과 같이 묘사했다. "고통은 죽음이 아니라는 생각이 그의 몽롱한 의식 속에 흔들리고 있었다. 이게 삶이야. 이 끔찍스런 숨 막히는 감정이 바로 삶의 아픔이지. 이게 바로 삶이 가하는 마지막 일격이야." 프로이트는 그러한 투쟁이 모든 개인의 발달을 위한 토대가 된다고 보았다. 죽음 본능은 죽음 그 자체를 향하는 욕동으로서, 생명과 살려는 소망을 공격한다. 그것은 자기를 향한 파괴성의 근본적 형태이다. 그것은 자기 파괴적이고, 자기 손상적인 모든 태도들 안에 들어 있는 요소다.

이처럼 정신분석학적인 인간이해는 인간 존재가 무기질로 형성되었기에 인간은 모태에서 생성됨과 동시에 죽음으로 가려는 우주적인 원리에 지배 받는 존재임을 기초로 한다. 그러므로 삶 안에는 죽음이 융합되어 있고, 무의식적으로 죽음에 이르려는 속성을 지닌 존재로 인간을 이해하였다. 예를 들면, 만족스러운 성교를 통하여 자신의 욕동이 조금도 남겨져 있지 않은 상태, 즉 무욕동적인 순간은 삶의 본능이 최고조에 달해 있는 상태인 동시에 죽음의 상태에 있는 것이다. 그러한 면에서 죽음은 가장 행복한 안식이 된다. 무욕동적인 관상기도contemplation prayer를 예로 들 수 있다. 관상기도는 "지혜의 나타남에 대해 놀라움으로 가득 찬, 마음의 자유롭고 보다 내성적인 응시상태"(U. T. Holmes, 42)를 뜻한다. 신비로운 영적 합일의 경험 안에서는 모든 육체적인 욕동이 사라지고, 오직 그리스도와 친밀한 관계성 속에 가만히 있고 싶은 마음뿐이다. 모든 양자합일체의 상태 안에는 무욕동적인 상태, 즉 죽음과 같은 상태이면서 동시에 최고조의 기쁨이 가득한 상태가 있다.

실존주의 심리학자인 빅터 프랭클Viktor Frankl은 인간의 실존적인 죽음인 공허의 원인을 다음과 같이 설명하였다. 첫째, 동물들과 달리 인간에게는 그가 반드시 해야 할 바를 알려줄 충동과 본능이 없기 때문이다. 둘째, 현대인들은 예전과 달리 인간에게 마땅히 해야 할 바를 알려 줄 인습과 전통, 가치가 없다는 것이다. 셋째, 많은 사람들은 근본적으로 그가 원하는 일이 무엇인지 모르고 있다. 대신 다른 사람이 하는 것을 하고자 하거나 다른 사람들이 원하는 일을 하려고 하기에 죽음과 같은 공허에 빠져 있는 것이다(Viktor Frankl, 116). 현대인들은 실존적 공허가 만연된 삶을 살고 있다. 그렇다면 어떻게 죽음과 같은 실존적 공허에 대처할 수 있을까? 대부분의 사람들은 목표를 가지고 있다. 하지만 그들의 목표는 보편적인 목표일 뿐 유일성으로서의 목표가 아니다. 자신의 존재는 우주 가운데서 독특한 유일성을 가지고 있다. 마찬가지로 자신의 목표가 실존적인 유일성에서 나온 목표여야 죽음과 같은 공허 속에 빠지지 않고 살 수 있다. 즉, 유일성으로서의 자신의 정체성에 기초하여 부름 받은 소명자로 서 있어야 한다. 그리고 그와 같은 기초 위에서 자신만의 독특한 의미와 가치를 추구하는 목표가 설정되어야 한다.

인간이 가진 죽음본능의 에너지가 자기 스스로에게서 벗어날 수 있다면 불안을 느끼지 않고, 공허를 느끼지 않을 것이다. 하지만 최적의 환경에 있는 개인일지라도 모든 인간은 존재적인 죽음본능을 가지고 있기 때문에, 각 개인은 존재적으로 절망할 수밖에 없다. 이러한 존재적 절망감은 죽음본능을 통해 드러난다. 아담과 하와에 의한 원죄는 인간을 타락하게 했고, 그 결과 절대절망과 죽음본능적 존재인 인간은 스스로의 힘으로는 희망의 등대를 찾을 수가 없다. 그래서 예수 그리스도가 십자가에서 인간의 죄를 대속하시고, 죄와 저주에서 구원하셨다. 그러므로 인간은 예수 그리스도의 보혈과 유일성으로서의 소명감에서 희망의 불빛을 찾을 수 있다.

죽음에 직면해서 두려움을 느끼는 것은 당연한 일이다. 죽음은 하나의 신비의 길로 들어가는 초행初行 길과 같다. 익숙한 길이나 한 번이라도 다녀온 길이라면 두려울 것이 없을 텐데 그 길은 모든 인간에게 초행길이며, 홀로 가야 할 길이기에 두렵다. 하지만 참된 그리스도인이라면 두려움에 지배를 받지 않고 그 길을 가야 한다.

본 장에서는 개인적, 실존적 종말(죽음)에 대해 오순절신학, 영성신학, 정신분석학적인 시각으로 조명해 보았다. 죽음에 대해서 현대인들은 공동체적인 것으로 받아들이기 보다는 한 개인에게 속한 것으로 여긴다. 그리하여 안 보이는 죽음, 즉 고립된 죽음을 맞이한다. 그리고 멀리 있는 죽음으로 받아들여, 마치 죽음이 없는 것처럼 살려고 한다. 죽음에 대해 오순절주의자들은 대적하고 물리쳐야 할 세력으로 간주하는 동시에 주님과 영원한 나라로 들어가는 은총으로 이해한다. 대적하고 물리쳐야 할 세력으로 보는 것은 하나님 나라의 현재성에 기초되어 있고, 영원한 하나님 나라로 들어가는 은총이라는 측면은 그리스도의 보혈로 다시 그린 자화상에 기초하고 있다. 영성신학자들은 죽음을 자연스러운 것이자 하나님의 은총으로 인식하고 편안히 죽음을 맞이한다. 정신분석은 인간을 삶의 본능과 죽음 본능이 통합되어 있는 존재로 여긴다. 인간은 무기물로 돌아가려는 자기 운명을 무의식적으로 인식하는 존재이므로, 삶 속에 죽음본능이 강렬하게 존재한다. 실존주의심리학은 고립과 허무의 죽음본능을 극복하는 길로, 유일성으로서의 자기존재에 대한 이해와 더불어 보편적이지 않은 유일성으로서의 자기 목표의 설정, 그리고 자아실현이 중요하다고 가르친다. 본 논문은 여러 방면에서 인간의 개인적, 실존적 종말을 이해함으로 죽음에 대한 확장된 통찰을 얻고자 했다. 나아가서는 죽음에 대한 바른 준비를 할 수 있는 신학적 기초를 마련코자 하였다.

인간이 보편화된 목표인 소유양식 속에 살고 있는 한, 죽음은 두려운 것일 수밖에 없다. 어떤 합리적인 설명도 이 두려움을 제거해 주지 못할 것이다. 죽음에 대한 공포를 없애는 것은 죽음을 위한 준비로써가 아니라, 다만 소유양식을 감소하고 존재양식을 증대하는 노력으로 가능하다. 어떻게 죽을 것인가에 대한 가르침은 어떻게 살 것인가에 대한 가르침과 동일선 상에 있다. 그러므로 어떻게 살아야 하는가에 대한 질문에 심사숙고 하는 것이, 죽음을 준비하는 가장 좋은 길이 된다. "잘 보낸 하루는 편안한 잠을 가져다주고, 잘 보낸 일생은 편안한 죽음을 가져온다." 는 말처럼, 보혈로 다시 그린 자화상과 유일성으로서의 자신의 목표를 추구하며 산다면, 편안한 죽음이 보장될 것이다. 그런 면에서 바른 영성 지도를 통하여, 죽음에 대해 성숙한 자세를 가질 수 있게 하는 것은 목회적 돌봄의 중요한 과제이다.

11장

안아주는 환경으로서의 공동체

아동이 고통스런 환경에 있다 할지라도 어머니의 안아주는 양육환경으로 인해 심리적인 안정감을 가지고 견뎌 낼 수 있듯이, 성인들의 삶에서도 이러한 환경이 늘 필요하다. 교회는 안아주는 환경이 될 때 최선의 환경을 제공하는 공동체가 된다. 사람들은 공동체에 이러한 기대를 가지고 교회를 찾아온다. 안아주는 환경을 제공하는 공동체는 인간성장과 정서적 안정에 최적의 환경을 제공할 것이다. 모든 사람은 "사랑 받을 만하고, 수용될 만한 존재로서의 자기" 에 대해서 민감하다(Sheldon Cashdan, 34). 자기 자신이 좋은 인간존재인지 아니면 나쁜 인간존재인지에 대한 관심은 개인이 자신을 바람직하다고 느끼는 감정과 밀접하게 연결되어 있다. 어린 아이들뿐만 아니라 성인들도 자신이 수용 받을 만한 인간존재인지 아닌지에 대해 민감하게 관심을 갖고 있다. 인간은 반영이 없는 곳에서는 삶을 꽃 피울 수가 없기에 반영해 주고 안아주는 환경이 중요하다.

지치고, 외롭고, 무기력하고, 불행하다고 느끼는 현대인들은 그들의 영혼이 쉴 만한 안아주는 공동체를 절실히 찾는다. 홀로 있는 능력이 없는 사람들이 많다. 그들에게 홀로 있다는 것은 죽음과도 같은 것이다. 따라서 그들에게 있어서 안아주는 공동체는 신비로운 환대와 나눔의 장소로 보인다. 하지만 공동체는 끔찍한 장소일 수도 있다. 그곳에서는 하루 종일 다른 사람들과 함께 지내야 한다. 다른 사람들과 함께 지내기 시작하면 자신의 나약함과 부족함, 다른 사람들과 어울리지 못하는 낯가림, 정신적인 장벽, 정서적 불안, 성적 불안, 욕망, 불만과 질투심, 증오와 분노, 파괴적 충동 등을 발견하기 때문이다. 이처럼 공동체 생활은 자신의 한계와 병리를 뼈저리게 들추어낸다. 공동체 안에서 자기 내부에 존재하는 짐승 같은 자신의 진실을 발견할 때면 그런 것들이 전혀 존재하지 않는 것처럼 하려고 애쓰거나, 공동체 생활과 다른 사람들과의 상호관계에서 빠져나가려고 한다. 그러나 용기 있게 자기 내부에 존재하는 짐승들의 존재를 인정하고 맞닥뜨린다면 새로운 변형과 성장에 이를 수 있다.

인간은 다른 사람들이 자신을 받아들이고 사랑한다는 것을 깨달을 때 자신을 더 깊이 받아들이고 사랑할 수 있게 된다. 따라서 공동체란 두려움이나 압박감 없이 진정으로 자신이 될 수 있는 장소이다. 공동체 생활은 모든 사람들의 상호신뢰를 기초로 하여 세워진 안아주는 환경이다. 어머니와 유아의 관계에서 안아주는 양육 환경과 안아주는 공동체는 서로 많은 유사성을 지닌다. 본 장에서는 이런 유비를 통하여 성장하는 공동체적 환경은 무엇인지 알아 보려고 한다.

안아주는 환경

위니캇은 영국의 대표적인 대상관계이론 학자이다. '안아주는 환경'은 그의 용어이다. 그의 유아기적 정서발달 이론의 기본 가정은 "인간은 의존성과 동시에 타고난 잠재력을 가진 존재" 라는 점에서 출발한다. 그는 인간의 삶이 태초부터 어렵고 힘들다는 것을 잘 알고 있었지만, 삶은 창조적이고 가치 있다는 신념을 지니고 있었다. 그리고 모든 인간은 성숙을 향해, 그리고 사회에 긍정적으로 공헌하는 방향으로 성장하려는 움직임을 갖고 있다고 믿었으며, 이를 위해서는 안아주는 환경이 반드시 필요하다고 보았다.

양육 환경에서의 안아주는 환경

위니캇은 "사랑 없이 아기를 키울 수는 있지만, 사랑 없이 비인격적인 방식으로 아기를 키우면, 아기가 자율적인 인간으로 자랄 수는 없다." 고 하였다(D. W. Winnicott, 1971, 172). 그는 양육환경에서 어머니의 양육방식이 이토록 중요하듯이 상담자와 내담자 관계에서도 이러한 관계가 적용될 수 있다고 보았다.

위니캇의 안아주는 환경을 이해하기 위해서는 그의 다른 이론적 개념인, 일차적 모성 몰두primary maternal preoccupation와 충분히 좋은 어머니good enough mother, 그리고 박탈deprivation 이라는 개념을 함께 생각해야 한다. 일차적 모성 몰두는 어머니의 마음상태를 가리키는 용어이다. 임신과 함께 어머니의 모성적 몰두가 점차로 증가하여 임신 말기가 되면, 어머니는 아기에게 매우 강력하게 몰두한다. 이러한 모성 몰두는 출산 후에도 오랫동안 계속된다. 그럼으로써 어머니는 아기에게 준비된 기능을 수행하게 된다. 아기가 어머니 태내에서 성장함에 따라 어머니의 장기들은 압박을 받고, 운동능력과 소화능력, 배설능력이 현저하게 떨어지게 된다. 그럼에도 불구하고 어머니는 자기 자신이나 외부환경에 신경 쓰기 보다는 더더욱 아기에게 동물적인 수준의 관심을 가지게 된다. 이러한 일차적 모성 몰두는 아이에게 성장을 촉진해주는 환경을 어떻게 준비해 가는지를 상징적으로 보여주며, 이는 일종의 긍정적인 광증상태라고 할 수 있다. 이를 통해서 어머니는 출생 초기에 제공되어야 할 완벽한 돌봄의 환경, 즉 안아주는 환경을 만들 수 있게 된다. 유아에게 필요한 환경이 되기 위해서 어머니는 자신의 주관성과 개인적 관심, 그리고 자신의 몸에 대한 걱정까지 다 버려두고 자신의 모든 존재와 활동의 촛점을 아기의 바람과 욕구에 맞춘다. 유아는 어머니가 제공하는 생물학적 환경을 경험함으로 자신의 주관성이 생겨나는 경험들을 하게 된다. 그럼으로써 유아는 진정으로 의미 있는 삶을 사는 개인으로서 출발하게 된다.

'충분히 좋은 어머니'는 몰두를 통하여 유아의 욕구에 정확하게 반응하지만 유아의 발달에 따라서 점진적으로 물러날 줄 아는 어머니 역할에 대한 함축적인 표현이다. 충분히 좋은 어머니는 안아주는 환경을 제공해 줄 뿐 아니라, 유아의 원본능 욕구들을 충족시켜 주는 어머니이다. 어머니는 자신의 자연스런 모성본능에 따름으로써 초기에 거의 완벽했던 몰두에서 차츰 벗어나 아이에게 점진적인 좌절을 제공함을 통해, 아이에게 모험심과 대상에 대해 분화된 공격성을 사용할 줄 아는 능력이 형성되게 한다. 위니캇은 유아에게 좋은 어머니의 역할에 대해 다음과 같이 서술하였다. 유아의 성격이 왜곡됨 없이 발달하기 위해서는 처음에 어머니가 정확하게 유아의 욕구에 적응해 주어야 한다. 그렇지만 어머니는 적응해 주는 데 실패할 수 있어야 하고 점진적으로 그럴 수 있어야 한다. 이는 유아의 정신과 지적 과정이 증가하면서 점차 어머니의 적응실패를 허용할 수 있기 때문이다 (Madeleine Davis & David Wallbridge, 69-70).

안아주는 환경은 의존상태에 있는 유아에게 필요한 촉진적인 환경을 만들어주는 모성적 기능을 일컫는 말로, 유아의 정서 상태를 안아주고 자아 욕구를 충족시켜 줌으로써 유아가 전능감과 안전감을 경험할 수 있도록 하는 환경을 말한다. 안아주는 환경은 일차적 모성 몰두에 기초한다. 왜냐하면 몰두하는 어머니는 유아의 욕구를 정확하게 알 수 있고, 제공할 수 있기 때문이다. 인간은 몰두할 때, 또는 몰두를 받을 때 행복하다. 시카고 대학의 미하이 칙센트미하이Mihaly Csikszentmihaly 교수는 평생 동안 '인간은 언제 제일 행복할까?'라는 문제의 답을 찾기 위해서 현대 심리학의 지식과 방법을 적용하여 연구했다. 그는 플로우flow상태에 있을 때 최상의 행복을 경험한다고 결론지었다. 플로우라는 것은 사람들이 다른 어떤 일에도 관심이 없을 정도로 지금 하고 있는 일에 푹 빠져 있는 상태를 말한다. 그는 플로우에 대해서 이렇게 설명하였다.

> 곧 이때의 경험 자체가 매우 즐겁기 때문에 이를 위해서는 어지간한 고생도 감내하면서 그 행위를 하게 되는 상태이다. 어머니는 이러한 안아주는 환경을 제공해주는 환경 어머니와 본능적 욕구 충족을 제공해주는 대상 어머니로 구분된다. 대상 어머니는 유아의 대상관계와 자아조직이 충분히 형성된 후 대상지향적인 원본능의 만족을 제공하는 어머니를 가리킨다. 발달의 핵심은 이러한 대상 어머니의 역할이 아니라, 분리경험을 감당할 수 있도록 준비시켜 주는 환경 어머니이다(Mihaly Ssikszentmihalyi, 29).

외적 조건들에 압도되지 않고, 스스로 행동을 조절할 수 있으며, 내 운명의 주인공은 자신이라는 느낌이 드는 순간들이 있다. 이때 기분이 고양되고, 행복감을 맛볼 수 있다. 이런 경험들은 자신의 뇌리에 오랫동안 남게 되고, 더 나아가 본인이 지향하고 싶은 삶의 이정표가 될 수 있다. 이런 경험을 칙센트미하이는 최적 경험optimal experience이라고 하였다. 이 경험은 캔버스 위의 여러 색들이 마치 자석의 힘에 이끌리듯이 서로서로 뭉치면서 생명력을 지닌 형태로 만들어질 때 이를 창조한 화가가 느끼는 것과 같으며, 또 태어나는 아기가 처음으로 자기를 쳐다보며 방긋 웃을 때 어머니가 느끼는 바로 그 경험이다(위의 책, 27). 인간은 창조적인 일과 사랑 관계에 몰두할 때 최적의 경험을 하게 된다. 그러므로 아기에게 몰두하는 어머니와 그 몰두를 받는 아기는 상보적으로 행복감 속에 들어가게 된다.

유아의 정서 발달은 유아의 절대의존이라는 현실에 기초한다. “아기라는 말은 있을 수 없다.” 라는 명제는 아기라는 말에는 이미 모성적 돌봄이 포함돼 있고, 모성적인 돌봄이 없는 곳에는 아기라는 말이 존재할 수 없다는 의미이다(D. W. Winnicott, 1965, 39). 유아는 본질적으로 홀로 존재할 수 없으며, 이런 유아의 실질적인 무능이 유아로 하여금 '촉진적인 환경' 또는 '모성적 돌봄'에 의존하게 한다는 것이다.

안아주는 환경의 부재로 인한 병리

안아주는 환경의 부재는 심리적 병리를 가져올 수밖에 없다. 안아줌의 단계에서 아기를 다루는 방법이 계속해서 변하거나, 아기를 버려두거나, 큰 소음에 방치하거나, 아기의 머리를 받쳐주지 않는 등 어머니 편에서의 자아지원이나 돌봄이 부족하면, 환경은 유아를 침범하고 유아는 이에 대해 방어적으로 반응할 수밖에 없다. 이러한 침범은 존재의 연속성에 중단을 초래하게 된다. 이러한 침범이 계속된다면, 유아는 안아주는 환경 안에서 쉴 수 없게 되므로, 심리적인 상처가 강화된다. 위니캇은 생애 초기의 심리적 상처는 존재의 멸절 위협과 연결된다고 생각하였다. 위니캇은 존재가 멸절되는 고통을 '원초적 고통' 또는 '극심한 불안'이라고 불렀다(Madeleine Davis and David Wallbridge, 62). 위니캇은 "존재의 연속성을 방해하는 경험이 반복되면, 존재의 파편화 유형이 고정될 것이라고 보았다. 존재의 연속성이 파편화되는 경험 유형을 가진 유아는 거의 초기부터 정신병리 쪽으로 발달할 위험이 있다." 고 경고한다(위의 책). 위니캇은 정신질환의 원인은 절대적 의존기에서 환경이 유아에게 적응해 주지 못한 데 있다고 강조한다. 그는 정신병을 환경 결손의 병으로 간주한다. 극심한 불안에서 온 심리적인 상처에 대한 방어기제로서 분열성 성격의 기초가 되는 자아조직의 왜곡인 해리나 극단적 해리상태인 분열이 생겨난다고 본 것이다(위의 책, 64).

정신적으로 건강한 범주에 들어가든 병리적인 성인이든 성인기에도 안아주는 환경은 계속 필요하다. 성인들 중에는 자신이 산산조각이 나는 느낌, 영원히 떨어지는 느낌, 자신의 몸과 관련이 없는 것 같은 느낌, 방향감각이 없는 느낌, 의사소통의 수단이 없는 완전한 고립감 등으로 고통하는 사람들이 많다. 프로이트는 인간고통의 핵심을 죄책감에 두었으며, 멜라니 클라인은 인간고통을 멸절의 공포라 하였고, 하인즈 코헛은 공허감이라고 했다. 죄책감, 멸절의 공포, 공허감 모두 안아주는 환경의 부재나 얄팍함에서 비롯된다. 예를 들면, 병리적 완벽주의는 지나치게 완벽에 매달려, 자신이 한 일에 대해서 결코 만족하지 못하고 끊임없이 일에 빠져 있는 모습이다. 이러한 경향은 죄책에 기반을 둔 경우에는 자신의 파괴성이 자신의 통제를 벗어날까 두려워서 모든 일을 정확하고 올바르게 하려는 강박행동이다. 이와 달리 수치심에 기인한 완벽주의는 타인에게 비판 받을지도 모른다는 두려움 때문에 생겨난다. 즉, 자신이 부적절하고, 가치 없고, 엉터리라는 것이 드러날까 두려워 강박적으로 완벽을 향해 자기애적인 추구를 하는 것이다. 이러한 강박적 완벽추구도 안아주는 환경의 부재 때문에 병리적으로 죄책감이나 수치심이 형성되었기 때문이다. 안아주는 환경의 실패를 경험한 개인은 성인이 되어서도 끊임없이 이러한 환경을 간절히 찾는다.

오토 컨버그는 사랑할 수 있는 능력이 없는 사람들의 유형으로, 자기애성 인격장애 환자들과 경계성 인격장애 환자들을 들고 있다. 자기애성 인격장애 환자들의 사랑 유형은 내게 없는 것을 가진 상대를 시기한다. 그리고 상대방 감정에 공감하는 능력이 떨어져 사랑할 수 있는 능력이 없는 사람들이다. 이들에게 사랑은 그 시작도 어렵지만 설령 사랑이 진행된다 해도, 자신에 도취되어 있어서 순탄하지 않은 길을 걷게 된다. 반면 경계성 인격장애를 갖고 있는 이들은 자아가 탄탄하지 않아서 충동적이고, 혼란스러운 상태에 있다. 그들은 자신을 채워줄 누군가를 찾아 헤매는데, 이들의 문제는 가까워지는 것, 즉 친밀함을 견디지 못한다. 이들은 친밀해지면, 자신이 상대와 완전히 합쳐져 소멸해버릴지도 모른다는 무의식적 두려움을 가지고 있다. 또한 너무 가까워지면, 자신의 공격적인 충동이나 분노 또는 채워지지 않는 욕구가 그대로 튀어나와 상대를 집어삼키려 하고, 이것이 곧 상대방과 자신을 모두 파괴할지도 모른다고 생각한다. 그래서 이들은 가까워질 수도 없고 멀어질 수도 없는, 결국 자신을 파괴하고 마는 불행한 사랑을 할 수밖에 없다. 자기애성 인격장애 환자나 경계성 인격장애 환자들도 결국 안아주는 환경의 부재로 사랑의 능력이 형성되지 않은 것이다. 그러나 이들은 사랑을 간절히 찾는다. 즉, 안아주는 환경에 목말라 있다.

안아주는 환경의 부재로 일어나는 병리의 두 번째 범주는, 위니캇이 '거짓자기'라고 묘사한 것이다. 거짓자기의 원인은 절대적 의존기에 일어난 대상 제공의 부재에 기인한다. 참자기는 엄마가 유아의 전능적인 표현을 반영해 줌으로써 약한 자아에 힘이 제공될 때 생명을 가지기 시작한다. 하지만 충분히 좋지 않은 어머니는 유아의 전능성을 충족시켜 주지 못한다. 대신에 어머니는 유아의 순응으로 인해 의미가 생긴 그녀 자신의 몸짓으로 이를 대체한다. 유아 편에서 이렇게 순응하는 것은 거짓자기의 초기 단계로, 이는 유아의 욕구를 감지하지 못하는 엄마의 무능함에 기인한다. 유아는 이 거짓자기를 통해 거짓된 관계를 형성하고, 심지어 내사를 통해 진짜처럼 보이는 것에 이르기도 한다. 따라서 아이는 성장하면서 엄마, 양육자, 아줌마, 형 등 그 상황을 지배하는 사람이 누구든지 간에 그 사람과 똑같아진다. 거짓자기는 환경의 요구에 순응함으로써 참자기를 숨기는 것이다(위의 책, 66-67).

참자기의 능력이 형성된 성인은 삶에 활기가 넘치고, 자발적으로 다양한 감정을 깊이 체험할 수 있으며, 적절하게 자신의 권리를 기대하거나 주장할 수 있다. 그리고 자기 존중감이 강하고, 전념할 만한 일을 정해서 그 일에 매진하는 능력이 있으며, 성적인 친밀감도 가질 수 있다. 강력한 창조성을 갖게 되고, 홀로 머물 수 있는 능력이 있으며, 자기감에 연속성이 있다(James F. Masterson, 67-72). 하지만 안아주는 환경의 부재로 거짓자기가 가득하게 되면, 이 같은 능력을 가지고 인생을 든든하고 활기차게 살 수 없다. 그러므로 건강한 참자기의 삶을 살기 위해서는 성인기에도 안아주는 환경이 필요하다.

안아주는 환경의 실패로 오는 병리의 세 번째 범주는, 의사소통의 문제이다. 위니캇에 따르면 유아는 어머니와 융합되어 있기 때문에 어머니와 침묵으로 의사소통할 수 있으며, 어머니 또한 일차적인 모성적 몰두 상태에 있기 때문에 아기와 신체적 및 심리적으로 특별히 강하게 융합되어 있으므로 의사소통이 가능하다. 이렇게 유아 초기에 경험하는 침묵의 의사소통은 자기의 핵을 모으는 데 기여하게 된다. 유아는 어머니와 안아주는 환경 속에서 의사소통 함으로써 신뢰를 형성하게 된다. 유아 초기에 어머니는 유아의 욕구가 몸짓으로 표현되기 전에 유아가 필요로 하는 것을 알고 소통을 한다. 이후는 욕구를 표현하는 몸짓이 자연스럽게 나타나고 부모가 적절히 반응함으로써 의사소통이 이루어지게 된다. 이러한 의사소통에서는 말로 표현됨 보다는 느낌과 태도가 중요하다. 이러한 의사소통은 공유하는 토대가 없다면 가능하지 않다.

안아주는 환경에서 의사소통의 능력을 발달시키는 자아-관계성의 세 가지 측면은 다음과 같다. 첫째, 안아주는 환경에서 발달하는 의사소통의 능력은, 아기가 어머니로부터 분리될 때 다른 사람을 신뢰하고 사랑할 수 있는 능력의 토대가 된다. 둘째는 충분히 좋은 어머니가 유아의 몸을 다루는 방식과 관련이 있다. 아기는 심장박동, 호흡의 움직임, 숨의 따스함 그리고 자세를 바꾸려는 욕구를 알리는 움직임 등 삶의 원초적인 움직임을 통해서 어머니와 소통을 하게 된다. 이러한 의사소통은 유아의 욕구에 대한 어머니의 지속적이고 자연스러운 몰두에 달려있다. 이 경험은 어머니와 유아 두 사람 모두의 경험이다. 유아는 동일시함으로 어머니의 능력을 강화시킨다. 이러한 상호성의 초기 경험들은 유아에게 어머니와 관계하는 경험들이 어머니와 공유하는 경험이라는 것을 깨닫게 한다. 이렇게 어머니-유아의 최초의 상호적 경험은 아기가 어머니를 창조해내는 것의 일부가 된다. 그리고 이는 후에 독립된 개인들 사이에 감정이입의 특성을 지닌 정교

한 관계로 나아가게 한다. 셋째는 반영하기이다. 유아에 대한 어머니의 반영은 유아를 바라보는 것과 관련해서 이루어진다. 어머니의 초기 반영은 내면화된 환경 또는 내적 자원이 되며, 성인기에 가서 상호적 의사소통이라는 중요한 능력의 기초가 된다. 이 같이 안아주는 환경에서 적절한 몸 다루기와 반영적인 경험이 풍요롭게 내재화된 성인은 타자를 신뢰하고 사랑할 수 있는 능력을 갖게 된다.

성인기에서 안아주는 환경의 필요성

안아주는 환경은 인간이 숨을 쉬는 동안은 계속 필요하다. 아니 지상의 삶을 마치고 천상으로 가서 살 때도 안아주는 환경은 여전히 필요한 것이다. 안아주는 환경은 천국의 환경일 것이다.

거리에서 "프리 허그free hug" 혹은 "따뜻하게 안아드립니다"라는 피켓을 들고 있는 사람들을 본 적 있다. "백 마디 말보다 소중한 단 한 번의 포옹" 거리에서 낯선 사람과 포옹을 나누는 프리 허그 운동이 내세우는 슬로건이다. 프리 허그 운동은 2001년 제이슨 헌터Jason G. Hunter가 최초로 시작했다. 이후 2004년 호주의 후안만이라는 청년이 프리 허그 동영상을 찍어 인터넷에 올림으로써 세계 각지로 퍼져나갔다. 우리나라에도 상륙해 프리 허그 코리아www.freehugskorea.org 등 몇몇 단체를 중심으로 이 운동이 퍼져나가고 있다. 다음의 내용은 프리 허그 코리아 홈페이지에 실린 기사를 중심으로 정리한 것이다.

프리 허그를 실천하는 사람들은 포옹에는 치유 능력이 있다고 한다. 껴안는 행위를 통해 서로가 다르지 않음을 알게 되고, 하나님을 알게 됨으로 더 따뜻한 사회를 만들 수 있다는 믿음을 갖고 있다. 2002년 7월 영국의 과학 잡지 뉴 사이언티스트에 실린 논문에 따르면 포옹을 통해 피부가 서로 닿으면 애정 호르몬인 옥시토신이 분비된다. 논문을 기고한 스웨덴 살리렌스카 대학병원 하칸 올라우손 교수는 "기분 좋은 포옹은 신경계를 자극해 옥시토신이 분비되게 한다"고 말한다. 2003년 미국 정신신체의학회 역시 안아주면 건강해진다는 실험결과를 발표하기도 했다. 포옹요법을 제안한 미국의 정신간호학자 캐슬린 키딩은 포옹을 하면 기분전환에 좋고 외로움을 덜어주며, 두려움을 이기게 해주고 근육을 튼튼하게 하며 불면증을 없애준다는 등 10가지의 효능을 제시하면서 포옹이 마음의 병을 치유하는 지름길이라고 말한다. 이러한 효과 덕에 프리 허그 운동을 펼친 육군 백골부대는 사고 발생률이 50% 이상 감소하는 효과를 얻기도 했다. 포옹을 포함한 스킨십은 두뇌발달에도 영향을 미친다. 아이들이 안겨 있을 때 신경전달물질인 아드레날린과 세로토닌 성분이 증가하기 때문이다. 이 물질들은 기분을 좋게 하고 기억력을 높여주는 것으로 "안아주면 아이들 머리가 좋아진다."는 속설이 생겨나게 한 근거이기도 하다.

다음은 프리 허그를 실천한 부부의 사례다. 몇 해 전 아이를 잃은 슬픔으로 남편과 멀어진 한은정 씨(36세)는 20일째 남편과 하루에 5번의 포옹을 실천하였다. 눈을 바라본 후 따뜻한 느낌을 전달하는 포옹이 관계를 회복할 수 있을 것이라는 주변인의 권유 때문이었다. 시작할 때는 어색하기만 했던 포옹이 이들 부부에게 어느덧 생활의 일부가 되어버렸다. 부부는 이제 죽은 아이의 사진을 보며, 아이의 죽음을 그리 힘들지 않게 직면할 수 있다고 말한다. 슬픔은 혼자 참아내는 것이 아니라 함께 공유해야 함을 가르치는 사례다.

경희대병원 정신과 김종우 교수는 "불안장애나 우울증을 겪고 있는 소아청소년이나 노인들에게 포옹 등의 신체적 접촉은 충분한 위약僞藥효과를 지닐 수 있다."고 했으며, 가정문화원 김영숙 원장은 "사람에게는 접촉 수용체 세포가 있는데 만져주지 않으면 면역력이 떨어지는 접촉 결핍증이 나타난다. 예로부터 배가 아픈 아이에게 엄마들이 '엄마 손은 약손'이라고 말하며 배를 만져줬던 것도 이런 이유 때문이다."라고 했다. 노스케롤라이나 대학의 한 심리학자는 포옹을 하지 않은 사람들은 불쾌한 과거를 얘기한 후 혈압과 심장박동의 증가량이 포옹 한 사람보다 2배 이상 많았다고 보고했다. 또한 포옹은 면역력을 증가시켜 우울증과 통증을 치료하고, 스트레스를 줄이며 불안증을 완화한다. 그리고 덴마크 보건성 산하 대체의학 연구소 한센 박사팀은 치매 환자들에게 가벼운 신체 접촉이 흥분과 불안 및 다른 정서 행동장애 증상을 가라앉히는 데 도움이 된다는 연구결과를 발표했다. 포옹을 효과적으로 하려면 눈을 마주치고 최대한 사랑하는 마음을 담아 상대방을 안아야 한다. 때와 상황에 따른 포옹방식도 가지가지이다. 서로의 뺨을 살짝 닿게 하는 뺨 포옹, 상대방의 어깨를 안는 곰 포옹, 부부끼리 아이를 사이에 두고 하는 샌드위치 포옹, 뒤에서 허리를 잡고 하는 허리포옹, 위로가 필요한 친구에게 하는 어깨포옹, 서로 힘 있게 꼭 껴안는 포옹 등이 있다.

캘리포니아 대학 의대 임상교수이자 퍼시픽 병원 의사로 활동하고 있는 딘 오니시Dean Ornish는 사랑과 친밀감이 지닌 놀라운 치유력에 대해 과학적이면서도 감동적인 한 편의 연구보고서를 썼다. 심장 전문의인 그는 20년간의 연구를 통해, 어떤 의학적 요소보다도 사랑과 친밀감이야말로 건강과 질병에 강력한 영향력을 미친다는 사실을 입증했다. 건강한 생활습관을 가진 사람이라 할지라도 친밀한 인간관계와 유대감, 즉 안아주는 환경이 경험되지 못하면, 심장병의 회복률이 낮고 사망하는 경우가 많았다. 친밀감과 사랑은 심장에 온기를 유지하게 하고, 혈관을 열어주어 신체에너지 흐름을 원활하게 만듦으로써 면역력을 높이고 건강하게 만든다. 사랑과 친밀감이 불러일으키는 치유의 힘은 매우 강력하며 실제적인 것이다. 사랑은 단순한 감정이 아니라 실제로 신체를 지배하며 건강하게 만들어 준다. 그러므로 사랑은 힘이 세다(Dean Ornish, 참고).

이처럼 생애초기 안아주는 환경의 부재로 인해 생긴 정신 병리의 치유를 위해서, 거짓자기로 관계하는 자가 참자기의 삶을 살 수 있도록, 그리고 소통에 문제를 가진 사람이 관계의 친밀성 안으로 들어갈 수 있도록 하기 위해서는 끊임없이 안아주는 환경이 제공되어야 한다. 뿐만 아니라 건강한 정신을 소유한 사람도 안아주는 환경이 필요하다. 공동체는 안아주는 환경을 제공할 수 있는 최적의 기관이다.

안아주는 환경으로서의 공동체

현대문명의 특징은 경쟁적이라는 것이다. 아이들은 유치원에 들어가는 순간부터 이기는 법을 터득해야 한다. 개인 위주의 물질적인 진보와 최고가 되어 특혜를 얻으려는 욕망이 안아주는 환경을 파괴하고 있으며, 공동체 의식과 긍휼의 영성을 무너뜨리고 있다. 경쟁과 쟁취의 가치에 시달리는 현대인들은 교회라는 따뜻한 공동체를 찾지만 교회 역시 그들에게 따뜻함을 제공해 주지 못한다. 개 교회주의는 극심한 경쟁을 유발했다. 교회는 근본적으로 어머니의 품, 쉴 만한 물가가 되지 못하고 있다. 한국교회가 침체하는 이유 중 하나는 안아주는 환경을 제대로 제공하지 못하는 것에 있다.

안아주시는 하나님

성서에는 하나님의 안아주심에 대한 비유적인 표현들이 많이 있다. 특히 이사야 46장 3절로 4절에는 안아준다는 말이 여섯 번이나 나온다. "야곱 집이여 이스라엘 집의 남은 모든 자여 나를 들을지어다. 배에서 남으로부터 **내게 안겼고** 태胎에서 남으로부터 **내게 품기운 너희여** 너희가 노년에 이르기까지 **내가 그리하겠고**, 백발白髮이 되기까지 **내가 너희를 품을 것이라 내가 지었은즉 안을 것이요 품을 것이요** 구하여 내리라" 이 말씀 외에도 이사야 40: 10-11, 49:15, 호세아 11: 1-4, 신명기 32:5-18이 안아주시는 하나님을 묘사하고 있다. 시편 23편은 목자와 어린양이라는 비유를 통하여 하나님의 인도하심과 돌보심이 어머니가 유아를 안아주고 돌보고 양육하는 모습과 비슷함을 느끼게 한다. 충분히 좋은 어머니는 유아에게 안아주는 환경을 만들어 준다. 인간이 대상으로부터 총애와 보살핌을 받으려는 욕구는 전 생애에 걸쳐서 존재한다. 하나님은 충분히 좋은 어머니와 군건한 아버지로서 그의 자녀들을 보호하시는 분이시다. 하나님은 그와 같은 역할을 창조시부터 행하셨다.

기독교는 처음부터 관계적 종교이다. 기독교 신앙은 비단 인간뿐만 아니라 이 세계의 창조주이신 하나님과의 관계 안에서 정의되고 이해된다. 즉, 기독교 신앙의 기본전제는 하나님을 통해서 지음을 받았으며, 하나님 안에서 살고 있다는 데 있다. 이처럼 인간 존재와 삶 자체를 관계적 모체로부터 분리시켜 생각할 수 없는 기독교 세계관에서는 하나님이 자기대상으로서의 역할을 하신다. 하나님은 자신의 형상대로 인간을 지으셨고, 인간 안에 자신의 가치를 불어넣으셨다. 뿐만 아니라 인간을 바라보며 감탄하시고 칭찬하시는 하나님의 모습은 안아주는 환경을 제공하는 어머니의 모습과도 같다. 아기가 자신을 감탄하는 눈빛으로 바라보고 긍정해 주며, 찬사를 보내는 부모를 경험함으로써 자기self가 형성되듯이, 창조의 첫 시작 역시 하나님의 긍정적인 찬사와 사랑의 눈빛이 가득 담긴 따스함이었다. 하나님은 모든 환경을 조성한 후 창조 마지막 날에 인간을 지으셨다. 이는 어머니가 곧 태어날 아기를 잘 양육하기 위해서 미리 양육 환경을 준비하는 모습과도 같다.

안아주는 공동체

충분히 좋은 어머니의 역할은 가정이라는 공동체 환경에서 이루어진다. 충분히 좋은 어머니 개념의 적용과 관련하여 공동체가 가지고 있는 역할에 대해 생각해 보자. 충분히 좋은 어머니는 어머니라는 생물학적 특성에 기초한 것임이 분명하다. 반면 공동체는 생물학적인 특성에 기초하지는 않지만, 그러한 정신을 강조하는 정신공동체이다.

공동체는 반드시 목표를 설정해야 한다. 목표가 없거나 공동체 생활의 이유가 불분명할 경우, 갈등이 생기고 모든 일이 붕괴되고 만다. 결혼생활도 마찬가지이다. 결혼이란 그냥 함께 사는 것으로 이루어지는 문제가 아니다. 결혼이 지속되려면 서로의 바람이 무엇이고 왜 함께 하려는지 알고 있어야 한다. 어떤 공동체든 그 구성원들에게 왜 모여 생활하고 각자에게 요구되는 바는 무엇인지를 명시해 주는 목표가 있어야 한다. 또한 공동체는 이기심에서 사랑으로, 죽음에서 부활로 넘어가는 운동이어야 한다. 사랑은 감상적인 것도 아니고 스쳐 지나가는 감정도 아니다. 사랑은 주는 것이며, 서로가 서로에게 귀속되어 있음을 확인하는 것이다. 사랑은 다른 사람들의 말에 관심을 가지고 귀 기울여 듣고, 그들의 감정을 함께 느낀다. 사랑은 그들의 요구와 가장 절실한 필요에 응답하는 것이다. 사랑은 함께 느끼고 괴로워하는 것이다. 즉, 함께 울고 함께 즐거워하는 것이다. 다른 사람을 사랑한다는 것은 그가 그곳에 있음으로 행복을 느끼고 거기에 없을 때 슬픔을 느끼는 것이다. 사랑은 서로의 내면 안에 살아 있으면서 서로에게 안식처를 구하는 것이다. 대인관계 정신분석학자인 설리반 H. S. Sullivan은 상보적 관계相補的 關係, 통합 경향성integration tendencies이란 개념을 사용한다. 이는 주체와 객체가 상호간에 만족스런 방식으로 함께 묶여지는 경향성을 말한다. 아기와 어머니 사이의 상호작용은 통합 경향성의 상보성을 생생하게 보여준다. 아기는 배가 고프면 먹기를 원한다. 아기가 요구할 때 수유하는 어머니의 가슴은 생명의 젖으로 가득 차게 되고, 수유하고자 하는 욕망을 느낀다. 이처럼 어머니와 아기는 상호 만족스런 방식으로 관계를 맺는다(Stephen A. Mitchell, Margaret J. Black, 66). 공동체의 사랑도 마찬가지로 상보적인 특징이 있다. 공동체를 떠받치는 두 개의 기둥은 서로에 대한 소속감과 하나님과 타인에게 더욱 가까이 가려는 의욕, 즉 사랑이다.

공동체는 상호신뢰의 자리이다. 상호신뢰는 자신의 허약과 가난을 수용하는 받아들임에서 비롯된다. 사랑 중에서도 오랜 세월을 함께 살아 왔고 어려운 시련을 함께 겪었으며, 상대방이 죽을 때까지 충실하리라는 사실을 알고 있는 부부의 사랑이야말로 깊이 있는 사랑일 것이다. 그들은 그 무엇도 자신들의 결합을 깨뜨릴 수 없음을 알고 있다. 공동체도 마찬가지이다. 고난을 거치고 엄청난 시련과 긴장이 지나고 성실이 입증된 다음에야 신뢰가 성숙된다. 참된 상호신뢰가 존재하는 공동체는 어머니의 품과 같으며, 결코 파괴될 수 없다. 아이는 안아주는 환경을 통해서 세상에 대해 신뢰하는 자세를 가질 수 있다. 에릭 에릭슨Erik Erikson은 인생의 첫 단계를 신뢰감 대 불신으로 보았다. 이는 프로이트 이론의 구순기에 해당되는데 젖을 먹고 노는 리비도적 쾌락은 아동에게 외부 세계에 대한 위기감을 촉발시킬 수 있다. 외부의 공급은 믿을 만한가? 아니면 위험한가? 세계가 느긋하고 편안하게 지낼 수 있는 곳인가에 따라 세상에 대한 신뢰를 형성할 수 있고, 이러한 신뢰는 자율성을 형성하는 기초가 된다. 위니캇은 아동은 안아주는 환경에 따라 아동이 참자기를 발달시킬지, 거짓자기를 발달시킬지가 결정된다고 생각했고, 설리반은 아이를 돌보는 어머니가 불안한가 아닌가에 따라 아이는 좋음과 나쁨을 경험하며, 신뢰와 불신을 형성한다고 보았다(위의 책, 146-147). 공동체에 속한 개인은 하나님과 공동체를 사랑하고 신뢰하고 있다는 사실을 깨닫게 될 때, 자기 스스로를 신뢰하고 나아가 다른 사람을 신뢰하기가 한결 쉬워진다. 공동체도 어머니의 안아주는 품과 같이 신뢰에 기초한다.

공동체의 기본정신은 긍휼에 있다. "아비가 자식을 불쌍히 여김 같이 야훼께서 자기를 경외하는 자를 불쌍히 여기시나니 이는 저가 우리의 체질을 아시며 우리가 진토임을 기억하심이로다." 시편 103편 14절은 긍휼의 하나님과 아비의 마음이 일치됨을 가르친다. 우리 속담에 "세상에서 가장 듣기 좋은 소리는, 내 자식 목구멍으로 젖 넘어가는 소리"라는 말이 있다. 이는 자식에 대한 어미의 긍휼을 표현한 것이다. 긍휼은 연약한 사람들과 함께 연약해지고, 상처 입기 쉬운 자들과 함께 상처 입기 쉬운 자가 되며, 힘 없는 자들과 함께 힘 없는 자가 될 것을 요구한다(Henri J. M. Nouwen, 18).

공동체의 기본정신인 긍휼은 축제의 정신이다. 참된 긍휼은 기쁨을 포함하게 마련이며, 기쁨과 축제는 긍휼을 둘러싸고 있는 전체의 한 부분이다. 긍휼에서 가장 중요한 것은 연민의 감정이 아니라 일체감이기 때문이다. 모든 일체감에는 큰 기쁨이 있다. 축제는 기쁨이다. 축제에는 일체감이 있다. 축제는 자아, 문제들, 어려움을 잊는 것이다. 버리는 것이다. 긍휼 역시 다른 사람의 아픔을 내 것으로 만드는 공통의 기반을 기억하기 위해, 그리고 그 고통의 완화를 마음에 그리기 위해 자아를 버리고, 문제들을 버리고, 어려움을 버리는 것이다. 축제 없는 긍휼은 없고, 긍휼 없는 축제도 없다. 축제를 벌이지 않는 사람은 결코 긍휼의 사람이 될 수 없다(Matthew Fox, 38-40). 안아주는 어머니와 안기는 아기 사이에는 일체감에 기초된 축제가 있다.

공동체의 기본 정신인 긍휼의 범위는 우주적이다. "야훼의 긍휼은 그 지으신 모든 피조물에 미친다."(시145:9) 하나님의 긍휼은 인간을 넘어서 모든 피조물 가운데 지극히 작은 것에까지 미친다. 출애굽기 34장 6절에 "나는 야훼, 야훼로다 자비롭고 은혜롭고 노하기를 더디 하고 인자와 진실이 많은 하나님이로다." 야훼의 이름은 곧 '자비로우신 분'이라 불린다. 하나님을 긍휼의 하나님이라고 말하는 것은 하나님이 타자의 고통에 괴로워한다고 말하는 것과 같은 말이다. 하나님은 함께 고통하신다. 그렇다면 인간에 대한 긍휼은 인간의 고통을 덜어주는 것일 뿐만 아니라 하나님의 고통을 덜어주는 것이기도 하다. 하나님은 긍휼이 넘치고(시 103:11), 긍휼을 사람들에게 베풀겠다고 약속하며(신 30:3), 이 약속대로 구원을 베푸신다(신 13:17). 하나님의 자비는 다함이 없고, 아침마다 새롭다고 노래한다(애 3:22). 하나님의 애간장은 고통으로 뒤틀린다고 한다(렘 31:20). 바로 여기에서 참된 긍휼이 시작된다. 유대인의 사고에 따르면, 가슴이 아닌 애간장은 깊은 감정이 자리하는 장소이다. 그렇다면 하나님은 창자에서부터 긍휼을 경험한다는 뜻이며, 우리도 그러한 능력을 소유하고 있다는 뜻이다. 긍휼은 열정적인 것이다. 긍휼이 넘치는 하나님은 열정이 넘치는 하나님이시다. 이와 같이 긍휼은 인간미 넘치는 인격주의에 그치는 것만이 아니라 넓이로는 우주적이고 에너지의 관점에서는 신적인 것이다(위의 책, 62-68).

공동체의 기본 정신인 긍휼은 자기사랑과 대상사랑이 하나가 된 것이다. 긍휼은 이타주의가 아니다. 왜냐하면 긍휼이 뿌리박고 있는 온전한 통찰 안에서는 다른 사람이 나와 다르지 않고, 나는 내가 아니다. 달리 말하면, 타자를 사랑함으로써 나는 나 자신을 사랑하고 있는 것이며, 나 자신의 가장 좋고 가장 크고 가장 충만한 자기-관심에 몰두하고 있는 것이다. 나의 아픔이기도 하고, 하나님의 아픔이기도 한 다른 사람의 아픔을 덜어주는 데 몰두하는 것이야말로 나의 기쁨이 된다. 오늘날 긍휼은 모든 사람의 가장 큰 관심사가 된다. 왜냐하면 공동지구촌의 생존이 문제가 되고 있기 때문이다. 긍휼이 공동의 생존에 이르는 가장 나은 길이자 유일한 길이라면, "이 세계는 긍휼이 없어서 죽어가고 있다." 고 말하는 것이 옳다면, 긍휼이 우리 자신을 제외한 다른 사람을 사랑한다는 의미에서의 이타주의는 아닐 것이다. 긍휼은 다른 사람을 사랑하면서 자신을 사랑하는 것이다. 그것은 사랑과 생존의 가능성을 사랑하는 것이다. 그것은 만물에 스며 있는 동일한 사랑이다. 이 같이 긍휼은 모든 피조물이 서로 연결되어 있다는 인식에서 태어난 열정적인 생활양식이다. 모든 피조물이 서로 연결되어 있는 이유는, 그들의 창조주가 같기 때문이다(위의 책, 89). 어머니와 아기는 융합되어 있다. 안아주는 환경에서는 어머니와 아이, 아이와 어머니가 타자로서 존재하는 것이 아니라 하나이면서 또한 독립적이다.

안아주는 공동체 모델로서 부루더호프

부루더호프 공동체bruderhof community의 기원은 16세기 초 유럽의 종교 개혁시대로 거슬러 올라간다. 당시 수천 명에 달하는 재 침례자들은 삶의 단순성과 형제애, 비폭력을 찾아 제도권 교회를 떠났다. 이러한 운동의 한 줄기가 야곱 후터를 따르는 후터파였다. 그들은 모라비아에서 공동체 마을인 브루더호프(독일어로 '형제들의 처소'라는 뜻)를 형성하였다(Eberhard Arnold, 참고). 오늘날 브루더호프는 뉴욕에 세 군데, 커네티커트에 하나, 펜실베이니아에 둘, 잉글랜드에 두 군데 있다. 그들은 예수님을 따르는 것, 또 예수님을 배척하는 사회 속에 사랑의 영으로 인도 받는 새로운 사회를 건설하는 것이 제일 중요한 사명임을 믿는다. 그들은 지역사회 차원에서 자원봉사와 재소자 사역을 하고 있으며 다른 선교단체, 공동체들과 함께 세계의 많은 지역으로 나아가고 있다. 선교는 그들의 핵심적인 활동이며, 그들의 선교개념은 사람들을 회심시키거나 새 신자를 얻는 것에 있지 않고, 세상에 대한 사랑의 섬김에 있다.

런던 빅토리아 역에서 기차를 타고 남동쪽으로 약 1시간 30분을 가면 '로버트 브리지'라는 작은 시골마을이 나온다. 그 역에서 20분쯤 걸어가면 부루더호프 공동체가 나온다. 이 공동체는 약 2만여 평의 대지 위에 60여 가족, 300여 명이 함께 사는 생활공동체다. 이들은 초대교회의 공동체생활 방식을 따라 일체의 개인소유가 없이, 모든 소유를 완전히 나누면서 사랑의 공동체로 살아간다. 공동체 내에는 학교, 공장, 공동식당, 교회 등 모든 시설이 갖춰져 있다. 2000년 여름 방학에 처음으로 방문했고, 현재까지 세 번에 걸쳐서 일주씩 이곳에서 공동체 생활을 경험했다. 첫 번째 방문 시에는 나의 Host가 역까지 친히 마중을 나와 주었다. 내가 묵을 방에는 "환영합니다. 김홍근 형제님" 이라고 한글로 써져 있었고, 태극기도 직접 그려놓았다. 비록 맞춤법은 정확하지 않았지만, 낯선 곳에서 한글을 본다는 것은 큰 행복이었다. 나를 위한 주인집 부부의 정성이 방문에 붙은 작은 환영 문구에 가득 담겨 있었다. 내 방 안에 깨끗하게 손질된 침대 머리맡에는 들꽃으로 채워진 화병이 있었고, 책상 위에는 브루더호프 공동체에서 출판된 책들이 십여 권 쌓여 있었다. 그리고 100년은 넘어 보이는 옷장이 있었고, 예쁜 커튼을 열어 젖히니 창문 밖에서 햇살이 들어왔다. 나의 호스트인 코델 바우만 부부는 절묘하게 손님인 나를 섬겼다. 예를 들어 내가 피곤해서 쉬는 것 같으면 결코 내 방문을 노크하지 않았다. 내가 그들과 함께 대화했으면 하는 마음이 들면, 정확히 알고 나의 방으로 왔다. 충분히 좋은 어머니가 출산 후 아기에 대한 일차적 모성 몰두로 인하여 아기의 모든 욕구를 정확하게 채워주듯이 바우만 부부도 내게 충분히 좋은 어머니가 되어 정성껏 섬겨주었다. 브루더호프 공동체는 매일 저녁 300여 명이 함께 공동으로 저녁식사를 하고, 아침은 각자의 집에서, 점심은 일터에서 먹는다. 300여 명의 많은 사람들이 질서정연하고 품위 있는 모습으로 식탁에 앉았다. 간략한 식사기도 후 식사가 시작되었으며, 식사 도중에는 시나 수필을 낭송하는 이들도 있었고, 악기를 연주하는 이들도 있었다. 그리고 어린 아이들의 재롱잔치가 펼쳐졌다. 약 2시간 정도의 저녁식사는 일종의 축제 분위기로 진행되었다. 식사가 끝나기 전에 미리 일어서는 사람은 한 사람도 없었다. 부루더호프의 지도자 에버하르드 아놀드 Eberhard Arnold의 가르침에 따라 매일의 식사가 축제가 되도록 하였다. 아침 8시에 오전 작업이 시작되고, 모든 성인남자들은 공동작업장 외의 여러 곳에서 일을 한다. 자매들은 아이들을 돌보며, 가사 일을 하거나 공동작업장에서 일한다. 아이들은 공동체 내에 있는 학교에서 교육을 받는다. 고등학생들은 로버트 브리지에 있는 공립학교를 다닌다. 이들은 외부로부터 지원을 받지 않고, 자신들의 노동으로 공동체가 필요한 물질을 충당한다. 공동체는 현대식 시설을 갖춘 가구공장을 갖고 있다. 여기서 나오는 가구와 어린이용 장난감, 교육교재들은 모두 나무로 만든다. 플라스틱 제품이 어린이들의 몸과 정서에 유해하다는 생각에서다. 가구공장에서는 젊은이부터 노인들까지 자기가 할 수 있는 일들을 찾아 즐겁게 일하였다. 노동을 귀중한 가치로 여기는 모습을 볼 수 있었다. 하루의 작업이 끝나는 오후 5시부터는 조용한 침묵과 안식으로 들어간다. 기쁨과 사랑, 평온함이 일상생활 속에서 누려진다. 하루 일과가 끝나면 부모는 아이들과 함께 공동체 내에서 산책을 하곤 한다. 그리고 벤치와 잔디밭에서 삼삼오오 얘기를 나눈다. 보통 한 세대는 노부모와 4-5명의 자녀들을 두고 있으므로, 8-9명의 가족들로 구성되어 있다. 어른과 아이들은 서로 격의 없이 지낸다. 공동체 내에서 사는 사람들의 품성은 어린 아이와 같이 깨끗하다. 저녁식사 후에는 풍요로운 대화와 코이노니아로 가득 채워진다. 이들은 결코 남을 험담하는 법이 없다. '사랑 안에서 솔직하게 말하기'라는 원리를 갖고 있다. 어떠한 경우에도 본인이 없는 곳에서 상대에 대하여 말하는 것이 금지된다. 가족끼리 얘기할 때도 이러한 정신은 계속된다. 서로에게 문제가 있을 때에는 사랑 안에서 서로서로 솔직하게 말하는 것이 생활화되어 있다. 이들의 얼굴에서는 어두운 모습을 발견할 수 없다. 모두가 맑은 얼굴에 잔잔한 평온함이 가득하다. 모두가 안아주는 환경 가운데서 행복하게 살기 때문이다.

이곳은 어린이들의 천국이다. 어른들은 일과를 마치면, 아이들과 함께 놀고 대화하면서 지낸다. 공동체 내에는 탁아소와 유치원은 물론 초등학교, 중학교까지 교육시설이 있다. 교사들은 모두 공동체 회원들이며, 교사자격증을 가진 분들로 구성된다. 여기서는 텔레비전을 보지 않고, 인터넷을 하지 않는다. 오히려 이곳은 아이들이 부모나 다른 어른들과 대화하는 시간을 지혜를 전수 받는 귀중한 통로로 보기 때문이다. 이곳 아이들은 영국의 일류대학에도 많이 진학한다고 한다. 이곳의 젊은이들은 성인이 되면 사회에 나가 2년간 자유스럽게 사회생활을 경험한 후 계속해서 이 공동체에서 살지 아니면 사회에서 직업을 갖고 살지를 결정한다.

이들은 모이면 노래하고 대화한다. 이들의 찬양은 목가적이다. 떼제 공동체의 찬양이 깊은 영성에서 나오는 신비로운 찬양이라면, 브루더호프의 찬양은 순진무구한 동요와 같다. 이 공동체에는 30여 명으로 구성된 오케스트라도 있다. 이들은 때때로 저녁식사 시간에 수준 높은 교향악을 연주한다. 브루더호프에는 지도자가 없다. 멤버들로 구성된 의회에서 만장일치로 모든 공동체의 사안들을 결정한다. 한 명이라도 반대하면 그 다음날 다시 모여 논의한다. 다수결의 원칙이 아니라 성령께서 주시는 빛으로 말미암아 모두 같은 마음을 갖게 될 때 결정을 하는 것이다. 이곳에도 목사님이 두 분 있다. 하지만 그들은 남들과 똑같이 일하고, 삶을 나눈다.

초대교회 공동체가 지금도 계속된다. 브루더호프의 가장 큰 의미는 사도행전에 나오는 초대교회 공동체와 같이 유무상통하며 완전한 공동체를 우리에게 그대로 재현해 보여준다는 데 있다. 만약 교회가 실천을 하고자 한다면 초대교회 공동체 같은 생활을 지금도 그대로 이룰 수 있다는 것을 입증해주고 있는 것이다. 교회들은 "초대교회로 돌아가자 !"는 구호를 외친다. 브루더호프 공동체는 바로 초대교회 공동체를 그대로 구현함으로써 초대교회 공동체를 교회갱신의 기초적인 모델로 제시해 준다. 사회의 세속적인 가치와 타협한 교회에게 갱신의 경종을 울려주고 모두가 한 가족이 된 교회의 공동체성을 일깨워주는 놀라운 모델인 것이다.

안아주는 양육환경은 인간의 생명이 존재하는 한 계속되어야 할 환경이다. 안아주는 환경에만 거하려 하는 것도 분명 병리적이지만, 이러한 환경은 성숙한 사람에게도 여전히 필요한 것이다. 성숙한 사람이 안아주는 공동체 속에 거하는 것은 그의 정신건강을 더욱 강화시킬 것이고, 그의 삶을 신장시킬 것이다. 본 장에서는 안아주는 양육환경 안에서 안아주는 공동체를 구현하는 원리를 발견하는 것과 두 환경 사이의 유사성에 관해 살펴보았다.

사랑과 친밀감으로 가는 길은 여러 가지이다. 하지만, 기독교공동체의 환경만큼 사랑과 친밀감을 풍요롭게 제공하는 기관은 없을 것이다. 공동체의 모든 멤버들은 하나의 몸이며, 저마다 서로에게 귀속되어 있다. 이러한 소속감은 하나님의 부르심에 기초한다. 각자는 함께 살도록, 한 몸인 교회에 소속되도록 저마다 부르심을 받은 것이다. 목회철학은 목사의 교회론에서 나온 목회적인 신념이다. 바람직한 교회론은 공동체신학에 기초해야 하며, 여기서 나온 목회적 신념은 안아주는 환경을 제공하는 교회를 세우는 초석이 될 것이다.

12장

온전한 관계를 위한 세 가지 영성적 몰입

인간은 언제 제일 행복할까? 그것은 최적의 경험optimal experience 가운데 있을 때이다. 이는 캔버스 위의 여러 색깔이 마치 쇳가루가 자석의 힘에 끌리듯이 서로서로 뭉치면서, 생명력을 갖는 형태로 만들어져 갈 때, 이를 창조한 화가가 느끼는 것과 유사한 경험이다. 또한 아기가 태어나서 처음으로 엄마를 쳐다보며, 방긋 웃을 때 엄마가 느끼는 바로 그런 경험이다. 몰입flow은 다른 일에는 어떤 관심이 없을 만큼 지금 하고 있는 일에 푹 빠져 있는 상태를 말한다. 몰입 속에 있을 때는 집중의 정도가 매우 높아 다른 것은 생각할 여지도 없고, 걱정근심도 사라진다. 또한 그 순간에는 자의식이 사라지고, 시간이 흘러가는지도 인식하지 못한다. 몰입을 유발하는 활동은 너무나 만족스럽기 때문에, 스스로 그 활동을 계속하게 된다. 심지어 그 활동이 어렵거나 위험할 때에도 그로 인해 초래될 결과에 대해 고민하지 않는다(Mihaly Csikszentmihalyi, 29).

몰입과 행복은 연속선상에 있다. 그러므로 인간은 최적의 상태 혹은 몰입 상태에 있을 때 최상의 행복감을 경험한다. 몰입을 경험할 수 있는 길은 여러 갈래일 것이다. 예를 들면, 엄마와 아기가 공생적 융합 속에서 서로에게 몰입돼 무의식적인 의사소통을 완벽하게 할 때, 등반가가 자일에 자신을 맡기고 암벽등반을 할 때, 가을날 들꽃에 매료되어 넋을 잃고 바라보는 소녀, 기도 중에 하나님의 임재를 깊이 경험하고 합일에 빠져 있을 때, 예술가가 창조 작업에 몰두하여 서두름 없이 완성해 갈 때, 모두 몰입의 행복을 누리는 순간이다. 단순성이 반복될 때 달콤하게 깊이 빠져드는 몰입을 경험하게 된다. 사람들이 쉽게 중독에 빠져드는 이유도 중독에는 몰입이 있고, 이때의 느낌이 마치 유아가 공생적 융합시기에 어머니와 하나가 되어 충일하게 대상이 자기 안에 넘쳐나는 것을 느끼는 것과 비슷하기 때문이다. 하지만 부정적인 의미의 중독에서는 몰입의 행복을 지속적으로 가질 수 없다. 왜냐하면 진정한 의미의 몰입은 긍정적이고, 창조적이며, 공동체성을 지향하기 때문이다.

현대인들은 풍요로움을 가지고 고요 속으로 들어가고자 한다. 그래서 명상센터나 자연휴양림, 수도원 피정 프로그램 등 고요 속에서 안식을 추구하려는 이들을 위한 공간이 늘어나고 있다. 그리스도인들은 마치 아이가 놀이에 온전히 몰입되어 시간 가는 줄 모르고 놀듯이 영성생활의 즐거움에 흠뻑 빠지기를 바란다. 그러나 교회 지도자는 몰입의 영성에 관해 온전히 배우거나 자신이 직접 경험한 바가 부족하기 때문에 몰입을 통한 영성생활의 즐거움을 가르치기가 어렵다. 현대의 그리스도인들은 영성생활, 특히 기도생활이 매우 행복한 시간이 될 수 있음에도 불구하고 힘들어 한다. 많은 그리스도인이 기도에 깊이 몰입하여 행복했던 경험이 없으므로 기도는 다급할 때는 절실하지만 평상시에는 별로 필요하지 않은 것으로 여긴다. 사람들은 즐거움이 경험되지 않은 행위에 계속적으로 시간을 투여하지 않는다. 기도시간이 짧을수록 기도는 자신의 삶과 점점 멀어져 가는 행위가 된다.

저자는 영성적 가치를 지닌 세 가지 몰입, 즉 고독의 몰입, 사랑의 관계성에 몰입, 기도의 몰입에 관하여 기독교의 관계적 영성과 대상관계이론에 기초하여 통합적 관점에서 말하고자 한다. 특히 기도의 몰입에 있어서는 꿈 영성일기를 사용하여 기도하는 법을 다루고자 한다. 이렇게 함으로써 그리스도인의 삶이 영적으로 풍요로워지기를 바라며, 하나님으로 충일하여지기를 기도한다. 고독, 사랑, 기도의 몰입은 한 개인의 내면세계를 변형시키는 힘이 있다. 이러한 행위야말로 진정한 의미에서 영성 지향적인 심리치료라고 할 수 있다.

고독으로의 몰입

대부분의 사람들은 혼자 있을 때 참기 어려울 정도의 외로움을 느끼게 된다. 특히 할 일이 없이 혼자 있을 때 더욱 심해진다. 왜 외로움은 그렇게 부정적인 경험이 될까? 외로움으로 인하여 내적인 정신의 질서를 유지하기가 매우 어렵기 때문이다. 사람들은 계속 주의를 집중시킬 수 있는 외적인 목표와 자극이나 피드백을 필요로 한다. 그러나 현대인은 자신이 마땅히 할 일이라는 생각, 즉 소명감으로 일에 빠지지 못하기 때문에 부정적인 생각들로 가득 차곤 한다(위의 책, 307-308). 혼자 있게 된다는 것에 대한 공포심이 사람들로 하여금 활기를 잃게 한다. 혼자 있기를 무서워하는 사람들은 소음과 군중 속에 자신을 몰아넣는다. 그리고 공허한 말일지라도 계속해서 말하여야 한다. 현대인들은 스마트 폰 중독, 게임 중독에 빠짐으로써 위로를 받으려고 한다(Richard J. Foster, 147). 하지만 외로움을 느끼는 것과 혼자 있는 것은 구별되어야 한다. 수천 명에 둘러싸여 신촌 거리를 걸어가면서도 외로움을 느낄 수 있고, 홀로 한적한 곳에서 명상하거나 기도하는 고독의 시간 속에서도 다른 이들과 상호 연결된 관계성을 느낄 수 있기 때문이다. 우리는 외로움에 대한 헨리 나우웬의 가르침에 귀를 기울일 필요가 있다(Henri J. M. Nouwen, 참고). 인간은 외로움을 멀리하고 싶어 한다. 하지만 누구든지 외로움의 고통을 겪을 수밖에 없다.

현대 사회는 사람들을 외로움으로 몰아넣는 특성을 지니고 있다. 친밀하게 지내는 친구라 할지라도 경쟁과 겨룸의 대상이 되는 일이 허다하기에 동료들과 함께 있어도 진정으로 삶을 나누기는 힘들다. 외로움은 내적으로 공허한 상태이다. 외로움은 무엇인가와 연결되려고 안간힘을 쓰는 상태이거나 포기하고 내적인 우울로 가라앉은 상태이다. 외로움은 자신을 해치는 방향으로 나아가는 특성이 있다. 현대인들은 외롭기 때문에 다양한 중독에 빠져든다. 중독은 일시적으로 내적인 충일한 기쁨을 주지만, 이내 허무한 감정과 더불어 그러한 부정적인 것에 빠져서 시간을 허비한 자신을 책망하게 되고, 깊은 비하감에 젖게 한다. 하지만 고독의 영성은 그러하지 않다. 고독은 공간적으로는 홀로 있지만 실은 내적으로 좋은 대상이 충분히 내재되어 있는 상태이기에 홀로 있지 않고 함께 있는 상태이다. 이러한 상태에서 자신의 자긍심을 강화시키는 대상에 깊이 몰입되면 놀라운 창조성이 나타난다. 그러므로 고독은 모든 창조성의 원천이다.

열왕기상 19장에 보면 엘리야는 갈멜산 전투에서 혼자 450명의 바알 선지자와 겨룬 영적 싸움에서 승리한 후 그들을 모조리 기손 시냇가에서 죽였다. 엘리야는 놀라운 승리를 거두었음에도 불구하고, 이세벨의 위협을 피해 하룻길이나 되는 광야로 들어가 로뎀 나무 아래에서 "죽기를 구하여 가로되 야훼여 넉넉하오니 지금 내 생명을 취하옵소서." 하며 절망한다(4절). 엘리야는 큰 승리를 경험하고 나서 외로운 감정에 싸여 있었다. 많은 사람들은 외로움을 달래는 도구로 문화를 사용한다. 하지만 보고, 느끼고, 운동하는 것만으로는 그 외로움을 피할 수 없기에 불안과 초조 속에서 이런 기분을 해소하려고 분주하게 할 일을 찾는다. 이상적인 배우자와의 결혼 생활에도 외로움이 존재한다. 그들은 서로를 필사적으로 사랑하려고 하지만, 결국은 사랑이 아닌 집착으로 상대에게 매달리곤 한다. 우리는 외로움을 참아내기 위해서 최종 해결책일 것 같은 다른 사람에게 의존하는 방법을 선택하기도 한다. 하지만, 이러한 관계는 서로를 지치고 피곤하게 만들며, 상대방을 사랑과 포옹이라는 이름 아래 옥죄는 관계가 되어버린다.

이러한 외로움에서 벗어나기 위해서는 외로움으로부터 도망하고 그것을 잊으려는 대신 그 외로움을 직면하고 창조성의 원천이 되는 고독으로 바꿔야 한다. 하나님은 외로움에 지쳐버린 엘리야를 어떻게 다루는가? 5절에 보면 "천사가 어루만졌다." 라고 한다. 7절에도 "야훼의 사자가 또 다시 와서 어루만졌다." 즉, 엘리야는 홀로 있는 외로움 속에서 야훼의 사랑과 돌봄을 경험한 것이다. 마치 엄마가 아기를 세밀하게 돌보듯이 주의 사자는 숯불에 구운 떡을 먹이고 물을 마시게 하였다. 이와 같이 사랑 받는 경험을 통하여 엘리야는 외로움에서 벗어나게 되었다. 그러자 호렙 산에서 야훼는 세미한 소리 가운데서 엘리야에게 새로운 사명을 주셨다. 결국 외로움은 다른 사람들과의 관계성도 파괴하듯이 하나님과의 관계성도 마찬가지이기 때문에, 하나님은 자기 파괴적인 외로움을 고독의 영성으로 바꾸어서 회복시키신 후에 소명을 주신 것이다.

외로움으로 인하여 맺는 관계에서는 쉽게 피곤해지고 빈곤해지며, 서로 간에 욕심을 내고 바라게 되며, 매달리고, 의존하고, 상대방을 이용하려 들게 된다. 그리고 상대방의 영역을 인정해 주거나, 있는 그대로 수용하지 못하고, 항상 자기 뜻대로만 하려고 하게 된다. 상대를 전횡하여야 하고, 옥죄고, 도구와 수단으로만 사용하려 한다. 즉, 파괴와 하강을 지향하는 방향으로 움직인다. 하지만 고독의 영성은 제자들과 사랑하는 이들을 모두 품으시고, 그들을 먼저 사랑하심으로써 서로 사랑하도록 힘을 주시는 예수 그리스도를 닮는 것이다. 고독은 독립적이면서도 함께 있는 것이다.

예수 그리스도의 공생애에는 많은 고독이 있었다. 광야에서 40일간 시험을 받을 때 그는 홀로였다. 하지만 그는 외로워하지 않았다.

겟세마네 동산에서의 기도는 십자가의 고통을 눈앞에 둔 인간의 몸부림이었다. 그는 외로워하지 않았기에 승리할 수 있었다. 골고다 십자가를 지심도 철저히 홀로였지만 그는 무엇을 해야 할지를 알았고, 하나님이 자신을 세상에 보내신 사명을 분명히 알았기에 묵묵히 자신의 길을 굳건하게 갈 수 있었다. 이와 같은 능력은 고독의 영성에서 나온다. 외로움에서 고독으로 향하는 움직임은 자연스럽게 적개심에서 따뜻한 환대로 향하는 움직임을 만들어 낸다. 나와 나 자신과의 새로운 관계 변화는 타자와의 관계에서도 새로운 변화를 일으키게 한다. 물론 우리가 사는 사회에는 자신을 방어하고 공격적으로 행동해야만 무언가를 얻을 수 있다고 생각하는 사람들이 많다. 그러하기에 타자를 향한 적개심을 따뜻한 환대로 바꾸는 것은 어렵고 힘이 드는 일이다. 우리 주위를 둘러보면 어디든 경쟁이 없는 곳이 없다. 원래는 사람들을 서로 가깝게 해주고, 평안이 넘치는 곳으로 만들기 위해 생겨난 많은 공동체도 정신적인 싸움의 장소로 전락하는 일이 허다하다. 천국의 모형이 되어야 할 교회에서도 갈등으로 서로를 등지는 일이 많아지고 있는 실정이다. 외로움에서 고독으로 즉, 파괴성에서 창조성으로 그리고 적개심에서 따뜻한 환대로 바뀌는 삶을 사는 것, 또 그러한 사람들이 가득한 세상을 만드는 것이야말로 행복한 영성생활을 위한 터 닦음이 될 것이다.

행복한 영성생활을 위하여 꼭 필요한 것이 있다. 그것은 달콤한 침묵 가운데 홀로 있는 시간들을 많이 가지는 것이다. 그것은 세상으로부터 도피가 아니라 모든 소음과 언어, 복잡한 인간관계 그리고 일과 행동의 세계에서 혼란된 마음의 분진을 가라앉히고 자신의 마음을 비워 존재의 원점으로 돌아가는 시간이다.

현대적 생활양식에 의하면 침묵은 무가치한 것이다. 침묵은 시간을 헛되이 소모하는 것이며, 비생산적인 것이라고 여긴다. 그러나 이러한 느낌은 그가 바로 쫓기는 자임을 말해 준다. 많은 사람들은 무언가를 말해야 하고, 행동해야 하고, 어떤 가시적 결과를 내야 한다는 강박에 사로잡혀 있다. 이러한 풍토는 현대 그리스도인으로 하여금 자신의 내면을 들여다보고 고요 속에서 하나님의 음성을 들으려 하는 노력을 무가치한 것으로 생각하게 만들었다.

침묵은 무의미하고 비생산적인 소모의 시간이 아니다. 진정한 교제에는 달콤한 침묵이 있기 마련이다. 침묵이 없기에 자신의 내면에서 말씀하시는 하나님의 음성을 듣는 시간도 없다. 침묵의 시간은 자기 존재의 중심으로 돌아가 거기서 말씀하시는 하나님의 음성을 듣는 거룩하고도 순수한 시간이다. 그래서 막스 삐까르Max Picard는 "침묵은 전혀 부정적인 것이 아니다. 그것은 단지 대화의 부재가 아니다. 그것은 적극적인 것이며, 그 자체가 하나의 완전한 세계이다."(Max Picard, 13)라고 하였다. 토머스 머튼은 "당신이 참으로 혼자일 때 당신은 하나님과 함께 있게 된다."(Thomas Merton, 122)라고 하였다.

도날드 위니캇에 있어서 홀로 있는 능력은 인생 초기의 충분히 좋은 어머니 경험에 기초한다. 홀로 있는 능력은 비록 공간적으로는 홀로지만 심리적으로는 대상과 함께 있음을 의미한다. 그렇기 때문에 홀로 있어도 외롭지 않고 우울하지 않다. 유아가 홀로 있을 수 있는 능력을 갖는 것은 성인이 되었을 때 휴식할 수 있는 능력, 보잘것없고 중요하지도 않은 존재로 머물 수 있는 능력, 고독을 즐길 수 있는 능력의 기초가 된다. 그러므로 고독을 즐길 수 있는 능력은 생애 초기에 이미 경험한 바 있는 내적으로 충일한 고독에 바탕을 둔 것이다. 유아는 자라면서 중간대상을 갖는다. 유아는 중간대상을 통해서 어머니와의 유대감을 항상 유지할 수 있다. 성숙한 중간대상과의 관계를 통해서 충분히 좋은 어머니와의 관계를 재연하는 것은 홀로 머물 수 있는 능력의 또 다른 표현이다. 이 같은 중간대상과의 관계는 정서발달에서 가장 소중한 성숙의 징표 중 하나이다(김홍근, 182). 만약 한 사람이 수도원에서 일정 기간 지내야 하는데 홀로 머물 수 있는 능력이 없는 사람이라면, 그 시간이 얼마나 큰 고통일지는 충분히 짐작될 것이다. 그러나 홀로 머물 수 있는 능력을 가진 사람이라면, 고독 속에서 지내는 수도원 생활이 내적으로 풍요로움을 경험하게 하는 시간이 될 것이다.

홀로 있는 능력은 유아 또는 어린 아동이 어머니와 함께 있으면서 홀로 있는 경험을 하는 데서 시작된다(D. W. Winnicott, 39). "나는 홀로 있다"라는 말에서 홀로 있을 수 있는 능력을 생각해보자. 이러한 느낌은 실제로 유아 쪽에서 어머니가 자신 안에 지속적으로 존재한다는 신뢰의 느낌과 관련이 있다. 이는 반드시 의식적인 정신인 자각을 뜻하지 않는다. "나는 홀로 있다."라는 것은 믿을 수 있는 어머니가 지속적으로 존재한다는 유아의 내적 인식에서부터 온다. 이때 어머니에 대한 신뢰로 유아는 제한된 시간 동안 홀로 있을 수 있으며, 오히려 홀로 있음을 즐길 수 있게 되는 것이다(위의 책, 44). 그러므로 이러한 신뢰와 풍요로운 내적 대상이 내재된 상태로 충일한 부요감 속에서 홀로 있음과 계속적인 박탈과 거절, 착취, 유기의 경험 끝에 결국은 자신에게로 리비도를 철수한 채 무기력하고 외롭게 홀로 있는 것은 엄청난 차이가 있다. 고독 속에서 하나님과의 깊은 영성적 교제로 나아가는 것은 홀로 있으되 홀로 있는 것이 아니다. 임마누엘 되시는 주님이 자기 내면에서 살아 숨 쉬고 계심을 말해 주기 때문이다. 그리고 그러한 경험은 궁극의 근원이 되시는 창조주와 깊은 일체감으로 나아가게 하는 도구적 유비가 된다.

홀로 있다는 말은 장소의 개념 보다는 정신과 마음의 상태를 가리킨다. 사람이 많다거나 없다는 것은 내적 주의 집중과 아무런 관계가 없다. 광야에서 홀로 수도하는 사람일지라도 홀로 있기를 체험하지 못할 수 있다. 반면 시끄러운 카페에서도 홀로 있을 수 있다. 만약 개인이 홀로 있을 수 있는 능력을 소유하고 있다면, 혼자 있는 상황이 무섭지 않을 것이다. 왜냐하면 그는 자신이 항상 혼자 있지 않다는 사실을 알기 때문이다. 뿐만 아니라 다른 사람들과 함께 있는 것도 무섭지 않을 것이다. 다른 사람들이 자신을 지배하지 못한다는 것 또한 알기 때문이다. 그는 소음과 혼란 중에서도 깊은 내적인 고요 속에서 안정감을 가질 수 있다.

예수 그리스도는 내적인 홀로 있기를 자주 체험했을 뿐만 아니라 공간적으로도 홀로 있는 시간을 자주 가졌다. 고요함이 없다면 홀로 있기도 의미가 없다. 고요함은 때때로 말의 부재와도 연관 되지만 항상 듣는 행위와 연결된다. 하나님의 음성을 듣는 마음 없이 단순히 말을 금한다는 것은 고요함이 아니기 때문이다. '내적으로 홀로 있기'와 '내적 고요함'의 관계는 어떠한가 ? 이 둘은 불가분의 관계이다. 그러므로 개인이 홀로 머물 수 있는 능력을 제대로 체득하려면, 고요함에 머무는 행복이 얼마나 놀라운가를 반드시 경험해야 한다(Richard J. Foster, 150-151).

리차드 포스트Richard J. Foster는 일상생활 속에서 홀로 있기의 방법을 구체적으로 설명한다(위의 책, 163-168). 첫째는, 매일의 생활 속에서 짧은 시간 동안 홀로 있음을 경험하는 것이다. 하루의 일과를 시작하기 전에 홀로 있는 것이다. 꽃이나 혹은 나무를 볼 때에도 휴식과 원기 회복의 짧은 순간을 가질 수 있다. 식사하기 전에 말로 기도하는 대신 가족이 모두 한자리에 모여 잠시 고요한 시간을 갖는 것도 생각해 볼 수 있다. 퇴근 길에 차에서 내려 집으로 걷는 짧은 시간에도 기쁨과 의미를 발견해 보려고 노력한다. 잠자리에 들기 전에 잠시 밖에 나가 고요한 밤을 접해 보는 것도 좋다. 짧은 시간이 지니는 가치를 찾아야 한다. 비록 짧은 시간일지라도 내적 고요함을 가져다 주는 데는 충분한 시간이 된다. 그리고 내적 고요함은 나침반의 바늘이 방향을 가리켜 주듯이 삶의 방향을 가리켜 준다. 둘째는, 고요한 장소, 곧 홀로 있기를 위해 설계된 고요한 장소를 마련하는 것이다. 주택을 만들 때 고요한 장소를 만드는 것의 가치를 기억해야 한다. 창의력을 발휘해서 어떤 방법으로든 홀로 있기 위한 장소를 마련해야 한다. 셋째는, 말이 간결하고 충실하도록 훈련해야 한다. 꼭 필요한 말만 하는 사람이 되는 것이다. 항상 명백한 말을 하는 것이다. 넷째는, 하루 종일 한마디의 말도 없이 생활하기를 시도해 보는 것이다. 율법적으로 그렇게 하라는 것이 아니라 일종의 실험으로 그렇게 해보라는 것이다. 말에 의존하지 않는 새로운 방법으로 다른 사람들과 소통하는 길을 찾는 것이다. 하루의 생활을 즐기고 기뻐하면서 다른 사람들과 소통하는 가치를 알아 가면 좋다. 넷째, 일 년에 서너 차례 기도원이나 수도원을 방문하여 하나님의 음성을 듣는 시간을 가지는 것이다. 삶을 재정비하고 목표를 세우는 일은 고요한 시간을 가지고 귀를 기울일 때 더욱 기쁨과 감동이 있게 된다. 홀로 있기는 어떻게 자신의 생애를 계획해야 하는가도 가르쳐 준다. 무엇보다 홀로 있기의 열매는 다른 사람에 대한 동정과 관심을 증진시킨다는 것이다. 그래서 타자와의 교제에서도 새로운 자유를 얻게 되며, 다른 사람들의 어려움에 대해서도 새롭게 인식을 하게 되고, 아픔에 대해서도 새로운 반응 행동을 보이게 된다. 토마스 머튼은 이에 대하여 다음과 같이 말한다.

> 내가 나의 형제들을 진실로 사랑할 수 있는 온유함을 찾은 것은 홀로 있기를 통해서였다. 홀로 있기에 깊이 들어가면 들어갈수록 나는 나의 형제들에 대하여 보다 더 많은 애정을 가지게 되었다. 그 애정은 순수한 것이었다. 그리고 그것은 다른 사람들의 홀로 있기를 존중하는 마음으로 가득 찬 것이다. 홀로 있기와 고요함은 나의 형제들을 사랑하되 그들의 말에 의거하여 사랑할 것이 아니라 그들의 존재 그 자체에 의거하여 사랑할 것을 나에게 가르쳐 주었다(Thomas Merton, 261).

토마스 머튼Thomas Merton은 인간 고독에 대하여 "솔직하게 말한다면 내게 사랑이라고 하는, 어떤 특별한 여인이나 사람 없이 지낸다는 것은 아주 쉽게 말해서 죽음과 같은 것이다. 그러나 내가 인간 사랑의 풍부한 경험에서 깨달은 사실은 비록 남자와 여자 사이에 최선의 관계가 이루어져 있다 해도, 거기에 역시 이러한 외로움이 끔찍스럽게 도사리고 있더라는 것이다. 인간의 사랑에서 외로움을 완전하게 초월하는 순간들이 있긴 하지만, 이런 순간은 잠깐이다."(U. T. Holmes, 160-161)라고 했다. 이 말의 의미는 인간은 근원적으로 외로움을 가진 존재임을 말하는 것이다. 하지만 고독의 삶은 본질적으로 가장 단순한 삶으로 나아가게 한다. 고독 속에서 하나님을 발견하기만 한다면, 고독이라는 위대한 단순함 안에서 하나님을 더 자주 찾게 되고, 더 쉽게 그분을 만나게 된다.

일 년 365일이 항상 맑은 날씨여야 좋은 것은 아니다. 오히려 흐리고, 안개가 낀 것 같은 날씨가 주는 정감이 더 클 수 있다. 그러므로 밝고 맑은 것만 좋은 것이 아니라, 우울과 기분이 가라앉는 느낌도 좋은 것이다. 인간은 고독 속에서 진정으로 그분을 열망할 수 있기 때문에 고독은 영성의 씨앗이 된다.

사랑의 관계성에 몰입

열정적인 사랑에 빠진 사람들의 고백이다. "우연히 문을 열고 들어갔는데 그녀의 주위가 환한 느낌이었으며, 그녀에게서 후광이 빛났었다." "열병에 걸린 것 같은 상황, 어디서 무엇을 해도 그 사람 생각만 나고, 보고 싶은 열망으로 가득 차 있는 상태였다." "남자친구가 너무 보고 싶어서 기숙사 문이 열리기를 기다렸다가 새벽 5시에 택시를 타고 달려갔어요." "이번 달 휴대폰 요금이 오십만 원이 넘게 나왔어요." "여자 친구를 보는 순간, 솔직히 주위가 까맣고 그녀밖에 안 보였어요." 우리는 이 불가사의하고 신비로운 감정을 사랑이라고 부른다.

연인들은 로미오와 줄리엣의 사랑처럼 죽음보다 강한 사랑을 열망한다. 다음은 로미오의 말이다. "사랑은 한 숨 속에서 피어오르는 연기지. 사랑이 순수해지면 애인의 눈에서 빛나는 불꽃이 일어나고, 사랑이 흐려지면 애인의 눈물이 쏟아져 바다가 되네. 그게 사랑이 아닌가. 사랑은 분별 있는 미치광이. 목을 졸라매는 쓴 약이며, 활력의 감로수로라!" 사랑에 빠졌을 때 처음 나타나는 현상은 상대방에게 특별한 의미를 부여하는 것이다. 갑자기 어느 한 사람이 아주 특별하게 느껴지면서 모든 에너지와 생각이 그 사람에게만 집중된다. 사랑에 빠지면, 상대방이 아무리 단점이 많아도 좋아하는 면만 보게 된다. 사랑하는 연인들은 도파민의 분비로 두 눈이 반짝이고, 걸음걸이는 활기차게 되고, 얼굴은 홍조를 띠고 혈색도 좋아진다.

사랑한다는 것과 좋아한다는 것은 어떤 차이점을 가지고 있을까? 둘 다 귀하게 여기는 것이나 친밀성, 공통된 관심사를 공유한다는 면에서는 일치하지만 사랑한다는 것은 대상을 이상화하는 것, 그 사람을 위해서 무엇인가를 언제든지 하려는 의지, 성적 이끌림을 그 핵심으로 한다(Robert Plutchik, 445). 사랑하면 상대방에게 엄청난 집중력을 갖게 되고, 그/그녀를 위하여 무엇이든 기꺼이 하려는 의지를 갖게 된다. 나아가서는 성적인 이끌림으로 하나 되려는 열망을 갖게 된다.

캘리포니아 대학 의대 임상교수이자 캘리포니아 퍼시픽 병원의 의사로 활동하고 있는 딘 오니시는 약이나 수술 없이 생활방식과 인간관계의 포괄적인 변화만으로도 심각한 심장질환을 치유할 수 있다는 것을 증명하는 연구를 20여 년간 해왔다. 그의 연구에 의하면, 사랑과 친밀감은 심장에 온기를 유지하여 주고 혈관을 열어주어 신체 에너지 흐름을 원활하게 함으로써 면역력을 높이고 건강하게 만든다. 사랑은 단순한 감정에 그치는 것이 아니라 실제로 우리의 신체를 지배한다. 그래서 몸을 병들게도 하고 건강하게도 한다. 딘 오니시는 사랑은 아주 힘이 세다고 주장한다. 사랑의 힘에 관한 그의 저서들, *Stress Diet and Your Heart, Healing Power of Love & Intimacy , Love and Survival* 등은 모두 베스트셀러가 되었다.

참 자기 발달의 관점에서 볼 때, 사랑은 애착이 아니라 따뜻한 애정으로 상대의 참 자기를 인정하면서 성적인 열정을 즐기는 능력이다. 이때 성적인 열정은 상대의 행복도 자신의 행복만큼 중요하게 생각하면서 두 사람의 관계에 활력을 불어넣는다. 사실, 진정한 사랑은 두 사람의 합일이고, 각자 최선을 다해 상대를 배려함으로써 상대의 관심사가 자기의 관심사가 되기도 하는 과정이다. 사랑한다는 것은 상대의 참 자기를 좋아하고 인정, 지지하는 동시에 상대가 자신의 참 자기를 활성화하고 표현할 수 있도록 촉진시킨다. 상대에 대한 이런 배려는 자기의 경험을 확장하고, 풍부하게 하고, 완전하게 해준다. 그리고 성적으로 친밀한 애정 관계는 어른이 된 자신의 실존적 외로움과 소외감을 극복하는 수단이 되기도 한다. 인간의 기억에는 늘 생애 초기 어머니와 맺었던 친밀한 공생적 연합관계의 흔적이 잔존하기 때문에 어머니와의 관계가 없으면, 참 자기는 다소 불완전하게 존재할 것이며 사랑할 수 있는 능력도 없을 것이다(James F. Masterson, 152).

진정으로 사랑할 수 있는 능력은 각자 분리 개별화된 성숙한 두 사람의 상호의존 관계에서 기대되는 것이다. 그러므로 영성생활에 있어서도 참된 사랑의 경험은 영성적 경험에 유비적인 역할을 한다.

일반적으로 영성spirituality과 성sexuality은 대립된다고 여겨왔다. 하지만 영성생활에 있어서 보다 나은 비결은 성과 영성이 대립되게 하기 보다는 밀접하게 관련되도록 하는 것이다. 성은 한 사람의 몸뿐만 아니라 그의 정신, 영, 감정까지 총망라한다. 모든 인간은 영적인 존재인 동시에 성적인 존재이다. 성이란 다른 사람과 관계를 맺고자 하는 각 사람 속에 있는 욕구이며, 이것이 그러한 관계의 양식을 규정짓는다. 즉, 성은 개인 사이의 상호작용에 있어서 그 운동과 과정을 모두 나타내고 있다. 그것은 또한 그러한 상호작용에서 생기는 자각을 함축하며, 그러한 관계에서 우리가 자기 자신을 이해하는 방식 또한 비추어 준다. 이것은 영성의 개념과 일치한다. 성은 한 주체가 다른 주체와 관계를 맺으려 할 때 일종의 개방성을 전제하고 있으며, 이 관계는 꼭 성관계를 갖지 않는다 할지라도 전인(몸, 마음, 감정, 영)을 포함하는 친밀감에서 이루어진다. 그러한 친밀한 행위를 통해서 이 세상 안에서 자기에 대한 새로운 인식이 가능하게 되고, 그 인식은 우리 자신의 역사가 될 수 있으며, 그것이 우리의 행동에 명백하게 드러나게 될 가능성을 보게 된다(U. T. Holmes, 140-141). 그리고 친밀성은 육체적인 사랑의 결합을 열망한다. 친밀함 속에 빠진 남녀는 서로를 열망하게 된다.

건강한 사람은 성인이건 아기이건 타자를 향해 두 가지 욕망을 동시에 느낀다. 대상은 내가 사랑하는 동시에 나를 보호해주고 또 한편으로 대상은 내게 성적인 대상이자 소모 가능한 관능적인 대상이 된다. 전자의 욕망은 사랑과 관련되어 있고 후자의 욕망은 도착된 사랑이다. 도착된 욕망은 상대가 동의하건 말건 수단과 방법을 가리지 않고 내가 원하는 것을 얻으려고 쫓아가는 것이다. 우리는 타자의 사람됨을 사랑하면서도 우리의 육체는 그를 또한 도착적으로 사랑한다. 모든 건강한 사랑의 욕망에는 이런 도착적인 성향이 있다(J. D. Nasio, 92-93). 그러므로 영성적 삶을 추구하는 사람은 영성적인 무성asexuality을 추구하는 척해서는 안 된다.

거세된 남자는 단순히 거세된 남성일 따름이다. 폐경기를 지난 여자는 단순히 갱년기를 지난 여성일 따름이다. 물론 신체의 부담을 불평할 수는 있으나, 단성unisex이란 없으며, 인간은 온전히 성적인 존재이다. 순결함이 억압의 삶을 살거나 성적 감정이 없는 태도로 사는 것을 의미할 수는 없다(U. T. Holmes, 141). 영성생활에서 순결한 삶을 위해 자신은 욕망 없는 존재인양 하거나 내적 욕망을 더럽고 악한 것으로 치부하고 어떻게든 없애버리려 하는 대신에, 타자의 내면 깊이 가닿으려는 욕망을 인정하고 하나님 앞에서 그러한 열정이 어디에서 왔으며 어떤 방향으로 나아가는지 성령과 더불어 성찰의 기도를 드려야 한다. 우리의 육체에 뿌리를 둔 성은 우리의 관계성에서, 언어에서, 그리고 하나님의 신비를 묵상하는 데서 밖으로 드러나게 될 것이다(위의 책, 142). 이렇게 밖으로 드러난 것을 깊이 관상하면 오히려 순결의 영성생활에 큰 도움이 된다.

성性이란 역동적이다. 그것은 다른 사람과 하나 됨을 원하는 인간 존재의 본래적 에너지인 에로스의 표현이기 때문이다. 한쪽 면에서 본다면, 에로스는 다른 사람을 소유하려고 하는 부단한 욕망을 지닌다. 성교란 누군가를 가진다는 말과 동의어가 되어버렸다. 이것이 교회로 하여금 육체를 불신하고 관능적인 욕구를 의심하게 만든 뿌리이다. 그렇지만 그것은 보다 더 위대한 현존에게 소유되고 사로잡히고 싶은 염원의 이면이다. 그/그녀를 열망하고 그리워하는 것은 피조물인 인간이 창조주를 열망하는 또 다른 영성적 표현이다.

에로스가 역동적인 힘을 가지고 있다는 것은 아가서 8장 6절로 7절에서도 발견할 수 있다. "사랑은 죽음처럼 강하고 정열은 음부처럼 억센 것입니다. 큰물도 사랑을 끌 수 없고 강들도 그것을 휩쓸어 가지 못한답니다. 누가 사랑을 사려고 제 집의 온 재산을 내놓는다 해도 사람들이 그를 경멸할 뿐이랍니다." 인간 실존에 있어서 최고로 강한 힘은 죽음이다. 그 어떤 것도 이 죽음과 견줄 수 없고 또한 피해 갈 수도 없다. 하지만 이에 맞설 수 있는 유일한 힘이 있는데 그것이 바로 사랑이다. 흔히 "사랑은 죽음보다 강하다."라고 표현한다. 아가서는 "죽음처럼 강하다"라는 표현으로 만족한다. 그만큼 죽음의 힘이 강하기 때문이다. 사랑은 죽음과도 맞설 수 있기 때문에 죽음보다 더욱 강하다고 볼 수 있다. 죽음보다 오래가는 것이 사랑이다. 큰물도 사랑을 끌 수 없고 강들도 그것을 휩쓸어 가지 못한다. 누가 사랑을 사려고 자신의 모든 재산을 내놓는다 해도 그것은 경멸을 받을 뿐이므로 사랑은 돈으로 살 수 없는 것이다. 그러므로 사랑은 강렬한 역동성을 가지고 있다. 때로는 큰물과 같은 시련이 닥쳐온다 해도 굳건하게 그 사랑을 지켜나갈 수 있는 것은 사랑이 가진 강력한 힘 때문이다. 왜냐하면 물은 불을 끌 수 있지만 사랑은 끌 수 없기에 참된 사랑은 강력한 시련도 이겨낼 수 있는 힘이 있다.

아가서는 다른 어떤 결혼생활 지침서보다 더 주목할 만한 가치가 있다. 인간을 남자와 여자로 창조하신 창조주께서 남자와 여자로 서로에게 가장 잘 반응할 수 있는 방법 또한 세세하게 가르쳐 주셨다 (Joseph Dillow, 7). "나의 사랑하는 자의 목소리로구나. 보라 그가 산에서 달리고 작은 산을 빨리 넘어오는구나. 나의 사랑하는 자는 노루와도 같고……." (아 2:8) 이 말씀에서 노루처럼 빨리 넘어온다는 말의 히브리어 의미는 마치 짐승이 교미할 때 취하는 행동처럼 "뛰어오른다는" 것이다. 이렇듯 인간의 육체적 욕망과 영적인 열망 모두에 생명을 불어넣는 에로틱한 에너지에는 공통된 뿌리가 있다.

삶은 완전형 상태와는 반대되게 목적론적이다. 창조에는 목적이 있다. 삶은 목표 지향적이다. 예수의 삶, 죽음, 그리고 부활은 과거 이상으로 미래에 대해 말하고 있다. 마찬가지로 인간의 성도 목적론적이다. 그것에는 목표가 있다. 그 목표란 하나님과의 합일union with God 이다. 에로스가 서로의 오르가즘에 의해 만족된다고 생각한다면, 그것은 사춘기적인 생각에 지나지 않는다. 성교에는 어떤 행위를 통해 기대할 수 있는 연합의 희열이 있다. 마찬가지로 하나님께로 향한 우리의 열망에는 현재 처해 있는 자신을 보장 받고자 하는 욕구에서 비롯된 동기 부여가 있으며, 그것은 신적인 달콤한 것을 구하는 데만 있지 않고, 최선의 경우 보다 완전한 미래를 바라는 간절한 염원에서 비롯한다(U. T. Holmes, 154). 이와 같이 인간의 삶과 성은 역동적이고 변증법적이며 목적론적인 유사성을 지니고 있다. 마찬가지로 영성적인 길도 역동적이고 변증법적이며 목적론적이다.

홈즈는 남자들이 왜 여자들만큼 기도생활에 열심을 내지 않는가를 설명한다. 기도 중에 나타나는 육체적인 성적 반응의 가능성을 다룰 때 어려운 점은 특히 남성적인 성에 대한 일반적인 인식 때문이다. 남자들도 성적으로 흥분하지만 성적 반응의 남성적인 이미지들은 기도생활에 있어 방해물이 된다. 여성은 기도 중에 성적 반응과 이미지를 예민하게 경험하는 반면에 남성은 그렇지 못하다. 떼이야르 드 샤르뎅Teilhard de Chardin은 동정성을 지키는 원리로서 순결을 논하면서, 성과 영성의 관계에 대해 글을 쓴 적이 있다. 그는 역사적으로 교회가 여성들의 무서운 힘을 두려워했기에 성교를 피하라고 주창해 왔다고 지적한다. 남성들은 여성들이 파괴적이며 붕괴시키는 존재들이라고 여겼다. 그리고 영적 성장을 추구하는 데 있어서 물질적인 것을 멀리하는 것을 원칙으로 받아들였다. 이에 대한 샤르뎅의 대답은, 소심한 그리스도인들이 그러는 동안 여성과 관계하는 일을 통해서 얻을 수 있었던 풍성한 사랑을 잃어버렸다는 것이다(Pierre Teihard de Chardin, 77). 그는 교회가 문제의 성격은 인식했으나, 그 해결책이 남성 중심적이었다고 주장한다. 제랄드 메이G. May는 인간의 성과 영성과의 관계를 상세하게 연구해 왔다. 그는 성적 경험에서는 세상이 내려앉아버리지만 영성적인 체험에서는 세계가 소생한다고 가르친다. 영성과 성의 관계가 좀 더 바르게 규명되면, 남성적인 이미지와 여성적인 이미지는 동일하게 평가된다.

홈즈는 확신한다. "전체적인 성 경험을 통해 깊이 알게 되는 남성다움의 의식과 여성다움의 의식 사이를 오가는 가운데서 우리는 신적인 합일의 경험을 하도록 부름 받은 존재란 것을 스스로 알게 된다."(U. T. Holmes, 159-160)라고 주장한다. 토마스 머튼Thomas Merton도 수

도사로서 지적하기를, 남자와 여자는 육체적으로 공동 결합하여 하나의 완전한 인격을 이룬다는 것이다. 머튼은 성교가 하나님과 인간, 인간과 다른 인간의 공동 귀속歸屬, 즉 서로의 고통을 짊어지는 의례가 될 수 있다고 한다. 두 사람의 육체가 결합되고 절정에 이르는 공동의 경험을 죄책감 없이 기꺼이 체질함으로써 영적 성장에 도움이 될 수 있다는 것이다.

부부는 배우자가 옆에 있다는 그 자체가 서로에게 의지가 되고, 버팀목이 될 뿐만 아니라 건강과 장수의 비결이기도 하다. 사랑을 시작했을 때 불타오르는 열정은 시간이 흐를수록 식어가지만 진정한 의미의 사랑은 매일의 삶에서 서로를 경험하고 알아갈 때 얻어지는 것이다. 우리는 인간 사랑의 경험에서 하나님을 사랑할 수 있다. 하나님의 속성은 사랑이시다. 사랑이 있는 그곳에 하나님도 계신다. 사랑 속에 거하고, 사랑이 더 깊이 깨달아질 때, 하나님도 더 가까이 다가오신다. 그러므로 이웃을 사랑하는 것과 하나님을 사랑하는 것을 분리시킬 것이 아니다. 다른 이들을 사랑함으로써 하나님을 더 깊이 경험할 수 있다.

기도의 몰입

마더 테레사의 말이다. "나의 비결은 간단합니다. 기도하는 것입니다. 기도를 통하여 나는 그리스도와 사랑 속에서 하나가 됩니다. 나는 그분께 기도하는 것이 그분을 사랑하는 것임을 알게 되었습니다."

(Mother Teresa, 9). 그리스도를 사랑한다면 기도해야 한다. 마치 연인들이 밤새워 정담情談을 나누면서 행복해 하듯이…….

단순성과 반복성을 갖게 되면, 깊은 몰입의 경지로 가게 된다. 몰입의 순간은 기도에서도 마찬가지로, 단순성과 반복성으로 마음속에 있는 세속적 관심을 몰아내고 초월적인 말씀을 향해 개방하게 한다. 예수의 기도는 동방교회의 영성수련방법의 하나이며, 사막의 교부들이 사용했던 기도방법이다. 예수의 기도는 "하나님의 아들이시며, 구주이신 예수 그리스도여, 우리를 불쌍히 여기소서."란 말을 호흡과 함께 리듬에 따라 거듭 반복하는 기도이다. 예수의 기도는 1500년이 넘는 역사를 가지고 있으나, 기도의 행위에서 아무것도 지향하지 않도록 하는 것이 목적이다. 마음에서 상images을 비워버리는 데 목적을 둔 그러한 기도를 가리켜 우리는 무념적 기도라고 부른다. 예를 들면, 육체적 노동이든 조깅이든 신체적인 운동에서 느끼는 무념적 경험은 기도에서 경험하는 것과 비슷하다. 이런 종류의 활동에서는 마음이 어느 한 곳으로만 집중하지 않고 개방적이고 수용적인 상태가 된다. 우리가 의식적으로 그런 경험을 지향할 때 하나님의 현존에 대한 각성이 더 깊이 일어날 수 있다. 고속도로를 운전할 때처럼 같은 틀에 박힌 어떤 일을 할 때에도 생길 수 있는데, 이 때 의식의 수준은 보다 자동적인 상태에 들어가게 되며 두뇌의 보다 상위에 속하는 기능은 상대적으로 자유로워지게 된다.

기도의 원어적인 의미는 "소원성취 목록"이란 뜻을 포함한다. 하지만 기도는 자신의 소원을 하나님께 청원하는 것 이상을 의미한다. 기도는 자신의 일부이자, 자기 주위를 둘러싸고 있는 일들과 관련을 맺게 하는 수단이다. 이 말은 기도가 인간의 눈으로 하나님과 함께 있는 창조의 세계를 보게 하는 수단임을 가리킨다. 기도는 하나님이 인간에게로, 인간이 하나님에게로 나아가는 운동, 즉 만남의 행위이다. 이 만남이 어떠한 방식으로 이루어지든 그것은 기도의 행위이다. 그러므로 기도는 하나님과 인간과의 관계성 안에서 이루어지는 상호 의사소통이며, 쌍방통행의 방식을 취한다(U. T. Holmes, 40). 즉, 인간으로 하여금 하나님을 알게 하는 모든 원인은 기도이다(위의 책, 41). 그러므로 쉬지 말고 기도하라는 바울의 권고는 하나님과의 관계성이라는 맥락을 넓게 확장시킨 것이다.

타자와 관계성을 형성할 때도 한 가지 방법만 고집하지 않듯이 기도도 다양한 형태로 드려질 수 있다. 특히 현대인들이 요가나 단전호흡을 배우려고 하는 이유는 복잡하고, 혼란스러움을 피하고 침묵 중에 내면의 고요함을 찾으려는 열망이 있기 때문이다. 관상적인 기도는 "지혜의 나타남에 대해 놀라움으로 가득 찬, 마음의 자유롭고 보다 내성적인 응시상태"를 가리킨다(위의 책, 42). 마치 오래 지속되어 온 결혼관계에 있는 사람들 사이에 일어날 수 있는 침묵의 교제와도 같은 것이다. 친밀한 관계성 안에는 그저 가만히 있고 싶은 특별한 욕구가 있다. 함께 있는 두 사람의 침묵의 질은 혼자 있는 사람의 침묵과 질적으로 다르다. 이러한 기도생활은 오랜 연인들에게서 볼 수 있는 편안한 관계성을 즐기려는 특성이 있다. 예수 그리스도를 사랑하는 것은, 그의 삶 안에서 우리의 삶을 사는 것이다. 그것을 볼 수 있으려면 질투심이나, 노여움이 없는 긍휼에 찬 깨끗한 마음을 가져야 한다. 진정한 기도는 우리의 삶 속에 예수 그리스도의 사랑과 겸손이 살아나도록 허용해 드리는 것이다. 예수 그리스도가 찾아오심을 늘 깨어 준비하는 것이다.

기도하는 사람은 자기 마음 속에 품은 것을 하나님께 말한다. 자신의 욕구의 지향성이 큰 데서부터 작은 것으로 나아가는 기도의 종류를 살펴보면 청원기도 → 중보기도 → 참회의 기도 → 감사기도 → 찬양기도 → 묵상기도 → 관상의 기도 순이다. 관상기도란 용어 자체는 많은 사람들에게 낯설 것이다. 그러나 많은 그리스도인들이 자신도 모르게 이미 이런 기도를 드리고 있다. 침묵은 모든 관상기도의 기본이 된다. 처음으로 침묵을 시도하려 할 때 답답함이라든가 잡념 때문에 잘 되지 않는 경우가 있다. 그러나 계속적으로 하다 보면 침묵이 주는 평화로움과 안식을 체험할 수 있다.

이미지 기도imagistic prayer는 상상력을 활용한 기도로서 능동적 관상기도의 대표적인 방법이다. 성 이냐시오 로욜라는 오감五感을 활용한 이미지 기도를 실천한 것으로 유명하다. 그는 기억력, 이해력, 그리고 의욕력을 활용하고 관상하고자 하는 대상을 눈으로 바라보고, 상상으로 관상 속에 나타나는 인물과 대화를 시도한다. 이냐시오 로욜라는 이미지 기도에 있어서 관상의 대상으로 역사적인 요소에 기반을 둔 성서적 사건, 인물 등을 우선적으로 하였다. 예를 들면 시편 23편의 전경을 그려보고, 목자이신 그리스도의 품에 어린양으로 안긴 자신을 상상하는 것이다. 또는 겟세마네의 동산이나, 그리스도의 십자가의 죽으심도 이미지 기도의 좋은 대상이 된다. 주부적 관상기도는 인간의 노력이 완전히 배제된, 하나님의 주도적인 은총에 의해 이루어지는 신비적 기도이다. 이것은 기도자가 애쓴다고 이뤄지지 않으며, 성령의 자유로운 활동에 의해서 이루어진다(김외식, 355-356).

그 외에도 몸으로 드리는 기도가 있는데 몸에 대한 명상이나, 몸의 감각, 몸의 소리에 귀 기울이기, 몸짓으로 기도하기, 호흡 등을 사용한다. 글로 하는 기도는 짧은 기도문 쓰기와 암송하기, 기도일지, 기도 시, 기도문 사용하기, 깨달음의 일지 등을 활용할 수 있다. 이러한 기도의 영성지도를 통하여 다양하게 하나님께 나아감으로써 깊은 몰입 속에 있는 교제의 즐거움을 누릴 수 있다.

저자는 보다 풍요롭고 바른 기도생활을 위하여 8장에 이어서 꿈 영성일기를 통한 기도생활의 방법을 조금 더 소개하고자 한다. 진실한 자신을 만날 때 진실한 기도를 드릴 수 있고 진실한 기도를 드릴 때 진실한 하나님을 만나게 된다. 우리의 의식 세계는 가면을 쓰고 거짓자기로 그럴듯하게 꾸미는 데에 애를 쓴다. 하지만, 무의식은 항상 진실하다. 정신은 진실에 노출될 때 성장한다는 말처럼 기도에서 가장 중요한 것은 진실한 기도를 드리는 것이다. 칼 융이 말한 것처럼 꿈은 자신의 콤플렉스complex를 보여준다. 꿈은 목적론적이며 보상적인 기능을 수행한다. 이 말의 의미는 꿈은 콤플렉스에 대한 치료적인 목적을 가지고 있으며, 꿈을 통하여 인격을 조화롭게 유지시킬 수 있다는 것이다. 지난밤에 꾼 꿈으로 기도하면, 깊은 기도에 도달하게 되며 영적 성장에 큰 도움이 된다.

꿈 영성가들의 실례을 들어보자. 한 부인이 지난밤에 존경하는 주의 종의 모습으로 현현된 하나님의 사자를 보았다. 부인은 꿈에 여러 사람들과 함께 산 위로 올라가고 있는 중인데 하나님의 사람으로 현현된 주의 종은 자신과 가까이 있지도 않고 멀리 있지도 않았다. 산

정상에서도 마찬가지로 가장 적절한 거리에서 자신을 지켜보고 있다. 산 정상에 서 있는데 하늘에서 사다리가 내려왔다. 그녀는 주변 사람들의 도움을 받아서 사다리에 올라 탈 수가 있었다. 그 때도 하나님의 사자는 자신이 생각하기에 가장 최적의 거리에서 자신을 지켜보셨다. 그녀는 자신이 꾼 꿈으로 기도하였다. 하나님의 사자가 자신의 순례의 길 모든 여정에서 한 번도 멀리 떠나지 않고, 최적의 거리에서 자신을 돌보고 있음을 깨달았다. 가까이 그러나 딱붙어 있지 않은 거리였다. 결코 한 번도 멀리 떨어지지도 않았다. 그녀는 하나님이 자신을 돌보는 거리에 은혜를 받았다. 그리고 자신의 딸에게도 심리적으로 최적의 거리를 유지하려고 하였다. 한 번도 멀리 떨어지지 않았고 그렇다고 딱붙어 있으려고도 하지 않았다. 그녀는 침범하지 않으면서도 딸을 진정으로 사랑하는 마음으로, 최적의 정서적 거리에서 딸을 바라보고 기도했다. 딸은 신뢰감을 갖게 되었고, 정서적으로 차분한 가운데 수능준비를 잘하고 있다고 한다. 꿈은 아픔과 생채기 그리고 자신이 어떻게 살아야 할지에 관하여 말하기에 영성생활에서 꿈을 반드시 활용해야 한다.

바울은 "능히 모든 성도와 함께 지식에 넘치는 그리스도의 사랑을 알아 그 넓이와 길이와 높이와 깊이가 어떠함을 깨달아 하나님의 충만하신 것으로 너희에게 충만하게 하시기를 구하노라" 고 권면한다(엡 3:18-19). 그러므로 하나님의 충만하신 것으로 충만하게 하는 것, 그것이야말로 참된 의미에서 행복한 상태라고 할 수 있을 것이다. 인간은 언제 행복할까? 몰입 상태에 있을 때이다. 특히 기도에 몰입되는 것은 최상의 즐거움이다. 상담자는 하나님께 몰입될 수 있어야 자신의 도구적 무의식으로 내담자의 내면세계를 포착할 수 있다.

영성spirituality생활에 있어서도 몰입의 가치는 중요하다. 저자는 영성적 가치를 지닌 세 가지 몰입, 즉 고독의 몰입, 사랑의 관계성의 몰입, 기도의 몰입에 대하여 초점을 두고 연구했다. 고독의 몰입에서는 고독과 외로움을 구분하였다. 외로움은 내적인 정신의 질서를 유지하기가 매우 어렵기 때문에 부정적인 경험이 된다. 하지만 고독은 상호연결성이 있기 때문에 풍요롭고 긍정적인 경험이다. 둘째는, 사랑의 관계성의 몰입이다. 사랑한다는 것은 대상을 이상화하는 것, 그 사람을 위하여 무엇인가를 언제든지 하려는 의지, 성적인 이끌림을 핵심적 정서로 가진다. 사랑하면 그 대상에게 엄청난 집중력을 갖게 된다. 영성과 성sexuality은 대립적인 것으로 간주돼 왔다. 하지만 영성생활에 있어 보다 나은 비결은 성과 영성이 대립되기는커녕 아주 밀접하게 관련되도록 하는 것이다. '성'은 한 사람의 몸만 아니라, 정신, 영, 감정까지 총망라한다. 모든 인간은 영적인 동시에 성적인 존재이다. 성은 한 주체가 다른 주체와 관계를 맺으려 할 때, 일종의 개방성을 전제하고 있으며, 전인을 포함하는 친밀감에서 이루어진다. 영성생활 안에서도 이와 같은 개방성과, 친밀성은 필수적이다. 아가서는 연인에게 몰입된 사랑을 노래한 것이다. 셋째는, 기도의 몰입이다. 친밀한 관계성에서 둘은 서로 가만히 함께 있고 싶은 특별한 욕구가 있다. 기도는 오랫동안 친밀감을 나눈 연인들에게서 볼 수 있는 것처럼 하나님과 편안한 관계성을 즐기는 것이다. 기도는 예수님을 사랑하는 것,

그분의 생명 안에서 사는 것이다. 참된 기도는 자신의 욕동이나 바람은 사라지고 오직 그분 안에 몰입되어 관계성만을 즐거워하는 것이다.

기독교 영성은 반드시 사회성과 창조력을 동반한다. 그 동안 한국교회는 다양한 기도에 대해서 깊이 생각하지 않았다. 이 시대에 영성신학의 중요성이 부각된다는 것은 지나치게 지성 일변도인 서구문화에 대한 반발을 뜻한다. 그리고 이것은 동시에 영성을 외면해 왔던 구미 신학의 한계 상황을 말해 준다. 결과적으로 서양인들의 동양종교에 대한 추구는 잠자고 있던 기독교 영성에 대한 관심을 불러일으켰다. 그리하여 개신교회에서도 1980년대에 영성신학이 신학의 중요한 이슈로 떠오르게 된 것이다. 지금 현대인들은 요가, 단전호흡, 참선 등으로 고요한 내면세계를 추구한다. 이러한 사람들에게 기독교 영성의 전통을 따른 다양한 기도를 소개하는 것은 동양종교가 채워주지 못하는 새로움을 얻게 해줄 것이다.

저자는 프랑스 떼제 공동체를 방문한 적이 있다. 프랑스 남부 조그마한 마을로 연간 30만 명의, 영성을 추구하는 젊은이들이 몰려오게 하는 공동체이다. 왜 그들은 떼제를 찾는가? 그 답은 간단하다. 물질적 풍요로움이 더 이상 인간의 본질을 회복시킬 수 없음을 깨닫고, 영적인 웰빙을 찾아 온 것이다. 즉, 영적 차원에 대한 헐떡임인 것이다. 고독, 사랑의 관계성, 깊은 기도로의 몰입은 그 어떤 것에서도 경험할 수 없는 진정한 의미에서의 행복을 가져다 준다. 그러므로 교회는 영적 차원의 세 가지 부분에 깊이 몰입할 수 있는 영성훈련과 영성지도를 해야 한다. 그럼으로써 예수 그리스도를 찾는 자들에게 참된 만족, 진정한 의미에서의 평안과 안정을 주어야 할 것이다.

참고문헌

1장 대상관계이론과 관계적인 기독교 영성으로 본 인간의 관계성

김외식. 『현대교회와 영성목회』. 서울: 감리교신학대학교출판부, 1994.

미국정신분석학회 편. 『정신분석 용어사전』. 이재훈 외 옮김. 서울: 한국심리치료연구소, 2002.

최한구. 『마틴 부버의 생애와 사상』. 서울: 대한기독교서회, 1992.

Bollnow. O. F. 『실존철학과 교육학』. 이규호 옮김. 서울: 박영사, 1967.

Buber, Martin. 『나와 너』. 김천배 옮김. 서울: 대한기독교서회, 1999.

_______. 『예언자의 신앙』. 남정길 옮김. 서울: 대한기독교서회, 1977.

_______. *Between Man and Man.* New York: Macmillan Publishing, 1966.

_______. *I and Thou.* W. Kauffmann trans. New York: Scribners, 1970.

Fairbairn, W. R. D. 『성격에 관한 정신분석학적 연구』. 이재훈 옮김. 서울 : 한국심리치료연구소, 2003.

_______. *An Object Relations Theory of Personality.* New York: Basic Books, 1954.

Fox, Matthew. 『영성-자비의 힘』. 김순현 옮김. 서울: 다산글방, 2002.

Hinshelwood, R. D. *A Dictionary of Kleinian Thought.* London: Free Association Books, 1989.

Holmes, U. T. 『목회와 영성』. 김외식 옮김. 서울: 대한기독교서회, 1999.

Hughes, J. "Fairbairn's Revision of Libido Theory: The Case of Harry Guntrip" *in Fairbairn and the Origins of Object Relations,* ed. Grotstein J. and Rinsley D. New York: Guilford Press, 1994.

Kohut, Heinz. *How does analysis cure?* Chicago and London: The University of Chicago Press, 1984.

_______. *The analysis of the Self.* New York: International Universities Press, 1971.

_______. *The Restoration of the Self.* Madison: International Universities Press, 1977

Mitchell, Stephen A. & Black, Margaret J. *Freud and Beyond.* New York: Basic Books, 1995.

Nouwen, Henri J. M. 『긍휼』. 김성녀 옮김. 서울: IVP, 2002.

St. Clair, Michalel, *Object relations and Self Psychology: An Introduction.* CA: Books/cole, 2000.

Thayer, Nelson S. T. 『영성과 목회』. 백상렬 옮김. 서울: 대한기독교서회, 1989.

Wesley, John. "Upon our Lord's Sermon on the Mount", *John Wesley's Fifty-three Sermom,* ed. Edward H. Sugden. Nashville: Abingdon Press, 1983.

학술등재지, 「신학사상」에 게재된 내용을 수정 확장하였음.

2장 아래로부터의 영성과 정신적 은신처 맞닥뜨리기

곽승룡. 『비움의 영성』. 서울: 가톨릭출판사, 2004.

권명수. "그리스도교 묵상: 하나님 임재 체험하기." 「신학연구」. 66(2015/6), 187-213.

김병훈. "욕망과 금기 그리고 이상의 상호관계에 대한 정신분석학적 고찰." 「신학연구」. 66(2015/6), 215-240.

미국정신분석학회 편. 『정신분석 용어사전』. 이재훈 외 옮김. 서울: 한국심리치료연구소, 2002.

최영민. 『쉽게 쓴 정신분석이론』. 서울: 학지사, 2013.

홍이화. 『하인즈 코헛의 자기심리학 이야기I』. 서울: 한국심리치료연구소, 2011.

Clair, Michael St. *Object Relations and Self Psychology.* C. A.: Thomson Learing, 2000.

Erskine, Richard G. & Moursund, Janet P. & Trautmann, Rebecca L. 『공감, 그 이상을 추구하며』. 김병석 외 7인 옮김. 서울: 학지사, 2014.

Greenberg, Jay R. & Mitchell, Stephen A. *Object Relations in Psychoanalytic Theory.* Massachusetts: Harvard University Press, 1983.

Grun, Anselm & Dufner, Meinrad. 『아래로부터의 영성』. 전헌호 옮김. 서울: 분도출판사, 2014.

Grotstein, James S. *A Beam of Intense Darkness.* London: Karnac Books, 2007.

Hamilton, N. Gregory. *Self and Others.* Maryland, Rowman & Littlefield Publishers, 2004.

Hinshelwood, R. D. *Clinical Klein.* London: Free Association Books, 1994.

_______. *A Dictionary of Kleinian Thought.* London: Free Association Books, 1991.

Jung, Carl G. *Man and his symbols.* New York: Dell, 1964.

Klein, Melanie. *The Psychoanalysis of Children.* London: Vintage, 1997.

Masterson, James F. 『참자기』. 임혜련 옮김. 서울: 한국심리치료연구소, 2000.

McWilliams, Nancy. *Psychoanalytic Psychotherapy.* New York: Guilford Publications, 2004.

_______. *Psychoanalytic Case Formulation.* New York: Guilford Publications, 1999.

Mitchell, Stephen A. & Black, Margaret. 『프로이트 이후』. 이재훈, 이해리 옮김. 서울: 한국심리치료 연구소, 2000.

Nouwen, Henri J. M. 『영성에의 길』. 김명희 옮김. 서울: IVP, 2002.

Nasio, J. D. 『무의식은 반복이다』. 김주열 옮김. 서울: NUN, 2015.

Savary, Louis M. & Berne, Patricia H. & Williams, Strephon Kaplan. 『꿈과 영적인 성장』. 정태기 옮김. 서울: 예솔, 1993.

Sheldrake, Philip S. J. *Image of Holiness: Explorations in Contemporary Spirituality.* Notre Dame: Ave Maria Press, 1987.

Steiner. John. 『정신적 은신처』. 김건종 옮김. 서울: NUN, 2013.
Sweet, Leonard. 『관계의 영성』. 윤종석 옮김. 서울: IVP, 2004.
Symington, J. & N. 『윌프레드 비온 입문』. 임말희 옮김. 서울: NUN, 2008.
Teresa, Mother. 『모든 것은 기도에서 시작됩니다』. 이해인 옮김. 서울: 황금가지, 2001.
_______. *Befriending Our Desires.* Notre Dame: Ave Maria Press, 1994.
Vining, John Kie & Decker Jr. Edware E. Soul Care. New York: Cummings & Hathaway, 1996.
Vergote, Antonie. 『죄의식과 욕망』. 김성민 옮김. 서울: 학지사, 2009.
Wilhelm, Bitter. *Meditation in Religion und Psychotherapie.* Stuttgart: 1958.
Yahwe, aniella. 『C. G. Jung의 회상, 꿈, 그리고 사상』. 이부영 옮김. 서울: 집문당, 2012.
학술등재지, 「신학연구」에 게재된 내용을 수정 확장하였음.

3장 심리치료의 핵심인 관계의 신비

김동수. "대천덕 성령론의 특징과 공헌." 「영산신학저널」 제36집(2016) : 101-128.
김선권. "칼뱅의 신비적 연합unio mystica." 「한국조직신학논총」 제38집(2014) : 157-196.
대천덕. 『산골짜기에서 외치는 소리』. 서울: 도서출판 기독양서, 1983.
유해룡. 『영성의 발자취』. 서울 : 장로회신학대학교 출판부, 2011.
이만홍. "치유와 묵상적 영성 : 상호주관주의, 정신화, 그리고 묵상적 영성." 「침묵과 임재」. 제6집(2016) : 6-21.
_______. "정신역동과 기독교 영성." 「침묵과 임재」. 제7집(2017) : 6-35.
조용기. 『성령론』. 서울 : 서울말씀사, 1998.
Andrew, Samuels. 『C. G. 융과 후기 융학파』. 김성민, 왕영희 옮김. 서울 : 한국심리치료연구소, 2012.
Buber, Martin. 『나와 너』. 표재명 옮김. 서울 : 문예출판사, 2004.
Beeley, Christopher A. *Gregory of Nazianzus on the Trinity and the Knowledge of God: In your Light We Shall See Light.* Oxford: Oxford University Press, 2008.
Bion, Wilfred. *Attention and Interpretation.* London: Tavistock Publications, 1970.
Bollas, Christopher. *The shadow of the object.* New York: Columbia University Press, 1987.
Buber, Martin. *I and Thou.* W. Kauffmann trans. New York: Scribners, 1970.
Gause, Hollis. "The Word and Holy Spirit in Soul Care," in *Soul Care: A Pentescostal-Charismatic Perspective.* eds. Vining, John Kie & Decker, Edward E. Jr. New York: Cummings & Hathway Publishers, 1996.
Fonagy, Peter & Bateman, Anthony. 『정신화 중심의 경계성 인격 장애의 치료』. 노경선 옮김. 서울 : NUN, 2010.
Fox, Matthew. 『영성-자비의 힘』. 김순현 옮김. 서울 : 다산글방, 2002.

Hamilton, N. Gregory. *Self and Others: Object Relations Theory in Practice.* Maryland: Jason Aronson Inc., 1990.
Katz, Gil. *The Play within the Play: The Enacted Dimension of Psychoanalytic Process.* New York: Routledge, 2014.
Kohut, Heinz. *How Does Analysis Cure?* Chicago: University of Chicago Press, 1984.
______. "The two analyses of the Mr. Z." *International Journal of Psychoanalysis,* Vol. 60, 3-27.
McWilliams, Nancy. *Psychoanalytic Psychotherapy.* New York: The Guilford Press, 2001.
______. *Psychoanalytic Case Formulation.* New York: The Guilford Press, 1999.
Mesle, C. Robert. *Process Theology: A Basic Introduction.* St. Louis: Chalice Press, 1993.
Mitchell, Stephen A. & Black, Margaret J. *Freud and beyond.* New York: Basic Books, 1995.
Nouwen, Henry. 『긍휼』. 김성녀 옮김. 서울: IVP, 2002.
Odenil, John. "전 존재는 사랑이다." 장홍훈 옮김. 「복음과 문화」. 제9집(2005) : 132.
Ogden, T. H. 『경험의 원시적 경계』. 김도애, 류가미 역. 경남 : 경남가족상담연구소, 2014.
______. *The Matrix of the Mind: Object Relations and the Psychoanalytic Dialogue.* NJ: Jason Aronson, 1986.
Rollheiser, Ronald. 『성찬의 영성』. 최규택 옮김. 서울: 그루터기하우스, 2011.
Symington, J. & N. 『윌프레드 비온 입문』. 임말희 옮김. 서울: NUN, 2008.
Stolorow, Robert D. "The Nature and Therapeutic Action of Psychoanalytic Interpretation," in *The Intersubjective Perspective.* eds. Robert D. Stolorow, George E. Atwood, and Bernard Brandchaft. Northvale, NJ: Jason Aronson, 1994.
Torrey, R. A. 『성령의 인격과 사역』. 장광수 옮김. 서울: 크리스챤 다이제스트, 2010.
Tozer, A. W. 『하나님을 체험함』. 조계광 옮김. 서울: 생명의말씀사, 2009.
White, James. 『성례전』. 김운용 옮김. 서울: WPA, 2006.
학술등재지, 「영산신학저널」에 게재된 내용을 수정 확장하였음.

4장 강박적인 관계와 긍휼의 관계

원호택. 『이상심리학』. 서울: 법문사, 1997.
Arieti, Silvano. *Creativity: The Magic Synthesis.* NY: Basic Books, 1976.
APA. 『정신장애의 진단 및 통계 편람 제4판』. 이근후 외 14인 옮김. 서울: 하나의학사, 1994.
Bollas, S. H. *The Shadow of the Object.* NY: Columbia University Press, 1987.
Buber, Martin. *I and Thou* W. Kauffmann trans. New York: Scribners, 1970.
Cashdan, Sheldon. 『대상관계치료』. 이영희, 고향자, 김해란, 김수형 옮김. 서울: 학지사, 2005.
Dewald, P. A. 『정신치료의 역동요법』. 이근후, 박영숙 옮김. 서울: 하나의학사, 1987.
Eckhardt, William. *Compassion: Toward a Science of Value.* Toronto: CPRI Press, 1973.

Gabbard, Glen O. 『역동정신의학』. 이정태, 채영래 옮김. 서울: 하나의학사, 1996.
Hamilton, H. Gregory. 『대상관계이론과 실제』. 김진숙, 김창대, 이지연 옮김. 서울: 학지사, 2007.
Jersild, Arthur T. *The psychology of Adolescence.* NY: Macmillan, 1957.
Kohut, Heinz. *How does analysis cure?* Chicago and London: The University of Chicago Press, 1984.
_______. *The Restoration of the Self.* Madison: International Universities Press, 1977.
Lechler, A. 『신경증의 치료와 기독교 신앙』. 김성민 옮김. 서울: 한국심리치료연구소, 2004.
Masterson, James F. 『참자기』. 임혜련 옮김. 서울: 한국심리치료연구소, 2000.
Mitchell, Stephen A. & Black, Margaret. 『프로이트 이후』. 이재훈, 이해리 옮김. 서울: 한국심리 치료연구소, 2000.
Nouwen, Henri J. M. 『긍휼』. 김성녀 옮김. 서울: IVP, 2002.
Oden, Thomas. 『목회신학』. 이기춘 옮김. 서울: 한국신학연구소, 2005.
Paoli, Arturo. *Meditations with Saint Luke.* NY: Orbis Books, 1977.
Rogers, Carl. "Toward a Theory of Creativity," in Carl Rogers, *On Becoming a Person.* Boston: Houghton Mifflin, 1961.
학술등재지, 「복음과 상담」에 게재된 내용을 수정 확장하였음.

5장 성만찬에 담겨진 관계성

김상구. "초기 기독교 예배 형태에 관한 소고" 「복음과 실천신학」. 제13권. 한국복음주의 실천신학회, 2007, 5.
이재화, 전요섭. "기독교상담을 위한 은유활용의 중요성 고찰" 「복음과 신천신학」. 제24권. 한국복음주의 실천신학회, 2011, 11.
오현철. "종교개혁시대의 예배" 「복음과 실천신학」. 제13권. 한국복음주의 실천신학회, 2007, 5.
유해룡. 『기도체험과 영적 지도』. 서울: 장로회신학대학교, 2009.
Buber, Martin. *I and Thou.* W. Kauffmann trans. New York: Scribners, 1970.
Davies, Horton. *Bread of Life and Cup of Joy.* Oregon: Eerdmans Publishing Company, 1993.
Emmons, Robert A. & Shelton, C. M. *"Gratitude and the Science of Positive Psychology."* in C. R. Synder & S. J. Lopez(Eds.), *Handbook of Positive Psychology.* New York: Oxford, 2004.
Hamilton, N. Gregory. *Self and Others: Object Relations Theory in Practice.* Maryland: Rowman & Littlefield publishers, 2004.
Oden, Thomas. *Pastoral Theology: Essentials of Ministry.* New York: Harper Collin Publishers, 1983.

Bollnow, O. F.『실존철학과 교육학』. 이규호 옮김. 서울: 박영사. 1967.
St. Clair, Michael.『대상관계이론과 자기심리학』. 안석모 옮김. 서울: 시그마프레스, 2009.
Robert A. Emmons.『Thanks』. 이창희 옮김. 서울: 위즈덤 하우스, 2008.
Greenberg, Jay and Mitchell, Stephen R.『정신분석학적 대상관계이론』. 이재훈 옮김. 서울: 한국심 리치료연구소, 1999.
Holmes, U. T.『목회와 영성』. 김외식 옮김. 서울: 대한기독교서회, 2002.
Mahler, Margaret S.『유아의 심리적 탄생: 공생과 개별화』. 이재훈 옮김. 서울: 한국심리치료연구소, 1997.
Mitchell Stephen A. & Black.『프로이트 이후: 현대정신분석학』. 이재훈, 이해리 옮김. 서울: 한국심리 치료연구소, 2000.
Nouwen, Henri J. M.『영적 발돋음』. 이상미 옮김. 서울: 두란노, 2008.
_______.『영성의 길』. 김명희 옮김. 서울: IVP, 2001.
Segal, Julia. Melanie Klein.『멜라니 클라인』. 김정욱 옮김. 서울: 학지사, 2009.
Sweet, Leonard.『관계의 영성』. 윤종석 옮김. 서울: IVP, 2011.
Ulanov, Ann Belford.『영성과심리치료』. 이재훈 옮김. 서울: 한국심리치료연구소, 2005.
Viola, Frank.『1세기 관계적 교회』. 박영은 옮김. 서울: 미션월드, 2006.
Welker, Michael.『성찬식에서 무엇이 일어나는가?』. 임걸 옮김. 서울 : 한들출판사, 2002.
White, James F.『하나님의 자기 주심의 선물: 성례전』. 김운용 옮김. 서울: WPA, 2006.
_______.『예배의 역사』. 정장복 옮김. 서울: 쿰란출판사, 2000.
Winnicott, Donald Woods.『성숙과정과 촉진적 환경』. 이재훈 옮김. 서울: 한국심리치료연구소, 2000.
학술등재지, 「복음과 실천」에 게재된 내용을 수정 확장하였음.

6장 애도를 통한 병리적 관계의 변형

김덕영.『프로이트: 영혼의 해방을 위하여』. 서울: 인물과 사상사, 2009.
Baker, John E. "Mourning and the Transformation of Object Relationships." *Psychoanalytic Psychology* 18, no. 1, 2001.
Bollas, Christopher.『대상의 그림자: 사고되지 않은 앎의 정신분석』. 이재훈, 이효숙 옮김. 서울: 한국 심리치료연구소, 2010.
_______. *The Shadow of the Object: Psychoanalysis of the Unthought Known*. NY: Columbia University Press, 1987.
Freud, Sigmund. "Mourning and Melancholia," in vol. 14 of *The Standard Edition of the Complete Psychological Works of Sigmund Freud*. London: Hogarth Press, 1917.
_______. "The Ego and the Id," in vol. 19 of *The Standard Edition of the complete Psychological Works of Sigmund Freud*. London: Hogarth, 1923.

______. "슬픔과 우울증" 『프로이트전집: 정신분석학의 근본 개념』. 윤희기 옮김. 서울: 열린 책들, 1997.

Greenberg, Jay R. and Mitchell, Stephen R. *Object Relations in Psychoanalytic Theory.* NY: Harvard University Press, 1983.

Hamilton, N. Gregory. *Self and Others: object Relations Theory in Practice.* Maryland: A Jason Aronson Book; Rowman & littlefield Publishers, 2004.

Kahn, Michael. 『프로이트 심리학』. 안창일 옮김. 서울: 학지사, 2008.

Kast, Verena. 『애도』. 채기화 옮김. 서울 : 궁리, 2007.

Klein, Melanie. *Love, Guilt and Reparation and other Works.* London: Hogarth Press and the Institute of Psychoanalysis, 1975.

Kohut, Heinz. *How does analysis cure?* Chicago and London: The University of Chicago Press, 1984.

______. *The Restoration of the Self.* Madison: International Universities Press, 1977.

Mahler, Margaret S. 『유아의 심리적 탄생: 공생과 개별화』. 이재훈 옮김. 서울: 한국심리치료연구소, 1997.

Masterson, James F. 『참자기』. 임혜련 옮김. 서울: 한국심리치료연구소, 2000.

Mitchell, Stephen A. and Black, Margaret J. *Freud and Beyond: A History of modern Psychoanalytic Thought.* New York: basic Books, 1995.

Segal, Hanna. 『멜라니 클라인』. 이재훈 옮김. 서울: 한국심리치료연구소, 1999.

Symington, Joan and N. 『윌프레드 비온 입문』. 임말희 옮김. 서울: NUN, 2008.

Vanier, Jean. 『공동체와 성장』. 성찬성 옮김. 서울: 성바오로, 2005.

______. 『두려움 너머로』. 홍순철, 방해란 옮김. 서울: 성요셉출판사, 2004.

학술등재지, 「신학과 실천」에 게재된 내용을 수정 확장하였음.

7장 거짓자기에 의한 거짓의 관계

김충렬, "병리적 자살과 상담치료적 대응: 상담학의 관점에서" 「신학과 실천」. 26-2(2011), 10. 김홍근, "발달적 애도를 통한 변형적 내면화 과정." 「신학과 실천」. 24-2(2010), 126-127.

송재범, "기만과 거짓말에 대한 윤리학적 소고: 국회청문회 증인들의 거짓말에 대한 윤리학적 분석." 「국민윤리연구」42(1999), 486-489.

American Psychiatric Association. 『정신장애의 진단 및 통계편람 Ⅳ』. 이근후 외 14명 공역. 서울: 하나의학사, 1994.

Cashdan, Sheldon. 『대상관계치료』. 이영희, 고향자, 김해란, 김수형 공역. 서울: 학지사, 2005.

Davis, Madeleine and Wallbridge, David. 『울타리와 공간』. 이재훈 옮김. 서울: 한국심리치

료연구소, 2002.
DePaulo, B. M. & Kashy, D. A. "Everyday Lies in Close and Casual Relationships." *Journal of Personality and Social Psychology* 74(1998), 63-79.
Feldman, Robert. 『우리는 10분에 세 번 거짓말한다』. 이재경 옮김. 서울: 예담, 2009.
Ford, Charles V. 『왜 뻔한 거짓말에 속을까: 거짓말의 심리학』. 우혜령 옮김. 서울: 21세기북스, 2009.
Fox, Matthew. 『원복: 창조영성 길라잡이』. 황종렬 옮김. 왜관: 분도출판사, 2004.
Greenberg, Jay R. and Mitchell, Stephen A. *Object Relations in Psychoanalytic Theory.* Cambridge, Massachusetts, and London: Harvard University Press, 1983.
Hamilton, N. Gregory. *Self and Others: Object Relations Theory in Practice.* Oxford: Rowman & Littlefield Publishers, 2004.
Kernberg, Otto F. *Object Relations Theory & Clinical Psychoanalysis.* New York: Jason Aronson, 1984.
Kohut, Heinz, *The Restoration of the Self.* New York: International Universities Press, 1977.
Masterson James F. 『참자기』. 임혜련 옮김. 서울: 한국심리치료연구소, 2000.
Middleton, J. Richard & Walsh, Brian. 『포스트모던 시대의 기독교 세계관』. 김기현, 신광은 옮김. 서울: 살림, 2007.
Mitchell, Stephen A. & Black, Margaret J. *Freud and Beyond.* New York: Basic Books, 1995.
Nyberg, David. *The Varnished: Truth Telling and Deceiving in Ordinary Life.* Chicago: University of Chicago Press, 1993.
R. Miller, R. & Stiff, J. B. *Deceptive Communication.* Newbury Park, CA: Sage, 1993.
Smith, David Livingstone. 『거짓말쟁이는 행복하다』. 진성록 옮김. 서울: 부글, 2007.
Winnicott, Donald W. 『박탈과 비행』. 이재훈, 박경애, 고승자 옮김. 서울: 한국심리치료연구소, 2001.
______. "Ego Distortion in Terms of True and False Self."(1960), *The Maturation Process and Facilitating Environment.* New York: Basic Books, 1984, 140-152 참조.
학술등재지, 「신학과 실천」에 게재된 내용을 수정 확장하였음.

8장 진실 추구로서의 '꿈'

권명수. "명상치유와 정신역동." 「신학과 실천」. 제30호(2012) : 405-432.
김성민. "프로이트와 융의 심층심리학 사상과 그 차이." 「신학과 실천」. 제49호(2016, 5) : 369-401.
______. "신경증과 정신병, 그 의미와 치료: C. G. 융의 이론을 중심으로." 「신학과 실천」. 제44호(2015) : 149-174.
이영호. "사도행전의 꿈(환상, ὁ ὅραμα)에 대한 연구." 「영산신학저널」. 제24호(2012) :

137-170.
장정은. "아동상담에 나타난 초자아의 변화와 목회상담적 함축." 「신학과 실천」. 제44호 (2015) : 175-201.
홍이화. "한국인의 수치심 이해를 위한 하인즈 코헛 이론의 재 고찰." 「신학과 실천」. 제48호 (2016) : 171-194.
Ackroyd, Eriv. 『꿈 상징 사전』. 김병준 옮김. 서울 : 한국심리치료연구소, 1997.
Freud, Sigmund. 『꿈의 해석』. 김인순 옮김. 서울: 열린 책들, 2003.
_______. 『정신분석입문』. 구인서 옮김. 서울 : 동서문화사, 1975.
Gabbard, Glen O. 『장기 역동정신치료의 이해』. 노경선, 김창기 옮김. 서울 : 학지사, 2007.
Grun, Anselm & Dufner, Meinrad. 『아래로부터의 영성』. 전헌호 옮김. 서울 : 분도출판사, 2014.
Jung, C. G. 『정신요법의 기본문제』. 한국융연구원 옮김. 서울: 솔 출판사, 2001.
_______. 『인간과 상징』. 이윤기 옮김. 서울: 열린 책들, 2010.
Hall, Calvin, S. & Nordby, Vernon J. 『융 심리학 입문』. 최현 옮김. 서울 : 범우사, 1999.
Kahn, Michael. 『프로이트 심리학』. 안창일 옮김. 서울 : 학지사, 2008.
Kast, Verena. 『꿈』. 원석영 옮김. 서울 : 프로네시스, 2007.
Laplanche, Jean and B. Pontalis, Jean. 『정신분석 사전』. 임진수 옮김. 서울: 열린 책들, 2005.
Nasio, J. D. 『무의식은 반복이다』. 김주열 옮김. 서울 : NUN, 2015.
Savary, Louis M. & Patricia H. Berne, & Strephon Kaplan, Williams. 『꿈: 꿈과 영적인 성장』. 정태기 옮김. 서울 : 예솔, 1993.
Segal, Hanna. 『멜리니 클라인』. 이재훈 옮김. 서울 : 한국심리치료연구소, 1999.
Steiner, John. 『정신적 은신처』. 김건종 옮김. 서울 : NUN, 2012.
Storr, Anthony. 『고독의 위로』. 이순영 옮김. 서울 : 책 읽는 수요일, 2016.
Weiss, Lillie. 『정신치료에서의 꿈 분석』. 김종주 옮김. 서울 : 하나의학사, 2002.
Bion, Wilfred. *Cogitations*. London: Karnac, 1992.
_______. *Notes on the theory of schizophrenia, In: Second Thoughts: Selected Papers on Psychoanalysis*. London: Heinemann, 1962.
_______. *Clinical Seminars and Four Papers*. Abiondon: Fleetwood Press, 1987.
Dehing, J. "Deux de pensée, Freud et Jung," *Cahier de l'Herne, Jung*. Paris: Herne, 1984.
Grotstein, James S. *A Beam of Intense Darkness*. London: Karnac Books, 2007.
Hiltner, Seward. *Preface to Pastoral Theology*. Nashville: Abingdon Press, 1958.
Hinshelwood, R. D. *Clinical Klein*. London: Free Association, 1994.
Jung, Carl. (Ed.), *Man and his symbols*. New York: Dell, 1964.
Mitchell, Stephen A. *Freud and Beyond*. New York: Basic Books, 1995.
Symington, Joan and Neville. *The Clinical Thinking of Wilfred Bion*. New York: Routledge, 1996.
Winnicott, Donald W. *The Maturational Processes and The Facilitating Environment*.

London: Karnac Books, 1990.
학술등재지, 「신학과 실천」에 게재된 내용을 수정 확장하였음.

9장 돈과 재물財物과의 관계

강병도 편. 『호크마 종합주석: 창세기』. 서울 : 기독지혜사, 1989.
대천덕. 『토지와 자유: 성서적 경제관』. 서울 : 도서출판 무실, 1995.
매일경제 2009년 2월 4일 기사 참고.
2010년 4월 28일 MBC뉴스 참고 www.imnews.com.
서울시 상수도 사업본부 홈페이지 참고 http://arisu.seoul.go.kr.
Cashdan, Sheldon. 『대상관계치료』. 이영희, 고향자, 김해란, 김수형 옮김. 서울: 학지사, 2005.
Daly, Herman E. "Introduction," in Herman E. Daly, ed., Toward a *Steady-State Economy.* San Francisco: W. H. Freeman & Co. 1973.
Eigen, Michel. 『독이 든 양분』. 이재훈 옮김. 서울: 한국심리치료연구소, 2009.
Foster, Richard. 『돈, 섹스, 권력』. 김영호 옮김. 서울: 두란노, 2009.
Fox, Mattew. 『영성-자비의 힘』. 김순현 옮김. 서울: 다산글방, 2002.
Fromn, Erich. 『소유냐 존재냐』. 최혁순 옮김. 서울: 범우사, 1999.
Green, Michael. 『초대교회의 전도』. 김경진 옮김. 서울: 생명의 말씀사, 1984.
Greenberg, Jay R. and Mitchell, Stephen A. *Object Relations in Psychoanalytic Theory.* Cambridge, Massachusetts: Harad University Press, 1983.
Hinshelwood, R. D. *Clinical Klein.* London: Free Association Books, 1994
Mitchel, Stephen and Black, Margaret. *Freud and Beyond: a history of modern psychoanalytic.* New York: Basic Books, 1995.
Merton, Thomas. "Marxism and Monastic Perspectives," in John Moffett, ed., A New *Charter for Monasticism.* Notre Dame: Univ. of Notre Dame Press, 1970.
Nouwen, Henri. 『이는 내 사랑하는 자요』. 김명희 옮김. 서울: IVP, 1995.
_______. *Making All Things New: An Invitation to the Spiritual Life.* San Francisco: Haper & Row, 1981.
Oden, Thomas C. *Pastoral Theology: Essentials of Ministry.* New York: Harper Collins Publishers, 1983.
Reilly, James. *Lay and Religious States of Life: Their Distinction and Complementarity.* Chicago: Franciscan Herald Press, 1976.
Vanier, Jean. 『두 세계 사이의 하느님 나라』. 오민영 옮김. 서울: 성바오로출판사, 1992.
학술등재지, 「신학과 실천」에 게재된 내용을 수정 확장하였음.

김홍근. 『심층심리와 기독교영성』. 서울: CLC, 2002.
국제신학연구원 편. 『여의도순복음교회의 신앙과 신학 II 』. 서울 : 서울서적, 1993.
배현성. 『젓가락과 신학의 만남』. 군포 : 한세대학교 출판부, 2002.
조용기. 『보혈로 그린 자화상』. 서울 : 서울서적, 1993.
이창재. 『프로이트와의 대화』. 서울 : 학지사, 2005.
Aries, Phillipe. *The Hour of Our Death.* New York: Oxford University Press. 1981.
Augustine, St. 『참회록』. 최정선 옮김. 서울 : 지성문화사, 1989.
Becker, Ernest. *The Birth and Death of Meaning.* New York: Free Press, 1973.
Celano, Thomas. 『성 프란체스코의 생애』. 프란체스코회 한국관구 옮김. 왜관 : 분도출판사, 1998.
Doyle, Eric. 『태양의 노래』. 정현숙 옮김. 왜관 : 분도출판사, 1994.
Frankl, Viktor. 『삶의 의미를 찾아서』. 김충선 옮김. 서울 : 청아출판사, 2003.
Goff, James R. *Field White Unto Harvest: Charles F. Parham and the Missionary Origins of Pentecostalism.* Fayetteville: University of Akansas Press, 1988.
Hamilton, N. Gregory. *Self and Others: Object Relations Theory in Practice.* Maryland: Jason Aronson, 1990.
Hinshelwood, R. D. *Clinical Klein.* London: Free Association Books, 1994.
Holmes, U. T. 『목회와 영성』. 김외식 옮김. 서울 : 대한기독교서회, 2002.
Laplanche, Jean & Pontalis, Jean Bertrand. 『정신분석사전』. 임진수 옮김. 서울 : 열린책들, 2005.
McDannell, Colleen & Lang, Bernard. 『천국의 역사』. 고진옥 옮김. 서울 : 동연, 1998.
Nouwen, Henry J. M. 『죽음, 가장 큰 선물』. 홍석현 옮김. 서울 : 홍성사, 2000.
______. 『영성에의 길』. 김명희 옮김. 서울: IVP, 2002.
Oden, Thomas. 『목회신학』. 이기춘 옮김. 서울: 한국신학연구소, 2004.
Segal, Hanna. "On the Clinical Usefulness of the Concept of the Death Instinct", *Int. Psycho-Anal. 74.*
Smith, Harold. 『안과 밖에서 본 오순절운동의 기원과 전망』. 박정렬 옮김. 군포: 한세대학교출판부, 1994.
Vining, John Kie, & Decker, Edward E. 『영적 돌봄』. 김홍근 옮김. 군포: 한세대학교출판부, 2000.
학술전문지, 「오순절신학논단」에 게재된 내용을 수정 확장하였음.

11장 안아주는 환경으로서의 공동체

Arnold, Eberhard. *Why We Live in Community.* Robertsbridge, East Sussex: Plough, 1995.

Cashdan, Sheldon. *Object Relations Therapy.* New York: W. W. Norton & Company, 1988.

Csikszentmihalyi, Mihaly. 『Flow』. 최인수 옮김. 서울: 한울림, 2004.

Davis Madeleine and David Wallbridge David. 『울타리와 공간』. 이재훈 옮김. 서울: 한국심리치료연 구소, 1977.

Fox, Matthew. 『영성-자비의 힘』. 김순현 옮김. 서울: 다산글방, 1999.

Mitchell, Stephen A., Margaret J. Black, Margaret J. *Freud and Beyond.* New York: Basic Books, 1995.

Nouwen, Henri J. M. 『긍휼』. 김성녀 옮김. 서울: IVP, 2002.

Ornish, Dean. 『관계의 연금술』. 김현성 옮김. 서울: 북하우스, 2004.

Vanier Jean, 『공동체와 성장』. 성찬성 옮김, 서울: 성바우로, 1979.

Winnicott, D. W. *Playing and Reality.* (Middlesex, England: Penguin, 1971

_______. *The Maturation Processes and the Facilitating Environment: Studies in the Theory of Emotional Development.* Madison Connecticut: International Universities Press, 1965.

학술전문지, 「정신역동치료」에 게재된 내용을 수정 확장하였음.

12장 관계를 위한 세 가지 영성적 몰입

김외식. 『현대교회와 영성목회』. 서울: 감리교신학대학출판부, 1994.

김홍근. 『심층심리와 기독교 영성』. 서울: CLC, 2004.

Chardin, Pierre Teilhard de. "The Evolution of Chastity" in *Toward the Future.* New York: Harcourt brace jovanovich, 1975.

Csikszentmihalyi. Mihaly, 『Flow』」. 최인수 옮김. 서울: 한울림, 2004.

Dillow, Joseph. 『아가: 부부의 성에 관한 솔로몬의 지혜』. 김선형, 김웅교 옮김. 서울: 홍성사, 2001.

Foster Richard J., 『영적 훈련과 성장』. 권달천 옮김. 서울: 생명의말씀사, 1991.

Holmes, U. T. 『목회와 영성』. 김외식 옮김. 서울: 대한기독교서회, 1988.

Leech, Kenneth. *True Prayer: An Invitation to Christian Spirituality.* San Francisco: Harper and Row, 1980.

Masterson, James F. 『참자기』. 임혜련 옮김. 서울: 한국심리치료연구소, 2000.

Merton, Thomas. 『고독속의 명상』. 장은명 옮김. 서울: 성바오로출판사, 1999.

Merton Thomas, *The Sign of Janas.* New York: Harcourt, Brace and Co., 1953.

Nasio, J. D.『정신분석은 치유다』. 임말희 옮김. 서울: NUN, 2018.
Nouwen, Henry J. M.『영적 발돋움』. 이상미 옮김. 서울: 두란노서원, 2000.
Oden, Thomas.『목회신학』. 이기춘 옮김. 서울: 한국신학연구소, 2004.
Picard, Max.『침묵의 세계』. 박갑성 옮김. 서울: 성바오로출판사, 1981.
Plutchik, Robert,『정서심리학』. 박권생 옮김. 서울: 학지사, 2004.
Rahner, Karl. "Marriage as a Sacrament," *Theological Investigations*. New York: Seabury, 1973.
Teresa, Mother.『이보다 더 큰 사랑은 없다』. 지은정 옮김. 서울: 바오로딸, 2005.
Winnicott. D. W.,『성숙과정과 촉진적 환경』.이재훈 옮김. 서울: 한국심리치료연구소, 2000.

학술등재지, 「복음과 실천」에 게재된 내용을 수정 확장하였음.